L'EXPÉDITION DE CRIMÉE

JUSQU'A

LA PRISE DE SÉBASTOPOL

CHRONIQUES DE LA GUERRE D'ORIENT

PAR LE BARON

DE BAZANCOURT

CHARGÉ DE MISSION EN CRIMÉE

CINQUIÈME ÉDITION

REVUE, CONSIDÉRABLEMENT AUGMENTÉE

TOME SECOND

PARIS

LIBRAIRIE D'AMYOT, ÉDITEUR

8, RUE DE LA PAIX

—

1857

L'EXPÉDITION DE CRIMÉE

TYPOGRAPHIE DE CH. LAHURE
Imprimeur du Sénat et de la Cour de Cassation
rue de Vaugirard, 9

CANROBERT

LIVRE PREMIER

LIVRE PREMIER.

CHAPITRE PREMIER.

I. — Nous l'avons dit dans la première partie de ce travail, la journée du 17 octobre avait modifié des résolutions un peu prises au hasard et fondées soit sur des hypothèses, soit sur les rapports des déserteurs. — Le jour se faisait sur la réalité des obstacles que l'on aurait à surmonter pour pénétrer dans Sébastopol.

L'on dut renoncer à l'espoir d'emporter de vive force ces remparts, dans lesquels il était d'autant plus difficile de faire brèche, que la plus grande partie de la ville était couverte surtout par des parapets en terre et offrait, non une place régulièrement fortifiée, mais un vaste camp retranché, tirant sa force même de l'irrégularité de ses défenses plus naturelles qu'artificielles.

« La place a mieux soutenu le feu qu'on ne le croyait, » écrivait au ministre de la guerre le général en chef Canrobert, et il ajoutait :

« Le 17, nos troupes ont pris possession du plateau qui se trouve devant le point d'attaque appelé *le bastion du Mât*, et l'occupent; ce soir (18) nous y construisons le masque d'une batterie de douze pièces, et, s'il est possible, celui d'une deuxième batterie à l'extrémité droite au-dessus du ravin. Tous nos moyens d'attaque sont concentrés sur ce point, et doivent, je l'espère, le désemparer rapidement avec le concours des batteries anglaises qui contre-battent sa face gauche. »

Par la même dépêche, le général Canrobert annonçait qu'il avait reçu la presque totalité des renforts en infanterie, qu'il attendait de Gallipoli et de Varna.

Le général Levaillant venait d'arriver avec son état-major; ce qui portait à cinq divisions l'effectif de l'armée expéditionnaire.

Rien n'indiquait que l'armée russe eût modifié les positions qu'elle occupait et où elle attendait ses renforts.

II. — Pendant la journée et la nuit du 18, 5750 travailleurs, tant pour le génie que pour l'artillerie, sont employés à réparer les dégradations causées par le feu du 17 octobre.

On commence le développement de la tranchée vers le bastion du Mât; mais dans beaucoup d'endroits, le sol n'est pas maniable, le roc affleure, et l'on est obligé d'élever le parapet extérieur à l'aide de fascines, de sacs à terre, et souvent d'un double rang de gabions superposés. Les francs-tireurs, embusqués dans de petites tranchées, en avant de la portion de la parallèle ouverte, gênent le tir ennemi par la précision de leurs coups qui frappent les artilleurs russes, quoique les embrasures soient fermées par des portières, aussitôt que chacune des pièces a fait feu.

La nuit est venue; les travaux en avant continuent sur le versant droit du ravin qui descend à Sébastopol; les batteries sont remises en état et prêtes pour le lendemain (1).

III. — En effet, le 19 octobre, à six heures et demie du matin, le mugissement de feu, un instant interrompu, recommence. Les batteries anglaises, qui n'avaient pas cessé de tirer pendant la journée du 18, redoublent d'énergie; la place répond avec une violence extrême. De toutes parts le tir est précipité, terrible; bientôt la ville et les positions des assiégeants sont couvertes d'une fumée épaisse; un brouillard intense vient s'y joindre; les artilleurs chargent leurs pièces et font feu sans pouvoir assurer la direction du tir.

(1) *Journal du corps de siége.*

Batteries 1 et 2 (marine), sont réparées; les épaulements reçoivent plus d'épaisseur et d'élévation, les embrasures sont en partie refaites.

Batterie 3, remise en état.

Batterie 4. Cette batterie, qui a beaucoup souffert par suite de l'explosion d'un magasin à poudre, est réparée; on refait les plates-formes, magasins, embrasures; le matériel détérioré est changé. Au jour elle est prête à faire feu avec 5 canons et deux mortiers : la sixième plate-forme ne peut être rétablie.

Batterie 5, est amenée à l'état de recevoir 3 pièces de 24 : 2 contre l'épaulement de gauche et une derrière la première traverse.

Batterie 6, est remise autant que possible en état avec le concours de canonniers fournis par les batteries de la 4e division.

Batterie 7, terminée et armée.

Batterie 8, a réparé quelques dégradations.

De tous côtés ce sont de foudroyantes détonations, et de rapides éclairs traversent et semblent déchirer ce voile immense qui enveloppe les combattants. Deux officiers de l'état-major du général commandant le corps de siége, le chef d'escadron de Laville et le capitaine Schmitz, frère du capitaine d'artillerie emporté par un boulet quelques jours auparavant, partent par ordre du général Forey, pour apprécier le résultat du feu des batteries. Le premier se dirige vers la tranchée; le second vers la batterie du fort Génois, qui seule, sous le commandement du brave capitaine de vaisseau Penhoät, avait continué son feu sans interruption aucune, quoique la place eût, depuis l'avant-veille, réuni tous ses efforts pour l'écraser (1). Cette batterie se composait de quatre obusiers de vingt-deux, et d'une pièce de cinquante.

IV. — Les deux officiers étaient partis à travers cette pâle et mate obscurité que jetaient sur le plateau le brouillard et la fumée du combat. Le terrain qu'ils parcourent est labouré sur leur passage par des projectiles de toute nature qui éclatent et frémissent sur le sol déchiré.

Nos batteries sont en bon état; les épaulements résistent; aucun dégât notable n'est venu jusqu'à présent entraver notre feu. —La batterie 5, seule, prise encore

(1) Le lieutenant d'artillerie Polignac avait été chargé des réparations de cette batterie dans la nuit du 17 au 18 octobre.

de revers et d'enfilade malgré de nombreuses traverses, était si cruellement maltraitée, qu'elle ne tarda pas à recevoir l'ordre, vers neuf heures, de cesser son feu; la plupart de ses pièces étaient égueulées, et presque tous les servants mis hors de combat par la nuée de projectiles qui l'accablaient sans relâche.

Lorsque le capitaine Schmitz atteignit la batterie du fort Génois, elle était littéralement broyée. Une seule pièce continuait à tirer; toutes les autres, hors de service, étaient couchées sur leurs affûts brisés; les parapets étaient à jour, le sang inondait les plates-formes, les bombes et les obus à Scharpenelle (1) éclataient de tous côtés.

Le commandant Penhoät, debout au milieu de ce désastre, surveillait le tir de son unique pièce et donnait froidement le signal aux canonniers.

« — Tant que je pourrai tirer un coup de canon, je resterai là, » dit-il au capitaine Schmitz.

Le général Canrobert, instruit de cette résistance courageuse et persistante, se rendit lui-même au fort Génois; il fit au brave commandant les éloges que méritait sa conduite énergique dans cette lutte inégale avec les canons ennemis, et ordonna la suppression de la batterie (2).

(1) On appelle ainsi des obus qui éclatent en lançant des grêles de balles.

(2) Un ordre du jour porta à la connaissance de l'armée la belle conduite du commandant Penhoät.

Le tir de l'ennemi sur la batterie du fort Génois, était d'une si

Peu à peu, dans la matinée, le brouillard s'était levé, et un vent favorable avait dissipé les nuages de fumée qui enveloppaient la colline et la ville.

La tour du bastion central fut dans la journée complétement minée, et la face droite du bastion du Mât avait si grandement souffert, que le lendemain, deux pièces seulement purent faire feu.

V. — Les travaux de développement et d'amélioration continuent avec activité dans les tranchées; plus de 6000 travailleurs y sont employés.

Mais l'ennemi, de son côté, s'occupe avec ardeur à réparer et à augmenter ses lignes de défenses, pendant que son artillerie couvre de mitraille les points où apparaît la marche progressive de nos tranchées; la population tout entière de Sébastopol est employée à porter de la terre, des gabions et des fascines; chaque nuit, les ouvrages s'accroissent et se relient entre eux sous l'habile direction du capitaine de génie Todleben (1). — De toutes parts, les terres se soulèvent;

grande précision, que l'on arriva à supposer qu'elle se trouvait construite sur l'ancien emplacement de leur polygone. Ce qui donna lieu à cette assertion, c'est que la petite baie qui avoisine le fort Génois s'appelle *la Baie du Tir*.

(1) LE CAPITAINE DU GÉNIE TODLEBEN.

François Todleben, dont le siége de Sébastopol devait illustrer le nom, était au commencement de sa carrière militaire lorsque la guerre d'Orient éclata. C'est à cette guerre et au génie infatigable qu'il a déployé dans l'opiniâtre défense de Sébastopol qu'il doit le grade élevé qu'il occupe aujourd'hui.

Fils d'un marchand de Mittau, Todleben est né le 25 mai 1818. Après

il semble que le sol de la Crimée vient de lui-même en aide à la ville assiégée.

« Depuis l'action du 17, écrit le vice-amiral anglais Dundas, l'ennemi n'a pas cessé de travailler à réparer ses batteries et à ériger sur le côté nord du port de nouveaux ouvrages, qui commandent les approches par terre et par mer. »

On peut le dire, des deux côtés se multiplie à l'infini tout ce que peuvent créer la force et l'intelligence humaines.

Malgré les difficultés sans cesse renaissantes de masses rocheuses, nous avançons chaque nuit à pas sûrs; nous établissons de nouvelles batteries, dont nous pressons l'armement, et nous enlaçons le bastion du Mât d'un réseau de tranchées. Les deux compagnies de francs-tireurs continuent à faire grand mal à l'ennemi. Embusquées dans de petits logements en avant des parallèles, elles portent la mort derrière les bastions russes. « A plusieurs reprises, » dit le journal du corps de siége, l'ennemi tire sur elles toutes ses pièces chargées à mitraille avec un acharnement sans pareil.

avoir fait ses études dans les écoles de Riga, il fut reçu au collége des ingénieurs de Saint-Pétersbourg. Au commencement de la guerre actuelle, il n'était que capitaine en second du génie; il se distingua sous les ordres du général Schilders, puis fut envoyé en Crimée. — Ce qu'il a fait devant Sébastopol appartient désormais à l'histoire, qui mêlera son nom au souvenir de ce siége gigantesque.

En moins d'une année, il devait passer successivement par les grades de capitaine, commandant, lieutenant-colonel, adjudant-colonel, maréchal de camp et adjudant-général, et recevoir de son souverain les plus grandes marques d'estime et de haute considération.

VI. — Depuis l'ouverture du feu, les Russes n'avaient tenté contre les assiégeants aucune démonstration extérieure; ils s'étaient seulement montrés, le 18, sur les hauteurs de Balaclava. Lord Raglan, son état-major et de forts détachements du corps français d'observation s'étaient aussitôt portés de ce côté; mais après quelques coups de canon tirés des redoutes élevées par les Turcs, au-dessus de la plaine de Balaclava, les Russes se retirèrent (1).

Sans doute, ils ne jugeaient pas nos travaux assez près de la place pour devoir les inquiéter sérieusement, autrement que par le feu redoublé de leur artillerie. — Toutefois, le 20, un fort détachement de volontaires russes, protégé par une nuit noire, arrive sans être aperçu jusqu'à nos tranchées. Conduits par des officiers résolus, ces volontaires pénètrent dans les batteries 3 et 4, et se ruent avec une audacieuse énergie contre les gardes de tranchées avec des cris frénétiques; les canonniers, surpris par cette attaque, s'élancent sur leurs armes placées contre l'épaulement

(1) L'aide de camp général prince Menschikoff rend ainsi compte, dans son rapport, de ce mouvement de ses troupes :

18. « Le feu des batteries anglaises a sensiblement diminué passé midi, probablement à la suite de ce que, par mon ordre, le général-major Sémiakine s'était porté avec son détachement, du village de Tchorgoun sur les hauteurs de Balaclava, et qu'en se montrant sur les derrières du camp anglais, il avait occasionné quelque trouble, de sorte que l'armée s'était hâtée de se former et de se mettre en marche dans la direction de Balaclava; par cette démonstration d'un corps détaché, le but que l'on avait eu en vue de détourner l'ennemi de la forteresse, a été atteint. (*Invalide russe.*)

de la batterie et luttent corps à corps au milieu de l'obscurité. L'ennemi parvient toutefois à enclouer trois mortiers à la droite de la batterie 3 ; déjà il se répand dans l'autre batterie, où il encloue également quatre pièces ; mais le premier moment de confusion est passé ; à la voix du lieutenant Lebelin de Dionne et du lieutenant Clairin, les artilleurs se rallient et reprennent vigoureusement l'offensive.

La compagnie de voltigeurs du 1er bataillon du 74e s'est jetée en avant aux premiers cris d'alerte (1) ; une

(1) Le journal de ce régiment mentionne particulièrement le nommé Audié.

Voici à ce sujet un épisode qui mérite d'être signalé et dont nous tenons les détails du colonel Breton, qui commandait alors le 74e.

La bravoure et l'audace d'Audié pendant le combat le firent mettre a l'ordre de son régiment le 21 octobre. Au moment d'accorder les récompenses, le colonel feuilleta le dossier de ce soldat, et trouva sur un de ses feuillets qu'il avait été condamné, avant son entrée au service, à deux mois de prison pour tapage nocturne et bris de clôture.

En distribuant les récompenses accordées au régiment, le colonel Breton dit à Audié :

« Votre vaillante conduite m'a été signalée ; je vous dois les éloges que mérite votre bravoure, et si je n'ai pas demandé une récompense pour vous, comme pour vos camarades, vous savez pourquoi ; mais je dois hautement, rendre témoignage de votre belle conduite.

— C'est justice, mon colonel, répliqua Audié : aussi je ne me plains pas ; mais j'en ferai tant, que je vous ferai oublier mon passé.

— Je prends acte de votre parole, Audié, lui dit le colonel ; tenez-la en brave soldat que vous êtes, et je déchirerai ce feuillet. »

Audié fit honneur à cet engagement contracté en face de la compagnie. Dans la nuit du 15 janvier, il appela encore par sa valeureuse conduite l'attention de ses camarades ; mais il fut grièvement blessé de deux coups de feu.

Le colonel s'empressa de faire savoir au général en chef la réponse du soldat Audié, et comment il venait de tenir parole en se battant comme un lion, et en refusant de quitter la tranchée après sa première

partie s'est déployée sur les épaulements pour se garantir d'une nouvelle surprise, l'autre s'est élancée, la baïonnette en avant. Le capitaine Herment est à la tête de ces intrépides soldats ; il accourt, il culbute l'ennemi, qui se maintient pourtant avec résolution dans l'intérieur des deux batteries. Pendant ce temps, une section de chasseurs à pied du 5e bataillon, enlevée avec élan par le lieutenant Vermot, appuie vigoureusement les voltigeurs du 1er bataillon, dont les autres compagnies se sont portées en avant, se reliant entre elles autour de l'ouvrage envahi (1).

Les Russes se retirèrent, laissant 7 morts et 4 blessés, dont un officier, qui, le lendemain, mourut à l'ambulance de ses blessures (2).

blessure ; il déchira le feuillet et remit au brave soldat la médaille militaire.

Malheureusement, la blessure d'Audié nécessita la désarticulation de l'épaule, et il mourut à Constantinople des suites de l'amputation.

(1) Le lieutenant Vermot reçut dans le combat par éclats de bombes deux graves blessures, l'une au bras, l'autre à la jambe; tous deux durent être amputés.

(2) Cet officier fut percé de cinq coups de baïonnette au milieu des canons sur lesquels il s'efforçait, avec une persistance héroïque, de ramener ses soldats; il fut transporté vivant encore à l'ambulance de la tranchée.

« Le lendemain, dit une correspondance très-intéressante que nous avons sous les yeux, cet officier russe, qui s'était attiré toutes nos sympathies par son intrépidité, est mort très-bravement sans avoir voulu donner aucun renseignement : seulement, il a laissé échapper que notre artillerie, les mortiers surtout, leur faisaient beaucoup de mal, et que lui et les hommes qui l'accompagnaient s'étaient dévoués pour enclouer nos pièces. »

« Cette sortie, dit le rapport russe, coûta la vie à 2 officiers. le

Le lendemain, le général Canrobert, en donnant à l'énergique conduite des compagnies qui lui avaient été signalées les éloges qu'elles méritaient, rappelait dans un ordre du jour « que la vigilance à la guerre, et surtout devant une place assiégée, était le premier des devoirs. »

Les sept pièces furent désenclouées et purent reprendre leur tir, dès le lendemain.

VII. — C'est dans la nuit du 21 au 22 octobre que fut commencé le tracé de la deuxième parallèle, aussitôt que les communications sur lesquelles elle devait s'appuyer à droite et à gauche, eurent été exécutées. Par suite de ce nouveau développement des tranchées, nos travaux d'approche contre la place se trouvèrent divisés en deux attaques, dites : attaque de gauche, attaque de droite.

Des compagnies d'infanterie, ayant en avant d'elles 40 chasseurs à pied déployés en tirailleurs, couvrirent ce travail que l'ennemi ne chercha pas, du reste, à inquiéter.

« Au jour, dit le journal du corps de siége, la gabionnade, couronnée sur presque tout son développement, et protégée par un fort parapet, couvre parfaitement les travailleurs. »

Sur tous les points menacés, les Russes construisent

lieutenant Troïtsky et le garde-marine prince Poutiatine. Les autres détachements, ajoute le prince Menschikoff dans son rapport, rencontrèrent partout une vigilance active de la part de l'ennemi, et rentrèrent dans la place, après avoir eu 12 hommes blessés.

à la hâte de nouvelles batteries contre nos ouvrages; ils en ont élevé sur le revers du ravin descendant au port du sud et traversé par notre première parallèle; ils tentent, d'un autre côté, d'établir des batteries volantes contre nos travaux les plus avancés; mais les francs-tireurs, par leur feu bien soutenu, les forcent à renoncer à ce projet.

VIII. — Il est utile, pour bien comprendre l'importance et le tracé de nos cheminements, d'entrer dans quelques nouveaux détails topographiques.

Le génie avait compris la nécessité de reporter les attaques vers l'est et de s'avancer sur la capitale du bastion du Mât.

Il fallait cheminer méthodiquement à travers un terrain difficile à manier dans la majorité de ses parties, et sous un feu vif, régulier et parfaitement dirigé; on prolongea donc vers l'est (de manière à enceindre le bastion du Mât) la tranchée ouverte pour la construction des huit premières batteries.

Cette première parallèle se reliait au dépôt de tranchée (maison du Clocheton) par une communication propre à couvrir la marche des gardes de tranchées et des travailleurs, et était elle-même protégée par une tranchée ouverte en arrière, pour soutenir par des batteries de mortiers les nouveaux cheminements qui devaient être entrepris pour marcher à la seconde parallèle.

On commença ces travaux importants, en bordant à

droite un pli de terrain presque parallèle au petit mur crénelé qui relie le bastion du Mât au fond du port militaire. A gauche, on avança sur une autre ondulation du sol qui traverse la courtine et va se jeter dans la baie de l'artillerie.

C'est sur ces deux cheminements que s'assoit la seconde parallèle. — Elle se trouve solidement appuyée sur l'escarpement du ravin, dit *des Anglais*, qui descend vers le fond du port et se rattache par son extrême gauche au front bastionné de la première attaque.

IX. — L'activité que déployaient de leur côté les Russes était un avertissement qui répétait chaque jour de se hâter.

« L'ennemi, dit le journal du corps de siége, en abandonnant les batteries soumises à l'action de nos pièces, se hâte d'en ouvrir d'autres dans les bas-fonds, et de là, sous des inclinaisons convenables, tourmente nos travaux en les inondant d'obus, de boulets et de mitraille; il amène des pièces partout où elles peuvent être à l'abri des carabines des francs-tireurs, et tire des points les plus éloignés de la place. »

Nul parmi les esprits sérieux et sensés ne pouvait méconnaître les difficultés matérielles qui naissaient à chaque pas, et contre lesquelles on s'était heurté de front dans la journée du 17 octobre.

Aussi le général Canrobert écrivait-il au ministre de la guerre, en date du 22 : « Les difficultés que nous rencontrons sont de deux sortes : celles qui résultent de la nature du sol, dont la couche de terre, déjà très-insuffisante, diminue au fur et à mesure que nous approchons de la place, et celles qui résultent du nombre et du calibre des pièces d'artillerie que l'ennemi nous offre, sur un front à peu près en ligne droite et très-étendu. Sous ce rapport, les ressources qu'il tire de ses vaisseaux immobilisés dans le port, tant comme personnel que comme matériel, sont presque inépuisables, tandis que les nôtres sont nécessairement limitées. »

Ces quelques lignes résumaient clairement la situation, non-seulement pour le présent, mais aussi pour l'avenir; elles expliquaient les efforts nombreux et puissants qu'il fallait développer contre la place, ainsi que les lenteurs qui devaient conséquemment en résulter.

A cette époque, le général en chef écrivait encore au ministre de la guerre : « Cette situation fait du siége de Sébastopol une des opérations les plus laborieuses qui se soient rencontrées depuis longtemps; » et il devait ajouter plus tard : « une des œuvres les plus gigantesques qui aient jamais été inscrites dans les annales de la guerre. »

Toutefois, malgré l'énergie de la place à multiplier ses défenses et à réparer les dommages que lui causait notre artillerie, nous pouvions constater chaque jour des détériorations notables; — souvent nos bombes allumaient des incendies qui répandaient un long voile rougeâtre à l'horizon et semblaient envelopper Sébastopol de leurs ailes de feu.

La ville souffrait beaucoup, et divers rapports nous apprenaient que les pertes de ses défenseurs étaient énormes.

X. — L'impatience dévorait l'armée ; chacun, n'écoutant que son courage, eût voulu qu'on lançât les colonnes d'assaut. Le général en chef, lui-même, appelait ce jour de tous ses vœux ; il épiait les occasions, préparait dans l'ombre ses moyens d'attaque, pour ne pas laisser échapper le moment propice ; mais il sentait son ardeur maîtrisée par la responsabilité qui pesait sur lui, et par cette loi suprême qui commande au chef d'une armée de ne pas verser inutilement le sang précieux de ses soldats. Souvent le matin, lorsque les premières clartés du jour ne pouvaient pas encore dévoiler son approche, il partait en reconnaissance, accompagné d'un ou de deux officiers de son état-major, et s'avançait le plus près possible de la place, pour explorer lui-même le terrain et chercher des points favorables pour les colonnes d'attaque.

XI. — Pendant que les faits que nous venons de raconter se passaient sur notre gauche, le corps d'observation, commandé par le général Bosquet, et les divisions anglaises qui tenaient les hauteurs d'Inkermann et les positions de Balaclava, étaient sans cesse sous les armes par des alertes continuelles, qui certes indiquaient le projet bien arrêté des Russes de tenter bientôt quelque action sérieuse de ce côté.

L'armée du prince Menschikoff s'était reconstituée; des renforts considérables lui étaient arrivés.

Dès le 23, des têtes de colonnes ennemies sont signalées du côté d'Inkermann.

Dans la journée du 24, un gros de troupes est aperçu dans la partie supérieure de la vallée de la Tchernaïa : c'est le corps du général Liprandi qui prend ses positions et reconnaît le terrain pour une attaque projetée le lendemain. « La partie apparente de ses forces, » dit le journal du siége, « était d'environ 15 bataillons, 3 à 400 hommes de cavalerie et de l'artillerie. »

En effet, le général en chef de l'armée russe avait ordonné au général Liprandi, chef de la 12e division d'infanterie, de tenter une entreprise vigoureuse sur Balaclava dans la journée du 25 octobre.

XII. — Dès le matin, les troupes placées sous son commandement sortirent du village de Tchorgoun par deux défilés.

Le premier but de l'armée ennemie était d'enlever les quatre petites redoutes élevées à la hâte pour protéger les hauteurs, dont la chaîne peu élevée s'étend à travers la plaine de la Tchernaïa ; ces redoutes, très-éloignées de tout secours, offraient des ouvrages incomplets et d'un relief insuffisant contre une attaque sérieuse ; des troupes turques gardaient chacune de ces positions, dont trois étaient armées de canon.

« Le seul régiment qui fût dans la plaine, dit lord Raglan dans son rapport, était le 93e highlanders. »

La première attaque de l'ennemi se porta sur la redoute, près le village de Kamara ; après une faible résistance, il s'en empara ; ce ne fut pas cependant sans un combat honorable pour les Turcs, car le rapport du général russe dit : « Dans cette redoute, la perte de l'ennemi, rien qu'en morts, a été de plus de 170 hommes. »

Les Russes ne tardèrent pas à s'emparer également des trois autres ouvrages contigus que les Turcs ne purent défendre, vu l'infériorité de leur nombre et le peu d'appui qu'offraient pour la défense ces ouvrages inachevés. L'ennemi occupa les redoutes 1, 2, 3, mais abandonna la redoute 4 qu'il trouva trop avancée. « Cette redoute, ajoute le général Liprandi, fut immédiatement rasée ; les canons furent encloués, les roues et les affûts brisés, et les pièces jetées au bas de la montagne.

Enhardie par ce premier succès, la cavalerie russe s'avança immédiatement en très-grand nombre, appuyée par son artillerie, qui, disséminée sur la ligne de bataille, labourait de ses projectiles le versant de la montagne occupé par les highlanders. Déjà les troupes turques qui avaient abandonné les redoutes, s'étaient rangées à droite et à gauche du régiment anglais ; les boulets et les bombes balayaient le mamelon et causaient aux bataillons, massés sur ce point, des pertes sensibles. Aussi pendant que les batteries anglaises, établies sur les collines, envoyaient avec succès leurs boulets sur les colonnes ennemies, sir Colin Campbell fit placer son régiment et les Turcs derrière une éminence favorable qui dérobait les troupes aux feux meurtriers de l'artillerie ennemie.

XIII. — Tout à coup un gros de 400 cavaliers environ, se détachant du corps qui s'avançait dans la plaine, sur l'emplacement même où campait la cavalerie légère anglaise, se porta brusquement sur la gauche, pour attaquer à la fois les highlanders de front et sur leur flanc droit. Ce brave régiment, sur l'ordre du lieutenant-colonel Ainslie, qui le commandait, attendit en ligne avec un intrépide sang-froid l'arrivée de l'ennemi. Lorsque celui-ci fut approché à petite distance, les Écossais se dressèrent sur l'éminence au versant de laquelle ils s'étaient appuyés, et reçurent les cavaliers russes par une décharge à bout portant qui mit le désordre dans leurs rangs. Une seconde fois, ils revinrent à la charge sur le flanc droit des highlanders; mais ils trouvèrent devant eux la même muraille humaine, immobile, inébranlable, et le même feu les accueillit. Les cavaliers tournèrent bride et disparurent bientôt, semblables à ces nuages passagers qui renferment l'orage dans leur sein et s'éloignent dans le ciel d'un vol rapide.

XIV. — Le second corps de cavalerie, beaucoup plus nombreux que celui qui avait attaqué le 93e highlanders, descendait vers la plaine, où la grosse cavalerie anglaise, sous les ordres du brigadier général Scarlett, après avoir, depuis près de deux heures, et sous un feu con tinuel de l'ennemi, protégé par des changements de position la retraite des troupes ottomanes, s'était réunie sur ses deux colonnes de brigade, près l'emplacement du camp de la cavalerie légère. Elle venait de recevoir de lord Lucan, commandant en chef la cavalerie, l'ordre de se ranger à la gauche des Écossais, lorsque la tête de colonne russe se montra sur les hauteurs en arrière, descendant le flanc de la colline. Pour faire front à l'ennemi, la brigade Scarlett (Scots Greys et dragons d'Enniskillen) dut traverser à la hâte le camp de la cavalerie légère, dont toutes les tentes n'étaient point encore levées. — Le terrain sur lequel marchaient les escadrons était en cet endroit planté de vignes; les chevaux ne pouvaient avancer que lentement au milieu des obstacles qu'ils rencontraient à chaque pas, et qui ne permettaient point aux cavaliers de se former en deux lignes directes.

Déjà les Russes avaient atteint la plaine; ils s'étaient déployés sur chaque flanc et attendaient de pied ferme la cavalerie anglaise, qui, ayant dépassé les vignes, s'avançait à leur rencontre; une distance de quelques pas séparait seulement les deux cavaleries, dont le choc devait être terrible.

Il y eut alors un instant d'arrêt, deux ou trois secondes peut-être; tout à coup les officiers anglais levèrent leurs sabres; on entendit quelques coups de pistolet; puis les lignes se rompirent, Anglais et Russes étaient mêlés, confondus: c'était un tumulte de voix d'hommes, de hennissements de chevaux, de sabres qui s'abattaient sur les casques des dragons, lutte corps à corps, impossible à décrire ; mais les Russes avaient l'avantage du nombre, et les trois escadrons anglais de la première ligne, qui avaient chargé avec une impétuosité sans égale, se trouvaient débordés par la cavalerie ennemie qui menaçait de l'envelopper ; alors le général Scarlett envoya son aide de camp, le major Conolly, donner ordre au 5ᵉ dragons d'avancer sur l'extrême droite, pendant que le 4ᵉ de la garde opérait le même mouvement sur la gauche. L'attaque énergique de ces deux escadrons sur les flancs de l'ennemi changea la face du combat. En vain, les cavaliers russes essayèrent de se rallier et de résister ; ils étaient écrasés ; et tout à coup on les vit regagner en désordre leurs positions en arrière, entraînant avec eux l'infanterie postée dans les deux redoutes les plus rapprochées des lignes des armées alliées. La cavalerie anglaise poursuivit un instant l'ennemi dans la plaine, pendant que l'artillerie de campagne lui lançait ses boulets.

« La charge exécutée par la brigade du général Scarlett, écrit lord Raglan dans son rapport, est une des plus brillantes que j'ai jamais vues ; » et en effet elle excita l'admiration des troupes anglaises et françaises qui, massées sur les hauteurs, avaient assisté à ce brillant combat.

XV. — Il est important de dire quelques mots sur les dispositions prises par les deux armées pour s'opposer au projet d'attaque des Russes sur Balaclava.

A sept heures et demie du matin, le général en chef de l'armée française avait été prévenu que les Russes se portaient contre les Anglais sur Balaclava. Il se rendit aussitôt sur les plateaux occupés par nos troupes, où lord Raglan se tenait déjà avec tout son état-major; ces plateaux, qui bordent la vallée de Balaclava, sont la limite extrême de notre position défensive. — L'ennemi occupait les collines opposées, ses masses s'étendaient sur les hauteurs boisées qui en forment le fond, du côté de la Tchernaïa (1); sa tête de colonne seule était apparente; on pouvait l'évaluer à 20000 hommes : le reste du corps d'armée était dérobé aux regards par les ravins et les hautes broussailles qui couvrent tous ces terrains. — « Son intention évidente, » dit le général Canrobert dans sa dépêche au ministre de la guerre, « celle qu'il aura toujours, était de nous faire descendre jusqu'à lui en quittant nos excellentes positions. »

Le général Bosquet s'était rendu aussi sur les lieux aux premiers coups de canon. — La 2e brigade de la 1re division commandée par le général Vinoy se porte sur les croupes, qui de notre droite descendent sur Balaclava, afin d'appuyer les Anglais et de les relier à nous; la 1re brigade sous les ordres du général Espinasse qui commande la division par intérim, garde le col avec la batterie de la division et la brigade de chasseurs d'Afrique.

(1) Rapport du général en chef, 27 octobre 1854.

Tous les retranchements que nous avons élevés pour garder nos positions sont garnis de chasseurs à pied et de zouaves armés de carabines et de fusils à longue portée.

Les troupes de la 3e division prennent position en arrière des crêtes; l'artillerie à cheval de la réserve se place à sa droite, attelée et prête à marcher au premier signal. Ces mouvements exécutés, le général Canrobert se porte avec les généraux de division sur le point central de la crête entre le col de Balaclava et un endroit où s'élève un télégraphe. De là, il peut examiner le terrain, suivre les mouvements de l'ennemi et apprécier les résultats de son attaque combinée. — A peu de distance se tient lord Raglan avec son nombreux état-major.

Du point élevé où il s'est placé, et qui lui permet d'embrasser l'ensemble des opérations, lord Raglan, voyant l'ennemi se retirer du terrain, qu'il avait momentanément occupé, fit dire à la cavalerie soutenue par la 4e division sous le commandement du lieutenant général Cathcart « de marcher en avant et de profiter de toute espèce d'occasion pour reprendre les hauteurs. »

« L'ennemi, écrit le général en chef de l'armée anglaise dans son rapport, semblait essayer d'emporter les canons qui avaient été pris; le comte de Lucan reçut l'ordre d'avancer rapidement, de suivre l'ennemi dans sa retraite et de tâcher de l'empêcher d'effectuer son projet. »

XVI. — Nous voici arrivés à un incident de la journée du 25 octobre qui a donné lieu à de cruelles récriminations ; nous allons en rapporter tous les détails avec la plus scrupuleuse et la plus impartiale exactitude.

Pendant les courts instants qui s'étaient passés, entre le moment où cet ordre avait été donné et celui où lord Lucan le reçut, les choses avaient changé.

« Les Russes eurent le temps, dit lord Raglan, de se former de nouveau sur leur propre terrain, avec l'artillerie sur le front et sur leurs flancs. N'ayant peut-être pas bien compris l'ordre qui prescrivait d'avancer, le lieutenant général Lucan se crut obligé d'attaquer à tout hasard ; il ordonna en conséquence au major général comte de Cardigan de marcher en avant avec la brigade légère. »

Cet ordre, dont parle le général en chef, devait-il être interprété par celui qui le recevait, ou bien était-il de telle sorte, qu'il dût être exécuté avec l'obéissance passive du soldat ? — C'est là que repose toute la gravité de cette question, qui coûta à l'Angleterre un sang si précieux.

Voici quelles étaient les positions respectives :

La brigade anglaise de cavalerie légère, placée en potence un peu loin du théâtre de cette brillante charge de la grosse cavalerie anglaise, ne put malheureusement y prendre part et la compléter; elle vint ensuite se joindre à la brigade du général Scarlett, et toute la division du comte de Lucan réunie se plaça perpendiculairement à la ligne des redoutes enlevées, la droite vers Balaclava.

Cette division de cavalerie faisait donc face aux Russes qui renforçaient avec de l'infanterie la redoute la plus éloignée de Balaclava, et occupaient les hauteurs avec de nombreux bataillons et quatorze pièces d'artillerie (1).

Pendant ce temps deux divisions d'infanterie anglaise, avec leur artillerie, descendaient dans la plaine, garnissaient les abords de ce point et se plaçaient sur deux lignes entre la cavalerie et Balaclava.

Cette position était dangereuse ; car les Anglais appuyaient ainsi leur droite aux mamelons abandonnés par les Turcs, et leur gauche, sans appui, se trouvait prise d'écharpe par une batterie de huit pièces placée sur le grand mamelon boisé qui domine la plaine de la Tchernaïa.

Lord Raglan s'en aperçut aussitôt, et demanda au général Canrobert de faire appuyer la gauche de sa cavalerie par la nôtre. Le général Morris, commandant en chef la cavalerie française, reçut l'ordre d'avancer, et la brigade de chasseurs d'Afrique (général d'Allonville) se forma en échelons par régiment, en arrière de l'aile gauche composée de la brigade légère anglaise.

(1) *Rapport du général Liprandi.*

« Le général-major Jaborkritsky, avec un régiment du détachement d'infanterie de Vladimir (trois bataillons), et de celui de Souzdal; dix pièces de la batterie de position n° 1; quatre pièces de la batterie légère n° 2, de la 16e brigade d'artillerie; deux compagnies du bataillon de tirailleurs n° 6, deux escadrons du régiment de hussards du grand-duc de Saxe-Weimar, et deux sotnias du régiment n° 60 des Cosaques (de Popoff), se porta sur les hauteurs à droite de notre cavalerie et les occupa. »

C'est alors que le capitaine Nolan, aide de camp du quartier-maître général accourut, à franc étrier vers lord Lucan, et lui remit une instruction écrite ainsi conçue :

« Lord Raglan veut que la cavalerie s'avance rapidement sur le front, poursuive l'ennemi et tâche de l'empêcher d'emporter les canons. Une troupe d'artillerie à cheval peut accompagner. La cavalerie française est sur votre gauche. — Sur-le-champ !

« R. AIREY. »

XVII. — « Après une lecture attentive de cet ordre, dit lord Lucan, j'hésitai, et j'insistai sur les dangers qu'il entraînait. » En effet, la cavalerie russe s'était retirée sur la route de Jalta ; l'ennemi s'était reformé en bataille et présentait une masse épaisse sous la protection d'une redoutable artillerie (1). Au fond de la vallée se trouvait le gros du corps d'armée du général Liprandi, et bien en avant, croisant leurs feux, les deux premières redoutes et celle de la chaîne de la Tchernaïa. En outre, les flancs des collines extrêmement boisées étaient très-favorables au feu des tirailleurs, et

(1) Voici, d'après un témoin oculaire qui nous l'a rapporté sur les lieux mêmes où eut lieu l'engagement, comment était défendue par les Russes la gorge de Kamara :

1° Les canons pourvus de leurs munitions, qui se trouvaient dans les redoutes enlevées aux Turcs ;

2° Une batterie placée au fond de la gorge, et la balayant dans toute sa longueur ;

3° Une batterie placée sur le mamelon formant le côté gauche de la gorge et presque en face des redoutes, avec lesquelles elle croisait ses feux.

protégeaient en les cachant de fortes colonnes d'infanterie.

Devant l'hésitation de lord Lucan, le capitaine Nolan répéta que les ordres de lord Raglan étaient de lancer la cavalerie immédiatement.

« — Mais, où faut-il donc que je la lance? dit lord Lucan.

« — Milord, répondit l'officier, là sont nos canons, en montrant les redoutes, là est l'ennemi. »

C'est alors que lord Lucan, n'acceptant peut-être pas dans toute son étendue la responsabilité de l'important commandement qu'il exerçait, se crut impérieusement obligé d'obéir, et envoya dire à lord Cardigan d'attaquer.

Devant cet ordre, lord Cardigan hésita, comme avait hésité lord Lucan; car c'était conduire sa vaillante brigade à une mort certaine, sans avoir une seule chance de succès. Il fit observer que ses cavaliers seraient écrasés par les feux croisés des batteries ennemies pendant toute la distance qu'ils auraient à franchir, et que cette distance était considérable; que, de plus, l'infanterie les mitraillerait aussi, avant qu'ils pussent arriver. Mais à ces objections si justes, il lui fut répondu que l'ordre du général en chef était impératif.

Lord Cardigan inclina la tête en signe d'obéissance, sans prononcer aucune autre parole, et alla se placer en tête de sa brigade.

Il jeta, nous racontait une des personnes qui étaient auprès de lui, un regard de profonde tristesse sur ses beaux régiments qu'une mort inévitable allait bientôt décimer, et lança son cheval au galop en s'écriant : « En avant le dernier des Cardigan! »

A sa droite s'était placé le capitaine Nolan, le sabre levé, et se jetant au premier rang dans cette mêlée de mitraille qui labourait la plaine. — Peut-être comprenait-il qu'après les paroles imprudentes que lui avait dictées l'élan irréfléchi d'un courage impatient, il devait un des premiers braver cette mort glorieuse, au-devant de laquelle volaient, calmes et résolus, les escadrons de la cavalerie légère.

XVIII. — Les troupes échelonnées sur le sommet et sur le versant des collines virent avec un sentiment d'infinie tristesse, cette superbe brigade s'élancer dans la plaine à une attaque impossible, dont la folie pouvait seule égaler l'héroïsme. Tous les cœurs se serrèrent, tous les regards la suivirent jusqu'à ce qu'elle eut disparu dans un tourbillon de fumée : elle passait rapide comme l'éclair, avançant vers ces batteries meurtrières qui vomissaient des flots de mitraille.

Un des premiers qui tomba frappé à mort fut le capitaine Nolan, emportant avec lui dans la tombe le dernier mot de cette sanglante énigme : un biscaïen l'avait frappé au milieu de la poitrine. Il poussa un grand cri, et une de ses mains se crispa convulsivement dans la crinière de son cheval, qui continua de galoper avec le cadavre.

Cet ouragan, que n'avait pu arrêter le feu des canons, étonna les Russes. Les cavaliers gravissaient les mamelons, franchissaient les batteries, traversant des colonnes épaisses qu'ils trouaient dans leur marche sanglante. Une forte masse d'infanterie, cachée dans un lieu couvert, se montra tout à coup, accueillant les Anglais par son feu opiniâtre; l'intrépide brigade, que la mort avait amoindrie, passa encore au travers et se trouva alors en face de la cavalerie russe, sur laquelle elle se rua. Ce devint une mêlée effroyable, où se trouvaient confondus fantassins et cavaliers.

Mais bientôt les Russes, qu'avait stupéfaits cet acte d'audace désespérée, se forment sur quatre rangs de profondeur : hommes et chevaux viennent se briser contre ce rempart vivant; des régiments de lanciers russes prennent par le flanc les escadrons désunis, et des masses compactes s'avancent de tous côtés. — La valeureuse brigade si elle ne veut périr en entier, doit revenir sur ses pas; mais il lui faut briser une seconde fois les rangs ennemis, et traverser cette plaine qu'enveloppaient, pour ainsi dire, de toutes parts des flots de flammes, de fer et de fumée (1).

(1) Le lieutenant général Lucan, commandant la division de cavalerie, rapporte ainsi l'attaque de la brigade légère :

A S. Exc. le Commandant des forces. — 27 octobre 1854.

« Ayant reçu l'ordre de faire un mouvement rapide sur notre front pour empêcher l'ennemi d'enlever les canons perdus par les troupes turques dans la matinée, j'ai ordonné à la brigade légère d'avancer sur deux lignes, et je les ai soutenues avec la grosse brigade. Cette

XIX. — La brigade de chasseurs d'Afrique arrivait comme nous l'avons dit pour appuyer la gauche de la cavalerie anglaise, lorsque la brigade légère s'élança sur les redoutes russes. — Le général Morris ignorait l'ordre envoyé à lord Lucan, et ne pouvait comprendre ce mouvement, dont rien ne motivait l'imprudente témérité; cependant, en face du désastre qui menaçait la brigade Cardigan, il ne devait pas rester inactif; il porte tout à coup ses échelons en avant, et lance, sans hésiter, sur la batterie russe qui couronne le grand mamelon boisé, deux escadrons du 4ᵉ chasseurs d'Afrique soutenus par deux autres escadrons du même régiment.

Aussitôt ces braves escadrons s'élancent, ayant à leur tête le général d'Allonville et leur colonel Champéron; ils gravissent au galop les pentes abruptes qui s'élèvent devant eux. La batterie russe vers laquelle ils se dirigent, voit ce mouvement et essaye quelques obus inutiles; déjà les cavaliers ont atteint l'arête du mamelon et s'avancent droit sur les pièces; mais celles-ci sont attelées avec précipitation, et se retirent au moment

attaque par la cavalerie légère a été très-brillante et très-hardie, exposée au feu des grosses batteries sur son front et ses deux flancs; elle s'est avancée intrépidement jusqu'aux batteries de l'ennemi; là, elle a sabré les canonniers sur leurs pièces, et elle ne s'est retirée que lorsqu'elle s'est trouvée engagée contre une force très-supérieure de cavalerie, à l'arrière. Le major général, comte de Cardigan, a conduit cette attaque de la manière la plus brave et la plus vaillante, et Sa Seigneurie m'a exprimé toute son admiration pour le courage et l'ardeur de tous les officiers, sous-officiers et soldats qu'elle avait avec elle. »

« J'ai la douleur de le dire, milord, les pertes ont été très-grandes, et, je le crains, elles seront fort regrettées par Votre Seigneurie. »

où le 4e escadron arrive sur l'emplacement qu'elles occupaient. Le commandant Abdelal se jette à leur poursuite avec ses intrépides chasseurs; une ligne épaisse de tirailleurs et deux carrés russes cachés par d'épaisses broussailles, se dressent tout à coup et commencent un feu terrible.

Le capitaine Dangla, emporté par son courage, s'élance sur les rangs serrés des baïonnettes ennemies et tombe frappé à mort (1); les chasseurs qui le suivent se précipitent en avant avec une héroïque valeur, rien ne peut les arrêter, et ils se frayent dans les carrés russes, un sanglant chemin; les capitaines Ollier et Burtin sont au plus fort de la mêlée; c'est une lutte corps à corps, où chefs et soldats combattent en désespérés.—La plus importante et la plus meurtrière des batteries ennemies, avait cessé de mitrailler la cavalerie anglaise; le but était atteint; le général Morris, voyant un régiment de Cosaques du Don accourir au secours des carrés enfoncés, tandis que deux autres couronnaient la crête supérieure du mamelon et s'apprêtaient à fusiller nos chasseurs, fit sonner la retraite et rallier le 4e chas-

LE CAPITAINE DANGLA.

(1) Toute la vie militaire du capitaine Dangla s'était passée en Afrique. Engagé volontaire en 1836 au 9e régiment de chasseurs à cheval à l'âge de 18 ans, il partit en 1838 pour l'Algérie, et ne quitta ce pays que pour faire partie de l'armée d'Orient. Pendant ces 15 années, le jeune Dangla, tour à tour brigadier, maréchal de logis, sous-lieutenant, lieutenant, capitaine, sut se faire remarquer par sa bravoure éclatante. Déjà à Milianah, en 1841, blessé d'un coup de feu au côté droit, il avait été cité à l'ordre de l'armée, qui perdit en lui, le 25 octobre 1854, un brave soldat et un bon officier.

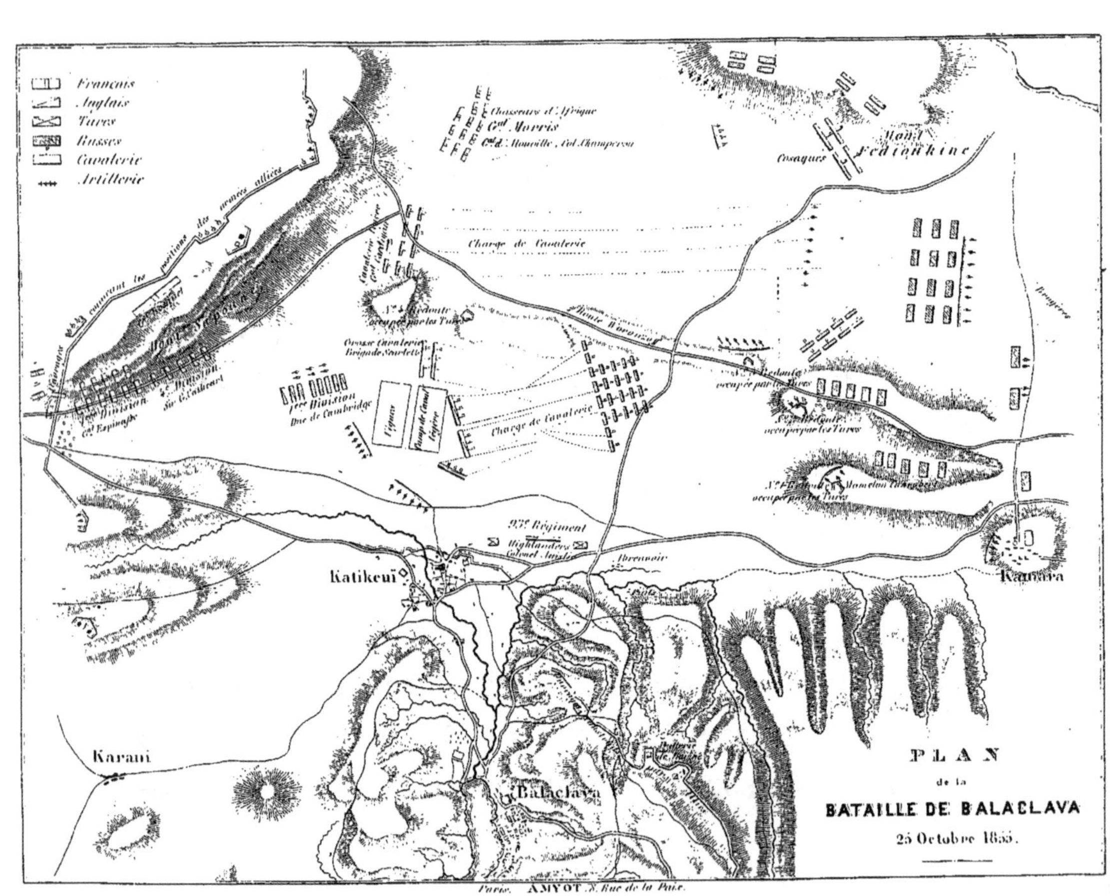

Paris. AMYOT, 8, Rue de la Paix.

seurs derrière le 1er, dont un escadron déployé en tirailleurs protégeait le retour de la cavalerie anglaise et permettait à lord Cardigan de reformer les débris de sa brigade (1).

Ce retour fut affreux. A travers une plaine semée de morts et de mourants, galopaient en bonds insensés des chevaux sans maîtres ou traînant après eux leurs cavaliers frappés mortellement; d'autres, les flancs déchirés, éperdus de tout ce bruit, de tout cet effroyable tumulte, de tout ce sang répandu, et se soutenant à peine sur leurs jarrets tremblants, venaient comme des troupeaux effarés se mêler à la grosse cavalerie et se presser contre elle. — C'était un triste et navrant spectacle, de voir revenir amoindrie de plus de moitié, broyée par la mitraille, cette belle brigade que ramenait tristement dans les lignes anglaises son vaillant général (2).

(1) La charge vigoureuse et hardie des chasseurs d'Afrique arrêta le feu de l'artillerie russe qui menaçait d'écraser entièrement, pendant son mouvement de retraite, la cavalerie si imprudemment engagée. Les chasseurs d'Afrique signalaient ainsi leur apparition en Crimée par un de ces actes d'intrépidité et de vigueur, dont ils avaient donné tant de preuves sur les champs de combat en Algérie. Les pertes du régiment des chasseurs d'Afrique dans cette affaire furent 13 morts, dont 2 officiers; 7 blessés, dont 2 amputés; 16 chevaux tués, 12 blessés.

(2) Lord Lucan, commandant en chef de la cavalerie anglaise, à la suite du rapport de lord Raglan sur cette affaire, publia une lettre adressée au général en chef; cette lettre, émanée d'un officier général exerçant un si haut commandement dans l'armée de Crimée, est un document fort utile. La voici en son entier :

« Milord, « *Balaclava, le* 30 *novembre* 1854.

« Dans le rapport de Votre Seigneurie sur la charge exécutée à

XX. — Le corps d'armée du général Liprandi ayant reformé ses lignes en arrière sur la chaîne des hauteurs qui bordent de ce côté la vallée de la Tchernaïa, ne tenta aucun autre mouvement en avant.

Le milieu du jour était arrivé. — Le général Canro-

Balaclava le 25 du mois dernier, rapport publié par les journaux qui viennent d'arriver d'Angleterre, vous dites : « que, s'étant mépris sur l'ordre d'avancer, le lieutenant général avait cru de son devoir d'attaquer à tout hasard, et qu'il avait en conséquence ordonné à lord Cardigan de s'avancer avec la brigade légère. » Certes, milord, c'est là une accusation grave et qui porte une sérieuse atteinte à mon caractère de soldat. Il m'est impossible de garder le silence. Je me vois dans la nécessité d'exposer les faits qui, je n'en saurais douter, doivent me justifier d'un reproche que je n'ai, j'ose le dire avec respect, nullement mérité. La cavalerie s'était formée pour appuyer un mouvement projeté de l'infanterie, lorsque le capitaine Nolan, aide de camp du quartier-maître général, vint à moi à franc étrier, et me remit entre les mains cette instruction écrite :

« Lord Raglan veut que la cavalerie s'avance rapidement sur le
« front, poursuive l'ennemi et tâche de l'empêcher d'emporter les
« canons. Une troupe d'artillerie à cheval peut accompagner. La cava-
« lerie française est sur votre gauche. — Sur-le-champ.

« R. Airey. »

« Après une lecture fort attentive de cet ordre, j'hésitai et j'insistai sur l'inutilité d'un semblable mouvement et sur les dangers qu'il entraînait. L'aide de camp déclara du ton le plus absolu que les ordres de lord Raglan étaient, que la cavalerie attaquât immédiatement. « — Où, lui demandai-je, et que faut-il faire ? » Car on ne voyait ni ennemi, ni canons. « — Là, milord, est l'ennemi ; là sont vos canons, » répondit-il de la manière la plus irrespectueuse, mais la plus péremptoire, en indiquant l'autre extrémité de la vallée.

« Votre instruction écrite était, à mon avis, si précise, les ordres transmis par l'aide de camp si positifs et si pressants, que je me crus impérieusement obligé d'obéir, et je fis savoir à lord Cardigan qu'il fallait avancer. Aux objections qu'il me fit, et que j'approuvais complétement, je répliquai que l'ordre émanait de Votre Seigneurie.

« Ayant, malgré ma conviction, décidé d'opérer ce mouvement, je fis tout ce que je pus, pour qu'il fût le moins dangereux possible. Je

bert et lord Raglan firent prendre aux troupes qui étaient sur les lieux une position moins étendue, plus rapprochée de Balaclava et se reliant avec le corps d'observation.

Les Turcs, soutenus par la 4e division, sous les or-

formai la brigade sur deux lignes; je la fis appuyer de deux régiments de grosse cavalerie, les Écossais gris et les royaux, et je ne les arrêtai que lorsqu'ils furent arrivés à l'endroit, d'où ils pouvaient protéger la retraite de la cavalerie légère, dans le cas où elle serait poursuivie par l'ennemi, et lorsqu'ayant déjà perdu beaucoup d'officiers et de soldats par suite du feu des batteries, elle serait, en avançant davantage, exposée à être détruite.

« Milord, je croyais alors, et c'est encore mon opinion, suivre la seule voie qui me fût ouverte. J'ai, sans nul doute, comme lieutenant général, un pouvoir discrétionnaire; mais prendre sur moi de désobéir à un ordre écrit de mon commandant en chef, presque au moment où il m'était remis, et lorsqu'il était donné d'un point élevé d'où l'on découvrait entièrement toutes les batteries et la position de l'ennemi, ce n'eût été rien moins qu'une désobéissance directe aux ordres que j'avais reçus, sans aucun autre motif, sinon que je préférais ma propre opinion à celle de mon général, et je me fusse alors exposé, moi et la cavalerie, à d'odieuses imputations contre lesquelles il eût été difficile de nous défendre. Il importe aussi de se rappeler que l'aide de camp, bien informé des intentions de son général et du but qu'il avait en vue, après avoir insisté sur une charge immédiate, se plaça lui-même sur le front de l'un des premiers escadrons d'attaque et fut tué le premier. Je n'ai point osé désobéir à Votre Seigneurie, et tous les officiers de l'armée auxquels j'ai montré vos instructions, estiment qu'il ne m'était pas possible d'agir autrement.

« J'espère, milord, que j'ai exposé les faits avec modération, ainsi qu'en des termes convenables et respectueux, comme j'ai désiré le faire; j'ai la confiance que vous voudrez bien me rendre justice. Tout ce que je demande, c'est que Votre Seigneurie ait la bonté de donner à cette lettre la même publicité qu'à son rapport, car je souhaite vivement convaincre ma souveraine, mes supérieurs militaires et le public, qu'en cette malheureuse circonstance, je ne me suis pas montré indigne de leur confiance, ou incapable d'exercer le commandement dont j'étais chargé.

« LUCAN, *lieutenant général.*

dres de sir George Cathcart, avaient réoccupé une des hauteurs que les Russes avaient envahies dans le commencement de la journée. — Des régiments anglais campèrent dans la vallée, et une brigade de la 1re division française resta prête à porter au premier signal assistance au général sir Colin Campbell.

Sir George Cathcart, général énergique et entreprenant, avait proposé de reprendre d'assaut avec sa division les redoutes enlevées par l'ennemi; mais l'attaque des Russes dans cette journée avait prouvé clairement, que ces ouvrages avancés étaient trop éloignés pour résister à un envahissement sérieux, alors même que, les ayant solidement constitués, on eût employé à leur défense des troupes plus considérables. Aussi les deux généraux en chef décidèrent : « que les Anglais, abandonnant leurs lignes extérieures de défense, concentreraient leurs forces sur la chaîne étroite qui ferme l'entrée de la vallée de Balaclava, vers le port et sur les collines qui dominent la ville. »

Il fut en outre arrêté, que pour prévenir les résultats possibles d'une nouvelle tentative des Russes sur ce point, on construirait des parapets et des redoutes, afin d'avoir les deux côtés des hauteurs, et renfermer ainsi dans une enceinte de défense solide la position de Balaclava (1).

(1) *Rapport de lord Raglan*, 28 *octobre* 1854.

« Comme les moyens de défendre la position étendue qu'avaient occupée, le matin, les troupes turques s'étaient trouvés complétement insuffisants, je jugeai, de concert avec le général Canrobert, qu'il

CHAPITRE II.

XXI. — La journée du 25 octobre prouvait que l'armée du prince Menschikoff s'était considérablement renforcée, et plaçait cette partie du plateau sous la menace permanente d'une attaque que les Russes devaient inévitablement tenter, avant que les armées alliées eussent reçu de nouveaux renforts : aussi depuis lors, un corps d'armée russe s'établit sur la rive gauche de la Tchernaïa.

Cette prévision n'avait pas échappé au général Canrobert; il était surtout frappé de l'insuffisance des ouvrages défensifs de l'armée anglaise, qui laissaient ainsi dans une position dangereuse, et sans appui, les divisions campées sur l'extrémité du plateau d'Inkermann, où venaient aboutir, en le contournant, deux routes qui partaient du fond de la vallée. Aussi le général en chef de l'armée française ordonna, qu'à partir du 26, la 1re division cessât de fournir des travailleurs et des bataillons de garde, voulant la conserver tout entière sous ses ordres directs, et l'avoir à sa disposition pour la porter sur le point où une attaque imprévue rendrait sa pré-

était nécessaire de nous retirer de la chaîne moins élevée des hauteurs, et de concentrer notre force immédiatement en face de l'étroite vallée qui mène à Balaclava et sur les hauteurs escarpées qui sont à notre droite, ce qui procurera ainsi une plus étroite ligne de défense. »

sence nécessaire (1). En outre, il prescrivit au général Bosquet d'établir ses troupes formant le corps d'observation, de telle sorte qu'il pût faire face aux attaques venant des vallées de Balaclava et de la Tchernaïa, et, se rapprochant le plus possible par sa gauche de la droite des Anglais à Inkermann, leur donner la main et les soutenir, le cas échéant.

XXII. — Le 26, on signala dans la matinée plusieurs colonnes d'infanterie et d'artillerie, sortant de Sébastopol; chacun pensa d'abord que ces troupes allaient rejoindre le corps du général Liprandi en traversant la vallée d'Inkermann; mais protégées par les collines qui dérobaient une partie de leurs mouvements, elles apparurent subitement sur les hauteurs, menaçant la gauche de la seconde division que commandait sir De Lacy Evans. Couvertes par de nombreux tirailleurs, ces colonnes avancèrent avec rapidité.

La division, quoique surprise par cette attaque, se forma aussitôt en avant de son camp, sous les ordres du major général Pennefather et du brigadier général Adams; les batteries anglaises ouvrirent promptement leur feu.

Dès les premiers coups de canon, le duc de Cambridge avait jeté sur le terrain menacé la brigade des gardes, sous les ordres du major général Bentinck, et

(1) L'effectif du corps de siége, y compris les troupes d'artillerie et du génie affectées au siége, est de 24 837 hommes, avec 1340 marins fournis par la flotte.

une batterie d'artillerie. Sir George Cathcart était accouru avec un régiment de tirailleurs, et sir George Brown avait envoyé des canons soutenir la gauche de la division; de plus, le général Bosquet avait porté cinq bataillons français sur la position attaquée, et était venu lui-même, dès le commencement de l'action, mettre ses troupes à la d position de sir De Lacy Evans. Mais le général anglais ne pensa pas avoir besoin de l'assistance qui lui était offerte, et remercia vivement le général Bosquet, lui assurant que « les troupes sous ses ordres suffiraient pour repousser l'ennemi. »

L'attaque des Russes fut vive; car ayant reconnu sans doute que le plateau n'était pas sérieusement protégé par des travaux défensifs, ils espéraient s'emparer des hauteurs et en repousser avec des pertes sensibles les troupes anglaises (1).

Leur attente fut déçue; pris à la fois par le tir bien nourri de dix-huit pièces de position et par le feu des premiers corps de l'infanterie anglaise, l'ennemi se retira en désordre et fut poursuivi jusque dans la vallée.

(1) C'est à la bravoure et à la détermination de leurs avant-postes, que les Anglais durent d'avoir pu se former en bataille avant l'arrivée de l'ennemi; ces avant-postes, formés du 49ᵉ et du 30ᵉ, firent preuve de grande énergie, et le général en chef cite dans son rapport, avec les plus grands éloges, le lieutenant Conolly, du 49ᵉ, les capitaines Bayly et Atcherley, du 30ᵉ, qui tous trois furent grièvement blessés en résistant, avec une grande valeur, aux troupes russes.

« Le lieutenant Conolly, rapporte un écrivain anglais auquel nous empruntons ces quelques lignes, voyant les munitions de ses hommes épuisées, chargea l'ennemi le sabre à la main, et tomba frappé d'une balle en pleine poitrine. »

« Nous avons fait 80 prisonniers, dit lord Raglan dans son rapport, et 130 cadavres ennemis sont restés sur notre terrain. »

XXIII. — Chaque jour semblait devoir apporter le même bruit de combat, d'attaque et d'alerte soudaine. Dans la nuit qui suivit, les troupes du corps d'observation furent réveillées par une vive canonnade et un feu de mousqueterie très-violent, qui s'étendaient sur toute la ligne russe. Trompés sans doute par une fausse alerte donnée par leurs avant-postes, les Russes, croyant à une attaque combinée de l'armée alliée, avaient ouvert leur feu dans toutes les directions.

Bientôt de part et d'autre on ne tarda pas à reconnaître que chacun était resté dans ses positions respectives. Mais, à quatre heures du matin, la mousqueterie et le canon résonnent de nouveau, et cette fois-ci dans nos lignes; on entend en effet dans toute la vallée un bruit très-marqué de chevaux qui s'avancent au galop. La nuit est obscure encore, on ne peut rien distinguer; les troupes prennent les armes à la hâte et se forment en bataille; — le bruit augmente; à chaque minute il devient plus sonore : ce gros de cavalerie gravit la colline; et tout à coup on s'aperçoit que ce ne sont que des chevaux, tout sellés il est vrai, mais sans cavaliers et appartenant à différents régiments russes.

Ces chevaux, effrayés par la fusillade de la nuit, avaient brisé leurs attaches et s'étaient enfuis dans la vallée. Une cinquantaine environ sont pris par nous, une centaine sont entrés dans les lignes anglaises.

XXIV. — Les approches françaises se continuent avec une infatigable activité (1); nuit et jour les travailleurs creusent le sol, élèvent des parapets; l'artillerie construit des batteries, et l'ennemi ne pouvant arrêter nos travaux par les feux de la place (2), se fortifie par de nouveaux retranchements sur le côté gauche du ravin qui descend vers la ville; il ne répare plus les embrasures du bastion du Mât, atteintes par nos projectiles, mais construit des ouvrages en arrière, et établit une forte gabionnade en avant du saillant du bastion,

(1) Le nombre quotidien des blessés au corps de siége, d'après les relevés des rapports de l'ambulance de tranchée, oscille entre 16 et 22, le chiffre des morts ne dépasse guère 8 ou 10.

Le journal du corps de siége, que nous avons sous les yeux, porte, depuis l'arrivée des troupes devant Sébastopol jusqu'au 25 inclusivement : Officiers, tués 4, blessés 35. Troupes, tués 129, blessés 994.

(2) Depuis la nuit du 20 octobre, pendant laquelle les Russes avaient tenté d'enclouer les canons de deux de nos batteries, ils n'ont plus attaqué nos travaux d'approche, et se sont contentés de les tourmenter nuit et jour par un feu violent, qu'ils cessaient par instants, puis qu'ils reprenaient tout à coup avec une vigueur extrême, lançant des volées de mitraille sur nos ouvrages les plus avancés.

« Dans la nuit du 29 au 30, dit le journal du corps de siége, vers 3 heures du matin, une petite colonne russe d'une cinquantaine d'hommes, sortie de la place, se dirige, dans l'obscurité, sur la batterie 4, et n'est aperçue qu'à peu de distance de cette batterie. Reçue à coups de fusil, par 3 compagnies du 26ᵉ, elle fait une décharge générale de ses armes et se retire immédiatement. »

Le rapport de l'ambulance de tranchée ne portait, pour les 24 heures, que 2 tués et 4 blessés.

contre lequel il sent que se dirigent nos principales attaques.

En effet, notre marche souterraine avançait vers la place. Déjà les cheminements sur lesquels doit s'appuyer la 3e parallèle ont été exécutés par le génie (ils sont au nombre de cinq), et dans la nuit du 1er novembre, commence le périlleux tracé de cette parallèle, qui rencontre sur divers points des roches crayeuses.

Ce travail important est entrepris à la fois sur la droite et sur la gauche. La place emploie tous ses efforts contre les travailleurs, et vers quatre heures du matin, une vive canonnade laboure de tous côtés le terrain. — Heureusement les épaulements ont déjà une épaisseur suffisante pour abriter les hommes.

XXV. — Dans un siége, l'établissement de la 3e parallèle est une œuvre de la plus haute gravité, et dont l'exécution est un danger permanent de chaque jour, de chaque heure, de chaque minute ; le récit ne peut qu'en constater les résultats, sans montrer l'héroïsme passif de cette lutte obscure, pied à pied avec le sol qui résiste, avec la mitraille qui tue. Celui que la mort frappe, tombe silencieusement ; un autre prend sa place et continue l'œuvre un instant interrompue.

Sur la gauche surtout, la position est dangereuse ; car on est en butte, presque sur tous les points, aux tirailleurs ennemis. Aussi l'on avance avec précaution, en employant pour garantir les hommes exposés à un feu meurtrier, les dispositions les plus minutieuses (1).

Le général en chef écrivait au ministre de la guerre : « Les attaques contre la place ont marché lentement avec le pic, la pince et le pétard, mais sûrement, et elles sont parvenues aujourd'hui à 140 mètres du saillant du bastion du Mât. J'établis à cette distance une 3e parallèle.

« Le génie de l'armée, en conduisant les approches aussi près de l'enceinte, a réalisé presque l'impossible, puisque nous sommes arrivés dans l'espace de quatorze jours à la 3e parallèle, en marchant toujours à la sape volante dans un roc vif, où l'on met trois à quatre jours à faire le travail d'une nuit, dans un terrain ordinaire. »

XXVI. — Depuis le 19 octobre, nos batteries, remises

(1) *Journal du corps du siége, du 2 au 3 novembre.*

« Le sol est très-dur; il y a des bancs de rocs. On prolonge la troisième parallèle jusqu'à l'excavation d'une ancienne carrière. Ce travail s'exécute à la sape volante, seul mode de marche praticable dans les conditions où l'on se trouve placé devant Sébastopol; mais afin de moins exposer les travailleurs, on suit une disposition particulière qui consiste à placer deux rangs de gabions jointifs, à les remplir de sacs à terre, et à les couronner de fascines, avant de développer les travailleurs le long de la gabionnade.

« La fusillade, qui a commencé à 9 heures et demie sur l'attaque de droite comme sur l'attaque de gauche, n'arrête pas la marche du travail. A 4 heures du matin, les travailleurs sont partout à couvert; la sape est couronnée et le parapet a bonne épaisseur.

« Vers 4 heures et demie du matin, le feu de la place reprend avec violence. Cette bourrasque, de 12 à 1500 coups de canon, dérange à peine quelques fascines. »

en état, n'ont cessé de faire feu.—Six nouvelles ont été adjointes aux premières (1). Ce sont les batteries 10, 11, 12, 13, 14, 14 *bis*, placées dans le prolongement de nos travaux d'attaque; les unes battent la face gauche et l'intérieur du bastion du Mât, les autres, les batteries ennemies placées à la droite et à la gorge du ravin (2).

On le voit, les attaques françaises avaient fait un tel

(1) *Batterie* 10. 4 canons de 24, 3 obusiers de 22. (Doit ruiner la face gauche du bastion du Mât, prendre de revers la face droite; ruiner également une petite batterie de 4 pièces qui a été élevée en avant de la face gauche du bastion du Mât, chercher à atteindre le retranchement en arrière.)

Batterie 11 (marine). 10 canons de 30, 4 obusiers de 22. (Même objet que la précédente. Contre-battre en outre l'enceinte en arrière du bastion du Mât, et particulièrement la batterie située en avant de l'église.)

Batterie 12. 4 canons de 24, 4 obusiers de 22. Les obusiers ricochent la face gauche du bastion du Mât. Les canons contre-battent les batteries ennemies situées vers la gauche du ravin.

Batterie 13. 2 canons de 16, 2 canons de 24, 2 obusiers de 22. (Contre-battre les batteries situées à la droite du ravin.)

Batterie 14. 4 mortiers de 22, 2 mortiers de 22. (Battre les batteries situées à la gorge du ravin sur le boulevard.)

Batterie 14 *bis*. 6 mortiers de 15. (Battre le ravin des batteries basses, le magasin à poudre, ainsi que l'intérieur du bastion du Mât.)

(2) Nous trouvons, à ce sujet, le passage suivant dans quelques notes manuscrites écrites sur les travaux du siége par un officier général qui y exerçait un important commandement :

« Les Anglais paraissaient le comprendre; et, lorsqu'on leur témoignait la crainte qu'ils ne fussent pas en mesure de livrer cet assaut, ils répondaient qu'ils marcheraient contre le Redan et Malakoff, comme ils avaient marché à l'Alma, sur les ouvrages des Russes garnis d'une puissante artillerie. Les ouvrages et les batteries de Karabelnaïa avaient été rendus jour et nuit plus formidables par des travaux considérables, et étaient en outre protégés par des accidents de terrain, qui en rendaient l'approche d'autant plus difficile, que les Anglais avaient à franchir une distance de 16 à 1700 mètres, qui séparait leurs batteries de la place, et cela sous un feu meurtrier. »

progrès, que l'on pouvait prévoir le jour où un assaut serait possible contre le bastion du Mât; mais ce n'était toutefois qu'à la condition d'un assaut semblable sur les lignes d'attaque de l'armée anglaise, qui comprenaient le Redan et Malakoff; car une tentative isolée sur le bastion du Mât prise à revers de toutes parts, tant par les batteries des casernes que par celle de Karabelnaïa, devait, en laissant les Français exposés à un feu meurtrier, les empêcher de s'y maintenir.

XXVII. — Chaque jour de retard rendait la position plus délicate et plus difficile. De tous côtés les Russes élevaient avec une infatigable et habile activité des défenses qui se reliaient entre elles sur tous les points où l'on pouvait supposer que déboucheraient les colonnes d'assaut; des batteries basses étaient établies croisant leurs feux et balayant tout le terrain que nos troupes auraient à parcourir. Chaque jour le rapport du corps de siége signalait ces travaux, sur lesquels les compagnies des francs-tireurs entretenaient un feu journalier très-bien dirigé, et qui causait à l'ennemi des pertes sensibles (1).

(1) *Journal du corps du siége.*

« *Du* 20 *au* 21 *octobre.* Les Russes ont élevé de nouvelles batteries sur le revers du ravin descendant au port du Sud et traversé par la parallèle.

« *Du* 22 *au* 23. L'ennemi, en abandonnant les batteries soumises à l'action de nos pièces, se hâte d'en ouvrir dans les bas-fonds qui ne sont pas vus; et de là, sous des inclinaisons convenables, tourmente nos travaux par de nombreux projectiles. Il met des pièces partout

XXVII.—Le 1er novembre, 47 nouvelles pièces ouvrent leur feu contre la place. Les Anglais tirent également de toutes leurs batteries. Le bastion du Mât, le principal but de l'attaque du côté des Français, cesse de tirer dans l'après midi, ou du moins son tir est telle-

où elles peuvent être à l'abri des carabines des francs-tireurs, et tire des points les plus éloignés de la place.

Du 25 *au* 26. Les Russes font de nouvelles batterie, ils placent de grands sacs à terre en face du bastion du Mât, qui regarde la route de Sébastopol, à 3 mètres du pied de l'épaulement.

Du 26 *au* 27. Les Russes continuent à construire des retranchements sur le côté gauche du ravin qui descend à la ville.

Les francs-tireurs, placés dans toute la longueur de la 2e parallèle, dirigent leur feu contre les batteries du bastion du Mât et contre celles placées dans le ravin où passe la route de Sébastopol, et qui sont établies derrière une tranchée que les Russes ont faite pendant la nuit, pour relier le bastion du Mât au fort du milieu.

Ils tirent sur des pièces de campagne qui bientôt sont réduites au silence. On aperçoit que l'ennemi a établi une batterie de 6 pièces devant une poudrière qui est au fond du ravin. Les assiégés transforment en une batterie de quatre embrasures la gabionnade qu'ils ont élevée en avant de la face gauche du bastion du Mât.

Du 27 *au* 28. Les Russes construisent à la gauche du bastion du Mât une batterie de 4 pièces, pour contre-battre la batterie n° 11. On va reconnaître cette batterie; on s'en approche à 40 mètres, sans être vu, et on constate que l'on y travaille activement au moyen de terres apportées dans des paniers; on s'occupe aussi des plates-formes.

Du 30 *au* 31. Outre la batterie de 8 pièces, que les Russes ont construite en arrière de la tour du Centre, ils ont établi un retranchement en pierres sèches, derrière lequel on voit déjà 2 pièces en batterie. Ce retranchement s'appuie d'un côté à la batterie de 8 pièces, dont il vient d'être question, de l'autre, à celle de la promenade. Ils construisent aussi, en avant d'une maison jaune, à mi-côte du versant sud du mamelon sur lequel se trouve la partie la plus importante de la ville, une forte batterie destinée à agir à l'extérieur de la place, mais principalement pour la défense intérieure contre la colonne d'attaque. Enfin, ils en amorcent une autre, dans le même but, à droite du magasin à poudre.

ment affaibli, qu'il lance à peine quelques volées, à de rares intervalles. L'on peut facilement constater les dégradations que lui a occasionnées notre artillerie.

Certes, cette canonnade subite et d'une vigueur excessive dut faire croire à la ville assiégée qu'une tentative sérieuse se préparait contre elle ; et, en effet, l'assaut avait été résolu en conseil, pour le 6 novembre.

Le général Forey, commandant le corps de siége, avait reçu l'ordre de préparer de solides colonnes commandées par des officiers choisis dans tous les grades, parmi ceux qui jouissaient d'une réputation connue de vigueur et d'intelligence. Tout s'apprête; on fait à la hâte dans les tranchées les plus avancées des gradins de franchissement.

Le feu des Russes a repris avec une nouvelle intensité, et notre attaque de gauche, exposée à un grand nombre de batteries nouvellement construites, est plus éprouvée que l'attaque de droite. Tout semble faire pressentir qu'on touche à un grave et solennel moment; nos canonniers de terre et de mer redoublent d'ardeur et d'énergie : chaque homme se multiplie. Sur plusieurs points, les pertes sont sérieuses, le sang coule; des coups d'embrasure démontent les pièces. — Dans la même journée, quatorze canonniers sont mis hors de combat dans la batterie 13 qui est forcée de suspendre son tir : les balles, les boulets, la mitraille détruisent de tous côtés ses parapets. Les projectiles creux surtout sont lancés avec une grande précision; mais les francs-tireurs, placés aux deux extrémités de la deuxième parallèle nouvellement ouverte, ralentissent souvent le feu de l'ennemi.

On connaît l'activité des Russes à réparer leurs travaux défensifs; on sait que les approvisionnements accumulés dans les arsenaux ne leur feront pas défaut, et que les pièces démontées la veille seront mises le lendemain en état et prêtes à faire feu. — Il faut se hâter.

XXIX. — Aussi, pendant que le général en chef, accompagné des généraux d'artillerie et du génie, explore les abords de la place, les officiers supérieurs, désignés pour diriger les diverses colonnes, étudient avec un soin minutieux le terrain où les troupes assaillantes doivent rencontrer de sérieux obstacles, après avoir franchi la première enceinte. — Mais bien des points restent encore obscurs, car les affaissements de sol, impossibles à constater, peuvent créer des difficultés imprévues. C'est le bastion du Mât dont on doit s'emparer; c'est celui qui a le plus souffert et qui doit le plus souffrir par le feu continuel de nos batteries.

Dans la nuit du 3 au 4, le général de Lourmel, général de tranchée, envoie son officier d'ordonnance, le capitaine d'artillerie de Lajaille, en reconnaissance vers le bastion du Mât, afin de savoir, avec certitude, les obstacles artificiels qui peuvent en défendre les approches. Il fait une nuit profonde; la pluie tombe; des deux côtés l'artillerie, comme fatiguée par son feu incessant, semble se reposer. Quelques bombes seulement traversent l'air de leurs rayons enflammés, et des balles perdues sifflent et labourent les crêtes de nos travaux les plus avancés. Le capitaine de Lajaille part, accompagné de quelques officiers et de cinq ou six soldats; il se glisse silencieusement; pas le moindre bruit ne trahit son approche : il arrive ainsi devant le bastion sans être aperçu, et peut constater avec certitude qu'il s'y trouve un fossé, dont la profondeur doit être de 1 mètre 50 à 2 mètres, au plus.

Le lendemain, le capitaine Martin et le lieutenant Fescourt partent de nouveau au milieu de la nuit avec des sapeurs et quelques soldats, pour reconnaître une autre partie du terrain que les colonnes doivent aussi parcourir; mais cette fois, les Russes font bonne garde; la petite reconnaissance est reçue par une vive fusillade et ne peut avancer. Quelques heures avant le jour, la pluie, qui tombait à torrents, diminue d'intensité; mais un épais brouillard s'abat sur la terre. — C'était le 5 novembre au matin.

XXX. — Pendant que nous préparions ainsi nos moyens d'attaque, et que tous les cœurs battaient d'impatience et d'espoir, l'ennemi ne restait pas inactif, et prenait toutes les mesures qui pouvaient déjouer ou du moins entraver nos projets.

« Tous les matins, écrivait le général commandant le corps du siége, dès les premières clartés du jour, moment ordinairement choisi pour livrer un assaut, les défenses de la place se garnissaient de troupes nombreuses, le feu redoublait de violence contre nos travaux d'approche, et le tir de 50 à 60 pièces de campagne disposées de manière à couvrir de mitraille le terrain où doivent, selon toute prévision, s'engager les colonnes d'attaque, venait s'ajouter à celui de 400 ou 500 pièces de position qui battaient de leur feu les places d'armes que les Russes supposaient pouvoir être occupées par les assaillants. »

En même temps le prince Menschikoff, dont l'armée s'augmentait chaque jour par des renforts considérables, avait décidé une attaque de l'armée de secours contre l'armée d'observation, pendant qu'une partie de la garnison se précipiterait sur nos travaux de siége et détruirait nos batteries.—Le corps d'armée du général Liprandi agissait sur la ligne de Balaclava ; le corps d'armée du général Dannenberg sur Inkermann. Si les Russes parvenaient à s'emparer des hauteurs d'Inkermann, ils descendaient comme un torrent sur le terrain du siége, coupaient les communications de l'armée assiégeante avec Balaclava et prenaient à revers la ligne de circonvallation, pendant que le général Liprandi, pénétrant de son côté par la route de Balaclava, faisait sa jonction avec le reste de l'armée russe entre cette ligne et celle des travaux d'approche contre la place. Par cette manœuvre, Anglais et Français, attaqués à dos, étaient forcés d'abandonner leurs travaux de siége et de se faire jour au travers de l'armée ennemie, pour regagner les deux ports de dépôt, Balaclava et Kamiesch.

La sortie contre l'extrême gauche des tranchées françaises devait, en occupant sérieusement le corps de siége, concourir ainsi à l'ensemble de ce plan d'opérations. — Le moment était bien choisi et favorable à ce projet habilement combiné, dont le but était de jeter à la mer les armées alliées.

XXXI. — Les grands-ducs Michel et Nicolas étaient arrivés à Sébastopol et apportaient aux troupes qui allaient combattre un appui moral, dont la force se décuplait par le fanatisme du dévouement. Les deux fils de l'empereur venaient partager les périls des soldats et les mener au combat; images vivantes du souverain de la Russie, ils raniment par leur présence dans la ville assiégée les esprits et les courages. Aussi, la veille, le son des cloches et les cris d'allégresse résonnaient dans l'intérieur de Sébastopol mêlés aux tristes mugissements de la canonnade ; et les échos, messagers indifférents, portaient à la fois au camp des alliés ces cris de joie et ces bruits de mort.

XXXII. — Le général Liprandi avait pu reconnaître, par la journée du 25 octobre, que le plateau du côté de Balaclava était difficilement abordable ; garni d'ouvrages armés d'artillerie qui battaient toute la vallée, il était en outre défendu par le corps d'observation français ; mais l'armée ennemie, campée depuis lors sur les hauteurs qui forment la chaîne de la Tchernaïa, avait dû aussi s'apercevoir que les mêmes difficultés n'existaient pas du côté d'Inkermann, où se trouvait seulement une portion de l'armée anglaise, qu'aucun ouvrage sérieux de défense ne protégeait contre un coup de main hardi.

Ce n'était pas, sans qu'on en eût connaissance, que les Russes renforçaient en artillerie, cavalerie et infanterie le corps d'armée qu'ils avaient dans la vallée de la Tchernaïa; mais toutes les craintes de lord Raglan étaient portées vers Balaclava (1), toutes les appréhensions du général Canrobert et du général Bosquet, au contraire, vers Inkermann. Souvent ce dernier en avait parlé au duc de Cambridge, à sir De Lacy Evans

(1) *Dépêche de lord Raglan,* 3 *novembre* 1854.

« L'ennemi a renforcé le corps qu'il avait dans la vallée de la Tchernaïa, et s'est étendu à gauche, où il a occupé non-seulement le village de Kamara, mais les hauteurs qui le dominent, et poussé des avant-postes et même des colonnes vers notre extrême droite. Par suite de ces mouvements, j'ai placé autant d'hommes, qu'il en reste de disponibles, sur la hauteur abrupte qui est de ce côté, pour empêcher toute tentative d'attaque de Balaclava du côté de la mer; et la ligne entière est couverte par un parapet construit par la brigade des highlanders, par les soldats de marine et par les Turcs, de manière à garder cette position. Cependant on élève une forte redoute en face de la gorge qui conduit à Balaclava; elle est sur les hauteurs qui sont en arrière, et complète la position défendue par les troupes que commande sir Colin Campbell.

« Plus à gauche, et dans une position plus élevée, se trouve une brigade de la 1re division, commandée par le général Vinoy, prête à se porter au secours de toute position anglaise qui serait attaquée, et reliant les troupes qui sont dans la vallée à celles qui occupent les hauteurs du plateau : aussi toutes les mesures ont été prises pour couvrir ce point important; mais je ne dissimulerai pas à Votre Grâce que j'aurais préféré pouvoir faire occuper plus fortement cette position. »

et à sir George Cathcart; et l'on a vu, le 26 octobre, avec quelle rapidité il avait envoyé ses troupes sur ce point, au premier bruit d'attaque (1).

XXXIII. — Toute la nuit du 4 au 5 novembre, nous l'avons dit, avait été pluvieuse; et un de ces jours

(1) C'est sur le terrain où se sont livrées les actions du 25 octobre et du 5 novembre que se présentaient toutes les difficultés de la situation. L'étude de la topographie locale est importante.

« Cette ligne ou cette portion de terrain, divisée dans la presque totalité de son parcours, par la vallée étroite mais profonde de la Tchernaïa, est défendue vers l'ouest, c'est-à-dire de notre côté, par des hauteurs escarpées, dont le gravissement offre les plus grandes difficultés, et de plus par nos soldats, ainsi que par des redoutes et des tranchées.

« A ces deux extrémités, cette fortification, que présente la nature même du sol, faiblit légèrement.

« A l'extrémité sud sont les villages de Kamara et de Kadikeuï, au point de rencontre où les routes de Batchi-Seraï et de Balaclava se confondent; une grande dépression de terrain, produite d'un côté par le cours de la Tchernaïa, de l'autre par des dépressions successives du sol, forme une plaine qui présente la figure d'un losange allongé. C'est dans cette plaine, appelée de la Tchernaïa ou de Balaclava, à cause de la proximité de ce fort; qu'a eu lieu l'action du 25. De tous côtés, des mamelons échelonnés le commandent, et sur les hauteurs qui les contournent, sont campées les divisions françaises et anglaises.

« A l'autre extrémité de la ligne occupée par l'armée alliée, au point où la Tchernaïa vient tomber dans la baie de Sébastopol, en avant des collines où se développent nos travaux d'approche, et à l'extrême droite des positions anglaises, se prolongent des pentes qui vont rejoindre le niveau de la mer en s'abaissant progressivement. Ces escarpements abrupts et décharnés qui dans certaines parties encaissent, pour ainsi dire, le cours de la Tchernaïa, ne conservent pas la même hauteur; de leur affaissement, résulte une étendue de terrain coupée par des ravins inégaux, et à travers lequel l'armée ennemie, appuyée par la place, peut essayer d'attaquer et d'envahir nos lignes. C'est par là que les Russes sont arrivés le 5 novembre, gravissant un des contreforts sur lesquels était campée l'armée anglaise.

tristes et sombres, que le soleil semble éclairer à regret, lui avait succédé.

Pendant cette nuit brumeuse, où les grand'gardes et les sentinelles avancées, transpercées par la pluie, engourdies par le froid, devaient exercer une surveillance moins sûre, les différents corps ennemis prenaient leurs positions respectives : celui du général Liprandi sur Balaclava, celui du général Dannenberg sur Inkermann; les troupes du général Timofeïff dans l'intérieur de la place, étaient prêtes à se lancer et à envahir les travaux de l'attaque française.

La marche de ces différents corps était protégée par l'obscurité la plus intense et par les raffales de vent qui s'engouffraient dans les ravins; toutefois il était audacieux et pénible de faire gravir à des batteries d'artillerie les âpres hauteurs qui dominent la vallée d'Inkermann.

Quelques sentinelles avaient entendu vaguement un bruit qui semblait partir du fond de la vallée et du flanc des collines, elles le signalèrent aux chefs des détachements placés aux avant-postes : ceux-ci l'attribuèrent à des chariots de munitions et à des arabas qui très-souvent profitaient de la nuit, pour entrer dans Sébastopol.

Nos alliés ont déployé une assez grande valeur et un courage assez héroïque pour qu'il soit permis ici de dire toute la vérité.

Chacun avait compris le danger qu'offrait le plateau d'Inkermann, perpétuellement exposé à une surprise.

Le général sir De Lacy Evans en avait fait l'observation. Nous l'avons dit plus haut, le général en chef et le général Bosquet avaient aussi été frappés des dangers de la position; car la hauteur où campait l'armée anglaise était la seule accessible, la seule où l'ennemi pût amener du canon et essayer de pénétrer; mais l'attaque du 26 octobre, victorieusement repoussée, avait doublé la confiance de nos alliés. Épuisés, il faut le dire, par les travaux du siége, ils avaient négligé ou retardé, faute de bras, d'élever des défenses sur ce point, autour duquel se dessinaient un certain nombre de ravins à courbes inégales, qui pouvaient facilement conduire à son sommet. A l'aide de sacs à terre, de gabions, de fascines, une sorte de redoute avait seulement été construite, du côté de l'est.

XXXIV. — Il était près de cinq heures du matin; le brigadier général Codrington venait de visiter les gardes avancées de sa brigade de la division légère. Aucun mouvement de l'ennemi n'avait encore donné l'éveil et fait soupçonner sa présence; cependant il s'avançait déjà en masses énormes, commençant à escalader les hauteurs, presque à pic, qui commandent la vallée; les pièces d'artillerie étaient prêtes à prendre leurs positions, aussitôt que les premières clartés du jour leur permettraient de se placer et d'assurer la direction de leur tir. — Dans le camp anglais au contraire tout était repos et sécurité; les troupes, endormies sous leurs tentes, étaient loin de s'attendre à ce réveil imprévu et sanglant.

Le général Codrington venait de s'éloigner, lorsqu'un feu de mousqueterie éclata dans les bas-fonds, dans la direction des postes avancés de la 2e division. Le jour, très-faible encore, l'épaisseur du brouillard qui couvrait la terre, rendaient presque invisibles, même à quelques pas de distance, les colonnes russes qui s'approchaient. A peine les premiers postes eurent-ils signalé les masses d'infanterie apparaissant sur plusieurs points à la fois, qu'ils furent obligés de se replier devant un feu très-vif qui les assaillit tout à coup ; mais ils n'abandonnèrent le terrain que pas à pas et brûlant jusqu'à leur dernière cartouche.

En même temps le corps du général Liprandi commençait sa démonstration du côté de Balaclava, et déployait dans la vallée, derrière le manteau de brouillard qui enveloppait encore le terrain, son infanterie et sa cavalerie, soutenues par une artillerie nombreuse.

XXXV. — L'action était engagée. — Les premiers coups de feu avaient été entendus des camps de la 2e division française la plus rapprochée des Anglais. Aussitôt le général Bosquet s'élance à cheval. Par son ordre on sonne la générale ; toute la division prend les armes. L'ennemi se montre sur trois points : du côté des ponts d'Inkermann en face de la droite du corps d'observation des Anglais, dans la plaine de la Tchernaïa, et en face d'un point culminant sur lequel est élevé un télégraphe russe, à l'endroit même où la route de Woronzoff vient déboucher sur le plateau. C'est là que le général dispose son infanterie ; car sur ces trois points la fusillade et le canon se faisaient entendre.

Le général Canrobert, averti de l'attaque, avait envoyé aussitôt les officiers de son état-major porter des ordres et prévenir les différents généraux de prendre partout des positions de défense (1), pendant que lui-même, montant à cheval, s'apprêtait à aller visiter successivement les diverses attaques de l'ennemi sur le vaste déploiement de terrain occupé par ses troupes.

Dans la plaine de Balaclava l'armée se développait sur trois lignes, couvertes en avant par une ligne d'artillerie largement espacée. Le brouillard ne permettait pas de discerner la nature et la quantité de troupes ennemies qui se dirigeaient vers les hauteurs occupées par les 1re et 2e divisions françaises, depuis le col de Balaclava jusqu'au télégraphe.

Pendant que les mouvements qu'il avait ordonnés s'exécutaient, le général Bosquet se porta de sa personne vers Inkermann, ayant avec lui le général Bourbaki à la tête d'un bataillon du 7e léger, d'un bataillon du 6e de ligne et de quatre compagnies de chasseurs à pied, plus les deux batteries à cheval de la réserve du

(1) Les officiers d'état-major trouvèrent partout les divisions déjà sous les armes.

commandant de La Boussinière. C'était vers ce point, nous l'avons dit, que se tournaient toujours les préoccupations du général Bosquet, par un sentiment instinctif, qui lui disait, que là, devaient se réunir tous les efforts des Russes.

A peine avait-il dépassé un moulin placé, à peu près, à l'extrémité des lignes anglaises, qu'il rencontra les deux généraux Brown et Cathcart.

Le général alla aussitôt à eux et leur manifesta les craintes que lui inspirait l'attaque du côté d'Inkermann; il leur offrit le concours des troupes qui le suivaient et auxquelles il était prêt d'adjoindre de nouveaux renforts. — Les généraux anglais n'avaient en ce moment aucune inquiétude; comme le 26 octobre, ils remercièrent le général Bosquet de son chaleureux empressement : « Nos réserves sont suffisantes, lui dirent-ils, pour parer aux éventualités ; veuillez seulement couvrir un peu notre droite en arrière de la redoute anglaise. »

Le général Bosquet envoya le général Bourbaki avec le bataillon du 7e léger et celui du 6e de ligne tenir le flanc droit des Anglais, puis regagna le télégraphe avec le reste des troupes qu'il avait amenées avec lui, afin d'apprécier par lui-même l'ensemble de la situation et examiner le mouvement des attaques de la Tchernaïa et de Balaclava.

XXVI. — La 1re et la 2e division s'étaient développées dans les lignes tracées le long des hauteurs, avec des réserves en arrière sur le plateau. —Les deux batteries de la 2e division, sous les ordres du commandant Barral, étaient établies, la première dans un emplacement préparé à l'avance, l'autre dans une batterie appelée : *la queue d'hironde*, qui se trouvait aux pieds des hauteurs, à gauche de la route de Woronzoff, vers laquelle paraissait se diriger l'armée russe.

Une batterie de six pièces de 30 de la marine avait été placée au pied du télégraphe.

Aussitôt que l'artillerie ennemie fut à portée, elle ouvrit immédiatement son feu sur toute la ligne ; nos batteries ripostèrent avec vigueur, tirant sur les masses en face d'elles. Le général Bosquet, du pied du télégraphe où il était, cherchait à distinguer quels ennemis il avait devant lui ; et dominé toujours par cette pensée que ces deux démonstrations ne devaient être qu'une diversion pour voiler le but de l'effort principal sur le plateau d'Inkermann, il répondait au secrétaire de lord Raglan, le colonel Steel, qui se trouvait auprès de lui, venant du grand quartier général anglais : « Allez à Inkermann, c'est à Inkermann que tout se passera. »

En effet, le brouillard s'était légèrement levé du fond de la vallée et permettait de voir la cavalerie ennemie déployée sur ce point. L'artillerie russe, à laquelle la batterie de marine, par la supériorité de sa portée, avait fait grand mal, s'était reportée en arrière. —Du côté de Balaclava l'attaque était molle, indécise, mal dessinée, tandis que le canon, mêlé à un feu très-vif de mousqueterie, retentissait formidable sur les positions d'Inkermann.

Dans le même moment accoururent des officiers anglais; à leur tête galopait à fond de train le colonel Steel; son cheval était couvert d'écume, tant son retour avait été rapide; lui, s'arrêta devant le général Bosquet; les autres continuèrent vers lord Raglan, qui était sur les hauteurs plus près de Balaclava.

XXXVII. — Le colonel anglais venait dire au général Bosquet ce que celui-ci avait pressenti depuis le commencement de la journée : c'est que l'attaque sérieuse était sur Inkermann, que les Anglais étaient écrasés par le nombre toujours croissant de l'ennemi, que de toutes parts apparaissaient des colonnes russes remplaçant celles que l'on avait repoussées, et enlaçant le plateau de leurs masses compactes.—Le duc de Cambridge et ses vaillants gardes combattaient en désespérés. Les généraux Cathcart et Brown se multipliaient; il n'y avait pas un instant à perdre.

« — Je le savais bien!... » s'écria le général Bosquet; et se retournant vers le colonel Steel : « Allez dire à nos alliés, ajouta-t-il, que les Français arrivent au pas de course. »

Et aussitôt il donne ordre à son chef d'état-major, le colonel de Cissey, de rejoindre en toute hâte le général Bourbaki et de lui dire de se jeter, à la baïonnette, sur le flanc gauche des Russes. Mais déjà le général, qui s'éclairait sur son flanc gauche pour se relier avec la droite des Anglais, avait compris la gravité de la situation et l'impérieuse nécessité d'arrêter l'envahissement de l'ennemi par une offensive audacieuse; déjà, lorsqu'arriva le colonel de Cissey, il avait mis ses bataillons en mouvement et gravissait avec rapidité la pente du plateau. — Les batteries de la réserve du commandant de La Boussinière étaient déjà arrivées sur le terrain, tant elles avaient mis de précipitation à venir, et le général Bosquet dirigeait sur le même point un bataillon de zouaves et un bataillon de tirailleurs algériens.

D'autres officiers anglais accourent, animés par le combat, émus par tous ces morts qui jonchent le sol; les flancs des chevaux sont déchirés par les éperons des cavaliers, et le sang se mêle à l'écume. — « La marche de l'ennemi, disaient-ils, fait à chaque instant des progrès. » Alors la 1re division s'étend pour occuper à elle seule toute la ligne de défense de la Tchernaïa, pendant que le général d'Autemarre se prépare aussitôt à marcher, avec un bataillon de zouaves et les deux bataillons du 50e. — Le commandant Barral reçoit l'ordre d'atteler une de ses batteries et d'aller soutenir celles du commandant de La Boussinière, déjà fortement engagées.

XXXVIII. — Un drame terrible, en effet, se passait à Inkermann, et les bataillons confus se heurtaient les uns contre les autres, comme les flots de la mer bouleversés par la tempête.

Le canon, la mitraille, les balles avaient surpris les Anglais dans leurs tentes; les boulets venaient tuer les chevaux attachés à leurs piquets et les hommes encore endormis. — Quel réveil au milieu de la plus complète sécurité! Officiers et soldats se jettent sur leurs armes au milieu de l'obscurité, et, à peine revêtus de leurs uniformes, s'élancent sans savoir où diriger leurs pas. On entend au milieu de la fusillade et des détonations de l'artillerie les cris des chefs qui rallient les bataillons au drapeau de l'Angleterre; des hourrahs leur répondent de toutes parts, ceux des Anglais qui accourent, ceux des Russes qui avancent: un brouillard épais enveloppe cette scène de confusion et de tumulte. Sur les tentes renversées piétine le combat et s'amoncèlent les morts; le sang court pêle-mêle avec les ruisseaux de la pluie, et les bataillons formés à la hâte glissent sur cette boue sanglante.

L'Angleterre se relève de son imprévoyance par son héroïque et indomptable courage.

La seconde division, que commande le major général Pennefather, s'est formée, pendant que les avant-postes combattent et meurent un à un; une brigade se jette sur la pointe des hauteurs avec le général Adams pour arrêter l'ennemi qui s'avance à travers les taillis touffus, sous la protection d'une nuée de tirailleurs, dont le feu est terrible.

La belle brigade des gardes est debout, elle s'élance au front de bataille, à l'extrême droite de la 2e division; à sa tête sont le duc de Cambridge et le major général

Bentinck. Rien ne les arrête; la mitraille troue leurs rangs qui se reforment aussitôt.

Les bataillons de la division légère commandée par sir George Brown, courent au feu à mesure qu'ils se forment; l'une des brigades s'arrête sur les terrains en pente qui descendent à Sébastopol, l'autre se porte en avant; plus loin, la 4e division du général Cathcart s'est jetée à droite du point d'attaque; une de ses brigades, celle du général Goldie, occupe la gauche de la route d'Inkermann.

Les batteries de la 1re et de la 2e division ont pris position sur le front des lignes et commencent aussitôt un feu inégal contre cette pluie de fer qui vient à la fois de l'artillerie que les Russes ont amenée, des canons de la place et surtout des vaisseaux de guerre qui lancent du fond de la baie des volées de mitraille.

Toutes les dispositions sont prises à la hâte, pour arrêter ce torrent humain qui envahit à la fois tout le plateau. — Sur la 2e division qui défend le front d'attaque et occupe une petite redoute non armée, d'épaisses colonnes s'élancent en poussant des cris sauvages; d'autres gravissent les pentes qui font face à l'extrémité du port, tandis que de nombreux bataillons viennent aussi menacer le flanc et les derrières des lignes anglaises par les deux routes qui, du fond de la vallée d'Inkermann, conduisent sur la hauteur.

CHAPITRE III.

XXXIX. — Disons, avant de raconter les différents épisodes de cette journée, quels étaient les moyens d'attaque préparés par les Russes. Les forces du corps d'armée du général Dannenberg étaient divisées en deux colonnes; l'une sous les ordres du lieutenant général Soimonoff, l'autre sous ceux du lieutenant général Parloff. — La colonne Soimonoff devait se porter rapidement en avant sur la rive gauche du ravin, avant le point du jour, et tourner la position d'Inkermann; la seconde colonne, avec 12 bataillons de chasseurs et des compagnies de tirailleurs, avait mission de balayer les défilés couverts d'épaisses broussailles, tandis que le reste des troupes, avançant par la nouvelle route, se formait en bataille entre le ravin et ces défilés. Les mouvements des deux généraux devaient être simultanés ; mais le général Soimonoff, entendant le feu s'engager entre ses tirailleurs et les postes avancés des Anglais, « au lieu, dit le prince Menschikoff, d'appuyer sur la droite, pour tourner la position, ainsi qu'il avait été convenu, lança droit devant lui les régiments formés en colonne par compagnies; » ceux-ci se précipitèrent avec une violence extrême, et jetèrent le désordre dans le camp ennemi par l'impétuosité de leur attaque, envahissant à la fois le terrain dégarni de défenseurs et l'emplacement même des tentes anglaises. — Le général Soimonoff fut tué en atteignant les premières hauteurs du plateau.

XL. — C'est alors que se leva, surprise dans son sommeil, l'armée britannique, et qu'elle opposa ses inébranlables poitrines aux baïonnettes russes; c'est alors qu'eut lieu une de ces mêlées indescriptibles, chocs désespérés de masse à masse dans l'obscurité, au milieu de la confusion de l'attaque et de l'héroïque désordre de la défense. — Toutes les divisions sont accourues; nos intrépides alliés ont reconquis une partie du terrain un instant envahi. Mais l'ennemi est là; de toutes parts ses colonnes se pressent, et, reparaissent chaque fois plus menaçantes, plus compactes, plus furieuses.

C'est du côté de la redoute où était accourue la brigade des gardes que le combat fait fureur, au milieu du brouillard et de la pluie. Là, se fit remarquer dans toute son étendue le froid et infatigable courage des Anglais, couvrant, sans l'abandonner, de leurs cadavres amoncelés, ce sol qu'ils ne peuvent plus défendre.

Le lieutenant général Cathcart, voyant une forte colonne d'infanterie russe déborder la position, espéra, par un mouvement audacieux, faire une diversion en prenant l'ennemi de flanc, et s'élança avec quelques compagnies dans le ravin; mais les Russes étaient déjà maîtres des hauteurs voisines. Le général n'hésite pas, il se met à la tête de ses soldats, l'épée à la main, et ayant à côté de lui son aide de camp, le colonel Seymour, se précipite sur les rangs ennemis. Bientôt, enveloppé par une autre colonne, que cachait à la fois un pli de terrain et ce voile épais tombé du ciel sur la terre, le général Cathcart est frappé mortellement un des premiers, et près de lui le colonel Seymour, qui cherchait à relever le corps sanglant de son général. Cette poignée de soldats s'élance alors au travers des rangs ennemis avec l'élan du désespoir, et se fraye, pour rejoindre la division, un chemin qu'elle teint de son sang (1).

(1) LE LIEUTENANT GÉNÉRAL SIR GEORGE CATHCART.

La mort du lieutenant général sir George Cathcart a été pour l'Angleterre un deuil public; car sa loyauté, son patriotisme et son dévouement égalaient sa haute réputation militaire. Après avoir rempli, dans les colonies, un poste important, et y avoir ramené la paix et la tranquillité, il venait à peine de rentrer dans son pays natal, lorsqu'un ordre subit de départ le fit rejoindre l'armée d'Orient.

Sir George Cathcart était né en 1794. A l'âge de 16 ans, il entra dans la garde, avec le grade de cornette, et passa, l'année suivante (1811), lieutenant au 6ᵉ dragons.

Il prit une part active aux campagnes de 1813 à 1815, et assista à huit grandes batailles, où l'empereur Napoléon commandait en personne. En 1818, il fut fait capitaine, major et lieutenant-colonel en 1826; colonel en 1841, et major général en 1851.

En 1852, le gouvernement anglais avait besoin d'un officier capable, vigoureux et énergique pour dompter les révoltes des tribus, au cap de Bonne-Espérance. Les qualités brillantes de sir George Cathcart, son caractère audacieux et résolu le désignaient comme l'homme de la situation; il fut nommé gouverneur et commandant militaire au cap de Bonne-Espérance.

A peine débarqué, il signala son arrivée par de brillants succès, et bientôt les tribus révoltées furent battues dans plusieurs rencontres et forcées de mettre bas les armes. Pendant tout le temps qu'il resta au

LXI. — Il était près de huit heures, lorsque les troupes commandées par le général Bourbaki se précipitèrent sur le champ du combat, et que les batteries à cheval de la réserve du commandant de La Boussinière ouvrirent leur feu. Sur l'emplacement des camps anglais que traversait la colonne, les cadavres russes étaient mêlés aux cadavres anglais, et indiquaient qu'une lutte terrible avait eu lieu sur ce point. De tous côtés on voyait des tentes renversées et déchirées en lambeaux par la mitraille, des débris d'uniformes, des armes appartenant aux deux nations,

Cap, l'énergie qu'il déploya contre les rebelles, et en même temps sa sage et loyale administration lui valurent l'estime et les sympathies de tous. Pour récompense de ses services, il fut nommé chevalier compagnon de l'ordre du Bain, distinction qu'il avait méritée depuis longtemps.

Lorsque l'Angleterre, alliée de la Turquie, déclara la guerre à la Russie, les meilleurs généraux furent mis en réquisition, et sir George Cathcart, qui avait été fait adjudant général en 1853, fut, à son retour du Cap, désigné pour faire partie de l'armée d'Orient. Arrivé sur le théâtre de la guerre, on le nomma lieutenant général, et on lui donna le commandement de la 4e division.

A la bataille de l'Alma, il soutint avec la division de réserve le flanc gauche de l'armée anglaise et le protégea énergiquement.

Le 25 octobre, à la journée de Balaclava, le général Cathcart rendit de grands services avec sa division, qui prêta aux Turcs un solide appui, et arrêta, en se déployant dans la plaine, l'attaque ennemie.

C'est à la bataille d'Inkermann que le brave général devait tomber glorieusement : « Sa Majesté, dit lord Raglan dans son rapport, a été privée, par sa mort, d'un sujet dévoué et d'un officier du plus grand mérite. »

A la gauche d'Inkermann, dans une petite enceinte, entourée d'un mur en pierres sèches à moitié détruites, repose le brave général, à côté du vieux Shangways, du colonel Seymour et du général Goldie. Sur les pierres élevées devant chaque tombe, sont tracés ces quatre noms, et tout autour, des fosses nombreuses indiquent que d'intrépides combattants dorment là du dernier sommeil. Une sentinelle est placée chaque jour sur ce champ des morts.

que les terres humides recouvraient à moitié, et des blessés oubliés au milieu des morts et des mourants.

En arrivant vers la batterie fixe que les Anglais avaient établie, en avant de leur camp, sur le plateau, le général Bourbaki forma ses bataillons en bataille, et, sans attendre un seul instant, s'élança, l'épée haute, à la tête de ses vaillants soldats, au milieu des broussailles élevées qui couvraient le sol. — La France tendait la main à l'Angleterre, et venait prendre sa part du combat.

En voyant accourir leurs alliés avec cet élan impétueux qui leur est propre, les Anglais poussèrent une longue acclamation et cessèrent un instant de combattre pour agiter en l'air leurs armes ensanglantées. Les blessés se relèvent à moitié et crient : hourra!... Les troupes françaises répondent par les cris répétés de vive l'Empereur! puis les bataillons chargent avec fureur. On dirait une masse de fer mue par une puissance invisible. Déjà ils ont fait deux larges trouées dans les rangs ennemis; sous leurs pas, les morts s'entassent et les Russes rétrogradent; les pieds marchent sur des cadavres que cachent les broussailles, et étouffent des mourants qu'on ne voit pas.

XLII. — L'ennemi, un instant épouvanté par cet ouragan humain, resserre ses rangs éclaircis; les chefs animent leurs soldats et s'élancent les premiers sur nos baïonnettes avec une intrépidité sans égale; alors le combat redouble. — Nos deux bataillons, écrasés par le nombre, sont à leur tour repoussés par le flot toujours croissant; mais ils se retirent pied à pied, combattant comme des lions. Le brave colonel de Camas est tombé frappé d'une balle dans la poitrine; car il s'était jeté au plus fort de la mêlée, donnant à tous l'exemple du plus intrépide et du plus audacieux courage. Deux fois refoulés et deux fois revenant à la charge, les Russes reprennent pied sur ce même terrain où gît déjà privé de vie le corps du colonel, entouré de ses soldats morts, comme il était, quelques instants auparavant, entouré de ses soldats vivants (1).

(1) Bien des versions ont été dites et écrites sur la mort du colonel de Camas, qui blessé, dit-on, avait été achevé par les Russes; aussi nous croyons devoir reproduire ici ce passage d'une lettre écrite par son frère devant Sébastopol, le 22 décembre 1854.

« Le colonel de Camas a été atteint d'un coup de feu au bas de la poitrine, à gauche. Un sergent, appelant à son aide un de ses camades, l'entraîna, en le soutenant par-dessous les épaules, l'espace d'une trentaine de pas. De Camas, qui ne paraissait pas souffrir, mais perdait beaucoup de sang, leur dit de s'en aller et de le laisser là, où il n'avait plus qu'à mourir.... De Camas finit par perdre connaissance, et, étendu à terre, il cherchait autour de lui avec la main, répétant ces mots : « L'épée de mon père! »

« Par suite du flux et du reflux des colonnes en lutte, les Russes étaient revenus sur le terrain ou gisait de Camas. Plus tard, on le retrouva à la même place, mort; mais il est faux qu'il ait été achevé par les Russes à coups de crosse ou de baïonnette : on me l'avait dit avant que j'aie pu le voir; aucune trace de cela n'existait sur lui, il n'avait que la blessure dont il est mort, et qui lui traversait le corps. »

LE COLONEL DE CAMAS.

Le colonel Filliol de Camas avait 47 ans, et était fils du général d'artillerie le baron Filliol de Camas. C'était un officier distingué, plein d'énergique et vigoureuse résolution. Il avait de son père la taille et le type du commandement. L'armée perd en lui un chef de corps qui savait inspirer à ses soldats l'élan du champ de bataille.

Elevé à l'école spéciale de Saint-Cyr, il en sortit en 1828, et fut

Le lieutenant-colonel de Roujoux, dont l'Alma a déjà montré l'audace et l'énergie, est au milieu de son artillerie, se multipliant partout où le danger l'appelle. Déjà il a eu deux chevaux tués sous lui; et, frappé lui-même par un biscaïen, il quitte à regret le combat.

Le commandant de La Boussinière, malgré le feu de mitraille qui hache à tout instant ses hommes et ses chevaux, résiste en désespéré et continue son tir sur les batteries qui couronnent les hauteurs. Les bataillons français sont débordés sur la droite par des forces supérieures; aussitôt le commandant prend la batterie placée à gauche de la redoute et la porte vigoureusement à sa droite; là, il recommence son feu à courte distance sur les colonnes russes, et y sème le désordre par ses boulets et ses obus.

Le général Bosquet est accouru; il voit l'ennemi envahir les abords du plateau; il voit ses braves régiments

nommé sous-lieutenant au 17ᵉ régiment d'infanterie de ligne. En 1837, il était capitaine; c'est avec ce grade qu'il s'embarqua pour l'Afrique en 1839, et prit part aux campagnes qui signalèrent les cinq années suivantes. Bientôt il se fit remarquer par sa bravoure et son instinct militaire. Chaque expédition faisait ressortir les énergiques qualités du jeune officier. Il fut nommé chef de bataillon en 1842, et porté à l'ordre du jour de l'armée pour sa brillante conduite dans les combats livrés contre les tribus arabes, en 1844. Le commandant de Camas fit la campagne d'Italie, et sa bravoure le signala encore à l'attention de ses chefs; cette nature active, entreprenante, avait besoin de ce mouvement, de cet imprévu, de cette agitation de la vie des camps; il retourna en Afrique, et fut nommé lieutenant-colonel; alors il rentra en France; c'était le 23 août 1851. Bientôt la guerre d'Orient ouvrit à l'armée un glorieux champ de bataille; il s'embarqua au mois d'avril 1854, et fut promu, la même année, au grade de colonel du 6ᵉ de ligne, à la tête duquel il devait tomber noblement, frappé dans cette mémorable journée, qui porta si haut le drapeau de la France.

plier sous le fardeau d'une lutte inégale, et il lance pour les soutenir de nouveaux renforts. — A côté d'eux, il les anime, il les guide, et, au milieu de la mitraille, avec son état-major sonde la profondeur des masses qui débouchent de toutes parts. Presque sur ses pas arrive une batterie de la seconde division que conduit le commandant Barral; cet officier supérieur rejoint le général Bosquet, au moment où celui-ci, l'épée à la main, revenant d'examiner d'un coup d'œil calme et résolu la gravité de la position, organise en nouvelles colonnes d'attaque les troupes du général d'Autemarre. Le commandant Barral lui annonce l'arrivée de sa batterie et lui demande ses ordres.

« — Je vais, lui répond le général, charger à fond avec les troupes que j'ai sous la main, pour reprendre aux Russes toutes ces positions ; les Anglais doivent garder ma gauche; établissez vos pièces de manière à appuyer mon mouvement. »

Aussitôt la batterie de la seconde division vient prendre place sur le terrain où l'artillerie de la réserve, à bout de munitions, lutte encore avec des pertes considérables en hommes et en chevaux (1). Le colonel Forgeot fait ranger les pièces en batterie sur la crête, pendant que le commandant Barral se portant

(1) Ces deux batteries eurent 47 hommes tués ou blessés et 104 chevaux tués.

C'est sur le terrain même du combat que le commandant de La Boussinière a raconté à l'auteur de ce livre les épisodes les plus saisissants de cette mémorable journée.

« Les Russes, lui disait-il, avaient amené sur les hauteurs plus de

en avant, veut placer deux pièces qu'il est bientôt forcé de ramener avec lui. Les deux batteries de la réserve ont reçu de nouvelles munitions et réparé leurs pertes : leur brave commandant les met en ligne ; deux autres pièces de la 2e division arrivent au galop, et les Anglais, qui un instant avaient cessé leur feu, rentrent aussi dans la batterie fixe. — C'est donc un total de 22 pièces qui tonnent à la fois ; une portion balaye le terrain, s'abat sur les masses ennemies pressées sur le flanc de la colline et sur la première arête du plateau, tandis que l'autre soutient la lutte contre l'artillerie russe, dont tous les feux sont réunis à l'extrémité de la position d'Inkermann.

XLIII. — Voici le général en chef Canrobert. Il s'est assuré que l'attaque de Balaclava n'est pas sérieuse, et il amène avec lui vers Inkermann les restes de la 2e division dont la présence devenait inutile vis-à-vis le général Liprandi, laissant sur ce point la 1re division et un régiment de cavalerie, sous les ordres du général d'Allonville. — Déjà il a vu lord Raglan et s'est concerté avec lui, pour faire avancer à la hâte toutes les réserves et les tenir prêtes à étayer les troupes engagées.

Voulant reconnaître comment la droite des Anglais se reliait à la gauche des troupes du général Bosquet,

100 pièces de canon, qui tiraient dans toutes les directions, et dont 40 au moins avaient une action directe sur la portion du plateau que nous attaquions ; en outre, la batterie du phare et les bâtiments embossés à la queue de la rade, envoyaient des projectiles d'un calibre énorme, et jusqu'à des boulets de 128. »

suivi seulement du général anglais Rose, de son chef d'état-major, le général de Martimprey, et d'un seul aide de camp, le commandant de Cornély, il s'avance au milieu des hautes broussailles qui couvrent les pentes du haut du ravin du Carénage. A travers une de ces éclaircies rapides du brouillard qui enveloppait le théâtre du combat, il aperçoit une ligne russe en bataille et est frappé du danger qui peut résulter pour les alliés de cette trouée sans défense; il revenait sur ses pas pour envoyer des troupes en cet endroit, lorsqu'il rencontre un régiment irlandais; après s'être héroïquement battu et avoir brûlé jusqu'à sa dernière cartouche, ce brave régiment se retirait au pas ordinaire pour aller chercher de nouvelles munitions.

« — Général Rose, dit le général Canrobert, dites donc au colonel de placer ses hommes ici; et s'ils n'ont plus de munitions pour faire feu, qu'ils élèvent leurs baïonnettes au-dessus des broussailles, afin de montrer à l'ennemi que ce passage est gardé; nous allons lui envoyer des cartouches. »

Le colonel anglais inclina la tête, et, avec ce calme intrépide qui distingue nos braves alliés, plaça ses soldats dans la position qui lui était indiquée.

Déjà le général en chef s'est rabattu sur sa droite; il presse la marche des zouaves qu'amènent les commandants Dubos et Montaudon :

« — Ce n'est plus de la fusillade qu'il nous faut, leur crie-t-il, c'est de la baïonnette. »

Et il arrive avec eux sur le terrain, où le général

Bosquet lance sous ses yeux les bataillons impatients, gravissant lui-même un pli de terrain, qui lui cache l'aspect du plateau. Le commandant Dubos, qui tient la gauche, accourt le prévenir qu'il est enveloppé. Le général Bosquet croit ce point occupé et défendu par les Anglais; il avance toujours, et se trouve tout à coup devant une colonne russe, dont quarante pas le séparent tout au plus. Il est là, à cheval, l'épée à la main; le premier rang de la colonne fait le mouvement d'apprêter ses armes; si les fusils s'abaissent, le général et tout son état-major tombent foudroyés. — Que se passa-t-il alors? Quelle impression soudaine, inexplicable, arrêta les soldats prêts à faire feu? ils avancent serrés les uns contre les autres, s'attendant sans doute à voir apparaître les bataillons français en face d'eux. Le général, avec cette froide et mâle intrépidité qui le distingue, tourna simplement la tête vers les officiers de son état-major : « Voyez donc, leur dit-il, ne croirait-on pas qu'ils nous présentent les armes? »

Faisant toujours face à l'ennemi, il a repris la position qu'il occupait. Du moment que sa gauche est privée d'appui, le mouvement qu'il voulait exécuter est impossible. — Les zouaves se sont élancés et traversent en arrière les têtes de colonnes qui voulaient nous tourner; la ligne d'attaque est aussitôt rectifiée, car, hélas! nos alliés, épuisés par le combat, privés de munitions, décimés par les luttes sanglantes qui se sont succédé depuis le point du jour, ne peuvent plus que mourir.

XLIV. — Le général en chef Canrobert, pendant que ses intrépides lieutenants combattent pied à pied sur le plateau envahi, avait à se préoccuper non-seulement des éventualités menaçantes qui pourraient se produire soit à Balaclava soit à Inkermann même, mais encore de l'attaque possible de l'ennemi sur son extrême gauche; placé avec lord Raglan sous le feu de l'artillerie russe, dont les boulets ravagent le plateau autour de lui, il préside, de concert avec le chef de l'armée anglaise, au mouvement successif des troupes, lorsqu'on vient lui annoncer que la gauche du corps de siége français est envahie par une forte colonne ennemie, et que la fausse attaqué de Balaclava devient une attaque véritable et enveloppe les positions anglaises.

La situation était critique, chaque heure qui s'écoulait semblait l'aggraver; car les Russes dans le même moment couronnaient la crête du plateau d'Inkermann et leurs masses devenaient de plus en plus redoutables.

Lord Raglan secoua la tête, et avec ce calme qui ne le quittait jamais : « — Je crois, dit-il froidement, que nous sommes.... très-malades.

« — Pas trop cependant, milord, il faut l'espérer, » répondit le général Canrobert.

Des officiers étaient partis au grand galop pour s'assurer de la réalité de ces nouvelles, et bientôt les généraux en chef apprirent, qu'en effet nos travaux d'approche sur la gauche avaient été un instant envahis, que les Russes étaient entrés dans les batteries, mais qu'ils en avaient été vigoureusement repoussés (ainsi qu'on le verra plus tard) par les troupes du général Forey. Quant à l'attaque sur Balaclava, elle n'avait pas changé de face et ne donnait aucune inquiétude sérieuse. Le danger au moins n'était plus réellement menaçant que sur un seul point.

Quelques minutes après, le général Canrobert s'avançait sur un mamelon pour suivre les fluctuations du combat, lorsqu'une scharpenelle éclata au-dessus de sa tête et une balle vint le frapper au coude droit, pendant qu'une autre atteignit le cheval du général anglais Rose qui était près de lui. Le général en chef fit panser sa blessure sur le champ de bataille, comme il l'avait fait à l'Alma, et resta à son poste de haute direction.

XLV. — Ce n'est point une bataille où la stratégie militaire peut agir, où le coup d'œil exercé du chef peut concevoir une habile manœuvre qui change la face des choses et ramène la victoire flottante entre les deux partis ; l'élan, la force, le courage sont les maîtres de la situation. — C'est un assaut, un assaut terrible, multiple, infini, qui, semblable au flot sur la grève, se retire et revient toujours ; le plateau sur lequel se livre le combat est étroit, resserré, inégal, entouré d'ondulations infinies du sol qui révèlent à tout instant de nouveaux ennemis marchant en colonnes épaisses. Cette mêlée, qui dura plus de sept heures, défie toutes les descriptions et toutes les analyses. — Actes d'héroïsme, terribles combats corps à corps, ralliements découragés,

Zouaves et Tirailleurs algériens à Inkermann.

attaques désespérées, dans les ravins, dans les broussailles ; voilà Inkermann!

LXVI. — Le brouillard avait disparu; on commençait à se compter, à se voir. Que de morts entassés!... C'est sur la redoute placée, nous l'avons dit, au versant du plateau regardant la Tchernaïa que s'acharnent des masses sans cesse renouvelées. Le régiment des gardes combat pied à pied, dedans et autour de cet ouvrage ouvert. Les Russes s'en emparent, et en sont repoussés à leur tour par les efforts désespérés de ces soldats d'élite, dont chaque homme tombe un à un, sans vouloir lâcher pied. Un instant l'ennemi environne ce beau régiment massacré et pousse un rugissement de joie qui s'étend au loin et se prolonge, comme un funèbre écho. — Les zouaves, les chasseurs à pied, les tirailleurs algériens n'attendent qu'un signal. Le général Bosquet parcourt leurs rangs, leur rappelle la gloire et l'énergie de leur passé :

« — Allez, mes zouaves irrésistibles! Allez! mes braves chasseurs! crie-t-il d'une voix forte ; montrez-vous enfants du feu ! » dit-il en arabe aux tirailleurs algériens.

Un cri puissant lui répond qui domine le bruit du combat. Tous se précipitent à l'envi, profitant des irrégularités du sol, tantôt s'abritant derrière les hautes broussailles pour recharger leurs armes, tantôt s'élançant subitement sur ce terrain onduleux et brisé. — On dirait, à voir ces Africains, un troupeau de bêtes fauves déchaînées tout à coup; les balles des Russes ne savent où les frapper; ils disparaissent, apparaissent, se couchent ou se lèvent, mais combattent toujours.

« — Ce sont des panthères qui bondissent dans les buissons, » s'écria le général Bosquet en les suivant d'un regard plein d'admiration.

C'est une guerre étrange que celle-là, qui sent le sol de l'Afrique avec ses ténébreux mystères, ses surprises, ses embuscades; tantôt ils sont un à un séparés, dispersés; tantôt, par une étrange spontanéité de pensées, ils se retrouvent serrés les uns contre les autres et se précipitent sur les Russes stupéfaits.

Si la défense de ce plateau d'Inkermann où coula tant de sang fut héroïque, infatigable, l'attaque fut audacieuse, énergique, résolue, infatigable aussi. Les officiers russes ramenaient vingt fois leurs soldats au combat et reformaient à la hâte leurs bataillons décimés, que venaient soutenir de nouvelles réserves poussant des cris féroces, auxquels répondaient, par de frénétiques hourras, les colonnes massées sur le flanc de la colline et dans les gorges tortueuses.

A gauche, sur la crête en arrière, notre artillerie, jointe à celle des Anglais et à quelques nouvelles pièces que le vaillant colonel Dickson est parvenu à faire traîner sur le sol défoncé par la boue, suit les différents mouvements du combat; elle cause aux batteries de position des Russes de grands dommages et lance ses volées de mitraille et de boulets roulants sur les masses qui reparaissent à tout instant plus menaçantes et plus compactes.

XLXII. — Enfin les abords du plateau sont gardés ; une brigade de la 3e division (général de Monet) est déployée en deux échelons en arrière de la batterie fixe des Anglais, prête à être lancée au besoin : l'échelon de droite, commandé par le colonel Cler, celui de gauche, par le général (1). La 2e brigade de cette division, sous les ordres du prince Napoléon, accourt sur Inkermann. Le général Bourbaki contient les efforts des Russes sur la gauche ; le général Morris, à l'extrême droite, est prêt, avec le 4e chasseurs, à soutenir les mouvements de l'infanterie. Les Russes concentrent une dernière fois leurs attaques sur le versant où s'élève la petite redoute anglaise ; leurs masses profondes ne peuvent se déployer ; étouffées dans les dépressions du sol, dont elles se servent pour arriver aux crêtes supérieures, elles offrent une prise mortelle aux feux de nos tirailleurs et de notre artillerie. Des files entières sont enlevées par nos boulets, l'obscurité ne protége plus nos ennemis et le désavantage du terrain neutralise l'immense supériorité de leur nombre ; la confusion se met dans leurs rangs.

Alors un cri immense se répand dans les airs ; le général Dautemarre lance ses bataillons ; le colonel Wimpfen est à la tête des tirailleurs algériens ; les com-

(1) Pendant la bataille, ces troupes formèrent la 2e ligne. Placées sous les feux de la grande batterie russe, elles eurent 85 hommes hors de combat. Le colonel Clèr fut chargé de faire des démonstrations sur le versant du mont Sapoune, du côté de la Tchernaïa, afin de neutraliser une partie du corps Liprandi déployé dans la plaine.

mandants Dubos et Montaudon sont au milieu des zouaves; on dirait une avalanche humaine qui déborde tout à coup. — Les Russes s'arrêtent pétrifiés, il leur semble que la terre vient de s'entr'ouvrir pour vomir de nouveaux combattants. Ce n'est plus un combat, c'est une tuerie effroyable; les bataillons sont bouleversés, écrasés, déchirés; les vivants tombent pêle-mêle avec les morts. — On tue! on tue! sans voir, sans regarder, sans comprendre; les zouaves déchaînés arrivent ainsi sur la redoute, où s'est entassé un gros d'ennemis qui fusille les héroïques débris du régiment des gardes; ils l'entourent, l'enveloppent, l'escaladent et hachent sur les parapets et dans l'intérieur les Russes, qui se défendent encore. L'ennemi fuit en désordre; nos soldats, fous de massacres et de combats, le poursuivent jusqu'à l'escarpement des carrières qui forment la limite extrême du plateau, et le précipite pêle-mêle de ces hauteurs abruptes, où chaque homme trouve une mort certaine. Au fond de la vallée, les cadavres broyés s'entassent, comme ils s'entassaient tout à l'heure sur le plateau. — L'endroit où eut lieu cet affreux carnage, qui mit fin au combat d'Inkermann, conserva depuis le terrible nom d'*Abattoir*.

XLVIII. — Tout est terminé.

Les dernières colonnes russes sont en retraite, et le général Dannenberg réunit ses troupes dans l'étroit vallon, où la Tchernaïa se jette dans le fond de la rade, pendant que son artillerie, dont la plus grande partie

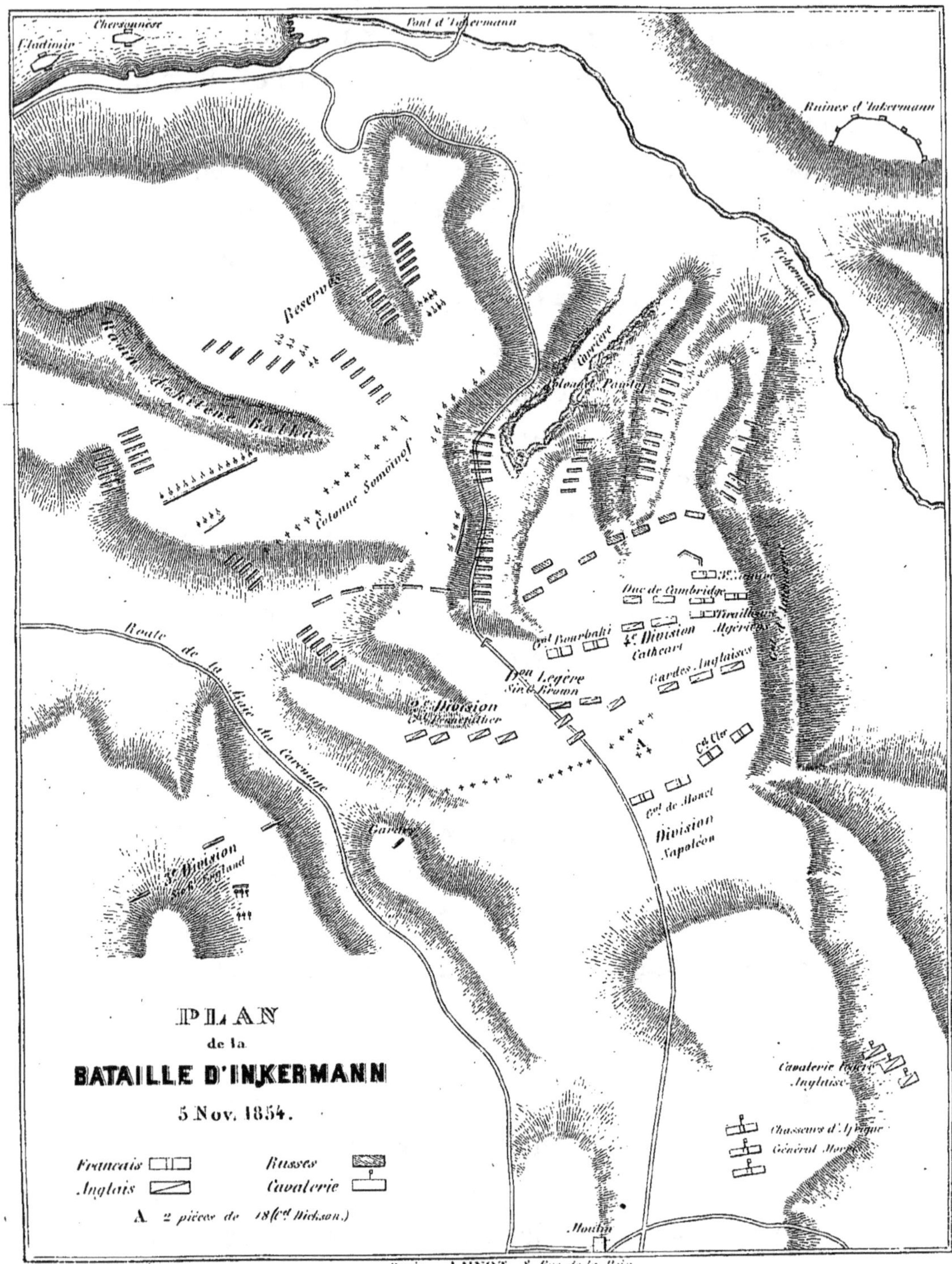

Paris. AMYOT. 8. Rue de la Paix.

a quitté ses positions, se joint aux feux de la place et des vaisseaux, pour protéger sa retraite (1).

Le général Bourbaki, l'un des héros de cette vaillante journée, est aussitôt envoyé à la pointe de l'éperon extrême des hauteurs. De là, il domine les masses ennemies agglomérées dans le vallon, sur lesquelles une batterie de la 3e division ouvre son feu; mais après avoir lancé quelques coups, elle dut se retirer, car ses boulets atteignaient à peine les colonnes russes, et elle se trouvait, elle-même, en prise aux feux de la batterie fixe du phare d'Inkermann.

(1) *Rapport du général d'infanterie Dannenberg, commandant du 4e corps d'infanterie, en date du 8 novembre.*

« Profitant d'un ravin profond qui couvrait le flanc gauche de notre position, je fis successivement avancer les régiments Yakoutsk et de Sélinghinsk pour soutenir notre flanc gauche dans le ravin. Le régiment Yakoutsk chargea avec impétuosité les Anglais qui avaient repoussé le régiment de chasseurs d'Okhotsk, et, après avoir culbuté d'abord l'ennemi avec un grand succès, fut à son tour obligé d'abandonner la batterie dont il s'était emparé, contraint à la retraite par un feu violent de carabines, et par les troupes françaises arrivées au secours des Anglais.

« N'ayant plus de troupes en réserve au flanc gauche, j'y fis venir la 1re brigade de la 16e division d'infanterie; en même temps, l'ennemi continuait à se défendre avec une opiniâtreté particulière, et comme il lui arrivait des renforts de troupes fraîches françaises, nous fûmes obligés de céder à la supériorité de ses forces. Les troupes qui avaient combattu dans le ravin se dirigèrent en partie par la vallée d'Inkermann, sur le passage de la Tchernaïa-Retchka; le reste se replia sur la position principale.... Bientôt le feu meurtrier de l'artillerie ennemie nous contraignit à faire retraite sur la ville. »

Comme on le voit par cet extrait, le général russe constate le fait, sans entrer dans le détail des combats qui ont amené la retraite de son corps d'armée

Des groupes nombreux d'infanterie et de cavalerie se dirigent de différents côtés, pendant que les colonnes rompues se pressent au delà de la Tchernaïa, sur une étroite chaussée qui traverse les marécages formés en cet endroit par la rivière, et que les pluies continuelles des jours précédents ont encore augmentés. Partout cette foule cherche à se rallier. Alors un groupe de cavaliers passa comme un éclair sur le pont d'Inkermann, se dirigeant vers le faubourg. Dans ce groupe étaient les deux grands-ducs, Nicolas Nicolaiévitch et Michel Nicolaiévitch; toute la journée, ils étaient restés sur le champ du combat, exposés, dit le général prince Menschikoff dans son rapport, « au feu de la mitraille et de la mousqueterie, comme de braves soldats russes. »

De quelle amertume profonde leurs cœurs durent être remplis en voyant la victoire leur échapper encore; quels tristes regards ils durent jeter sur ces bataillons décimés qui se pressaient en désordre dans la vallée et qui emportaient avec eux tant d'espérances brisées en quelques heures !

Mémorable et sanglante journée qui fut une grande victoire et un deuil profond! car l'armée anglaise, dont l'héroïque courage avait brillé d'un si grand éclat, enregistrait des pertes cruelles; trois officiers généraux avaient été tués sur le champ de bataille : le lieutenant général Sir George Cathcart et les brigadiers généraux Strangways et Goldie. A ces noms connus de l'armée tout entière venaient se joindre ceux de plus de cent officiers.

Le sang des deux nations avait encore coulé côte à côte (1).

(1) Lord Raglan rend ainsi compte de la part que les troupes françaises ont prise au combat d'Inkermann.

« C'est pour moi une satisfaction bien grande d'appeler l'attention de Votre Grâce sur la brillante conduite des troupes alliées ; les Français et les Anglais ont rivalisé d'ardeur, de bravoure et de dévouement. Je n'essayerai pas d'entrer dans le détail du mouvement des troupes françaises ; je craindrais d'en faire un exposé inexact, mais je suis fier de l'occasion de rendre hommage à leur courage et aux services qu'elles ont rendus avec tant de vigueur, de payer un tribut d'admiration à la belle conduite de leur chef immédiat, le général Bosquet. Je suis heureux aussi de pouvoir dire hautement combien j'apprécie le précieux concours que j'ai reçu du commandant en chef, le général Canrobert, qui était de sa personne sur le terrain, et constamment en communication avec moi. Je ne puis trop faire l'éloge de sa cordiale coopération en toutes circonstances. »

Le 28 décembre, le général en chef Canrobert portait à la connaissance de l'armée française, par un ordre général, les termes flatteurs dans lesquels, Sa Majesté la reine d'Angleterre appréciait sa conduite à la bataille d'Inkermann.

« Le général en chef est heureux d'avoir à faire connaître aux troupes les termes, très-honorables pour nos armes, dans lesquels Sa Majesté la reine d'Angleterre apprécie leur conduite à la bataille d'Inkermann.

« La reine a remarqué avec une reconnaissante satisfaction la vi-
« gueur avec laquelle les troupes de son allié, l'Empereur des Français,
« sont venues en aide aux divisions de l'armée anglaise, engagées dans
« un combat si inégal. Sa Majesté est profondément sensible à la co-
« opération cordiale du commandant en chef, général Canrobert, et
« à la vaillante conduite de cet officier distingué, le général Bosquet.
« Elle voit, dans les cris avec lesquels les soldats des deux nations
« s'encourageaient mutuellement pendant l'action, des preuves de
« l'estime réciproque que cette campagne et les traits de bravoure
« qu'elle a produits, ont fait naître de part et d'autre. »

Sa Majesté la reine d'Angleterre ne pouvait louer d'une manière plus flatteuse l'attitude de l'armée à la bataille d'Inkermann. En marchant à l'aide de nos braves alliés, nous avons rempli un devoir, qu'eux-mêmes accompliraient envers nous avec la vaillance que nous leur connaissons, et dont nous avons eu sous les yeux tant de preuves.

« Le général en chef, CANROBERT. »

XLIX. — Le sol était à tel point encombré de morts et de mourants, que les chevaux ne pouvaient avancer; dans certains endroits ils étaient sur plusieurs rangs d'épaisseur : quelques-uns, retenus par les hautes broussailles, étaient restés debout. Les deux généraux en chef furent obligés de mettre pied à terre en se rendant au-dessus de la redoute, vers la crête extérieure du plateau.

Aussitôt que lord Raglan aperçut le général Bosquet, il alla à lui et, lui tendant la main :

« — Au nom de l'Angleterre, lui dit-il, je vous remercie (1). »

(1) LE GÉNÉRAL BOSQUET.

Le général Bosquet est encore un de ces jeunes généraux que le sol de l'Afrique a vite formés au rude métier des armes, un de ces noms populaires parmi les soldats, et une de ces popularités le plus noblement achetées et le mieux méritées.

L'Afrique a commencé la carrière du jeune lieutenant; l'Orient a montré les brillantes qualités de l'officier général, et attaché à son nom de grands souvenirs.

Né en 1810, à Mont-de-Marsan, il était à l'École polytechnique en 1829. Élève sous-lieutenant à Metz en 1831, il entrait avec ce grade dans l'artillerie en 1833; il partait pour l'Afrique l'année suivante, et devait y rester quatorze ans; mais aussi, lorsqu'il revenait dans son pays natal, le jeune sous-lieutenant était général de brigade. Par combien d'épreuves, de fatigues, de rude labeur, d'énergique intrépidité, le général Bosquet avait-il conquis un à un tous ses grades? Pour le dire, il faudrait dérouler les pages glorieuses de nos luttes en Algérie contre les tribus rebelles qui courbaient la tête sous le poids de nos armes, mais ne tardaient pas à relever, au sein de leurs montagnes, souvent inaccessibles, le drapeau de la révolte. La vie militaire est l'essence du général Bosquet; là, son ardente activité trouve sans cesse de nouveaux aliments.

Ce fut dans le corps d'artillerie qu'il fut successivement nommé lieutenant et capitaine. C'est en 1838, lorsqu'il était encore lieutenant, qu'il fut décoré pour s'être brillamment distingué, et avoir, par une manœu-

En effet, le général Bosquet avait acquis dans cette journée un beau titre de gloire.

Bientôt arriva le duc de Cambridge; son visage était empreint d'une profonde émotion. Il avait combattu comme un soldat à la tête de ses braves gardes.

vre soudaine et habile, puissamment contribué au gain d'un combat meurtrier. Capitaine en 1839, il eut l'honneur de recevoir sa première blessure, le 14 janvier 1841, au sanglant combat de Sidi-Sakhdar.

En 1842, il entre comme chef de bataillon dans les tirailleurs indigènes d'Oran. Le commandant Bosquet, pendant les huit années qui s'étaient passées, avait consciencieusement et scrupuleusement étudié le sol de l'Afrique et la langue arabe, qu'il parlait avec une grande facilité. Actif, entreprenant, connaissant parfaitement le pays, habitué à cette guerre étrange de buissons et de rochers, de surprises soudaines, d'attaques imprévues, nul mieux que lui ne pouvait commander ces tirailleurs indigènes, natures étranges, fiévreuses, qui ont un irrésistible élan, quand on sait le leur inspirer et parler à leur imagination sauvage, en les dominant par la puissance du commandement.

En 1845, il quittait les tirailleurs indigènes pour passer, avec le grade de lieutenant-colonel, au 15e léger. Au milieu de ces combats perpétuels, de ces entreprises incessantes où l'intelligence se faisait jour, où la vie était à chaque instant en jeu, les jours comptaient comme des mois, les mois comme des années.

En 1847, le lieutenant-colonel Bosquet était colonel au 53e de ligne, et, neuf mois plus tard, le 17 août 1848, général de brigade.

C'est en 1848 qu'il rentra en France; mais l'année suivante, mis à la disposition du gouverneur de l'Algérie, il retournait en Afrique, au milieu de ses compagnons d'armes, conquérir, sur les champs de bataille, le grade élevé de général de division.

La campagne de Kabylie venait d'être résolue, et le général de Saint-Arnaud, à la tête d'une forte colonne, marcha contre ces tribus insoumises, qui croyaient leurs repaires infranchissables, et l'impunité assurée. Le général Bosquet s'élança, à la tête de sa brigade, pour forcer le passage du col de Ménayel, que défendaient les Kabyles en nombre considérable. Après un combat meurtrier, le passage fut forcé, mais le général Bosquet fut blessé pour la seconde fois.

Général de division, le 10 août 1853 (il était commandeur de la Légion d'honneur), il fut nommé, six mois après, c'est-à-dire au mois de février de l'année suivante, au commandement de la 2e divi-

Les généraux le complimentaient : « Tous mes amis, sont tués, répondit-il avec amertume ; et si je ne suis pas mort avec eux, ce n'est pas ma faute. »

En parlant ainsi, il montrait ses vêtements troués par les balles et la mitraille (1).

sion d'infanterie de l'armée d'Orient; sa haute intelligence militaire, ses nombreux et éclatants services appelaient sur son nom l'attention publique, et donnaient des espérances qu'il ne devait pas tarder à réaliser.

A la bataille de l'Alma, chargé d'exécuter un audacieux mouvement tournant, il franchit, avec sa division et toute son artillerie, des hauteurs jugées inaccessibles par les Russes. « Le général Bosquet, dit le maréchal de Saint-Arnaud dans son rapport à l'Empereur sur la bataille de l'Alma, a manœuvré avec autant d'intelligence que de bravoure. Ce mouvement a décidé du succès de la journée. » La croix de grand officier fut sa récompense.

Telle est la vie militaire du général Bosquet, à laquelle la journée d'Inkermann venait d'ajouter une belle page, gravée tout à la fois dans le cœur de la France et dans celui de l'Angleterre.

Un des officiers de son état-major écrivait : « Quelque furieux que soit le combat, il n'y a pas moyen d'être émotionné devant cette impassible figure, que le plus terrible ouragan de feu laisse calme, intelligente, et en même temps encourageante et affectueuse pour tous. » Il y a dans ces paroles, deux fois l'éloge du cœur.

Bientôt l'Empereur devait récompenser de si éclatants services en élevant le général Bosquet à la haute dignité de maréchal de France.

(1) Il était deux heures et demie; les généraux en chef et le général Bosquet étaient à cinquante pas en avant du moulin qui se trouve sur la hauteur occupée par les Anglais. Auprès d'eux se tenaient leurs nombreux états-majors; tout respirait le combat; les visages animés, les yeux ardents, les épées à peine rentrées dans les fourreaux; le canon tonnait encore par intervalles à l'horizon, pour couvrir la retraite des Russes.

Le duc de Cambridge arriva ; son visage, si affable d'ordinaire, reflétait les sentiments les plus amers et les plus douloureux; tantôt il restait abattu, silencieux; tantôt, au contraire, il parlait avec vivacité; ses yeux étaient remplis de larmes : « — Ils sont morts, ré-

L. — Mais il nous reste à retracer encore une page glorieuse de la journée du 5 novembre 1855.

Le général-major Timofeïff devait diriger à la tête des troupes de la garnison une sortie considérable sur nos travaux d'approche, dont la tête, on le sait, n'était plus qu'à 140 mètres du bastion du Mât. Le double but de l'opération dont était chargé le général Timofeïff était d'envahir impétueusement nos tranchées, de bouleverser nos batteries, et d'empêcher ainsi les troupes du corps de siége de venir en aide au corps d'observation. On le voit, le plan du prince Menschikoff était habilement conçu : trois corps d'armée considérables menaçaient à la fois trois positions importantes des armées alliées, tenaient les forces divisées, et devaient laisser les généraux en chef dans l'incertitude sur le côté où l'attaque vraiment sérieuse tenterait les plus énergiques efforts.

pétait-il souvent, tous mes amis, tous mes frères d'armes, tous ceux avec lesquels j'ai vécu !... »

« Le jeune prince, me dirent les généraux qui me racontaient les différents épisodes de cette mémorable bataille, s'était battu comme un lion. » Il avait été insensible à cette mort si longtemps suspendue sur sa tête, mais la perte de ses amis, et tout ce sang versé, si précieux pour l'Angleterre, l'avaient frappé au cœur.

Il regagna son bivouac pensif et absorbé. Le lendemain, il vint voir le général Bosquet dans sa tente. La nuit qui s'était passée n'avait pas calmé ses amers regrets; il y avait dans sa voix une expression profondément douloureuse.

Tant de cruelles émotions, qui honorent le cœur du prince, en montrant combien son attachement pour ses compagnons d'armes était grand et vif, réagirent sur son cerveau; sa santé s'altéra visiblement, à tel point qu'il devint urgent que Son Altesse quittât la Crimée.

Le duc se rendit à bord de la *Britannia*, qui devait partir pour Constantinople, et se dirigea directement sur Londres.

Si le général Liprandi, en dessinant plus vigoureusement son attaque sur Balaclava, n'eût pas laissé comprendre qu'il n'était chargé que d'une diversion, il eût mieux secondé le mouvement important du général Dannenberg et jeté un terrible poids dans la balance.

Aussitôt que le général Canrobert avait été informé de l'attaque des Russes sur les positions anglaises, il s'était empressé d'envoyer un de ses aides de camp au général Forey pour le prévenir de se tenir sur ses gardes, et de se préparer à repousser une attaque, ne doutant pas un seul instant, que la tentative de l'armée ennemie contre les Anglais ne fût suivie d'une sortie générale de la garnison. Le même aide de camp demandait au général Forey, de la part du général en chef, une brigade du corps de siége. Le général lui envoya la brigade de Monet de la 3e division.

Pendant que le général commandant le corps de siége envoie les instructions nécessaires, des ordres précis sont aussitôt transmis aux différentes divisions et portés dans toute l'étendue des tranchées; des bataillons de soutien et de réserve arrivent au pas de course se grouper autour de la maison du Clocheton, où le colonel Raoult, major de tranchée, les organise prêts à marcher au premier signal.

Le brouillard empêchait les gardes de tranchées de pouvoir signaler au loin l'ennemi; celui-ci, à la faveur des nuages épais qui dérobaient sa présence, et protégé en outre par les ondulations accidentées du sol et les dépressions de terrain, ne tarda pas à traverser le ravin situé à la gauche de nos lignes. — Cette colonne, composée de plus de 5000 hommes et soutenue par une batterie d'artillerie, sortit de Sébastopol par la porte située sur la droite du bastion de la Quarantaine ; elle s'avança en silence, laissant sur sa gauche un cimetière qui devait, dans la suite du siége, être le témoin et le lieu d'un sanglant combat. En avant se déployait une chaîne de tirailleurs qui couvrait la marche de deux bataillons en colonne par compagnie, ayant les pièces d'artillerie entre les bataillons.

LI. — Il était environ neuf heures du matin ; les Russes se précipitèrent sur les batteries 1 et 2, après avoir envahi les tranchées dans lesquelles nos soldats, que leur nombre inférieur rendait impuissants à les défendre, combattirent énergiquement, se repliant de traverse en traverse, et attendant l'ennemi à la baïonnette.

Mais bientôt deux compagnies du 19e bataillon de chasseurs, en réserve au Clocheton, et quatre compagnies de la légion étrangère accourent sur le lieu du combat. Le 39e et le 19e de ligne, qui se retiraient lentement en entretenant un feu de tirailleurs, reprennent aussitôt l'offensive avec une nouvelle énergie à l'arrivée de ces renforts.

Le général La Motterouge, qui commandait la tranchée ce jour-là, rallie à lui quelques compagnies du 20e léger, et, escaladant les parapets qui entravent sa marche, il court sur les points attaqués : c'est vers les batteries 1 et 2 qu'il se dirige; mais déjà les Russes les ont évacuées.

Le général a embrassé la position d'un rapide coup d'œil; il franchit la première enceinte de défense, entraîne avec lui confondues dans un même élan, les troupes qui l'entourent, poursuit l'ennemi surpris par cette attaque imprévue, le force à rétrograder jusqu'à la hauteur d'une maison dite du Rivage, et, s'établissant derrière des murs en démolition, il commence un feu nourri sur la colonne russe.

Mais le général Timofeïff a demandé des renforts; deux bataillons et six pièces d'artillerie arrivent; il les forme, place entre eux son artillerie sur la droite du ravin de la Quarantaine, et reprend l'offensive.

Tel avait été l'ensemble de l'attaque des Russes, qui, dans le premier moment de confusion, avaient encloué quelques pièces dans nos batteries.

Dès que les premiers coups de feu ont retenti, le général de Lourmel a reçu l'ordre de se porter droit devant lui dans la direction de la Maison brûlée, pour soutenir avec sa brigade les troupes engagées, pendant que le général d'Aurelle, appuyant sur l'extrême gauche en avant de son front sur la route qui longe la mer, doit essayer, à la faveur du brouillard, de tourner l'ennemi et de lui couper la retraite.

Le prince Napoléon a pour instructions de tenir sous les armes la brigade qui lui reste et de s'avancer jusqu'à la maison du Clocheton, pour appuyer la droite, pendant que les généraux d'Aurelle et de Lourmel attaqueront vigoureusement la gauche.

La division Levaillant, formant la réserve, a pris la place qu'occupaient avant leur départ les troupes de ces deux généraux, et, en colonnes serrées par brigade, se tient prêt à tout événement.

Le général Forcy part lui-même à la tête du 5e bataillon de chasseurs, par le ravin des Carrières (1), pour couper de ce côté la retraite à l'ennemi, si celui-ci était parvenu à dépasser les batteries 1 et 2, dans lesquelles il avait fait irruption.

LII. — Le général d'Aurelle, homme d'une décision énergique et précise, avait appuyé au pas de course sur le bord de la mer et s'était avancé au milieu d'une masse de projectiles lancés par les bastions de la place, vers les bâtiments de la Quarantaine, dont il s'empara brusquement. Le général les fait aussitôt occuper par le 1er bataillon du 74e, avec lequel il marchait, laissant, en seconde ligne, le colonel Beuret dans une position dominante et prêt à toute éventualité.

Dans le même moment accourait comme un ouragan

(1) Sur un des contre-forts que suivait presque sans transition un ravin aux pentes rapides, était une maison que l'on désigna sous le nom de *Maison des Carrières*, à cause des excavations pierreuses qui l'entouraient. C'est là qu'avait été établi, dans les premiers jours du siége, le dépôt de tranchée; mais cette maison était battue à tout instant par le feu perpétuel des batteries ennemies, dont les boulets, en ricochant, écrétaient les murs, avant de venir labourer le ravin et s'y arrêter; on transporta le dépôt de tranchée à la maison *du Clocheton*.

la brigade du général de Lourmel, que son chef conduisait à l'ennemi avec une ardeur indicible; elle arrive en masse compacte sur le sommet du plateau : les Russes en occupent le revers opposé, la brigade s'élance à travers le feu des tirailleurs embusqués derrière de petits murs en pierres sèches et dans des vignes qui croissent en cet endroit; les boulets des pièces d'artillerie placées au centre des réserves du général Timofeïff enlèvent par files entières les braves régiments qui avancent sans hésitation, culbutant tout ce qu'ils rencontrent devant eux. Déjà la brigade de Lourmel a atteint la hauteur de la baie de la Quarantaine; emportée par son ardeur, électrisée par son chef, elle continue à prononcer en avant son mouvement offensif auquel s'est joint le général de La Motterouge.

L'ennemi est en pleine retraite; les pièces attelées quittent leurs positions; les bataillons russes, regagnent la place en toute hâte, la baïonnette dans les reins. — Déjà l'intrépide général, lancé à leur poursuite, a dépassé les maisons d'un village abandonné qui est sur le flanc de la colline très-proche des défenses extérieures de la place, poussant devant lui les masses ennemies, lorsqu'une balle lui traverse la poitrine; il veut continuer, cherchant à dominer même la mort qui vient de le frapper, mais il sent que ses forces le trahissent, et il envoie un de ses aides de camp prévenir le colonel Niol qu'il doit prendre le commandement de la brigade.

Le brouillard s'était dissipé, et le jour, mais un

jour triste, pluvieux et pâle, éclairait le champ du combat.

Le général Forey, placé sur une hauteur à 600 mètres environ des ouvrages avancés de la place, domine l'action; il comprend que l'ardent courage du général de Lourmel l'entraîne à une attaque impossible et que sa brigade, à portée de mitraille et de mousqueterie de la place, va être indubitablement broyée. Les Russes se sont retirés; là doit s'arrêter le mouvement. Le général envoie aussitôt l'ordre de cesser une poursuite qui, en se continuant, peut gravement compromettre les troupes engagées (1).

Le commandant Dauvergne, aide de camp du général Forey, et le capitaine Colson, de son état-major, partent aussitôt pour porter aux généraux l'ordre de retraite.

Le commandant Dauvergne arriva près du général de Lourmel au moment où celui-ci venait d'être mortellement blessé; mais son visage était impassible; le commandant lui transmit l'ordre dont il était chargé.

« — Je suis blessé, lui répondit le général qui suivait d'un regard plein d'anxiété le mouvement de ses troupes; transmettez cet ordre au colonel Niol, auquel j'ai remis le commandement. Allez, ne perdez pas une minute; Niol est sur ma droite. »

(1) L'attaque fut si vigoureuse et poussée si près des remparts ennemis par les soldats, vainement rappelés par la voix de leurs chefs, que quelques-uns atteignirent les fossés, et pénétrèrent dans les travaux extérieurs en avant de la place.

Le commandant Dauvergne partit au galop dans la direction qui lui était indiquée, au milieu d'une pluie de mitraille que lançait déjà la place sur le terrain si vaillamment conquis par nos troupes. C'était sous ce feu meurtrier que la brigade devait effectuer sa retraite.

Le danger était imminent.

« Ne cherchez pas à opérer votre retraite en ordre précis, faisait dire le général Forey au colonel Niol, ce serait donner vos masses en pâture à la mitraille; retirez-vous aussi promptement que possible, jusqu'à ce que vous ayez trouvé un repli de terrain pour vous mettre à couvert et vous reconstituer; ne vous occupez pas de vos derrières : d'Aurelle et moi nous y veillons, et nous nous porterons en avant pour protéger votre retraite et empêcher qu'elle soit sérieusement inquiétée. »

LIII. — En effet, les Russes bordaient de nouveau le revers nord de la baie de la Quarantaine et dirigeaient sur nos troupes une fusillade acharnée; mais heureusement le général d'Aurelle, de l'excellente position dont il s'était emparé, les força, par la vivacité de son feu, à se retirer une seconde fois et à rentrer définitivement dans la place.

Le colonel Niol a quitté la tête du 26e de ligne, qui déjà a perdu ses deux chefs de bataillon, pour prendre le commandement de la brigade; la retraite s'opère, chaque portion de troupe cherchant à s'abriter derrière les ondulations du sol. Les morts jonchent la plaine; mais les cadavres russes attestent par leur nombre l'acharnement du combat et l'énergie avec laquelle l'ennemi avait été repoussé (1).

« Je ne saurais trop, mon général, écrivait le lendemain le général Forey au général en chef, vous faire l'éloge des troupes engagées le 5 novembre, car je n'ai à leur reprocher que trop de valeur (2). »

LIV. — L'ennemi par cette sortie considérable de la garnison n'avait obtenu aucun résultat réel; car nos tranchées n'éprouvèrent aucune dégradation, nos travaux furent intacts, et, sur les huit pièces enclouées, six purent reprendre leur feu immédiatement, les deux

(1) La poursuite de la brigade du général de Lourmel contre l'ennemi s'était avancée si près de la place, que les journaux russes, dans les premières nouvelles publiées par voie télégraphique, avaient annoncé qu'un assaut avait été donné à la ville par les troupes du corps de siége.

« Le général Forey, disaient-elles, commandait la division qui a donné l'assaut. »

(2) « Je ne crois pas être au-dessus de la vérité, disait la dépêche du général Forey, en portant à 1200 le nombre des Russes hors de combat dans cette affaire.

« On a enterré 250 cadavres sur la gauche de nos attaques; nous avons eu entre nos mains plus de 100 blessés. Le champ de bataille, en avant de la baie de la Quarantaine, qui a été si vivement disputé, n'a pu être visité par nous après le combat, puisqu'il s'étend jusque sous les murs de la place; mais il doit être couvert de leurs soldats. »

Le lendemain, un ordre du général commandant le corps de siége rendait hommage à la brillante valeur des troupes, à leur grande énergie; mais en déplorant des pertes si sensibles au cœur de l'armée, il rappelait, pour servir de base à l'avenir, que les troupes qui, pour repousser l'ennemi, se sont portées hors de la tranchée, ne doivent pas se livrer à la poursuite. Le général de tranchée a soin de les faire rentrer à leurs postes, avant que la retraite des assiégés permette à l'artillerie de la place d'agir librement contre elles.

(Art. 205. Ordonnance sur le service en campagne.)

autres le lendemain. Mais si nos pertes ne furent pas considérables, elles furent sensibles et cruelles. De braves officiers qu'une noble valeur portait toujours au premier rang, y trouvèrent une mort glorieuse. Ainsi tombèrent les deux chefs de bataillon du 26e, d'Hérail de Brisis et Chenevrier. — Dans le 19e de ligne, sur vingt officiers quinze furent blessés.

Le général de Lourmel ne voulut quitter le champ de bataille que lorsque ses forces furent épuisées. Presque à chaque pas il forçait ceux qui le transportaient à s'arrêter, pour regarder encore le combat auquel il ne pouvait plus prendre part.

Sa blessure était mortelle. Le général expira le 7 novembre (1), regretté par tous.

(1) LE GÉNÉRAL DE LOURMEL.

La mort du général de Lourmel est une grande perte; elle a été vivement sentie, déplorée surtout; car ce sang, si précieux pour la France, avait été imprudemment versé. Il y a un courage difficile sur le champ de bataille; c'est celui de la prudence, mais que commandent à la fois, dans un officier général, le devoir et l'intérêt de tous.

Le général de Lourmel, né en 1811, était donc à peine âgé de 43 ans. Cette carrière si courte avait été toute militaire, remplie de beaux et éclatants services, d'actes de bravoure et d'énergie.

Sorti en 1830 de l'École militaire, il était sous-lieutenant au 44e régiment d'infanterie de ligne; il inaugura sa carrière militaire par la campagne de Belgique en 1830. En 1838, il était capitaine; en 1841, il s'embarquait pour l'Afrique, dans le 10e bataillon de chasseurs à pied, dont l'organisation était récente. C'était le sol de l'Algérie que rêvait l'imagination bouillante du jeune capitaine, qui avait en lui ce feu sacré de la guerre, les plus précieuses qualités du chef comme du soldat. Peu d'officiers ont eu l'honneur d'inscrire comme lui sur leurs états de service 13 citations à l'ordre du jour de l'armée, pour actions d'éclat.

Jetons un regard rapide sur les années passées au milieu des camps et sur les champs de combat; elles diront combien l'on doit regretter

Dans la tranchée.

« Je ne puis, écrivait le général Forey, vous exprimer la douleur dans laquelle me plonge ce malheur.

celui qui est si glorieusement et si fatalement tombé sous les murs de Sébastopol.

Au mois d'octobre 1841, sa brillante conduite lors du second ravitaillement de Milianah, lui valut sa première citation à l'ordre de l'armée; dans le même mois, le combat des Oliviers inscrivait une seconde fois son nom dans un bulletin glorieux.

L'année suivante le général Bugeaud entreprenait une grande expédition dans l'est de la province d'Alger, le capitaine de Lourmel en faisait partie, et le rapport du général cite la bravoure et l'élan du jeune capitaine. Dans un combat sanglant contre les Kabyles, le 30 octobre 1842, sa valeureuse intrépidité le fit désigner pour chef de bataillon.— Quelques mois après, ne laissant jamais languir la plume qui inscrivait son nom sur le registre d'honneur, il était cité à l'ordre du jour par le lieutenant-colonel de Saint-Arnaud, et par le gouverneur de l'Algérie. Le 4 mars, dans le combat livré contre une tribu arabe, l'ordre de l'armée citait encore le nom du chef de bataillon de Lourmel. Il était encore à l'ordre du jour pour l'enlèvement des crêtes du pic de l'Ouarenseniz, il l'était aussi en 1845, pour sa conduite dans l'expédition des Beni-Tighrin.

Nommé lieutenant-colonel en 1847, on le retrouve, en 1849, au siége de Zaatcha; il commande une des colonnes d'attaque, et se lance à l'assaut avec cette ardeur qui l'avait jeté tant de fois au plus fort du danger. Il fut très-grièvement blessé d'un coup de feu.

Il fit, comme colonel, partie de la glorieuse campagne de Kabylie en 1850. Au combat livré le 21 mai, le général de Barral, dont le nom est resté comme un des plus beaux souvenirs de nos guerres d'Afrique, venait d'être frappé mortellement, le colonel de Lourmel prit le commandement de la brigade, et acheva victorieusement ce difficile combat. Son intelligence militaire, son courage à toute épreuve, appelèrent encore sur lui l'attention de ses chefs, et une dernière citation à l'ordre de l'armée. Nommé pour ce fait officier de la Légion d'honneur, commandeur du même ordre en 1851, il fut appelé aux fonctions d'aide de camp du prince président.

En 1852, le colonel de Lourmel fut élevé au grade de général de brigade. Lorsque l'armée d'Orient s'organisa, aide de camp de l'Empereur, il sollicita vivement l'honneur de faire partie du corps d'armée expéditionnaire, et reçut le commandement de la 1re brigade de la 4e division, sous les ordres du général Forey.

Avoir retracé la vie du général, c'est dire les regrets profonds qui ont accompagné sa mort.

L'armée perd un général dont la bravoure chevaleresque ne connaissait aucun obstacle, et un chef auquel semblaient réservées de hautes destinées. »

Cet événement produisit une profonde sensation par la perte même que faisait l'armée, par la sympathie qui entourait ce jeune et bouillant courage, et puis encore, parce que c'était le premier général frappé à mort sur le champ de bataille de Crimée, qui devait bientôt voir couler de part et d'autre un sang si noble et si généreux.

Depuis, bien des noms sont venus se joindre au sien, bien des tombes se sont ouvertes et fermées sur d'éternels regrets.

CHAPITRE IV.

LV. — Certes, un des plus tristes et des plus poignants spectacles qui se puissent voir, c'est un champ de bataille, lorsqu'un morne silence a remplacé le bruit du combat et que la nuit vient jeter son ombre et ses pâles couleurs sur les terrains jonchés de morts. Pendant toute la nuit qui suivit la bataille d'Inkermann, des hommes avec des litières parcouraient le champ de bataille, cherchant au milieu des corps étendus pêle-mêle ceux qui respiraient encore; des soldats munis de lanternes s'efforçaient de reconnaître dans cette foule inanimée les officiers qui avaient manqué à l'appel. Parfois les nuages sombres qui obscurcissaient le ciel s'entr'ouvraient tout à coup, et la lune resplendissait sur tous ces pâles visages, dont quelques-uns semblaient endormis, tandis que d'autres avaient conservé, même après la mort, une expression farouche et menaçante. Le vent qui, par intervalles, arrivait en rafales violentes, soulevait des lambeaux de vêtements et agitait les hautes broussailles. — C'était un sinistre tableau; mais l'amertume et le deuil de la pensée trouvent une large compensation dans les faits éclatants qu'enregistre l'histoire, dans la gloire du drapeau, dans la patrie reconnaissante et dans le triomphe de la cause pour laquelle on combat (1).

Cette journée fut appelée la *victoire des soldats*, et jamais nom ne fut plus héroïquement, plus noblement mérité.

LVI. — De tous côtés, des rapports venaient apprendre que des officiers et soldats blessés dans

(1) Le costume des soldats russes se compose d'une tunique d'un gris jaunâtre et d'un pantalon vert-noir; ils portent une casquette en drap bleu foncé avec une bande rouge. Ils ont, assez généralement, des demi-bottes; leur uniforme ne porte qu'une contre-épaulette, sur laquelle se trouve inscrit le numéro de la division à laquelle ils appartiennent. Leur type est très-franchement accusé, front large, figure plate, pommettes saillantes, cheveux blonds.

Un filet d'or ou d'argent, placé sur l'épaule des capotes grises des officiers, les fait seul reconnaître.

Les fusils des soldats russes sont assez semblables à nos fusils, modèle 42, les platines sont à chaînettes, les garnitures en cuivre; ils tirent des balles cylindriques : beaucoup ont des carabines de précision à longue portée; leurs balles sont cylindro-coniques.

cette sanglante journée avaient été achevés avec barbarie par les Russes.

On disait, que c'était ainsi que le général Cathcart et le colonel Seymour son aide de camp avaient reçu la mort. On allait même jusqu'à citer un major russe qui poussait ses soldats à achever les blessés (1). Ces assertions, que des récits faits par des témoins oculaires semblaient malheureusement confirmer, jetèrent dans les armées alliées un sentiment profond d'amertume. — La guerre, hélas! porte en soi de sanglants épisodes, qu'un voile profond devrait toujours couvrir.

Le caractère russe, la bravoure éprouvée des officiers,

(1) Bien des bruits de toute nature ont circulé à ce sujet; on parlait même aussi de condamnation prononcée.

L'auteur, pendant son long séjour à l'armée de Crimée, a pris sur ce fait tous les renseignements possibles au grand quartier général anglais. — Voici, d'après ses recherches et les récits des personnes qui étaient à portée de tout savoir, ce qui s'est passé :

En effet, des officiers et des soldats anglais assuraient qu'ils avaient vu et entendu un major russe encourager du geste et de la voix ses soldats à porter les derniers coups aux blessés étendus à terre. Ce major, gravement blessé lui-même, fut fait prisonnier par les Anglais. Emporté sur un cacolet français, il fut d'abord transporté à l'ambulance française, où pour le soustraire aux sentiments d'indignation soulevés contre lui, on le fit porter à Kamiesch, dans le but de l'embarquer sans retard. Mais on vint le réclamer de la part du général en chef de l'armée anglaise, et avec une telle instance, que l'on ne put se refuser de le rendre aux Anglais, dont il était le prisonnier. Cet officier subit plusieurs interrogatoires au sujet des différentes dépositions écrites qui le signalaient comme coupable de cette lâche cruauté; mais, bien que de fortes présomptions l'accusassent, cependant nulle preuve matérielle ne le condamnait. Aussi, à la suite de ces interrogatoires, aucune décision ne put être prise, et il fut envoyé à Malte, où les diverses pièces du procès furent transportées. Cet officier mourut des suites de ses blessures.

dont la valeur souvent héroïque ne pouvait s'allier à de tels sentiments, repoussaient une pareille imputation. Les faits isolés d'indigne barbarie peuvent se produire au milieu des mêlées sanglantes, mais ne sauraient entacher l'honneur d'une nation. Certes nous n'aurions pas donné dans ce récit une place à ces tristes souvenirs, si le retentissement qu'ils ont eu, après la bataille d'Inkermann, ne nous empêchait de les passer sous silence.

Ces bruits prirent tant de consistance, surtout dans l'armée anglaise, des rapports si nombreux, si détaillés, parvinrent aux chefs de corps, que, tout en repoussant la pensée de faire remonter plus loin qu'à leurs auteurs la responsabilité des actes qui avaient été signalés, les généraux en chef des armées alliées crurent devoir adresser au prince Menschikoff une lettre collective; cette lettre, où respire la franche énergie des plus nobles sentiments, est un document précieux, la voici :

« 7 novembre 1854.

« Général,

LVII. — « Nous venons dénoncer à votre loyale indignation des faits odieux, qui sont sans exemple dans les guerres de notre temps; nous nous sommes longtemps refusés à les croire vrais, bien que des témoins dignes de foi nous les eussent affirmés; aujourd'hui, des preuves irrécusables ne nous permettent pas de douter de leur triste réalité.

« Des soldats russes achèvent avec l'arme qu'ils ont entre les mains ceux de nos officiers et de nos soldats qui, mêlés avec eux pendant l'action, sont gisants sur le terrain par suite de blessures.

« Ainsi, pendant que nous donnons aux blessés de l'armée de Votre Excellence, soit sur le champ de bataille, soit dans nos hôpitaux, les soins que nous donnons à nos propres soldats, nos blessés semblent n'avoir pas de quartier à espérer.

« Dans une armée qui combat, les actes individuels de violence sont difficiles à prévoir et à réprimer; nous ignorons s'il s'en est présenté, par exception, dans les armées anglaise et française; mais Votre Excellence sait, qu'avec nous, les actes de cette nature ne sont point à craindre, et que nos soldats ne se livreront, dans aucun cas, par représailles, à des excès qui donneraient à cette guerre le caractère le plus affreux, et qui violent à la fois les lois de la guerre et de la religion chrétienne. Dénoncés au monde, ils tendraient à placer l'armée qui s'en rendrait coupable, en dehors de la grande famille européenne civilisée.

« Nous sommes profondément convaincus que Votre Excellence est pénétrée des sentiments que nous exprimons ici, qu'elle les accueillera avec la douloureuse impression dont nous sommes pénétrés nous-mêmes, et qu'elle prendra les dispositions nécessaires pour mettre un terme à ces horreurs dont la continuation, malgré la loyauté reconnue des officiers de l'armée russe, entacherait gravement l'honneur de son drapeau.

« Nous terminons, en exprimant le regret que l'armée russe n'ait, après aucune des actions de guerre qui ont eu lieu, demandé à enterrer ses morts : cette demande aurait été accueillie avec empressement, et aurait déchargé les armées alliées d'un pénible devoir que, conformément aux usages naturels et consacrés dans les guerres, il appartient à l'armée russe de remplir.

« LORD RAGLAN. — GÉNÉRAL CANROBERT. »

A cette lettre, dont le but principal était d'instruire le général en chef de l'armée russe de faits qu'il devait évidemment ignorer, le prince Menschikoff fit une réponse noble et énergique, mais où se trouvaient toutefois des récriminations contre un fait isolé qui s'était produit, quelques jours auparavant, dans le corps de siége de l'armée française.

« 9 novembre 1854.

« Messieurs les généraux en chef,

« Quoique aucun fait de ce genre ne soit encore parvenu à ma connaissance, j'accorde qu'un soldat exaspéré ait pu individuellement, et dans la chaleur du combat, se porter à un acte de violence; et, si tout acte semblable est profondément regrettable, je ne me dissimule point cependant en même temps, que le sac de l'église de Chersonèse, ce temple antique, auquel nos soldats ont assisté sur les bastions de Sébastopol, a produit l'impression qui doit naître chez les hommes religieux et qui vénèrent tous les objets du culte attaqué dans ce qu'il a de plus cher, dans ses foyers comme dans ses temples. La résistance d'un peuple prend un caractère souvent cruel, en acquérant des proportions qui sont celles de la situation.

« Mais, que partant d'un fait isolé, une accusation formelle et générale de ce chef soit dirigée contre l'armée impériale, c'est ce que je ne puis admettre, et je la renvoie sans discussion et sans récrimination aucune à ceux qui voudraient la porter. Les précédents connus de cette guerre dans le nord comme dans le midi m'autorisent à parler de la sorte, le caractère de la nation en fait foi, et des actes tout récents le prouvent.

« Un ennemi sans défense est et sera toujours sous la protection du drapeau russe.

« Quant au devoir d'enterrer les morts, en y ajoutant les soins à donner aux blessés laissés sur le champ de bataille, ils appartiennent de tout temps à celui qui s'y maintient. — Après l'affaire du 13-25 de ce mois, le soldat russe a enseveli les victimes, et aujourd'hui il enterrera les morts dans le cas où ils seraient sans sépulture, et alors que les troupes alliées n'y mettront pas d'obstacles.

« PRINCE MENSCHIKOFF. »

LVIII. — Nous avons transcrit littéralement ces lettres, car elles disent toute la vérité sur ces faits regrettables, que condamnaient à la fois le caractère et l'honneur des deux nations.

Toutefois, il est important de rapporter ici le fait auquel fait allusion le prince Menschikoff dans sa réponse.

Tout à fait au bord de la mer, au milieu des mouvements de terrain sur lesquels sont les débris du fort Génois et qui descendent vers la baie de la Quarantaine, s'élevait la petite chapelle de Saint-Vladimir (1). Des soldats isolés, plus audacieux que les autres, se glissaient souvent à travers les plis de terrain vers l'établissement de la Quarantaine abandonné par les Russes, pour en enlever ce qui pouvait servir, soit à les mettre à l'abri, soit à alimenter le feu devant les tentes, le bois commençant à manquer.

A ces soldats déjà coupables, succédaient des rôdeurs qui, dans toutes les armées, vont, au mépris des ordres et de la discipline, cherchant quelque chose à piller. Ils avaient pu franchir inaperçus la chaîne des avant-postes, et pénétrer la nuit dans cette petite chapelle placée sous le patronage du saint protecteur de la Russie.

Le général Forey, ayant eu connaissance de ce fait, adressa aux troupes du corps de siége un ordre du jour dans lequel il stigmatisait cet acte de vandalisme avec toute la sévérité qu'il méritait. Il ordonna une enquête pour découvrir les coupables; et quelques hommes, signalés dans divers corps, furent envoyés aux fers sur un bâtiment à Kamiesch. Un poste fut établi dans les environs pour empêcher la continuation d'un pareil scandale; mais le plus grand mal était fait, et nos

1. Sébastopol s'élève sur le lieu consacré par la conversion de saint Vladimir, le premier czar qui ait introduit le christianisme en Russie.

travaux de siége ne tardèrent pas à envelopper le terrain sur lequel cette église était construite.

Tel est le fait dont il est question dans la lettre du prince Menschikoff; mais le général en chef de l'armée russe avait oublié de dire ou de se rappeler, que tous les objets sacrés qui ornaient la chapelle de Saint-Vladimir avaient été religieusement transportés au monastère de Saint-Georges, et que cet antique monastère lui-même devait sa conservation aux soins que l'on avait pris pour le garantir de toute dévastation; qu'un poste français avait été établi au monastère pour le protéger, et que la sollicitude du général en chef de l'armée française pourvoyait chaque jour aux besoins des moines, auxquels on avait permis de continuer à résider dans cette sainte demeure (1).

LIX. — La journée du 5 novembre avait été glorieuse pour nos armes; l'ennemi, qui était venu nous attaquer avec des forces considérables, avait été repoussé, laissant sur son chemin une large traînée de morts. La confiance aveugle du prince Menschikoff avait été terrassée, et les deux fils de l'Empereur, venus pour assister à la ruine complète des armées alliées, avaient vu les troupes russes décimées, regagnant en désordre leurs positions. — C'était une réponse digne de la France et de l'Angleterre à l'orgueilleuse dépêche du général en chef de l'armée russe, qui

(1) Tous ces renseignements sont d'une rigoureuse exactitude, et nous ont été donnés par le général en chef.

écrivait au prince Paskewitch : qu'une terrible calamité était suspendue sur la tête des envahisseurs, pour les châtier dans leur orgueil et dans leur ambition ; dans quelques jours, disait-il, ils auraient péri par le fer ou auraient été jetés à la mer, et de ces deux armées qui s'étaient flattées de s'emparer de Sébastopol et de la Crimée, il ne resterait pas un soldat pour rapporter dans leur pays la nouvelle de leur entière destruction (1).

Toutefois, cette attaque, qui avait précédé d'un jour la date fixée pour l'assaut, avait changé la situation. Une armée tout entière est accourue au secours de la ville assiégée, soit des côtes d'Asie, de Kertch, de Kaffa, de Nicolaïeff. Les Russes ne sont plus seulement attaqués devant Sébastopol ; ils attaquent à leur tour ; et, tout en poussant nos travaux contre la place, nous avons à nous défendre sur l'ensemble de nos positions, que des forces imposantes peuvent à tout instant inquiéter.

Devant cette subite complication, devant les pertes sérieuses, surtout de l'armée anglaise, fallait-il donner l'assaut projeté, ou convenait-il mieux, dans les condi-

(1) En effet, quelques jours auparavant, une dépêche du prince Menschikoff avait été interceptée. Les termes de cette dépêche, qui parlait de la ruine complète des armées alliées, causèrent une grande émotion aux deux gouvernements anglais et français. On s'empressa d'en faire parvenir l'avis aux généraux en chef, pour qu'ils se préparassent à une attaque formidable ; cet avis n'arriva en Crimée qu'après la sanglante journée d'Inkermann.

« La dépêche du prince Menschikoff, si elle est vraie, répondit le général Canrobert, a reçu sa réponse le 5 novembre. »

tions actuelles, d'attendre des renforts qui ne devaient pas tarder à arriver? La question était grave, la situation pressante, les décisions devaient être rapidement prises, pour profiter, en cas d'attaque, de la démoralisation de cette armée qui avait passé d'une confiance entière au désenchantement d'une cruelle défaite.

LX. — Dès le lendemain, 6 novembre, un conseil de guerre se réunit chez lord Raglan : à ce conseil assistaient, outre les deux généraux en chef, les généraux Bosquet, Forey, Bizot, Martimprey, Trochu; du côté des Anglais, les généraux Burgoyne, England, Airey, Rose. Les deux commandants en chef de l'armée de mer, Dundas et Hamelin, retenus au mouillage de leur flotte, étaient représentés par les vice-amiraux Bruat et Lyons, chefs énergiques, audacieux, entreprenants. — Jamais peut-être question plus grave, plus solennelle ne fut agitée dans un conseil.

Le canon des assiégeants tonnait contre la place, et tout autour de la ville assiégée étaient étendus, sur les terres ensanglantées, des milliers de morts, attendant la sépulture. Le général en chef français fit un exposé fidèle de la situation, des ressources dont on disposait, des éventualités à craindre, des forces considérables ennemies, qui pouvaient à tout instant se ruer sur nos positions, comme elles l'avaient fait la veille. Il ne cacha pas, non plus, que l'approche de l'hiver allait créer de grandes difficultés et soumettre les deux armées à de rudes et mortelles épreuves.

« Messieurs les généraux et amiraux, dit-il en terminant, vous avez été appelés au sein de ce conseil pour émettre franchement votre opinion ; dans ces conditions faut-il ajourner l'assaut ou le donner immédiatement, ainsi que cela avait été décidé? »

Il n'y eut pas hésitation dans le conseil : *tous les avis furent unanimes pour l'ajournement, jusqu'à l'arrivée de renforts;* l'insuccès eût pu devenir un déplorable désastre.

Les chefs de l'armée avaient prononcé ; tous ces hommes résolus, énergiques, avaient reconnu l'impérieuse nécessité de ne pas livrer au hasard le salut de l'armée et la gloire de nos armes.

Le général Canrobert explique ainsi lui-même la situation dans une dépêche particulière, en date du 8 novembre.

« Malgré la résistance acharnée que, lord Raglan et moi, nous nous attendions à renconter dans cette vaste et exceptionnelle place, dont les ressources en artillerie, et en munitions de tout genre sont immenses, notre confiance dans le succès était grande, lorsque l'arrivée inattendue d'une partie de l'armée du Danube, que l'on devait croire retenue vers le Pruth par les Autrichiens et les Turcs, et d'autres renforts arrivés en voiture de l'intérieur, formant un effectif d'au moins 100 000 hommes, ont dû appeler toute notre attention contre cette armée.

« Elle n'aurait pas manqué de nous prendre en flanc,

pendant que l'opération difficile de l'assaut, tout en nous faisant perdre nos meilleures troupes, nous aurait contraints à affaiblir certains points de notre ligne de circonvallation, rendue forcément étendue par suite de la configuration du terrain et des nécessités du siége. L'assaut a été ajourné. »

Les pertes d'Inkermann avaient frappé au cœur l'armée anglaise. La journée de Balaclava, qui avait précédé de dix jours celle d'Inkermann, avait déjà décapité sa cavalerie, deux journées glorieuses et à la fois fatales (1). — Certes, les pertes des Russes étaient de beaucoup supérieures à celles des armées alliées; mais était-ce une compensation?

LXI. — Deux fois, on l'a vu, l'assaut avait été décidé, deux fois les colonnes assaillantes étaient prêtes à marcher, et deux fois les événements étaient venus entraver la volonté d'agir, et arrêter l'élan de nos troupes ardentes à combattre.

Maintenant va commencer une autre lutte, la lutte avec les éléments, avec le froid, avec la neige, avec les pluies torrentielles, les ouragans de la terre, du ciel et de la mer.

Le siége de Sébastopol avait été entrepris en dehors

(1) « L'armée anglaise ne compte plus que 16 500 baïonnettes. Elle vient d'avoir hors de combat, dans la journée du 5 novembre, 2580 hommes, dont 41 officiers morts, parmi lesquels 3 officiers généraux, et 101 officiers blessés, dont 5 officiers généraux. »

Extrait d'une lettre du comte Vico, détaché près de lord Raglan.

des règles ordinaires, avec des moyens insuffisants, dans l'ignorance de cette puissante artillerie, contre laquelle on ne croyait pas avoir à lutter, en attaquant la partie sud de la ville.

Lorsque l'unanimité du conseil réuni chez lord Raglan se fut prononcée pour l'ajournement de l'assaut, les généraux en chef résolurent, d'abord de se retrancher plus solidement encore dans leurs positions défensives, de manière à rendre désormais infructueuse toute nouvelle tentative de l'ennemi; puis de continuer avec ardeur les travaux d'attaque, afin d'inquiéter et de menacer sérieusement la place, jusqu'à l'arrivée des renforts de toute nature demandés en France et en Angleterre (1).

Telles furent les décisions prises par la nécessité des événements. — La situation était grave; car les difficultés, les entraves semblaient chaque jour surgir du sol pour défier notre courageuse et inébranlable persistance.

L'armée ennemie, étonnée des pertes cruelles qu'elle a éprouvées à la sanglante affaire d'Inkermann, se tient sur la défensive et n'ose plus tourmenter nos travaux. Aussi le général en chef français en profite pour développer ses approches contre la ville, et renforcer

(1) On commença, sur la gauche de nos attaques, des travaux défensifs dans le but de mettre les baies de Kamiesch et de Streletzka, où se trouvaient tous les dépôts de l'armée française, à l'abri d'une nouvelle tentative de l'ennemi contre le corps assiégeant, qui déjà, à cette époque, avait des travaux très-étendus à protéger contre des sorties incessantes.

par de solides ouvrages les parties faibles de notre ligne de circonvallation (1).

En France, pour les esprits impatients, qui jugent à distance les événements dont ils ne peuvent apprécier l'importance, c'était l'inaction; mais là-bas c'était l'activité, le dévouement, la lutte héroïque de chaque jour, la veille incessante; c'était le travail qui remue le sol et qui combat.

Dans ces travaux, consistait alors toute la pensée de notre attaque; suivons-en donc la progression avec soin.

LXII. — La sortie du 5 novembre avait démontré la nécessité d'avoir, au dépôt de tranchée, des bataillons de réserve prêts à se porter rapidement sur les points attaqués. — Cette réserve, qui campe à proximité de la maison du Clocheton est composée de 3 bataillons.

Les travaux continuent, dans la 3e parallèle, où l'on construit des gradins pour le franchissement et la fusillade. Chaque jour et chaque nuit, nos travailleurs rivalisent d'ardeur et de persistant courage au milieu des projectiles de toute nature, dont l'ennemi accable

(1) *Journal du corps de siége*, du 10 *au* 11.

« Pour compléter la défense de la gauche des attaques, et aussi pour couvrir celle des 4e et 5e divisions, on doit construire 3 ouvrages dans le prolongement de ces attaques, à l'extrémité nord des contreforts compris entre la baie de la Quarantaine et celle de Streletzka, ce qui constituera une espèce de ligne de circonvallation. On trace les ouvrages, qui consistent : 1° en une redoute de 50 mètres, en avant de la maison dite *du Rivage;* 2° en une sorte de cavalier avec chemin couvert en avant, à organiser au moyen d'une mine; 3° en un épaulement de 40 mètres de largeur destiné à une batterie de campagne. »

Travail dans les tranchées.

nos travaux d'approche. Les Russes établissent de nouvelles batteries (1) ; et pour combattre le mal que leur font éprouver nos francs-tireurs, ils postent aussi, dans les ravins et sous la protection des inégalités du sol, des tireurs de choix, qui viennent hardiment se placer devant nos parallèles.

Entre les tirailleurs ennemis et nos compagnies de francs-tireurs c'est une lutte d'homme à homme. De tous côtés les Russes, instruits par nous-mêmes des avantages réels de ces tirs réguliers de précision, ont disposé des tirailleurs d'élite à la droite et à la gauche de nos attaques, soit dans le cimetière qui borde le ravin, soit dans les grottes placées jusque sous les batteries anglaises ; c'est à tout instant une pluie de balles qui pénètre avec adresse dans les côtés vulnérables de nos tranchées, pendant que l'artillerie de gros calibre bat et dégrade perpétuellement nos parapets. Ces combats, avec des carabines de précision sont terribles.

« L'ennemi, écrit le général Canrobert, est parvenu par ses tirailleurs à nous faire éprouver quelques pertes, aussitôt réparées du reste ; nos francs-tireurs formés de chasseurs à pied et de zouaves, au nombre de trois cents, sont d'infatigables et terribles soldats. Déjà plus de la moitié ont été atteints par le feu de l'ennemi,

(1) *Journal du corps du siége, du 6 au 7 novembre.*

Les Russes établissent, en avant du bastion du Mât, une batterie d'un profil élevé, ayant cinq embrasures destinées à contre-battre nos batteries 12 et 13.

auquel ils ne permettent pas de repos ; mais pour un brave qui tombe, dix se présentent pour obtenir l'honorable faveur de le remplacer. Que de nobles dévouements dans cette race d'hommes, et combien on est fier de leur commander! »

On aime à voir le général en chef rendre ainsi un juste hommage à la valeureuse intrépidité de ses soldats. Mais aussi, voyez-les, ces braves aux cœurs dévoués, infatigables à la lutte, inaccessibles à la crainte, se courbant derrière des abris élevés à la hâte ; ils n'écoutent ni les balles qui sifflent, ni les boulets qui bondissent autour d'eux ; ils se traînent à terre, profitant habilement des moindres dépressions du terrain, et oubliant de songer à la mort.

LXIII. — Parfois, lorsqu'à ces jours de froide et persistante lutte, a succédé la nuit, des paniques étranges prennent aux assiégés. Sans cesse sur le qui-vive, craignant à tout instant que nos colonnes d'assaut ne débouchent inopinément sur quelque point de leurs défenses, le moindre bruit les émeut, le moindre mouvement inaccoutumé les inquiète : alors les remparts se garnissent tout à coup de défenseurs qui commencent une fusillade générale sur toute la ligne ; les batteries des bastions et les batteries basses qui commandent les ravins font un feu formidable ; des bombes éclatent en l'air ou sillonnent de leurs rais enflammés l'obscurité de la nuit ; des paniers de grenades, lancés dans toutes les directions, tombent en rouges étincelles ; puis tout se tait : on dirait un orage qui s'éloigne, après avoir lancé la foudre; les remparts se dégarnissent, la nuit retrouve son obscurité et le tir reprend sa monotone régularité.

Dans la nuit du 13 novembre, le feu de l'artillerie russe fut si terrible, que l'on dut croire à un mouvement de l'armée de secours masqué par cette furie de la ville assiégée. — Dans les camps on prit les armes, les postes avancés redoublèrent de surveillance; chacun veilla à son rang, à sa place, attentif et immobile, regardant le ciel noir illuminé par les éclairs de la canonnade.

Le jour vint, et avec lui, non l'attaque de l'armée ennemie, mais la plus effroyable tempête du ciel. La pluie tombe à torrents, et un vent furieux, dont le mugissement ressemble aux sombres roulements du tonnerre, ravage les camps, et déchire les tentes renversées pêle-mêle les unes sur les autres. Plusieurs sont enlevées dans les airs, et la tempête joue avec elles, comme elle ferait de plumes arrachées à un oiseau; les autres sont entraînées avec une telle violence, qu'elles bouleversent tout sur leur passage; les chevaux sont à demi noyés dans les trous qu'on leur a creusés pour les abriter; les soldats et les officiers, pour résister à ce torrent subitement déchaîné, s'accrochent à ce qui se rencontre sous leurs mains désespérées. Des tables, des chaises tournoient dans l'espace; des vêtements de toute nature obscurcissent l'air dans leur vol insensé, car cet orage subit s'est abattu sur nous avec le jour et a surpris au milieu de son sommeil une partie des camps.

Partout c'est un effroi et une confusion indicibles : les toitures des maisons sont arrachées par la violence de la tourmente; celle de l'antique monastère de Saint-Georges est brisée. Des arbres séculaires sont mutilés, leurs débris courent comme des êtres animés de ravin en ravin, tantôt bondissant, tantôt déchirant le sol, où ils tracent de profonds sillons.

Les baraques des ambulances sont broyées par la furie du vent; les charpentes retombent sur les blessés et sur les malades, dont les couches sont renversées au milieu de la pluie qui les inonde. La plupart de ces malheureux, cloués par la maladie ou par de cruelles blessures, ne peuvent faire un mouvement, et attendent, résignés, ce que la volonté de Dieu ordonnera d'eux.

Fatale journée dont la date restera toujours dans la mémoire de ceux qui y ont assisté!

LXIV. — Le drame le plus terrible était celui qui se passait sur la mer. Tous nos vaisseaux de combat et de transport pouvaient être brisés les uns contre les autres et engloutis sous les flots que soulevait la plus effroyable tempête dont la mer Noire ait jamais été le théâtre.

Le vent venant du sud avec une violence extrême changeait en tourbillons les torrents de la pluie. La mer, d'abord tourmentée, roulait ses vagues avec un bruit sourd et prenait au loin cette teinte sombre qui annonce la tempête. Le port de Kamiesch, quoique abrité, était bouleversé et écumeux; le vent, fouettant les vagues, en rasait les crêtes d'écume; les navires au fond de la baie inclinaient sur les flots leurs mâtures désemparées et menaçaient à chaque instant de rompre leurs chaînes; les lambeaux des voiles passaient en sifflant dans les airs. Un instant la tempête parut se calmer; mais tout à coup le vent, sautant du sud-est à l'ouest, redoubla de fureur. Les vaisseaux s'entre-choquaient les uns contre les autres; leurs vergues et leurs cordages, violemment enlacés, se brisaient avec un sinistre fracas. Quelques-uns coulèrent bas et se renversèrent. « C'était, raconte un témoin de cette fatale journée, une scène d'angoisse indescriptible, dominée par les sifflements furieux du vent, le grondement formidable de la mer et les coups de canon intermittents que tiraient au loin les vaisseaux en détresse. »

Ces sinistres détonations disaient quels périls couraient les navires exposés hors du port à la tempête déchaînée contre eux. L'énergie humaine avait dépassé ses limites; le salut ou la perte dépendait de Dieu seul. Les escadres ont peu souffert; les désastres et les grandes avaries ont été parmi les bâtiments de transport et de commerce, dont plusieurs ont péri. Les vents déchaînés et la mer en furie sont des ennemis contre lesquels, à un moment donné, la résistance devient impossible. Les tempêtes sont les batailles ordinaires des armées navales; Dieu soit loué! nous avons gagné celle du 14 novembre, qui pouvait, plus sûrement que les armes ennemies, anéantir tous nos projets.

LXV. — Dans la baie d'Eupatoria nous avions perdu deux vaisseaux, *le Henri IV* et *le Pluton*, jetés et brisés à la côte, malgré les efforts héroïques de tout l'équipage.

« Je n'évacuerai pas mon vaisseau, écrit à l'amiral le capitaine du *Henri IV*, tant qu'il y restera un morceau de bois pour me porter et y faire flotter les couleurs nationales. Tout le monde a fait et fera son devoir jusqu'à la fin avec la plus entière abnégation (1). »

Les Anglais, nos alliés, avaient, par suite de la tempête, à déplorer des sinistres considérables. A l'entrée de la baie de Balaclava, les navires entassés se brisèrent et sombrèrent. C'était un pêle-mêle affreux de bâtiments broyés, entr'ouverts, auxquels venaient se joindre de saisissants épisodes à glacer les cœurs les plus intrépides (2).

(1) « Le jour s'est fait sur les désastres de la nuit, écrit de son côté le capitaine du *Pluton*. *Le Pluton* était complétement perdu, ensablé à 80 mètres de la plage, l'arrière se séparant de l'avant. Il y avait urgence pour la vie des hommes d'évacuer le bâtiment; je m'y suis décidé. »

(2) « Les Anglais, écrivait le commandant Vico, officier supérieur français détaché auprès de lord Raglan, ont perdu, à l'entrée du port de Balaclava, 8 gros bâtiments de transport, parmi lesquels un steamer, *le Prince*, qui attendaient là, avec d'autres, leur tour de débarquement. Rien n'a pu être sauvé des chargements, et les équipages, à l'exception d'un très-petit nombre d'hommes, ont péri. Ces navires étaient chargés de vivres, munitions, effets chauds pour l'hiver, 20 jours de foin. Dans la baie de Chersonèse, ils ont perdu un bateau à vapeur. A l'embouchure de la Katcha, où étaient mouillées les flottes, 7 ou 8 navires de transport, heureusement vides, ont été jetés à la côte, ainsi qu'une corvette à vapeur. Combien étaient immenses, irréparables peut-être les malheurs qui pouvaient arriver ! »

Sur le rivage, on assistait à ce désastre, sans pouvoir porter secours aux naufragés, dont les cris déchirants dominaient le mugissement des flots et que les vagues amoncelées emportaient avec elles (1). Cette journée du 14 novembre faillit devenir la ruine des armées alliées ; elle jeta dans tous les esprits et dans tous les cœurs une appréhension bien naturelle. Si l'hiver avec sa neige, ses ouragans de glace, amenait souvent de semblables tempêtes dans cette mer si redoutée par les vieux navigateurs génois, les questions urgentes de transport et de ravitaillement étaient sérieusement compromises.

Mais cette armée si loin de la patrie, qui devait lutter à la fois contre les rudes souffrances de l'hiver et les menaces incessantes d'une armée formidable, avait dans le cœur tous les courages, tous les dévouements, toutes les abnégations. Sa mâle et inébranlable énergie s'apprêtait à supporter toutes les épreuves sans faillir un instant à son devoir envers le drapeau de la France.

Nous l'avons dit, cet ouragan subit avait soulevé les plus grandes inquiétudes pour les flottes, auxquelles était attachée la vie morale et matérielle des deux armées. Les généraux en chef et les amiraux se réunirent aussitôt en conseil, et décidèrent de ne laisser sur les côtes de Crimée qu'un petit nombre de vaisseaux à voiles solidement amarrés dans les deux baies

(1) La violence de la mer avait été telle, que l'un des gros vaisseaux coulés à l'entrée du port avait été déplacé et entraîné en dehors de la digue. Les Russes, dans la matinée du 17, coulèrent un nouveau bâtiment à la place qu'occupait celui-là avant la tempête.

méridionales de la presqu'île de Chersonèse : les vaisseaux à vapeur, pour lesquels le danger était moins grand, les couvriraient à l'extérieur. Cette force navale devait suffire à préserver les baies contre les tentatives ennemies et faciliter nos relations avec les divers ports de la Turquie.

LXVI. — Nos travaux d'approche contre la ville avaient eu aussi cruellement à souffrir ; toute la journée et toute la nuit qui suivirent, les travaux furent forcément interrompus. La violence du vent et de la pluie avait plus dégradé les tranchées que ne l'avait pu faire le feu de la place : les terres extérieures, détrempées par l'inondation du sol, s'affaissaient et s'entr'ouvraient. Dans l'intérieur, l'eau, sur divers points, barre le passage et les gardes de tranchées en ont parfois jusqu'au genou, surtout dans la partie basse de la deuxième parallèle, qui est entièrement inondée. Le sol, d'une nature glaiseuse, forme une boue épaisse et pesante qui s'attache aux pieds et incommode au plus haut degré nos soldats dans les tranchées. Cependant, malgré le vent qui mugit, malgré la neige qui tombe en flocons, il faut veiller attentif et prêt à combattre ; car l'ennemi, se doutant bien du désordre de nos ouvrages, peut les assaillir tout à coup, et la ville ouvre contre nous un feu très-vif. — La colère des hommes se mêle à celle des éléments déchaînés.

Nos différents observatoires constatent que l'on travaille activement dans l'intérieur de la place ; mais la nature de ces travaux nous est cachée; toutefois, ce qui ne peut nous échapper, c'est la multiplicité des ouvrages défensifs qui chaque jour doublent les difficultés, auxquelles viennent se joindre celles inhérentes à la saison d'hiver.

L'armée de secours du prince Menschikoff est toujours immobile à trois quarts de lieue de nous environ; rien n'indique qu'elle veuille entreprendre quelque attaque; elle se couvre dans ses positions par des travaux défensifs. — D'ailleurs que pourrait-elle tenter à travers les terrains effondrés et avec la pluie qui tombe à torrents et fait déborder la Tchernaïa?

Des déserteurs nous apprennent que les Russes souffrent beaucoup du mauvais temps, que les soldats sont mal abrités, et que les difficultés de transport retardent l'arrivée des approvisionnements. Le pain des troupes, leur seule nourriture souvent, est horrible à voir; c'est une pâte noire, dure et graisseuse. — Les fièvres et le choléra sévissent beaucoup dans les camps, ce qui affaiblit grandement l'effectif de nos ennemis.

LXVII. — Au milieu de ces jours tristes et sombres, de ces vents glacés, de ces pluies perpétuelles, avec quelle joie est reçu un rayon de soleil, lorsqu'il perce le manteau brumeux dont s'enveloppe le ciel; toutes les voix semblent l'appeler et tous les visages lui sourient.

C'est que maintenant, nous nous trouvons face à face avec les réelles difficultés de cette audacieuse entreprise. — Chacun avait compté sur un siége rapide, et les prévisions ne s'étaient pas réalisées. L'hiver, cet ennemi cruel pour les armées campées sur un sol lointain, entravait nos travaux, et non-seulement en arrêtait l'exécution, mais nous forçait à réparer des dégradations perpétuelles : nos chevaux épuisés traînaient péniblement leurs attelages dans les terrains défoncés ; véritable ouvrage de Pénélope, chaque jour semblait effacer la trace des travaux de la veille. Mais heureusement des renforts nous arrivaient presque par tous les bâtiments ; et ces souvenirs vivants de la patrie remuaient les cœurs et redoublaient les courages. — Jamais armée en campagne ne fut l'objet de soins plus éclairés, plus vigilants ; l'inquiète sollicitude de l'Empereur avait tout prévu ; des milliers de tentes et de cabanes arrivaient ; des bâtiments chargés d'habillements d'hiver et de paletots en peau de mouton pour nos soldats abordaient à Kamiesch ; les approvisionnements s'amoncelaient dans le port, et l'armée pouvait recevoir une ration quotidienne de vin ou d'eau-de-vie, point très-important pour épargner les maladies et maintenir les effectifs.

Les Anglais, hélas ! étaient loin d'avoir le même bien-être ; les pertes qu'ils avaient éprouvées par suite de l'ouragan du 14, l'imprévoyance peut-être de leur administration militaire qui n'était pas aussi minutieusement et aussi régulièrement organisée que la nôtre, les laissaient plus exposés aux rudes épreuves des premières et des plus dures atteintes de l'hiver. Mais le courage de cette vaillante armée restait toujours le même; seulement, on la voyait chaque jour avec une profonde douleur, s'affaiblir par les maladies, et n'avancer que lentement dans la portion du siége qui lui était dévolue.

LXVIII. — Les Russes ne tentaient que des reconnaissances qui eussent évidemment tourné en attaques imprévues, si la fusillade qui les recevait, ne leur avait démontré clairement que les gardes de tranchées veillaient incessamment, et que nos baïonnettes les attendaient derrière les parapets silencieux. Leur vigilance active cherchait tous les côtés vulnérables de nos positions, pendant que leurs tirailleurs, fort habiles, se servaient de la protection naturelle d'un terrain accidenté pour nous envoyer grand nombre de balles dans l'intérieur des tranchées. Ainsi, ils étaient parvenus à creuser, en avant des lignes anglaises, de grands trous dans lesquels ils se logeaient, prenant ainsi d'écharpe les attaques françaises, auxquelles leur tir causait beaucoup de mal.

Le général Canrobert appela l'attention de lord Raglan sur ce fait, et aussitôt le général en chef anglais donna ordre de déloger l'ennemi et d'occuper ses positions.

C'était le 21 novembre.

LXIX. — A la nuit tombante, cent riflemen conduits par le capitaine Tryon se sont avancés en dehors des travaux; protégés par l'obscurité, ils tournent sur la gauche; pas un bruit ne révèle leur approche, la terre humide étouffe le bruit de leurs pas. Lorsqu'ils ne sont plus qu'à 30 mètres, environ, des points qu'ils veulent attaquer, ils s'élancent à la baïonnette sur les Russes qui essayent vainement de résister à leur attaque impétueuse. Une mêlée s'engage. En tête de ses soldats est le brave capitaine Tryon; il les anime de la voix, il combat le premier, et l'épée à la main, se jette au plus fort de la lutte où sa valeur intrépide trouve une mort glorieuse; l'ennemi est bientôt délogé; il se replie sur la place en poussant des hourras, dont le but est d'avertir les batteries qu'elles peuvent ouvrir leur feu. Aussitôt de foudroyantes détonations se font entendre, et une nuée de mitraille s'abat sur le terrain, dont nos braves alliés se sont si vigoureusement rendus maîtres. — Bientôt les Russes formés en colonnes profondes, tentent de reprendre les ouvrages; mais ils sont reçus par une vive fusillade qui abat les premiers rangs; ils veulent avancer; ils trouvent les baïonnettes anglaises. Trois fois ils reviennent à la charge, et trois fois ils sont repoussés.

Le général Canrobert remercia le lendemain lord Raglan du concours que ses vaillantes troupes avaient apporté à l'œuvre commune, et porta, par un ordre du jour, cet intrépide fait d'armes à la connaissance de l'armée française.

« J'ai voulu, disait le général en chef dans cet ordre du jour, rendre hommage devant vous à la vigueur avec laquelle s'est accompli ce hardi coup de main qui a malheureusement coûté la vie au vaillant capitaine Tryon. Nous lui donnerons les regrets dus à sa fin glorieuse; elle resserrera les liens de loyale confraternité d'armes qui nous unissent à nos alliés. »

LXX. — La pluie ne cesse pas de tomber; elle inonde nos tranchées et arrête l'œuvre de nos travailleurs, qui ne sont plus occupés qu'à pratiquer des saignées dans les terres pour l'écoulement des eaux. Toutefois, nos nouvelles batteries sont construites, malgré les orages du ciel et les tempêtes de la place (1); presque toutes les anciennes ont bouché leurs embrasures, pour attendre le jour où réunies à celles que l'artillerie achève, elles commenceront leurs tirs redoutables (2). Dans peu de jours elles seront prêtes à couvrir de leurs feux la ville assiégée, depuis le fort du Sud, jusqu'au bastion dit de la Quarantaine.

Nous marchons résolûment vers le but à travers tous les obstacles; l'ennemi, qui selon les rapports fréquents des déserteurs a plus à souffrir que nous des rigueurs de l'hiver, ne veut ni ne peut rien tenter de sérieux

(1) *Dépêche du général Canrobert*, 28 *novembre* 1854.

« Jamais on n'a vu une semblable consommation de poudre et de boulets; nos officiers d'artillerie calculent que les Russes ont tiré, depuis notre arrivée sous les murs de Sébastopol, 400 000 coups de canon et brûlé 1 200 000 kilogrammes de poudre

(2) Plusieurs gros mortiers sont arrivés à Kamiesch, envoyés par le gouvernement ottoman, sur la demande du général Canrobert, et le gouverneur de Malte, sur les instances de lord Raglan, a envoyé de son côté la presque totalité des mortiers de l'île.

contre nos lignes; il compte sur les neiges, sur les pluies, sur les orages, sur les souffrances journalières d'une armée campée sur l'aride plateau de la Chersonèse, pour abattre le courage de nos troupes, décimer nos légions et vaincre sans combat (1). Quelques sorties tentées à la faveur des nuits les plus ténébreuses sont

(1) Il n'est pas sans intérêt de savoir quelle était, selon les renseignements les plus positifs, la force de l'armée russe à cette époque.

Le général en chef de l'armée française apprécie ainsi la situation de l'ennemi dans une dépêche particulière :

« 4 *décembre*. L'armée ennemie a, tant dans Sébastopol qu'autour de nous, 8 divisions d'infanterie, comprenant la totalité, moins une (la 18e), de celles qui forment les 4e, 5e et 6e corps d'armée, 4 bataillons de Cosaques de la mer Noire et un Grec. En admettant les diminutions résultant des fatigues, combats et maladies, cette armée s'élève à 70 000 hommes, plus 12 000 hommes restant dans Sébastopol des équipages de la flotte.

« 11 *décembre*. L'ennemi paraît avoir reçu des renforts, ce que l'on reconnaît aisément par la plus grande étendue des camps de l'armée de secours sur les hauteurs de la rive droite de la Tchernaïa; ces renforts sont probablement l'avant-garde des divisions des 2e et 3e corps dont le consul général à Bucharest, le généralissime Omer-Pacha et plusieurs capitaines de bâtiments stationnés entre Odessa et le bas Dniéper nous ont annoncé depuis plus d'un mois la marche vers la Crimée.

Le corps Liprandi, qui depuis le 25 octobre menaçait Balaclava, a été rappelé sur la rive droite de la Tchernaïa. Son armée a dans ce moment sa droite vers le fort du Nord, son centre depuis Inkermann jusqu'à Makensie, et sa gauche, depuis ce dernier point jusqu'au village de Tchorgoun, sur la Tchernaïa. Elle s'est beaucoup fortifiée sur toute l'étendue de son front. La cavalerie, que l'on doit évaluer à 10 000 chevaux, est en grande partie sur la rive droite du Belbeck et vers Eupatoria. L'artillerie est très-considérable; les Russes apportent le plus grand soin à cette dernière arme : lourds en manœuvres, ils ont dû rechercher une compensation dans l'emploi des masses d'artillerie; une partie des approvisionnements de l'armée russe lui arrive par Kertch et Arabat, d'où une bonne route conduit par Karasou-Basar à Simphéropol, centre des magasins de vivres de l'armée en Crimée.

les seules étapes, où peut s'arrêter en passant celui qui écrit le récit de cette longue et héroïque épopée.

LXXI. — Dans la nuit du 2 au 3 décembre, un détachement russe conduit par un officier audacieux est parvenu à forcer les postes avancés et à pénétrer dans un des cheminements qui conduisent de la deuxième à à la troisième parallèle; mais là, les Russes ont trouvé une digue de baïonnettes qu'ils n'ont pu franchir. — Cette digue, c'est un détachement du 39e, de garde sur ce point de la tranchée. Après une lutte vive mais courte, comme le sont toujours ces sortes d'engagements, qui ne peuvent être que des coups de main hardis et rapides, l'ennemi dut se retirer laissant des armes, et, parmi les morts, leur officier grièvement blessé.

Les déserteurs nous apprennent que des bataillons de hardis partisans sont arrivés du Caucase; leur mission spéciale est de tenter de fréquentes attaques contre les têtes de nos travaux les plus avancés. Cet avis est aussitôt transmis au dépôt de tranchées; aussi, sur tous les points de l'attaque de droite et de l'attaque de gauche, la vigilance redouble, infatigable, active; les petits postes veillent constamment.

En effet, dans la nuit du 5 au 6, vers les dix heures, deux colonnes, présentant chacune la force d'un bataillon, sortent furtivement de la place; la nuit est tellement obscure que la ligne d'horizon ne peut même s'apercevoir. Ce jour-là, le 39e est encore de garde dans la tranchée : prévenu de l'approche de l'ennemi, le premier bataillon de ce régiment, que commande le capitaine Paris, l'attend de pied ferme et le reçoit tout à coup par un feu si vigoureux que l'assaillant surpris s'arrête; ce n'est plus lui qui attaque; il faut qu'il se défende contre nos soldats, qui ont pour eux l'avantage du terrain, et il s'éloigne, après avoir entretenu un feu de mousqueterie pendant dix minutes environ.

Ainsi de chaque jour, ainsi de chaque nuit : — Travail et combat.

CHAPITRE V.

LXXII. — Pour rapporter tous ces événements qui se multiplient, pour suivre pas à pas cette vie de chacun et de tous qui appartient à l'imprévu, c'est un journal de chaque jour qu'il faudrait tenir; on dirait que la nature elle-même suit ces oscillations perpétuelles, et le soleil un instant radieux par hasard ou par oubli, fait place tout à coup aux nuages les plus sombres, aux pluies les plus glacées (1).

A distance, tous ces épisodes d'un siége se rapetissent beaucoup et perdent de leur importance, et pourtant, ce sont pour l'armée des questions vitales.

(1) La force active du corps de siége se compose de 22 965 hommes. La force des bataillons de garde à la tranchée est de 4000 environ. Chaque jour, le génie et l'artillerie fournissent de 1500 à 1800 travailleurs.

Le général de Montebello, aide de camp de l'Empereur, est arrivé au camp. Il apporte une lettre au général en chef de l'armée d'Orient et des récompenses qu'elle a si noblement gagnées. La lettre de l'Empereur, mise à l'ordre du jour, redoubla cette énergie qui devait atteindre toutes les limites de l'abnégation et donner, à l'Europe, au monde entier l'exemple d'une grande armée, dont l'audacieuse et inébranlable résolution se retrempait dans ses propres souffrances.

LXXIII. — Cette lettre, que nous rapportons textuellement, était datée du palais de Saint-Cloud, 24 novembre.

« Général, votre rapport sur la victoire d'Inkermann m'a profondément ému. Exprimez, en mon nom, à l'armée toute ma satisfaction pour le courage qu'elle a déployé, pour son énergie à supporter les fatigues et les privations, pour sa chaleureuse cordialité envers nos alliés. Remerciez les généraux, les officiers, les soldats de leur vaillante conduite; dites-leur que je sympathise vivement à leurs maux, aux pertes cruelles qu'ils ont faites, et que ma sollicitude la plus constante sera d'en adoucir l'amertume.

« Après la brillante victoire de l'Alma, j'avais espéré un moment que l'armée ennemie en déroute n'aurait pas réparé si promptement ses pertes, et que Sébastopol serait bientôt tombé sous nos coups; mais la défense opiniâtre de cette ville et les renforts arrivés à l'armée russe arrêtent un moment le cours de nos succès. Je vous applaudis d'avoir résisté à l'impatience des troupes demandant l'assaut dans des conditions qui auraient entraîné des pertes trop considérables.

« Les gouvernements anglais et français veillent avec une ardente attention sur leur armée d'Orient. Déjà des bateaux à vapeur franchissent les mers pour vous porter des renforts considérables. Ce surcroît de secours va doubler vos forces et vous permettre de prendre l'offensive. Une diversion puissante va s'opérer en Bessarabie, et je reçois l'assurance que, de jour en jour, à l'étranger, l'opinion publique nous est de plus en plus favorable. Si l'Europe a vu sans crainte nos aigles, si longtemps bannies, se déployer avec tant d'éclat, c'est qu'elle sait bien que nous combattons seulement pour son indépendance. Si la France a repris le rang qui lui est dû, et si la victoire est encore venue illustrer nos drapeaux, c'est, je le déclare avec fierté, au patriotisme et à l'indomptable bravoure de l'armée que je le dois.

« J'envoie le général de Montebello, l'un de mes aides de camp, pour porter à l'armée les récompenses qu'elle a si bien méritées.

« Sur ce, général, je prie Dieu qu'il vous ait en sa sainte garde.

« Napoléon. »

LXXIV. — En outre, le général apportait la décision importante, datée du 22 novembre, qui concédait au général en chef le droit de décerner des médailles, des décorations, et de nommer dans l'armée aux différents grades vacants, y compris celui de chef de bataillon ou d'escadron.

Le souverain dont la perpétuelle préoccupation s'attachait à cette armée si loin du sol natal, avait voulu que les actes de courage, les nobles actions, n'attendissent pas un seul jour leur récompense, et qu'elles vinssent sur le champ même de bataille chercher le combattant, et donner une dernière joie à ceux qui ne devaient plus revoir la patrie et le foyer de la famille.

Mais la mission du général de Montebello ne se bornait pas là.

Elle était, si on peut le dire, l'écho des inquiétudes de la France devant les difficultés sans cesse croissantes de ce siége, et elle donnait à l'armée une nouvelle preuve de la sollicitude constante de l'Empereur, qui envoyait un de ses aides de camp s'enquérir de ses besoins, de ses souffrances, pour rapporter sur l'ensemble de la situation les précieux renseignements d'un homme qui devait tout voir, tout observer, tout recueillir, et se souvenir de tout.

Chargé de pouvoirs extraordinaires vis-à-vis les autorités civiles, militaires et maritimes, muni d'instructions très-détaillées de l'Empereur, le général, pendant son court séjour en Crimée, s'enquit avec un soin minutieux de tous les détails de la situation, il visita les camps et examina, étudia avec le général en chef les défenses premières de la ville assiégée et l'accumulation de celles que les Russes avaient jetées en avant de tous les points menacés; sur les lieux mêmes, il écouta les projets, les espérances de ce siége audacieux, auquel étaient venus s'opposer des événements imprévus et considérables. Il visita soigneusement les tranchées avec le général Bizot, commandant du génie, et repartit pour Constantinople, le 13 décembre (1), car son retour était impatiemment attendu ; les rapports, les correspondances, les communications officielles et particulières du général en chef, quelque détaillés qu'ils pussent être, laissaient toujours certains points indécis sur lesquels le gouvernement voulait être éclairé.

Le 6 janvier, le général de Montebello était de retour à Paris. Tout ce qu'il avait vu démontrait à quel point le moral de l'armée était puissamment élevé jusqu'aux dernières limites du dévouement. La situation matérielle était entourée de soins dus à la sollicitude perpétuelle du commandant en chef; mais le siége, selon l'opinion du général de Montebello, devait amener des lenteurs qui lui semblaient inévitables, et il émettait des doutes sur les résultats décisifs à espérer dans la situation présente. Il avait vu lord Raglan, et avait fait d'inutiles efforts pour savoir son appréciation personnelle sur les événements pour le présent et pour l'avenir. A l'époque de l'année où l'on se trouvait, avec les hasards inattendus qui pouvaient surgir tout à

(1) Pendant son passage à Constantinople, le général demanda personnellement au Sultan, et obtint de lui, que l'ambassade russe fût transformée en un hôpital pour l'armée française ; de plus, au nom de l'Empereur, il distribua aux hôpitaux des sommes importantes pour améliorer le sort des malades et des blessés.

coup, il était difficile de prévoir une solution avec certitude.

LXXV. — Plus nos travaux avançaient, plus ils menaçaient d'envelopper la place, et plus l'ennemi, par force majeure, devenait audacieux et entreprenant. Chaque jour pouvait peser son poids d'airain dans la balance des événements, et compromettre gravement une situation déjà très-difficile. Les sorties se succédaient, et les Russes, redoublant d'activité dans leurs défenses, redoublaient aussi d'activité dans leurs tentatives nocturnes.

Un point important avait jusqu'alors été négligé, c'était de désigner le lieu où devaient se rencontrer les parlementaires, ainsi que les prescriptions à suivre pour ces entrevues, lorsque des communications seraient jugées nécessaires.

La proximité de nos travaux d'attaque rendait notre position délicate.

Ces parlementaires, en effet, se présentaient aux avant-postes sans observer les règles usitées en pareil cas. Tout le danger était de notre côté; aussi, le général commandant le corps de siége écrivit au général Osten-Saken pour lui exposer les nécessités de régler les formalités à remplir dans les entrevues.

Le général russe répondit :

« Mon général,

« Partageant complétement l'opinion émise dans la

lettre de Votre Excellence, datée du 11 décembre, je viens vous proposer la mesure suivante pour éloigner dorénavant tout malentendu entre nos parlementaires.

« Les officiers qui désormais seront expédiés comme tels de la ville, se présenteront avec pavillon blanc et trompette à l'angle du mur d'enceinte du cimetière, à notre flanc droit le plus proche de la mer et de nos ouvrages. Veuillez, si vous acceptez mes propositions, prendre les mesures nécessaires, afin que tout parlementaire venant de votre part, ait à se présenter à l'angle opposé du même mur le plus proche de vos travaux; ces officiers pourront alors se rapprocher l'un de l'autre, le long du mur, aux extrémités duquel ils se seront rendus tous les deux. C'est là et nulle part ailleurs que se tiendra entre eux toute conférence nécessitée par les circonstances.

« Je vous prie, mon général, d'agréer l'expression des sentiments distingués que je vous porte.

B. Dmitry Osten-Sacken. »

La mesure proposée par le général Osten-Sacken fut acceptée par les généraux en chef, et ce fut à l'angle du cimetière qu'eurent lieu toutes les communications des parlementaires.

LXXVI. — Dans la nuit du 11, vers minuit environ, les Russes, favorisés par une profonde obscurité, sortirent par le bastion du Mât; une fois qu'ils eurent franchi leurs ouvrages extérieurs, ils se séparèrent en deux colonnes, dont l'une se dirigea sur la droite, l'autre sur la gauche de la 3e parallèle. — La première, commandée par un enseigne de vaisseau, avait amené deux obusiers de montagne ; lorsqu'elle se crut sur un terrain favorable, elle lança sur nos travailleurs quelques coups à mitraille, en essayant de les prendre de flanc, mais ne tarda pas à être repoussée par les compagnies d'élite. Pendant ce temps, dit le rapport du prince Menschikoff, « le major Golowinski, commandant du bataillon n° 2e d'infanterie de la mer Noire, s'élance à la tête de ses Cosaques sur les tranchées françaises. » Les jeunes soldats nouvellement arrivés, et que la vie de siége n'avait pas encore aguerris à ces combats ténébreux et imprévus, ne peuvent soutenir l'impétuosité de l'attaque poussée avec grande vigueur par le major russe ; ils se replient dans l'intérieur de la parallèle. Bientôt remis de ce premier mouvement d'intimidation, ils suivent la vigoureuse impulsion que leur donne le capitaine Clément, et, reprenant l'offensive, ils chargent à la baïonnette avec un détachement de travailleurs du 22e léger qui prend les armes. L'ennemi est repoussé ; mais il a enlevé trois petits mortiers turcs placés dans la batterie mobile ; le capitaine Clément est blessé de trois coups de baïonnette, et le lieutenant Martin est enlevé par les Russes, qui laissent une quinzaine de morts, tant dans l'intérieur de la tranchée que sur le terre-plein extérieur.

LXXVII. — Nos alliés, beaucoup moins avancés que

nous dans leurs approches sur la ville, ne sont que rarement inquiétés. — Cependant, dans la nuit du 20 au 21, vers deux heures du matin, une vive fusillade nous annonçait que les Russes avaient tenté une attaque de ce côté. La fusillade prend de l'intensité et dure sans discontinuer sur la ligne des Anglais pendant près de trois quarts d'heure; puis les coups de mousqueterie s'espacent. Mais les Russes, avant de rentrer dans la place, tâtent nos tranchées sur plusieurs points; partout on les tient à distance; les petits postes les signalent en avant d'un ouvrage imparfaitement achevé appelé *le T*, à cause de la forme qu'il affectait; le 2e bataillon du 5e léger en défend l'approche. Par ordre de leur commandant, le chef de bataillon Courson, les soldats couchés sur les parapets, immobiles, silencieux, ayant leurs fusils prêts à faire feu, attendent l'ennemi que trompent ce silence et cette immobilité. Dans l'espoir de surprendre les gardes de tranchées, les Russes avancent à pas comptés, épiant le moindre bruit, le moindre mouvement : mais rien ne bouge, les respirations semblent arrêtées dans les poitrines. Tout à coup les parapets se garnissent, une fusillade presqu'à bout portant accueille les assiégeants, qui se heurtent contre un rempart de baïonnettes.

« Je suis heureux, dit le lendemain le général Forey dans un ordre du jour, de signaler au corps de siége la bonne contenance du 2e bataillon du 5e léger, dont je rends compte au général en chef; et, afin de l'en récompenser, je donne des ordres pour qu'il concoure à

l'avenir avec les plus vieux régiments à la garde de nos postes les plus exposés aux entreprises de l'ennemi. »
— Noble et digne récompense; car c'était un honneur envié de tous, d'être placé le plus près de la mitraille.

LXXVIII. — Ce n'est pas sans but que nous avons suivi pas à pas cette première portion du siége.

On a vu se développer, s'agrandir, s'armer nos travaux d'approche; on a vu aussi les défenses s'accumuler, et la place ennemie s'entourer de murailles de terre et de canons menaçants : les difficultés sont grandes, mais, à cette heure, on espère tout encore d'une attaque de vive force. — Alma et Inkermann ont prouvé que l'on pouvait compter, même sur l'impossible. « L'assaut! l'assaut! » c'est le cri de toutes les voix; combattre, c'est l'espérance de tous les cœurs. Le général Canrobert pouvait dire, comme le maréchal Saint-Arnaud à Varna: « Tout le monde veut marcher en avant, et moi, qui le veux plus que personne, je ne le fais point paraître. »

La part des attaques dévolues à l'armée anglaise était-elle achevée? Les batteries de nos alliés étaient-elles armées? Hélas! malgré leur bon vouloir, malgré tous les efforts qu'ils déploient, ils sont très-loin du but qu'ils devaient atteindre. La maladie les décime et éclaircit chaque jour davantage les rangs de ces troupes belles au combat, mais inhabituées aux rudes épreuves des privations, des veilles, des souffrances, des travaux de chaque jour et de chaque nuit; de plus, leurs moyens de transport sont très-insuffisants pour une si lourde tâche (1) : leurs chevaux meurent par centaines, et ceux qui vivent peuvent à peine être de quelque utilité (2).

Ce retard forcé, que la situation précaire des Anglais apportait à l'exécution des projets d'attaque, rendait

(1) « L'armement considérable des Français contre la place est tout près d'être complété, écrivait l'officier supérieur français détaché près de lord Raglan, il n'en est pas de même du côté des Anglais; ceux-ci n'ont pas les mêmes moyens de transport, et il leur est difficile de faire arriver sur leurs emplacements les bouches à feu et le matériel des approvisionnements.

Ils n'ont pas comme nous des trains d'équipage militairement organisés. Les ressources qu'ils ont trouvées dans le pays leur sont sans doute d'un grand secours, quand les communications sont faciles; mais elles sont loin de suffire, par le mauvais temps, au transport seul des vivres.

(2) Nous trouvons, dans une correspondance fort intéressante qui nous a été communiquée, les détails suivants :

« L'armée anglaise souffre davantage, quoiqu'elle soit établie en totalité sous de grandes tentes, dont un certain nombre est pourvu de poêles; le service a été jusqu'ici très-pénible pour cette armée, et son alimentation n'est point préparée, comme celle de nos soldats, qui font la soupe deux fois par jour et prennent deux fois et même trois fois par jour le café, dans lequel ils font tremper du biscuit broyé; ce qui lui donne une consistance nutritive et réconfortante. Le soldat anglais n'aime guère le café, et il n'a pas pour la soupe le même culte que nos troupiers; et cependant l'estomac du soldat anglais a plus besoin d'être vigoureusement soutenu que celui des nôtres. Il résulte de tout cela un bien plus grand nombre de malades que dans notre armée, où l'on sait mieux s'ingénier. Malgré les renforts envoyés, le nombre des soldats disponibles n'atteint que le chiffre de 16 000 environ (infanterie); quant à la cavalerie, elle est extrêmement réduite par les pertes en chevaux, et les 500 ou 600 disponibles ont à faire pour les transports un service pénible, qui augmente la mortalité; nous éprouvons aussi, de notre côté, des pertes en chevaux de trait et de dragons. Les chasseurs d'Afrique résistent parfaitement; leurs pertes en chevaux sont très-minimes. »

chaque jour la position plus difficile. Nos alliés nous avaient été d'un grand secours par leurs bâtiments pour le transport de nos troupes; et, à notre tour, nous faisions tout ce qui dépendait de nous, pour leur venir en aide, en mettant à leur disposition pour leurs malades, nos cacolets, nos litières et tous les chevaux de trait et de bât disponibles. Malheureusement nos attelages étaient rudement éprouvés aussi par la mortalité et la fatigue des transports, que le défoncement du sol rendait tous les jours plus pénibles.

« Je fais tout pour venir en aide à nos vaillants alliés, qui sont loin d'être prêts, écrivait le général Canrobert dans une dépêche en date du mois de décembre, tandis que toutes nos batteries n'attendent que le signal pour ouvrir le feu. Cette situation est pénible, dangereuse, si l'ennemi, en ayant connaissance, couvrait de ses projectiles nos batteries contraintes au silence (1). » Il ajoute plus loin : « Nos cheminements vers la ville ayant été arrêtés forcément, j'ai prescrit au général du génie de les prolonger vers notre gauche, dans le sens parallèle aux défenses de l'ennemi ; et nous avons gagné le fond de la baie de la Quarantaine,

(1) Les Russes ne pouvaient manquer d'en être instruits par leur service d'espionnage très-habilement organisé, soit par les rapports publics. En effet, on lit ce passage dans la correspondance d'un officier général : « Pendant que les Anglais dressent des tentes sur les hauteurs de Balaclava pour faire croire aux Russes que de grands renforts sont arrivés, le gouvernement anglais publie un rapport de lord Raglan, qui annonce que son armée s'affaiblit de jour en jour, et que son effectif est considérablement diminué. »

dont nous occupons le lazaret sur la rive sud de la baie. »

Déjà on pouvait donc pressentir que, pour arriver à compléter le développement du plan d'attaque, les Français, dont les troupes étaient plus nombreuses et les moyens de transport plus considérables, seraient contraints à prendre une partie des attaques comprises dans les lignes anglaises. C'était là, une grave question, et le général en chef de l'armée alliée, loin de déclarer nettement son impossibilité de terminer la part du siége qui lui était dévolue, ne donnait aucune réponse qui pût amener une nouvelle décision, et laissait ainsi s'écouler des jours précieux.

LXXIX. — Il importait de combattre au moins par des moyens vigoureux les menaces perpétuelles de l'ennemi, dont les défenses accessoires avaient littéralement couvert les approches des points d'attaque. Le général en chef organisa trois compagnies d'élite, dont la mission était d'éclairer le terrain entre la place de Sébastopol et la ligne de nos tranchées les plus avancées. Pour la formation de ces compagnies, qui devaient être composées de 150 hommes chacune et porter le nom d'*éclaireurs volontaires*, le général demanda des hommes de bonne volonté; le rôle qui leur était assigné était aussi important que dangereux. Ils devaient, la nuit, par petites brigades de cinq hommes, se blottir en avant des tranchées, débusquer les tirailleurs ennemis en enlevant leurs abris, éventer les sorties et détruire le système de petites embuscades des Russes, qui nous faisaient, à elles seules, beaucoup plus de mal que la formidable artillerie dont la place pouvait disposer.

Les listes dans les régiments, furent, dès les premiers jours, couvertes d'un nombre considérable de noms, parmi lesquels il fallut choisir les élus pour ce périlleux honneur (1). Leur organisation eut lieu le 17 décembre. Dès le lendemain ces compagnies commencèrent leur service.

LXXX. — D'un autre côté, la cavalerie poussa une

(1) *Service des éclaireurs volontaires.*

Le but de cette organisation est :

1° De connaître tout ce qui se passe en avant des retranchements de l'ennemi; 2° d'être prévenu des sorties et de les inquiéter; 3° d'enlever tous les postes, partis, etc., qui sont en dehors de la place; 4° de détruire tous les abris des tirailleurs russes, les obstacles qui pourraient s'opposer à la marche de nos colonnes, d'attaquer les fougasses et d'enclouer les pièces, etc.

Pour cela, les compagnies seront subdivisées en 30 brigades de 5 hommes; chaque officier de cette compagnie aura 10 brigades, dont 5 en réserve et 5 placées en avant dans les points les plus favorables pour observer les mouvements de l'ennemi.

Lorsqu'il y aura à faire un coup de main de peu d'importance, mais qui demandera de la promptitude, les officiers devront se servir des brigades qu'ils auront en réserve, sous la main, sans cependant déranger les petits postes déjà placés en avant des tranchées.

Pour une opération de quelque importance, le génie commandant la tranchée aura à aviser.

Le service des éclaireurs se divise en deux parties bien distinctes qu'il ne faut pas confondre. La première, invariable; celle des petits postes placés çà et là en avant des tranchées, qu'il faut toujours y maintenir, c'est là le service de toutes les nuits qui ne doit pas avoir d'interruption.

La seconde, celle des coups de main, composée de plusieurs brigades, peut se modifier suivant les circonstances; le commandant du génie de service pourra en réclamer l'exécution.

reconnaissance entre Balaclava et le village de Tchorgoun, pour s'assurer de la position réelle de l'armée russe sur la Tchernaïa. Le 20, dans la matinée, le 4e régiment de chasseurs d'Afrique et le 6e dragons se portèrent en avant, sous les ordres du général de brigade d'Allonville, et se dirigèrent vers la plaine de Balaclava, en prenant l'extrême droite de cette vallée. Bientôt la petite colonne atteignit le pied des anciennes redoutes enlevées par les Russes, le 25 octobre; un peloton se porta rapidement en tirailleurs sur un mamelon, ayant le 4e escadron pour appuyer son mouvement. A peine les chasseurs eurent-ils couronné l'escarpement, qu'ils aperçurent un assez fort détachement d'infanterie ennemie, qui se replia aussitôt, en dirigeant vers nos cavaliers un feu sans importance. Cette position occupée, le capitaine d'état-major Saget, chargé spécialement d'étudier le pays, commença son travail d'exploration. On apercevait, sur la droite, un fort parti de Cosaques, et, à gauche, un gros d'infanterie qui se montrait sur la route qui mène vers la vallée de la Tchernaïa.

Cette reconnaissance donna la certitude que l'armée russe, tout en conservant les positions qu'on lui connaissait, n'avait point poussé ses retranchements sur la gauche, vers la mer.

Le 30 décembre, le général Morris commandant en chef la cavalerie, partit pour une nouvelle reconnaissance dans la vallée de Baïdar. Cette exploration devait compléter celle du général d'Allonville. La petite colonne se composait de 10 bataillons d'infanterie et de

11 escadrons de cavalerie, deux batteries d'artillerie, une à cheval et une montée. La reconnaissance se dirigea vers les gorges nombreuses qui s'ouvrent sur la gauche de la Tchernaïa et ne tarda pas à rencontrer les avant-postes russes; deux batteries de position commencèrent aussitôt leur feu contre nous; mais notre batterie à cheval en eut vite raison, et un escadron de chasseurs s'élança sur les Cosaques qui défendaient les abords de la rivière.

Les Russes, voyant notre supériorité, ne crurent pas devoir attendre un engagement sérieux, et commencèrent à longue distance une fusillade, afin de couvrir leur retraite, qui s'effectua dans différentes directions.

Notre cavalerie, laissant derrière elle deux escadrons de réserve, se dirigea rapidement sur les hauteurs qui dominent la plaine en arrière de Balaclava, où devait se trouver une partie de la cavalerie ennemie. Nos troupes s'arrêtèrent dans un vallon près d'un village entièrement abandonné par ses habitants (Varnoutka), où les Russes, avaient établi leurs campements. On brûla toutes les huttes que les Cosaques avaient construites pour s'abriter; on mit le feu aux approvisionnements, et l'avant-garde poussa jusqu'à la vallée de Baïdar. A six heures les troupes étaient rentrées dans leurs camps, sans que leur retour eût été inquiété.

C'est ainsi que l'on occupait le temps d'inaction forcée à laquelle nous contraignait le retard si regrettable de nos alliés.

LXXXI. — Pour compléter l'ensemble de la situation, il est important de dire quelques mots sur la position que les Turcs venaient de prendre à Eupatoria.

Ce point, où se trouvent déjà 12000 soldats turcs, prend de la consistance; chaque jour Omer-Pacha en augmente l'effectif. Aussi, d'après tous les renseignements qui parvenaient au quartier général des armées alliées, cette occupation devenait réellement menaçante pour les Russes, et ceux-ci, dans le but d'éloigner leur ligne d'opérations, négligeaient presque totalement celle de Pérékop, pour en prendre une à travers la presqu'île de Tchougar, sur laquelle ils pensent devoir être plus à l'abri. Une lettre du généralissime turc annonçait son arrivée, le 27 à Varna, d'où il devait s'embarquer par le premier bâtiment pour se rendre en Crimée. Une conférence était en effet importante entre les généraux en chef et les amiraux, pour aviser au moyen de faire transporter le plus promptement possible le matériel et les troupes turques à Eupatoria.

Pendant ce temps, la guerre d'embuscades continuait entre les postes avancés russes et nos éclaireurs volontaires, guerre obscure qui tuait dans l'ombre nos meilleurs soldats et frappait nos travailleurs dans leur œuvre de chaque nuit. — Presque chaque jour, des ordres généraux portaient à la connaissance de l'armée de hardis coups de main, de vigoureuses entreprises, dont le principal résultat était d'aguerrir les nouvelles troupes à cette guerre ténébreuse de surprises et de veilles incessantes (1).

Dans le même moment le vice-amiral Hamelin, élevé à la dignité d'amiral, était rappelé en France, et remettait son commandement au vice-amiral Bruat (2). « Je suis heureux, dit-il dans son ordre du jour, de laisser l'escadre aux mains d'un amiral que son expérience et son intrépidité rendent si digne d'un pareil commandement. »

LXXXII. — L'année 1854 n'avait pas, ainsi qu'on l'avait espéré, vu les drapeaux des armées alliées flotter sur les murs de Sébastopol.

La Russie faisait de sublimes efforts pour soutenir la ville assiégée, que protégeait du sommet des hauteurs

(1) Plusieurs actes d'énergie avaient signalé la nouvelle organisation des éclaireurs volontaires, et le général Forey leur rendit un glorieux témoignage, qui devait doubler l'élan de ces véritables partisans, auxquels étaient réservées les plus périlleuses entreprises.

Dans la nuit du 28 au 29, les 1re et 2e compagnies, audacieusement lancées par leurs chefs, les capitaines Roussel et Goetzmann, ont enlevé plusieurs embuscades russes, et les ont entièrement rasées. Ces deux braves officiers pénétrèrent les premiers, le sabre à la main, dans les ouvrages ennemis.

Dans la nuit du 31 décembre, la 1re compagnie détruisit des embuscades sur la droite de la 3e parallèle, et laissa 20 hommes pour en occuper les emplacements jusqu'au jour. Trois fortes colonnes russes, postées dans un ravin, purent, à la faveur d'une nuit obscure et pluvieuse, s'avancer en contournant les 20 éclaireurs; lorsque ceux-ci les aperçurent, déjà ils étaient entourés de toutes parts. « Ces braves soldats, dit l'ordre du jour, cherchèrent à se dégager en chargeant à la baïonnette. Dix d'entre eux purent rejoindre leur compagnie; mais les dix autres sont tombés, morts ou blessés, au pouvoir de l'ennemi, combattant jusqu'au dernier moment au poste qui leur avait été assigné. »

(2) 23 décembre 1854

une formidable armée de secours; sa puissante artillerie jetait des canons sur tous les points menacés et opposait le bronze aux baïonnettes de nos soldats. — Nos moyens d'attaque, insuffisants dans le principe, n'avaient pu frayer encore le passage à nos colonnes d'assaut; mais le jour n'était pas éloigné, selon les prévisions de chacun, où toutes nos batteries ouvriraient à la fois leur feu pour foudroyer la ville. — L'avenir était dans la main de Dieu; et avant ce jour de gloire et de triomphe pour nos armes, bien des événements, bien des entraves, bien de sérieuses et imprévues difficultés devaient se lever sous chacun de nos pas, et montrer que dans une vaillante armée le persistant courage, la froide énergie de tous les jours, l'abnégation, le dévouement au drapeau et au souverain n'ont pas de limites, — lutte héroïque à la fois contre les éléments, les attentes déçues et les souffrances.

Nous avons dit plus haut que l'Empereur avait accordé au général en chef de l'armée d'Orient le droit de décerner des récompenses; le général Canrobert voulut que cette année, qui se terminait, apportât à l'armée qu'il commandait les marques d'honneur qu'elle avait dignement méritées.

La première promotion fut donc fixée au 31 décembre. — Le général Canrobert, par un sentiment de noble courtoisie envers les généraux qui l'avaient si intrépidement secondé, voulut que les deux commandants en chef des corps d'armée donnassent eux-mêmes les récompenses à leurs troupes assemblées.

Ce fut une grande et belle solennité. Les troupes dans leur tenue de chaque jour, noblement salie par la vie des tranchées, furent réunies sur ce sol déchiré par les boulets, au milieu des traces vivantes du combat, tout près des terrains, où dormaient pour toujours ceux que la mort avait frappés. Le général Canrobert les passa en revue au bruit retentissant du canon et de la fusillade, s'arrêtant souvent devant les soldats, causant avec eux, leur souriant d'un sourire à la fois plein de bonté et de gratitude.

Puis, la revue passée, les chefs formèrent un cercle, et le général parla avec cette mâle énergie et cette émotion du cœur qui est le propre de sa nature; il leur dit, ce qui était sa pensée et son espérance : que bientôt le succès couronnerait de si nobles et de si persistants courages; il parla de la patrie absente, du juste orgueil du retour, du grand spectacle que l'armée de Crimée donnait au monde attentif, et, élevant la voix pour que ses paroles pussent arriver jusqu'aux soldats qui l'écoutaient :

« — Tous, dit-il, je vous remercie au nom de la France et de l'Empereur! »

CHAPITRE VI.

LXXXIII. — Jusqu'au jour où arriveront les grandes phases du drame, ce récit ne peut offrir les saisissantes émotions d'une campagne active, mouvementée, vivant de l'imprévu et du sort des batailles; mais il est important d'en suivre la progression; car ce siége, qui s'attaque à un grand camp retranché, bien plus qu'à une ville que les assaillants, inférieurs en nombre, ne peuvent investir, ce duel formidable d'artillerie, resteront des faits à jamais mémorables dans l'histoire des guerres. — Nous touchons à une période, dont la complication va joindre de nouvelles entraves aux difficultés déjà existantes.

Examinons donc la situation de l'armée au commencement de l'année 1855?

Le siége et la défense sont en présence : l'un, divisé par la force des choses, être multiple qui a deux corps et deux têtes, marche séparément vers la ville; — l'autre, infatigable, résolu, comptant à la fois, pour triompher, sur les épreuves d'un cruel hiver, sur son inépuisable artillerie et sur son infatigable activité, qu'une seule et même pensée dirige, crée, pour ainsi dire, une nouvelle ville de terre et de fer, pour servir de rempart à la ville de pierre.

Sur cet aride plateau où sont campées les armées alliées, le froid, les neiges, la pluie continuent à se succéder sans relâche; les grandes tentes ne sont pas encore arrivées en nombre suffisant pour sauvegarder contre ces cruelles éventualités les soldats des deux nations; le bois manque même souvent, car, pour en trouver, il faut creuser le sol et demander à la terre les racines des arbres abattus et tous les débris d'une végétation éteinte réfugiée dans son sein. — Le service des tranchées, le travail des nuits glacées, le tribut quotidien que l'on paye à la mort, soit qu'elle vienne de Dieu, soit qu'elle vienne des hommes, sont un triste et douloureux spectacle.

Les vieux soldats supportent leur souffrance avec leur moral et leur résignation accoutumés ; mais les jeunes, arrivant de France, sont cruellement éprouvés par cette existence qui laisse si peu d'heures au repos : heureusement que les vides se comblent par les envois successifs qui nous arrivent de Constantinople. La 7e et la 8e division sont à peu près débarquées au complet.

LXXXIV. — Nous sommes prêts, armés, pourvus de munitions. — Un signal, et toutes les embrasures sont ouvertes, et nos 150 bouches à feu tonnent à la fois contre la ville assiégée. Notre effectif agissant se compose de 67 000 hommes (1).

Quelle était à la même époque la situation de nos alliés ?

« L'armée anglaise, écrit le général en chef, éprouve des privations et de réelles souffrances qu'il n'est malheureusement pas en mon pouvoir de lui éviter : son effectif réel diminue tellement, ses chevaux de trait et de selle sont si affaiblis, leur nombre est tellement réduit, qu'elle a beaucoup de peine à faire ar-

(1) Dépêche du général en chef au ministre de la guerre.

river dans ses camps, même ses approvisionnements de bouche : elle ne peut donc, en ajoutant le concours que nous sommes si heureux de lui prêter, armer et munir ses batteries, comme elles devraient l'être, pour agir de concert efficacement avec notre armée. »

Il fallait bien se l'avouer, le courage des soldats anglais était toujours le même; mais leur santé ne pouvait résister aux intempéries et aux fatigues qui chaque jour se succédaient sans relâche; ils tombaient malades et mouraient dans des proportions inquiétantes, à tel point que l'on devait se demander si cette armée anglaise, si vaillante, si belle et si fortement constituée lorsqu'elle vint prendre à notre droite la part des attaques de Sébastopol, n'aura pas cessé d'exister bientôt à l'état d'armée.

D'un autre côté, chaque jour les espions et les déserteurs disent que l'ennemi attend de nombreux renforts, mais que la difficulté des communications, des transports et des approvisionnements par l'intérieur empêchent momentanément une trop grosse concentration de forces : les maladies minent l'armée russe, bien plus que la nôtre, et l'occupation d'Eupatoria par les troupes turques l'inquiète et la menace (1); il faut donc

(1) Omer-Pacha, ainsi qu'il l'avait fait annoncer par l'officier français détaché auprès de lui, s'était rendu en Crimée, et avait eu une longue conférence avec les généraux en chef sur les services que l'armée turque, à Eupatoria, pouvait rendre à la cause commune.

« Dans la visite qu'Omer-Pacha a faite aux généraux alliés, écrit le général Canrobert dans une dépêche particulière, il a été convenu que l'armée ottomane serait portée au nombre de 45 000 hommes, de toute

se hâter, pour profiter de cet état de choses et empêcher l'accroissement successif des secours qui ajoutent à la force morale, en même temps qu'ils apportent un appui matériel.

Dans cette position, avec les craintes perpétuelles des mauvais temps, qui pouvaient, par un ouragan semblable à celui du 14, détruire le fruit laborieux de tant de persistant courage et d'un sang si précieux, l'incertitude n'était plus permise : aussi le général Canrobert fit connaître à lord Raglan l'état de ses travaux, l'armement de ses batteries prêtes à ouvrir leur feu, et les dangers qui résultaient pour l'armée française de son grand rapprochement de la place, de l'étendue de ses tranchées, ainsi que du développement de ses batteries avancées et forcément muettes (à l'exception toutefois des batteries de mortiers); il demandait, en outre, au général en chef anglais, où en était l'achèvement de ses attaques contre la ville et les moyens dont son armée pouvait encore disposer pour l'œuvre commune.

LXXXV. — « En réponse à mes demandes pressantes, écrit le général Canrobert dans une dépêche particulière en date du 9 janvier, lord Raglan et le lieutenant général commandant le génie anglais, viennent de m'adresser des documents très-détaillés, des-

arme, à Eupatoria, qui lui servirait de base pour agir sur les communications et les flancs de l'ennemi et faciliter les opérations futures des armées alliées. »

quels il résulte la nécessité, pour notre armée, de prendre à faire une partie du siége qui avait incombé dans le principe à nos alliés. Les bras et le bon vouloir ne nous manqueront pas, et, dès que l'état des chemins le permettra, je m'occuperai directement de cette nouvelle attaque, et ne négligerai rien pour l'amener à donner aux nôtres un concours sans lequel elles sont paralysées. »

Autre part le général écrit encore : « L'assaut donné par les Français sur la partie de la ville située en face d'eux, à l'ouest du port du Sud, ne peut être couronné de succès, qu'à la condition d'avoir au préalable éteint le feu des énormes batteries, dites de l'Arsenal et du Redan, situées à l'est du port du Sud, en face des Anglais; et cette partie du port est disposée de telle sorte, qu'en admettant la réussite de nos colonnes d'assaut et la prise de la ville proprement dite, nous ne pourrions la conserver qu'à la condition de l'enlèvement de cette partie Est. Tout m'invite, dans l'intérêt de la chose commune, à m'occuper directement, avec le consentement de lord Raglan, des travaux anglais (1). Mais sans le retour du

(1) « Il a été décidé hier, écrit l'officier supérieur français délégué auprès de lord Raglan, en date du 13 janvier, que pour venir en aide à nos alliés, le corps d'observation, augmenté d'une brigade, prendrait une partie du service fait actuellement par l'armée anglaise; une division sera affectée à cela. L'armée anglaise aura alors deux nuits et deux jours de repos, pour un jour et une nuit de service. Le siége de la tour Malakoff a été aussi arrêté en principe; il sera fait par 2 divisions françaises; mais, par suite du mauvais temps et des difficultés de transport pour les subsistances, cette opération ne sera pas entreprise immédiatement. »

beau temps, cela me sera difficile et même impossible. »

Dès lors le siége entrait encore dans une période imprévue : il fallait renoncer à l'espoir d'ouvrir aussi prochainement qu'on l'avait espéré une combinaison de feux contre la place.

La seule crainte du général en chef était que les Russes, instruits de l'emplacement de nos batteries toutes armées, ne les écrasassent de projectiles (1).

(1) Nous avons pensé que cette note, qui résume tous les travaux du siége, quant à l'attaque de gauche jusqu'à ce jour, ne serait pas lue sans intérêt. C'est un document exact et précis :

Journal du corps de siége, du 2 février

Le siége a eu plusieurs périodes pendant lesquelles les travaux ont eu un but bien déterminé ; d'abord on a construit les batteries 1, 2, 3, 4, 5, sur le mamelon de la *Maison brûlée*. Après leur effet produit sur la place, on devait tenter une attaque de vive force à distance ; ensuite on a dirigé une attaque régulière sur le bastion du Mât, qui se composait de 3 parallèles :

La première, allant de la batterie nº 5 à la batterie anglaise sur le ravin du fort du Sud ;

La deuxième, embrassant les deux berges du ravin qui descend en ville et s'étendant sur tout le contre-fort du bastion du Mât ;

La troisième, en face et à 150 mètres du même contre-fort.

Cette attaque, commencée dans la nuit du 18 au 19 octobre, était complétement terminée le 5 novembre, jour du combat d'Inkermann.

A cette époque on s'occupa de renforcer la gauche de nos attaques et la droite de celle des Anglais par des ouvrages définitifs ; puis les travaux spéciaux du siége furent repris successivement pour faire de nouvelles batteries. On protégea ces batteries par des tranchées avancées, réunies à l'extrémité de la baie de la Quarantaine, par deux autres tranchées qui font partie de la contrevallation.

La 1re parallèle comprend les communications faites en arrière des batteries 1, 2, 3, 4, 5, et finit à la batterie anglaise.

La 2e parallèle se compose des tranchées immédiatement en avant

Le colonel de Cissey avait été avec le commandant Vico, officier supérieur détaché auprès de lord Raglan, régler le relèvement par les Français des postes qu'occupaient les Anglais sur le terrain d'Inkermann, afin d'alléger de tout le fardeau de ce service les troupes de nos alliés, épuisées et malades.

LXXXVI. — Le mois qui commençait allait être fertile en combats partiels, en luttes rapides, mais sanglantes et opiniâtres. Que de traits d'héroïsme la nuit allait envelopper de son ombre!

Nos approches avançaient à tel point sur les défenses ennemies, que le service, devenu très-difficile et très-périlleux, exigeait les plus grandes précautions : aussi le colonel Raoult, major de tranchée, homme d'un courage actif et infatigable, veillait-il avec un soin minutieux à l'exécution des mesures arrêtées.

La maison du Clocheton est le centre où viennent converger toutes les fractions multiples du développement de nos tranchées. Nuit et jour c'est un mouvement incessant; c'est là que se réunissent le matin les bataillons de garde; c'est là que les soldats qui doivent veiller dans les tranchées reçoivent, ainsi que les

des batteries 1, 2, 3, 4, et de l'ancienne 2e parallèle qui a été prolongée à travers le petit vallon qui descend dans le grand ravin du port du Sud.

La 3e parallèle, encore incomplète en avant des batteries 1, 2, 3, 4, passe par le 2e boyau de l'attaque, qui se dirige sur le bastion central, traverse le ravin de la ville par une tranchée nouvellement faite, qui se réunit à l'ancienne 3e parallèle par le dernier boyau de la communication de gauche.

Maison du Clocheton.

travailleurs, leur supplément d'eau-de-vie (1). Chaque jour un général de brigade appartenant au corps de siége est de service à la tranchée pour aviser aux éven-

(1) *Service des tranchées.*

Chaque 24 heures, nuit et jour il y a un bataillon de piquet dans son camp, pris dans les corps les plus rapprochés du Clocheton, siége du major de tranchée, et toujours prêt à marcher au premier signal; ce bataillon envoie, à partir de 8 à 9 heures du soir, deux compagnies qui sont de piquet au Clocheton même. (Jusqu'au mois de janvier il y avait seulement au Clocheton un bataillon de réserve; au mois de janvier ce bataillon de réserve a fait place à un bataillon de piquet.) Il y a en outre un bataillon de réserve disposé à la gauche, en arrière des batteries 1 et 2, formant un effectif de 450 à 500 hommes.

Chaque jour les bataillons de garde à la tranchée sont au nombre de sept, plus un bataillon de chasseurs à pied, employés comme tireurs et disposés sur tout le développement de la parallèle la plus avancée pour entretenir le feu de mousqueterie. En outre, une compagnie de francs-tireurs de 150 hommes environ, est généralement répartie sur différents points favorables au tir de précision. Un poste de 200 hommes est placé dans le ravin dit *des Anglais*, ayant pour objet de relier nos attaques de droite aux attaques de gauche des Anglais.

Chaque jour des travailleurs sont commandés, dans les divers corps, pour le travail des tranchées, au nombre de 3000 environ, et sont distribués également sur différents points, soit pour pratiquer de nouveaux boyaux de communication, ou construire l'emplacement de nouvelles batteries, ou réparer les parapets endommagés par le feu de l'ennemi. Le nombre varie selon l'urgence des besoins, et a souvent dépassé dans un certain temps 4000.

On conçoit aisément combien il a fallu employer un nombre considérable de travailleurs, si on réfléchit aux résultats obtenus et au développement gigantesque de nos tranchées de la 1re à la 3e parallèle, c'est-à-dire de la Quarantaine, qui forme l'extrême gauche, jusqu'à la batterie dite *des Anglais*, formant l'extrême droite.

Deux compagnies du bataillon de volontaires, composé de six compagnies, sont de service chaque nuit en qualité d'éclaireurs; elles n'ont pas de poste fixe, et leur position varie suivant les circonstances.

Nous ne prétendons donner ici que les dispositions prises en principe; le général de tranchée modifiait ces dispositions suivant les in-

tualités imprévues; et chaque jour, accompagné du colonel Raoult ou de son premier aide-major, le commandant Faure, il visite les parallèles les plus avancées, renouvelle les ordres, rappelle les consignes et prescrit la plus vigilante surveillance. Le soldat sent redoubler son courage et sa résolution, en voyant ses chefs partager à toute heure ses périls, s'enquérir de ses besoins et lui dire, en passant, quelques bonnes paroles, pendant que les balles sifflent autour de lui et que les projectiles écrêtent les parapets.

Quand vient la nuit, le grand fanal du Clocheton s'allume pour servir de direction aux plantons, que les colonels de garde peuvent envoyer au dépôt de tranchée et aux brancards silencieux qui passent, portant à l'ambulance leur triste fardeau. Là aussi, veillent incessamment des sentinelles vigilantes, écoutant si des appels lointains n'annoncent pas une attaque de l'ennemi sur un point quelconque des tranchées. Aussitôt le clairon de garde répète le signal, composé de trois

quiétudes d'attaque sur tel ou tel point, et les nécessités inattendues, sans pouvoir pourtant en altérer la base.

La garde de tranchée est divisée en trois commandements : la droite, le centre, la gauche, dévolus à des colonels ou lieutenants-colonels.

Chaque jour il y a un général de tranchée, pris dans les brigades du corps de siége.

Les travaux du siége du côté des Français comprennent deux attaques : l'attaque de droite et celle de gauche. Cette dernière s'étend à peu près depuis la Quarantaine jusqu'au bastion central inclusivement. L'attaque de droite comprend depuis le bastion central jusqu'à la batterie dite *des Casernes*; dans l'intérieur de cette ligne se trouve le bastion du Mât.

sonneries progressives (1), qui en indique la gravité, en même temps que des signaux, par fusées, précisent le point de l'attaque (2). En un instant le bataillon de piquet gagne au pas de course le lieu du combat, pendant que d'autres bataillons s'organisent, prêts à marcher, si l'engagement prend des proportions sérieuses.

LXXXVII. — Ainsi se passent toutes les nuits, sans trêve ni repos. Les attaques fréquentes de l'ennemi, qui se succédèrent pendant le mois de janvier, montraient à quel point la surveillance devait être partout active, vigilante et résolue.

Les Russes espéraient, en effet, que les rigueurs du froid épuiseraient nos soldats, déjà fatigués par de nombreux travaux et de cruelles épreuves. — Des déserteurs, interrogés, nous apprirent que tous les jours la voix de leurs prêtres les excitait au combat et leur disait que les mains des soldats français, glacées par le froid, ne leur permettraient pas de se servir de leurs armes (3).

(1) *Le garde à vous!* donne l'alerte. — *Le rappel* indique une attaque réelle. — *L'assemblée*, que cette attaque est sérieuse et importante.

(2) *Des étoiles* indiquent que l'attaque a lieu sur la gauche. — *Des marrons*, qu'elle a lieu sur le centre. — *Des serpenteaux*, qu'elle a lieu sur la droite

Deux de ces fusées sont lancées pour *le garde à vous!* — Trois pour *le rappel.* — Quatre pour *l'assemblée.*

(3) Toute la troupe, sur les besoins de laquelle veillait une si constante sollicitude, avait reçu des capotes à capuchon, qui lui furent

Dans la soirée du 7 janvier, une colonne russe forte de 3 à 400 hommes environ, s'élance avec une telle impétuosité sur nos tranchées, qu'une quinzaine de Russes escaladent les parapets et sautent dans l'intérieur de nos ouvrages. Mais trois compagnies du premier bataillon du 46e, sous les ordres du commandant Julien, de garde sur ce point, engagent une lutte pied à pied. Tous ceux qui ont envahi la tranchée sont tués ou blessés; la compagnie de voltigeurs du même bataillon, placée en arrière en réserve, accourt résolûment sur le lieu du combat. A sa tête est le jeune sous-lieutenant Kerdudo, à peine âgé de 21 ans; il franchit les parapets, et, appelant à lui ses braves voltigeurs, s'élance, l'épée à la main, sur le flanc de la colonne russe, qui bientôt bat en retraite. Sur le signal de retraite, la place ouvre un feu de mitraille, et nos soldats rentrent dans la tranchée avec leur jeune officier, qu'ils entourent de leurs acclamations (1).

d'un grand secours. Les officiers, que leurs services dans les tranchées exposaient aux mêmes épreuves, et qui partageaient chaque jour les rudes souffrances du soldat, reçurent l'autorisation de porter le même vêtement; mais il fut ordonné par le général en chef, dans un arrêté du 9 janvier, que les signes distinctifs du grade seraient marqués sur ce vêtement, à l'instar de la marine, par des ganses d'or ou d'argent.

(1) Le 10 du même mois, un ordre du jour du général en chef remerciait le 46e et son commandant de leur énergie.

« Au nom de l'Empereur, disait cet ordre, je confère la croix de la Légion d'honneur au sous-lieutenant Kerdudo, qui, tout jeune encore, a montré dans cette circonstance l'aplomb et l'énergie d'un vieux soldat en entraînant ses voltigeurs. »

7 médailles militaires furent distribuées dans le bataillon.

Trois jours après, nouvelle attaque des Russes. A deux heures du matin; ils essayent de nous surprendre à la suite d'une nuit froide et orageuse; mais leur tentative est énergiquement repoussée par des compagnies du 80e (5e léger), qui les chargent à la baïonnette et les forcent à la retraite. Le lieutenant Espanet, qui le premier a donné le signal et s'est élancé le premier à l'ennemi, est blessé de deux coups de baïonnette (1).

LXXXVIII. — La nuit suivante, pendant que les compagnies d'éclaireurs volontaires détruisent des embuscades sur la gauche de notre parallèle la plus avancée, les Russes tentent encore une sortie contre la gauche des lignes anglaises, et lancent une colonne composée d'hommes résolus dans le but d'enlever le poste qui garde le ravin. Quarante hommes du 2e bataillon du 95e, que commande le sous-lieutenant La Jallet, résistent sans lâcher pied à l'ennemi, qui pousse des cris frénétiques. C'est un combat à coups de crosse et à

(1) *Journal du corps de siége, du 11 au 12 janvier*

Vers deux heures du matin, une colonne russe de 200 à 250 hommes tente un coup de main sur la portion de la parallèle qui couvre les batteries 16, 17, 18, en laissant, par conséquent, à sa gauche ce qui s'appelle le T. L'ennemi est reçu avec sang-froid et énergie par la 4e compagnie du 80e (5e léger), lieutenant Espanet. Cet officier, après le premier feu, lance ses hommes sur les Russes, les attaque à la baïonnette et les met en fuite. L'ennemi laisse entre nos mains 7 tués et 2 blessés. Le mouvement offensif de la 4e compagnie est appuyé par la 5e du même bataillon. Nos troupes s'arrêtent à 200 pas de nos tranchées, pour éviter le feu des embuscades russes et le canon de la place.

coups de baïonnette. Les hommes se prennent corps à corps, plusieurs souvent contre un seul, car l'ennemi est de beaucoup supérieur en nombre; quelques-uns roulent pêle-mêle avec les Russes dans le fond du ravin, où la lutte continue. Un poste de soutien arrive à l'aide de nos braves soldats et détermine à se retirer l'ennemi, déjà ébranlé par tant de résistance (1).

Tous les jours, ce sont de nouveaux traits de courage que chaque régiment inscrit dans ses glorieuses archives; car chacun vient à son tour prendre sa part de travaux et de dangers.

LXXXIX. — Mais la nuit du 14 au 15 janvier devait être le témoin d'une sérieuse attaque et d'un sanglant combat, « qui grandirent encore, selon l'expression du général en chef, la belle réputation que le 74e s'était faite dans l'armée. »

Il était deux heures du matin; la neige, qu'une bise glaciale fouettait au visage, tombait de nouveau par flocons épais; on ne pouvait saisir aucun bruit du dehors, si ce n'est celui de la canonnade, à laquelle ré-

(1) « J'ai encore à signaler à l'armée de nouveaux traits de valeur, dit le général en chef dans son ordre du jour; je loue et je remercie tous les braves qui viennent de prouver que l'énergie et le dévouement des troupes du corps de siége grandissent avec les glorieuses difficultés que leur oppose la situation. »

Le lieutenant Espanet et le sous-lieutenant de La Jallet furent nommés chevaliers de la Légion d'honneur pour leur brillante conduite.

pondait le sifflement du vent, qui arrivait par violentes rafales.

Pendant ce temps, une colonne russe, courbée sur le sol, silencieuse, et marchant à pas lents, débouchait de la place ; deux autres arrivaient par les ravins auxquels s'appuient les extrémités de la deuxième parallèle. Une d'elles s'élance sur la portion de droite défendue par les grenadiers et par la 1re compagnie du 74e, pendant que l'autre menace la gauche, et que la 3e se masse en réserve. Les éclaireurs, couchés à plat ventre en avant des tranchées, se rallient à la hâte sur nos ouvrages en criant : « Aux armes ! voici les Russes ! » Mais ceux-ci sont arrivés sur les parapets en même temps qu'eux. Heureusement chacun veillait l'arme à la main, le doigt sur la détente. — Une première décharge reçoit l'ennemi, qui veut pénétrer dans l'intérieur d'un petit boyau défendu par une section de grenadiers. Le capitaine Bouton est tué de deux coups de feu. « Il ne restait plus de vivant, dit le journal du régiment, dans ce petit boyau de communication que trois grenadiers et un caporal ; le caporal Guillemin, qui se bat avec acharnement dans cet étroit passage et tient tête avec ses trois hommes au flot qui veut le déborder. »

Mais la portion la plus forte de la colonne russe s'était ruée sur la partie occupée par la 1re compagnie ; le capitaine Castelnau tombe percé de treize coups de baïonnette, et crie à ses soldats de soutenir l'honneur du drapeau. Le lieutenant Rigaud s'élance et demande énergiquement à ses hommes de venger la mort de leur brave capitaine. Une section de la 2e compagnie vient se mêler aux combattants (1).

Le commandant Rouméjoux accourt en toute hâte avec son bataillon; il s'élance sur la crête de nos ouvrages, et, se jetant dans la mêlée, appelle à lui sa réserve : il combat avec une héroïque valeur, jusqu'au moment où un coup de baïonnette le traverse au-dessous du cœur. De toutes parts accourent des renforts. Après dix minutes d'une indicible lutte sur ce seul point, l'ennemi, à bout d'énergie, désespérant de forcer cette troupe intrépide, se retire, laissant la tranchée et le glacis jonchés de morts.

Les réserves russes, dont les forces peuvent être évaluées à 1000 ou 1200 hommes, s'étaient massées à peu de distance du bastion du Mât; elles couvrirent de leur feu la retraite de leur colonne.

L'ennemi avait montré dans cette attaque une grande impétuosité ; les volontaires et celui qui les commandait s'étaient jetés avec un audacieux courage sur nos tranchées. S'ils ne purent, grâce à l'énergie de nos soldats, accomplir leur but de détruire nos batteries

(1) *Journal du 74e régiment.*

« ...Une section de la 2e compagnie est accourue pour soutenir la 1re; elle était commandée par le sous-lieutenant Brachet. Cet officier, qui devançait la section, s'est trouvé tout à coup face à face avec un officier russe, tous deux avaient le sabre à la main; un combat s'engage aussitôt; atteint d'un coup de pointe au bras droit, le lieutenant Brachet reprend bientôt l'avantage et étend à ses pieds son adversaire. »

et d'enclouer nos pièces, ils nous causèrent des pertes sensibles et sérieuses ; nous eûmes 19 tués, parmi lesquels 2 capitaines, et 37 blessés, dont 3 officiers (1).

XC. — Ces attaques, il faut le dire, doivent presque toujours être à l'avantage des assaillants, non comme importance réelle, car ces sorties n'en ont aucune, et ne déplacent pas un pouce de terre dans nos travaux, mais comme perte d'hommes. Quelque active que soit la vigilance, l'approche de l'ennemi se voile des ombres de la nuit; l'attaque se réunit sur un seul point, et plusieurs minutes se sont toujours écoulées avant que les compagnies, nécessairement développées sur une certaine étendue, puissent se grouper sur l'endroit menacé. C'est à ce moment que les assaillants opèrent leur retraite, protégés qu'ils sont, tout aussitôt, par les feux de l'artillerie, à laquelle ils donnent le signal par un son de trompe. Si les troupes de tranchée s'acharnaient à leur poursuite, elles seraient décimées par la mitraille.

Le but principal de l'ennemi dans ces combats partiels est de fatiguer les assiégeants en les contraignant à une surveillance perpétuelle, et d'augmenter

(1) *Journal du 74e régiment d'infanterie de ligne.*

« Les Russes ont laissé dans nos tranchées 5 tués, dont 1 capitaine qui était porteur d'un marteau et de clous pour enclouer les canons, 10 cadavres sont encore sur le talus extérieur. »

le chiffre des morts et des blessés : triste et fatal tribut de chaque jour (1).

La colonne qui s'était jetée sur nos travaux, dans la nuit du 14, était partagée en cinq pelotons, dont quatre seulement étaient armés; le cinquième portait des crocs et des gaffes. Ces hommes, au milieu de l'action, harponnaient les havres-sacs déposés contre l'épaulement, et cherchaient à entraîner les hommes au moyen de ces crocs, pendant qu'un certain nombre des leurs enlevaient sur des civières les morts et les blessés; d'autres tendaient de longues cordes, pour faire rouler à terre ceux de nos soldats qui s'élançaient à leur poursuite, et s'en emparer avant qu'ils eussent pu se relever. Déjà ce mode étrange de combat avait été employé par les Russes dans une ou deux des précédentes sorties et avait produit un triste étonnement. Le général en chef, dans une lettre qu'il adressa au général Osten-Sacken, crut devoir l'instruire de ce fait.

« Permettez-moi, monsieur le gouverneur, lui écrivait-il, de vous signaler un fait dont vous n'êtes sans doute pas informé; il m'est démontré que, dans les combats qui ont eu lieu en avant de nos tranchées, des officiers et des soldats ont été entraînés à l'aide de cordes ou de bâtons à crochets; nos combattants n'ont d'autres armes que le fusil, la baïonnette et l'épée, et sans vouloir

(1) Total général des tués et blessés depuis le commencement du siége dans le 1er corps d'armée dit corps de siége :

Officiers, tués 23, blessés 171, disparu 3.

Troupe, tués 464, blessés 3392, disparu 128.

affirmer que l'emploi de ces moyens soient contraires aux règles de la guerre, il m'est peut-être permis de dire, en me servant d'une vieille expression française : « Que ce ne sont point là des armes courtoises. » Il vous appartient d'apprécier. »

Le général Osten-Sacken répondit au sujet de ce paragraphe de la lettre du général en chef de l'armée française :

« Il est recommandé à nos soldats de préférer l'action de faire prisonnier à celle de tuer inutilement. Quant aux instruments dont vous faites mention, il est très-possible que les travailleurs qui, d'ordinaire, accompagnent les sorties aient usé de leurs outils pour se défendre.

« Du reste, les lettres que j'ai fait parvenir à l'état-major de l'armée française, de la part de vos officiers faits prisonniers, doivent vous éclairer suffisamment sur la manière dont ils sont traités dans leur captivité. Il vous appartient donc aussi d'apprécier. »

XCI. — Le froid devenait plus intense, et la garnison renouvelait ses sorties presque toutes les nuits.

Dans la nuit du 19 au 20 du même mois, l'ennemi assaillit nos parallèles sur deux points différents (1). D'un

(1) L'une des deux attaques sur la gauche de la tranchée de circonvallation qui descend sur la baie de la Quarantaine, l'autre sur la gauche de cette partie de nos ouvrages que l'on appelait le T, à cause de sa configuration.

Vers minuit, une colonne russe, forte de 250 à 300 hommes, se porte sur la ligne de circonvallation près de la baie de la Quarantaine ; elle est reçue par quatre compagnies du 2e bataillon du 2e régiment de la légion étrangère, sous le commandement du chef de bataillon L'hé-

côté, le commandant L'hériller veille avec le 2e bataillon du 2e régiment de la légion étrangère; l'impétuosité des Russes vient se briser contre l'énergie de nos soldats, qui les attendent de pied ferme et les forcent à rebrousser chemin, après une lutte courte, mais sanglante.

Presque simultanément la seconde attaque avait lieu. « Là, dit le général Canrobert dans son ordre du jour, c'est encore le 46e que je retrouve faisant face à l'ennemi, avec son énergie accoutumée. » A la voix du capitaine Thomas, les soldats s'élancent résolûment hors des parapets et abordent l'ennemi à la baïonnette. Celui-ci tente vainement d'envahir les tranchées; partout il rencontre une opiniâtre résistance, partout il est repoussé (1).

riller. Cet officier supérieur place son monde en ordre sur le parapet, commande le feu et attend l'ennemi. Celui-ci cherche, mais en vain, à pénétrer dans la tranchée; la lutte s'engage sur le parapet; trois compagnies, les voltigeurs, la 1re et la 5e, se précipitent hors de la tranchée, sous la direction de leur brave commandant, pour tourner les Russes et les rejeter dans la baie de la Quarantaine. Les Russes se retirent sur leurs réserves, qu'on a pu apercevoir dans la direction du bastion de la Quarantaine, et qui paraissent être assez nombreuses. Ils ont laissé 7 cadavres entre nos mains; on suppose que leurs pertes ont été assez fortes; ils ont passé toute la nuit à chercher et à enlever les blessés qu'ils avaient laissés sur le terrain du combat, en avant de nos tranchées.

(1) *Journal du siége, du 19 au 20 janvier.*

Vers une heure du matin, les petits postes du 46e signalent une nouvelle sortie qui se dirige sur la gauche du T. L'ennemi se précipite résolûment sur nos tranchées; le 2e bataillon du 46e, à la voix du capitaine Thomas, qui le commande, sort de ses positions, l'attaque à la baïonnette, et le poursuit jusqu'à hauteur de ses embuscades.

De ce côté, huit cadavres russes sont restés sur le travers de nos tranchées; d'autres plus éloignés ont dû être enlevés pendant la nuit.

XCII. — Contrariés comme nous par les neiges abondantes et le froid qui leur a succédé, les Russes ont été forcés de discontinuer leurs travaux; mais dès que le dégel le leur permet, ils les reprennent avec activité, et continuent, surtout en arrière du bastion du Mât, la construction de nouvelles batteries.

Il est difficile de se figurer le triste état dans lequel la fonte des neiges avait mis nos tranchées; elles étaient encombrées d'une boue glacée dont il était très-difficile d'opérer le déblayement, sous le tir actif de la place, et dans laquelle soldats et travailleurs étaient enfoncés jusqu'à mi-jambe. Toutefois, les nouvelles batteries avancent et sont presque terminées.

Aussitôt que la nuit est venue, les éclaireurs volontaires se couchent par petits groupes, en avant de nos approches; leurs regards, habitués par de longues nuits passées dans l'obscurité, cherchent à percer les épaisses ténèbres qui les enveloppent.

Ces précautions n'étaient pas inutiles; car, dans la nuit du 31 janvier, les Russes lancèrent une masse compacte de volontaires sur un cheminement nouvellement ouvert par le génie à l'extrémité de notre 3e parallèle. Une compagnie d'éclaireurs, logée dans une embuscade abandonnée par les Russes quelques jours auparavant, reçoit l'ennemi par un feu très-vif; mais celui-ci se précipite, en poussant de grands hourras, auxquels répondent les réserves massées en arrière, dans le but d'effrayer nos travailleurs et nos gardes de tranchée, en leur faisant croire que des secours arrivent en grand nombre.

Aussitôt les sonneries de nos clairons retentissent de toutes parts; les fusées de signal s'élèvent au milieu de l'obscurité et retombent en gerbes étincelantes. L'attaque est sérieuse; les Russes sont au nombre de 400, tous choisis parmi les plus résolus et les plus entreprenants. Le lieutenant de vaisseau Biruleff, qui est à leur tête, a déjà dirigé plusieurs sorties; il connaît le terrain, et exalte les soldats qui le suivent par son propre courage et par les promesses d'un succès assuré. Tous les hommes de travail, joints aux compagnies de garde, sont déjà rangés sur le revers de l'ouvrage, coude à coude; chaque soldat a glissé deux balles dans son fusil, et l'on crie aux travailleurs de se rallier dans la tranchée; mais les hourras des Russes couvrent la voix des officiers. Lorsque les éclaireurs atteignent la parallèle, les assaillants sont mêlés avec eux; le parapet peu élevé ne présente pas un obstacle sérieux; les premiers arrivés le franchissent, et le combat s'engage, comme toujours, corps à corps. Ceux qui sont restés sur le revers opposé, lancent des pierres, pendant que d'autres, prenant leurs fusils déchargés par le canon, se battent à coup de crosse. Le capitaine du génie Fourcade rallie ses travailleurs, pour les mener lui-même au combat; mais, au moment où il s'élance (1), une balle lui brise la cuisse. Le commandant du génie Sarlat, chef d'attaque de la

(1) LE CAPITAINE FOURCADE.

Le capitaine Fourcade avait 35 ans; jeune, énergique, il avait en lui le feu sacré; c'est en se jetant audacieusement à l'encontre de

nuit, a réuni aussi de son côté tous les hommes qu'il a pu grouper autour de lui et les conduit à l'ennemi au cri de : Vive l'Empereur! Plusieurs compagnies du 1er bataillon du 42e se sont portées en avant; bientôt les assaillants, vigoureusement pressés par ces renforts, perdent l'espoir de bouleverser le nouvel ouvrage, et opèrent leur retraite, protégés à la fois par le feu de la place et par les réserves postées à peu de distance, dont les clameurs couvrent le bruit du combat. Deux pièces de campagne d'une de nos batteries leur envoient comme salut d'adieu quatre coups de canon chargés à mitraille. Les troupes rentrent dans la tranchée, et de rares coups de fusil se font seulement entendre. — C'est dans ce moment que le chef de bataillon du génie Sarlat tombe mortellement frappé d'une balle à la tête (1). Les pertes de l'ennemi furent sensibles; les nôtres furent cruelles en officiers; deux furent tués pendant l'action, et trois autres succombèrent, quelques jours après, à leurs blessures.

l'ennemi qu'il tomba frappé d'une grave blessure, qui nécessita l'amputation de la cuisse. Élève de l'École polytechnique en 1830, il s'embarquait pour l'Afrique, en 1845, comme lieutenant en 1er; il fit l'expédition des grottes de Héah. Revenu en France après une année de séjour en Algérie, il fut nommé capitaine de 2e classe en 1846, et capitaine en 1er en 1853. En 1854 il partait pour l'Orient, où il devait trouver une mort glorieuse.

(1) LE COMMANDANT SARLAT.

La mort, en frappant le commandant du génie Sarlat, a arrêté une brillante carrière et un bel avenir. Né en 1812, à Domme, département de la Dordogne, il avait 43 ans. Sorti de l'École polytechnique, il entra comme sous-lieutenant élève du génie à l'école d'application de

XCIII. — Chaque jour venait nous dire de nous hâter. Devant Sébastopol, l'impatience dévorait le général en chef, et en France l'inquiétude, l'appréhension, le doute avaient fait place à la confiance aveugle des premiers moments. Des esprits sérieux se préoccupaient de la gravité toujours croissante de la situation en face de nos tentatives infructueuses, de notre feu inefficace et de l'impuissance temporaire de nos alliés, par suite des maladies qui avaient décimé leur vaillante armée.

A toutes les interrogations qui arrivaient en Crimée, soit du ministère de la guerre, soit du cabinet même de l'Empereur au général en chef, celui-ci répondait :

« Mon plan général est la prise de Sébastopol; ce n'est point un plan de combinaison, c'est un plan de nécessité. Quand on a accumulé devant une place un matériel immense, qu'on manque de moyens de transport, et que l'état du sol se refuse d'ailleurs complétement à tout mouvement de quelque durée, que la vie d'une

Metz, en 1834. Il s'embarqua pour l'Afrique en 1838. Nommé lieutenant à l'état-major du génie, en Algérie, en 1840, il assista tour à tour au blocus et à l'attaque de Blidah par les Arabes, à l'expédition et à la prise de Médéah, ainsi qu'aux sanglants combats du col de Teniah. Il rentra en France, et se fit distinguer par les services qu'il rendit soit à Paris, soit à Lyon, soit à Cherbourg, soit à Montpellier, soit à l'armée des Alpes. Capitaine en 1er en 1847, il fut désigné pour l'armée d'Orient au mois de février 1854. Nommé chef de bataillon, au mois de décembre de la même année, pour les services qu'il rendit dans ses fonctions difficiles et périlleuses, il était frappé à mort quelques jours après. Son nom fut un des premiers sur cette liste glorieuse et funèbre que le génie enregistra devant les murs de Sébastopol.

armée est étroitement liée à la présence de ses vaisseaux par les questions de subsistances : quand cette armée opère en plein hiver ; quand ses alliés, enfin, dont elle ne peut, dont elle ne doit pas se séparer, sont hors d'état de rien entreprendre, la force des choses la cloue à l'objectif devant lequel elle est suivie par cet ensemble de difficultés. — Cet objectif, c'est la place de Sébastopol ; il faut l'emporter, puisque les circonstances actuelles mettent l'armée dans l'impossibilité d'attaquer l'armée de secours, en abandonnant ses vaisseaux, son port, ses moyens d'existence (1). »

C'était la vérité vraie de la situation ; toute opération extérieure était impossible dans les conditions présentes ; il fallait attendre le retour d'une saison favorable, et avec elle les renforts considérables que les deux nations enverraient à l'armée alliée expéditionnaire.

Telle était la pensée du général en chef ; il ne désespérait point de la réussite du siége direct, secondé par les efforts persistants de l'artillerie et du génie, et par la juste confiance qu'il avait dans la valeur des troupes sous ses ordres.

XCIV. — Le général Niel, aide de camp de l'Empereur, venait d'arriver. L'expédition de Rome, la prise récente de la forteresse de Bomarsund donnaient une grande importance à la présence en Crimée de ce général du génie. Sans parti pris d'avance, il devait exa-

(1) Dépêche particulière du général en chef Canrobert, 28 janvier 1855.

miner avec soin les travaux d'attaque et de défense, apprécier les éventualités possibles, en bien comme en mal, et apporter l'inspiration d'idées nouvelles. — Son séjour en Crimée était un événement.

Le général en chef accueillit avec joie l'envoyé de l'Empereur, qui commença aussitôt ses explorations; il sonda le terrain dans ses plus minutieuses parties, calcula tous les obstacles, écouta les appréciations des chefs distingués des différents services qui, depuis près de quatre mois, suivaient pas à pas la progression de ce siége étrange; il visita nos travaux d'approche, examinant les défenses de l'ennemi et les protections naturelles que la nature avait jetées à profusion autour de Sébastopol.

« Depuis son arrivée, écrivait le général en chef, en date du 3 février, le général Niel n'a cessé d'étudier de près la place, qui dans son immense étendue tient de la ville forte et du camp retranché; il a pu avec son expérience apprécier les difficultés, et l'accroissement que ces difficultés ont emprunté à l'affaiblissement si regrettable de cette vaillante armée anglaise, avec laquelle nous avons commencé à demi le siége de Sébastopol. »

XCV. — Après cet examen approfondi et sérieux, l'opinion du général Niel fut invariablement fixée.

Jamais, selon lui, un siége n'avait pu être entrepris dans des conditions plus défavorables. — Aux grands approvisionnements de l'artillerie et aux munitions accumulés dans les magasins de Sébastopol depuis 70 ans, les défenseurs peuvent joindre les canons de la flotte et 12 ou 15 000 marins, excellents canonniers. De plus, l'armée de secours est en communication permanente avec la place; la garnison et les travailleurs se trouvent sans cesse renouvelés; et, en cas d'assaut, c'est l'armée russe tout entière que l'on peut avoir à combattre, sous l'appui d'un immense armement d'artillerie.

En supposant qu'on parvînt à s'emparer du bastion Central et du bastion du Mât, n'était-il pas à craindre qu'il fût impossible de pénétrer dans la ville, dont les rues barricadées, étaient défendues par de nombreuses batteries établies sur le mamelon qui se trouve au centre. Maître de la place, on y serait plongé et canonné par le fort du nord et les batteries inférieures : le siége serait loin d'être terminé. L'investissement seul peut y mettre un terme, et il y a un immense intérêt à le faire, aussitôt que l'on aura pu réunir des forces suffisantes : ce qui ramènerait les différentes parties du siége dans les conditions régulières et possibles.

« En résumé, ajoutait le général, quel que soit le parti que l'on prendra au sujet de l'investissement, et malgré le danger d'étendre encore sur la droite des cheminements déjà si développés, il faut attaquer la place du côté de Malakoff.

Telle était l'appréciation du général Niel sur la position présente et les opérations à venir. L'expérience acquise, les prévisions de la science militaire, les règles et les principes reconnus, l'étude des lieux, tout le portait à croire, que l'investissement était le vrai moyen de s'emparer de la place.

C'était dans la question, déjà si compliquée, une nouvelle complication ; la partie était engagée, la saison d'hiver prodiguait ses pluies, ses neiges, ses ouragans subits, et l'armée, comme l'avait écrit le général Canrobert, était forcément immobilisée.

CHAPITRE VII.

XCVI. — Les conférences entre les généraux en chef des deux armées étaient fréquentes. Le siége direct avait de nombreux partisans; le génie et l'artillerie étaient remplis d'espérance, nos soldats remplis de foi, d'élan, de courageuse persistance. Toutefois, les difficultés inhérentes à ce siége irrégulier n'avaient échappé à personne; c'est pourquoi on voulait se hâter de se frayer par l'artillerie une route, quelque étroite qu'elle pût être, pour jeter sur la ville assiégée, à travers ses lignes multiples de défense, une avalanche irrésistible de baïonnettes.

Après un conseil tenu le 1er février 1855, le général Canrobert décida que des travaux d'approche seraient exécutés devant la tour Malakoff par le corps du génie aux ordres du général Bosquet, afin de pouvoir attaquer par ce point dominant le faubourg de Karabelnaïa, au moment où l'assaut serait donné à l'ouest de Sébastopol. — Les bases des premiers travaux à exécuter furent établies; les officiers d'artillerie et du génie chargés de leur direction devaient se concerter avec les chefs compétents de l'armée anglaise, afin d'en assurer l'exécution immédiate (1).

Dès le 7 février, 1200 travailleurs se mettent à l'œuvre; et pendant qu'ils commencent à tracer les communications et à élever des épaulements, on transporte des boulets, des fusées incendiaires, et tous les objets né-

(1) *Attaque de droite, dite de la tour Malakoff. — Journal du corps de siége.*

Deux batteries seront construites, l'une de 8 pièces au point de jonction de nos travaux avec ceux des Anglais; l'autre de 15 pièces, au moins, sur le versant est du bassin du Carénage.

Les batteries doivent croiser leurs feux sur la tour et sur le mamelon situé en avant. Sous la protection de ces deux batteries et des batteries anglaises, on ouvrira à l'ouest les travaux d'approche qui permettront d'aborder le bastion Central, et à l'est la parallèle qui doit couronner le mamelon situé au sud de la tour Malakoff. Une batterie de 15 pièces sera construite ultérieurement près de cette dernière parallèle.

On fera ensuite des cheminements sur les deux contre-forts qui comprennent le ravin des Docks pour s'approcher du Redan et de la tour.

Pour l'exécution des travaux, le général en chef nomme MM. le lieutenant-colonel d'artillerie de Laboussinière et le chef de bataillon du génie de Saint-Laurent.

Le 7 février, le commandant de Saint-Laurent prévient le général Bosquet que les Russes travaillent avec la plus grande activité à augmenter leurs moyens de défense autour du phare, ils ont élevé 5 épaulements couvrant 17 pièces, et 3 mortiers, dont le feu doit être dirigé contre la batterie du fond du port.

Sur la demande du colonel de Laboussinière, le génie terminera la batterie du fond du port, afin de ralentir les travaux des Russes et d'éteindre les feux des 5 batteries.

cessaires à la construction projetée de deux nouvelles batteries, l'une au point de jonction de nos travaux avec ceux des Anglais, l'autre sur le versant est du bastion du Carénage.

Le chef d'escadron d'état-major Besson est désigné pour remplir les fonctions de major de tranchée.

XCVII. — Pendant que ces récentes décisions attribuaient à l'armée française un nouveau point d'attaque et de nouveaux travaux d'approche, le corps de siége d'attaque primitive complétait ses points offensifs par l'achèvement intégral et l'armement de ses nombreuses batteries (1). Il était prêt, on le sait, depuis la fin de janvier à ouvrir son feu sur tout son développement. Par un subit revirement, l'intérêt réel de la situation allait se porter sur la nouvelle attaque que nous avions entreprise, et les Russes, eux-mêmes, se voyant ainsi plus étroitement enveloppés sur tous les points, tournaient de ce côté toute leur activité et toutes leurs préoccupations. — C'était là que devaient se passer les principaux événements du siége, c'était là que nos travaux, commencés dans un but de diversion, devaient, par la force des événements, finir par être l'attaque réelle.

XCVIII.—L'Empereur venait d'arrêter une nouvelle organisation de l'armée d'Orient, en la constituant définiti-

(1) Ces batteries s'élevaient au nombre de 33; la batterie 33 est une batterie de campagne placée dans la ligne de contre-vallation et destinée à tirer sur l'ennemi, en cas de sortie.

vement en deux corps d'armée, dont jusqu'alors les commandements n'avaient été exercés que provisoirement (1). Le général en chef en donna connaissance à l'armée par un ordre général, le 9 février. Le général Pélissier commandait le 1er corps, attaché comme précédemment à l'attaque de gauche; le général Bosquet conservait le commandement du 2e corps, qui, tout en

(1) L'importance de ces commandements s'accroissait chaque jour par l'arrivée successive de nouveaux régiments et de nouvelles divisions.

Le général en chef avait envoyé un de ses aides de camp, le lieutenant-colonel Waubert de Genlis, pour proposer à l'Empereur la formation définitive de l'armée en deux corps, dont il demandait les commandements pour les deux officiers généraux qui en avaient été investis provisoirement; mais le travail était déjà achevé au ministère de la guerre, et le général Pélissier avait été mandé d'Afrique, pour aller se mettre à la tête du 1er corps.

Premier corps.

Commandant, le général de division Pélissier.
Artillerie. Commandant, le général de brigade Lebœuf.
Génie. Commandant, le général de brigade Tripier.
1re division. Le général de division Forey.
2e — — — Levaillant.
3e — — — Pâté.
4e — — — de Salles.

Deuxième corps.

Commandant, le général de division Bosquet.
Artillerie. Commandant, le général de brigade Beuret.
Génie. Commandant, le général de brigade Frossard.
1re division. Le général de division Bouat.
2e — — — Camou.
3e — — — Mayran.
4e — — — Dulac.

Le commandement supérieur du génie restait confié au général de brigade Bizot, et le commandement supérieur de l'artillerie au général Thiry.

restant corps d'observation, était chargé de la direction et de l'exécution des travaux de l'attaque dite : Malakoff. Chacun de ces deux corps d'armée avait quatre divisions. La garde impériale et la 9e division (Brunet) devaient être établies près du grand quartier général, dans une position centrale qui leur permettait de se porter, selon les événements, sur tel ou tel point menacé.

Telles étaient les dispositions arrêtées par le général en chef.

Le général Niel, après un séjour de trois semaines, s'embarquait pour retourner en France, et le général Pélissier débarquait à Kamiesch pour prendre possession de son nouveau commandement. — A cette époque notre armée en Crimée se composait de 83 000 hommes. — La force des Russes était évaluée approximativement par le général en chef à 30 000 hommes environ ; celle de leur armée totale en Crimée, si l'on s'en référait aux chiffres réglementaires, serait de 60 000 hommes (1).

XCIX. — Les rapports des déserteurs et des espions s'accordaient presque tous à dire, qu'il fallait nous attendre à être attaqués dans nos lignes ; cependant les pluies torrentielles qui se succédaient sans relâche rendaient ces suppositions peu probables.

Vers le milieu du mois, le soleil reparut tout à coup ; les nuages chargés de pluie disparurent du ciel, et

(1) Dépêche particulière du général en chef.

quelques beaux jours vinrent répandre dans les camps l'espérance et la gaieté.

Celui qui n'a pas assisté aux cruelles souffrances de cet hiver passé sur l'aride plateau de la Chersonèse, celui qui n'a pas vu les tranchées inondées de pluie, encombrées de neige, celui qui n'a pas entendu souffler ces vents d'orage, furieux et glacés, et qui n'a pas vécu de cette vie au jour le jour, de labeur, de privation, de maladie et de veilles incessantes, celui-là ne saura jamais avec quels transports de joie et de reconnaissance envers le ciel étaient accueillis le moindre rayon de soleil, ou la plus petite espérance d'un beau jour; il semblait aussitôt que l'on eût oublié toutes les souffrances passées, pour ne s'en souvenir jamais. — C'est que le beau temps, là-bas, c'était plus que le succès de nos armes, c'était la vie de notre armée, et dès qu'il apparaissait, on en profitait pour redoubler d'efforts et d'activité.

La pensée perpétuelle qui dominait toutes les pensées, c'était d'ouvrir le feu le plus promptement possible.

« J'espère que sous peu de jours nous serons prêts, » écrivait, en date du 17 février, le général en chef : « J'espère que nos alliés le seront aussi. »

C. — Dans le même moment, les Russes, commandés par le lieutenant général Khrouleff, attaquaient Eupatoria avec des troupes considérables. Le prince Menschikoff, en rendant compte de ce mouvement offensif des troupes russes, l'appelle une reconnaissance, dont le but était « de s'assurer exactement du chiffre des forces ennemies qui occupaient Eupatoria, et de voir s'il n'y aurait pas possibilité de les en expulser. » — La reconnaissance devint un sanglant combat, où l'armée ottomane renouvela les preuves d'intrépide résistance qui avaient signalé le siége de Silistrie.

Le généralissime Omer-Pacha était arrivé à Eupatoria depuis le 9, avec le complément de son armée (1).

Dans la nuit du 16 au 17, les Russes, profitant de l'obscurité de la nuit, avaient établi autour de la place, dont les travaux d'enceinte étaient encore inachevés, une sorte de parallèle non continue, formée de levées de terre destinées à couvrir leur artillerie et leurs tirailleurs.

CI. — Au point du jour, le 17 au matin, une violente canonnade tonne tout à coup contre la ville, puis les Russes se déploient sur l'ensemble de la position; mais bientôt ils s'aperçoivent que la gauche est protégée par des vaisseaux de guerre anglais, français et turcs, ils se replient alors, et concentrent tous leurs efforts sur le centre et sur la droite. — De ce dernier côté, l'armement de la place est le plus faible, et les chances de réussite sem-

(1) « Les troupes destinées à cette attaque, dit le généralissime turc dans son rapport, avaient, il y a six jours, quitté le camp devant Sébastopol, et d'autres troupes venues de Pérécop et de Simphéropol s'étaient réunies à elles, dans la nuit du 16 et le 17 au matin, sur le terrain uni situé derrière les hauteurs qui sont devant Eupatoria.

« Autant qu'on pouvait le deviner, et d'après les renseignements fournis par les prisonniers, l'ennemi comptait 36 bataillons d'infanterie, 6 régiments de cavalerie, 400 Cosaques, 80 pièces d'artillerie en position et quelques troupes d'artillerie à cheval qui étaient en réserve. »

blent plus favorables aux assaillants. Cette colonne composée de 5 bataillons d'infanterie environ, munis des matériaux nécessaires pour le franchissement des fossés et pour l'escalade, avance protégée par les débris d'un ancien cimetière, jusqu'à 400 mètres environ de la place. Devant elle tout est silencieux. Deux bataillons se détachent, enhardis par le silence de la place et par les nombreux renforts qui sont prêts à leur venir en aide; ils s'élancent avec élan jusqu'à 20 mètres du fossé, mais là, reçus tout à coup par une fusillade des plus meurtrières, ils s'arrêtent et tourbillonnent. Une seconde colonne accourt pour les rallier; généraux et officiers de tout grade sont au premier rang, se prodiguant avec un élan indicible. A la voix de ses chefs, cette colonne marche de nouveau, à travers une grêle de balles, jusqu'au bord du fossé qu'elle veut tenter de franchir; mais la résistance est terrible : les Russes, une seconde fois repoussés, reviennent vainement à la charge. Un bataillon turc, soutenu par 300 chevaux de cavalerie, sort de la place et les force à opérer leur retraite.

CII. — Sur tous les autres points la canonnade avait continué et se concentrait particulièrement sur un endroit désigné dans le rapport, sous le nom de « la Couronne, dite des Moulins. » En cet endroit fut tué le général de division égyptien Sélim-Pacha, homme de guerre justement estimé, perte des plus regrettables pour la Turquie. C'était un vrai soldat, dont les cheveux avaient blanchi dans les fatigues et les épreuves d'une vie agitée (1). Près de lui tombèrent le colonel égyptien Rusten-Bey, et le colonel Ali-Bey, tous deux mortellement blessés. Il était dix heures lorsque les Russes, renonçant à l'espoir de s'emparer de vive force d'Eupatoria, se retirèrent en bon ordre.

« La supériorité de l'ennemi en artillerie et en cavalerie, dit le rapport du général Omer-Pacha, nous a empêchés de l'inquiéter dans sa retraite qui s'effectuait par trois directions différentes, vers le pont du lac Lasik, vers Top-Mamaï, et vers la route de Pérékop (2).

(1) Sélim-Pacha commandait les troupes égyptiennes, qui jouissent dans l'armée ottomane d'une réputation méritée de valeur et de solidité. On l'appelait le dernier des mamelucks, parce que seul, il échappa au massacre du Caire, qui fut le signal de destruction de cette milice. Il se plaisait souvent à raconter lui-même le miracle auquel il devait la vie

Voyant tous ses compagnons d'armes cernés dans la citadelle du Caire, tombés sous les coups des soldats du vice-roi, il prit une résolution suprême, fit monter son cheval sur le parapet de la forteresse et le lança dans l'espace. L'animal, écrasé dans la chute, sauva la vie à son cavalier qui, tout meurtri, tomba sans connaissance. Méhémet-Ali, étonné de tant de résolution et de bonheur, donna l'ordre qu'il fût épargné.

Sélim-Pacha, dans la journée du 17, fut atteint d'une balle qui, entrant par la bouche, lui fracassa la partie supérieure de la colonne vertébrale au moment où, se dressant au-dessus du parapet, il observait les mouvements de l'armée russe qui commençait à s'ébranler. »

(2) *Rapport du général turc Omer-Pacha.*

« Nous regrettons la mort de Sélim-Pacha, lieutenant général commandant les forces égyptiennes. Nous avons eu en outre 87 tués et 277 blessés; il y a eu 79 chevaux tués et 18 blessés.

« Parmi les tués, 7 officiers; 10 sont blessés: de ce nombre est Soliman-Pacha; 13 habitants de la ville ont été tués et 11 blessés. Je crois de mon devoir de faire une mention honorable d'un détache-

La petite garnison française, qui compte environ 200 hommes appartenant au 3e régiment d'infanterie de marine et à la flotte (équipage du *Henri IV*), a honorablement figuré dans la défense, sous les ordres du commandant Osmont.

Cet événement, dans les circonstances où il se produisait, avait une grande importance; car la place d'Eupatoria était appelée à remplir un rôle sérieux et difficile : le mouvement des Russes dénotait qu'ils comprenaient cette importance, et que ce n'était pas à tort que les prévisions des généraux en chef des trois armées s'étaient portés sur ce point et avaient décidé que cette ville serait occupée par l'armée ottomane, élevée au chiffre de 40000 hommes environ. La nouvelle de ce fait d'armes, apportée par un vapeur anglais, arriva le 18 au camp des armées alliées devant Sébastopol.

CIII. — De nouveaux rapports très-détaillés constataient la présence d'une partie de la 17e division russe

ment français qui est ici, et des vaisseaux de guerre *Curaçao*, *Furious*, *Valorous* et *Viper*. Je citerai aussi avec éloges le vapeur turc *Schefaër*, ainsi que l'énergique coopération du vapeur français *le Véloce*, qui tous, ont puissamment contribué à déjouer les efforts de l'ennemi.

« Le détachement français a eu 4 hommes tués et 9 blessés. Un officier de marine est au nombre de ces derniers. La perte des Russes doit avoir été considérable. Suivant le rapport des autorités civiles d'Eupatoria qui ont eu à enterrer les morts, ils ont eu 453 tués. Leur artillerie a perdu 300 chevaux; ils ont enlevé un grand nombre de leurs morts et presque tous leurs blessés. Nous avons fait 7 prisonniers.

Le rapport du général Khrouleff accuse 500 hommes tués ou blessés.

sur la rive droite de la Tchernaïa, près du village de Tchorgoun ; ces rapports, provenant des espions et des déserteurs, s'accordaient à porter au chiffre de 5000 hommes au plus, ce gros de l'armée ennemie, à laquelle étaient adjoints 150 ou 200 chevaux et six pièces d'artillerie de campagne. Le général Canrobert résolut aussitôt de chercher à faire enlever, ou tout au moins à refouler vigoureusement cette portion de troupes. Le 18 au soir, en faisant part de ces informations au général Bosquet, il lui envoyait l'ordre d'effectuer son mouvement avec la 1re division du corps d'armée qu'il commandait, une brigade de la 2e, la brigade de chasseurs d'Afrique et trois batteries d'artillerie. — Les troupes devaient se mettre en marche dans la nuit du 19 au 20 et arriver à cinq heures du matin à la hauteur du pont de pierre de Traktir, de manière à pouvoir se porter au lever du jour, le plus promptement possible, sur la rive droite de la Tchernaïa.

Selon les instructions qu'il avait reçues, le général Bosquet partit dans la nuit. A minuit et demi les troupes de la 1re division se préparèrent à descendre dans la plaine de Balaclava; la nuit était très-obscure, une pluie fine, chassée par un vent du nord, tombait depuis une demi-heure environ. Bientôt à cette pluie succéda un ouragan subit de neige qui s'abattit avec une extrême violence. Une heure était à peine écoulée, que les neiges amoncelées recouvraient entièrement le sol. L'ordre de revenir fut aussitôt donné ; cet ordre, qui parvint difficilement aux différents corps, fut plus difficilement encore exécuté, et des fractions de troupes, ne pouvant conserver de direction exacte au milieu de la tourmente, s'égarèrent, tant l'obscurité était profonde. Vers deux heures cependant, la 1re division que commandait le général Espinasse, fut ralliée et formée en colonne.

« Après s'être assuré par des sonneries fréquentes, dit le journal de la division, qu'aucune troupe n'était restée dans la plaine de Balaclava, en dehors du mamelon de la vedette anglaise, le général donna l'ordre de marcher, de manière à éviter les congélations et à ne pas s'écarter du point où se trouvait la colonne. A cet effet, les hommes marchèrent successivement au vent et sous le vent, en décrivant des cercles, et, se retrouvèrent au jour naissant, au pied des positions, dont ils gravirent avec peine les pentes escarpées que les amoncellements de neige rendaient d'un accès très-pénible. Le vent soufflait du nord avec une violence excessive. A six heures un quart les troupes étaient rentrées à leurs bivouacs, sans qu'il manquât un homme à l'appel. »

La tourmente avait rendu, en peu d'heures, le camp si méconnaissable, que les soldats ne purent qu'à grand'-peine retrouver l'emplacement de leurs tentes presque entièrement ensevelies.

Cet ouragan de neige et de glace avait, surtout pour nos travaux d'approche, des conséquences cruelles : il en paralysait l'exécution et donnait aux troupes épuisées déjà par des fatigues sans nombre, de nouvelles et redoutables épreuves. Toutes les nuits, dans les tranchées, des cas de congélation se manifestaient, et les brancards portaient aux ambulances, côte à côte avec les blessés, des soldats que le froid renversait inanimés. Les désastres que l'on doit à la fureur des éléments, sont les plus terribles, car ils sont inévitables, et la force humaine n'a contre eux que le dévouement et la résignation.

CIV. — Nos préparatifs d'attaque contre la tour Malakoff inquiétaient visiblement les Russes qui commencèrent la construction d'un ouvrage de campagne, à l'extrémité du plateau du Carénage; une seule nuit de travail avait suffi pour lui donner déjà un relief suffisant, sous la protection d'un système d'embuscades.

« Instruit hier matin, écrit le général Canrobert en date du 24 février, que les Russes avaient élevé pendant la nuit précédente de sérieux travaux de contre-approche, en face même de nos ouvrages, sur le bas d'un contre-fort du plateau d'Inkermann, qui descend à la baie, dite du Carénage, je me suis transporté sur les lieux, et après avoir longtemps examiné la nature des retranchements ennemis, je me suis décidé à les faire enlever. L'opération était difficile, car de nombreux défenseurs étaient abrités derrière le retranchement, et il était d'autant plus impossible de les surprendre, qu'ils avaient jeté, à 700 mètres environ d'eux, une véritable ceinture de petits postes fortifiés. En outre, les 800 ou 900 mètres que nos soldats avaient à parcourir avant d'aborder l'ennemi, sont littéralement labourés par les projectiles de plus de 80 bouches à feu, tant des vaisseaux, que des batteries de terre qui convergent sur ce lieu, de tous les points d'une demi-circonférence. »

Cette lettre du général en chef, dit assez les dangers qu'offrait cette entreprise; mais il était urgent de ne pas laisser s'établir des travaux ennemis sur ce point, sans montrer qu'ils pourraient être à tout instant sérieusement menacés.

L'attaque devait avoir lieu dans la nuit du 23 au 24 février.

Le général Bosquet désigna pour cette opération difficile deux bataillons du 2e de zouaves (500 hommes chacun), un bataillon du 4e de marine, un bataillon du 6e de ligne et un du 10e (1). Le général Mayran, commandant la 3e division du 2e corps, fut chargé de diriger l'attaque, dont le commandement direct fut donné au général de Monet.

CV. — Les divers régiments avaient reçu l'ordre de se tenir prêts à marcher à onze heures du soir. A minuit, la colonne d'attaque prenait dans les tranchées ses postes de combat. Les deux bataillons du 2e de zouaves (colonel Cler) étaient placés en arrière de deux larges coupures pratiquées à droite et à gauche de la deuxième parallèle; le bataillon de droite, avec le chef de bataillon Lacretelle, a le colonel Cler à sa tête; le

(1) Journal du siége, du 23 au 24 février.

bataillon de gauche est sous le commandement du chef de bataillon Darbois; l'infanterie de marine tient le centre avec le général de Monet.

Le général Bosquet se rend dans les tranchées pour s'assurer, par lui-même, que toutes les dispositions sont bien prises et qu'aucun événement nouveau n'est venu mettre obstacle au projet arrêté.

Tout est calme; la nuit est obscure. A une heure et demie, le signal est donné par le général Mayran.

Les bataillons sortent de la parallèle et se forment en avant, en colonne serrée par section; puis s'avancent silencieusement, ayant devant chaque bataillon, deux compagnies d'avant-garde, suivies par un capitaine du génie et des travailleurs munis d'outils.

Aussitôt les deux bataillons du 6e et du 10e de ligne, sous les ordres du lieutenant-colonel Dubos, dépassent à leur tour la parallèle et se massent dans un pli de terrain, pour soutenir le retour.

Les instructions sont précises. « Le but que les généraux français veulent atteindre, en faisant cette sortie de leurs tranchées d'Inkermann, étant entièrement un but d'influence morale, l'ordre est donné de n'occuper que pendant peu de temps les travaux ennemis, de les bouleverser et de les abandonner au signal de la retraite. L'initiative de ce signal est laissée au commandant des troupes engagées. »

CVI. — Bientôt la petite colonne a disparu dans l'obscurité, sans que rien ait indiqué que son approche eût été éventée; mais le nombre de troupes que l'on trouva devant soi, postées aux abords de l'ouvrage ou placées en réserve, démontre clairement que les Russes s'attendaient à notre attaque.

En avant de l'ouvrage, une longue ligne de petits postes était déployée derrière le mur qui borde une partie de la route de Sébastopol, à l'endroit où cette route traverse une dépression du sol; des embuscades importantes précédaient et flanquaient cette ligne, protégée en arrière, près de l'ouvrage, par de petits carrés de troupes disposés en damier, de manière à en couvrir les abords.

Douze cents hommes au moins occupaient ces postes.

La colonne d'attaque de droite arriva sur la ligne extrême sans recevoir un seul coup de fusil; mais, aussitôt engagée, elle fut assaillie sur ses deux flancs et sur son front par une vive fusillade à très-courte distance. Aussitôt les quatre compagnies de soutien changèrent de direction à gauche et attaquèrent vivement à la baïonnette les embuscades, que leurs défenseurs abandonnèrent après une courte résistance.

La colonne de gauche avait eu à parcourir un terrain raviné et avait rencontré des murs en pierres sèches qui avaient retardé sa marche; celle du centre s'était heurtée de front contre les embuscades, dont le feu subit avait occasionné un grand désordre dans ses rangs.

Le général de Monet, blessé grièvement par trois coups de feu, dont deux lui ont brisé les mains, sentant que peut-être ses forces trahiront son courage, remet le commandement au colonel Cler; puis montrant de ses deux mains brisées l'ouvrage russe aux soldats qui l'accompagnent : « C'est là qu'il faut arriver! s'écrie-t-il, suivez-moi! » Et il s'élance sur la redoute à travers les carrés ennemis, avec lesquels les compagnies d'avant-garde ont déjà engagé un combat corps à corps. Près de lui combattent et s'élancent aussi, suivant de près leur général, le capitaine du génie Valesque, le lieutenant d'artillerie de La Fosse et le commandant Mermier, du régiment de marine.

Le colonel Cler a pris ses dispositions ; une minute d'indécision peut être fatale. A droite, le commandant Lacretelle chargera avec ses zouaves; à gauche, ce sera le commandant Darbois : lui, se précipitera avec quelques compagnies, sur le fossé du retranchement. — En quelques secondes il escalade les parapets, pendant qu'à droite et à gauche les zouaves y pénètrent par les flancs. Les bataillons russes, établis en colonnes serrées sur la gorge du retranchement, reçoivent nos zouaves par une fusillade à bout portant et sur le fer de leurs baïonnettes. Sept officiers tombent au premier rang ; mais rien n'arrête l'élan de nos intrépides soldats.

CVII. — Tout à coup des feux de signaux de diverses couleurs éclairent le champ du combat, étendant jusqu'à l'horizon lointain leurs lueurs étranges et fantastiques. Les clairons russes retentissent de toutes parts, et le tocsin de la ville mêle ses tintements lugubres aux feux croisés de mousqueterie et d'artillerie et aux décharges des bâtiments embossés dans le port.

C'est un spectacle à la fois terrible et superbe. Sébastopol et tous les terrains qui environnent le lieu du combat sont couverts d'un blanc linceul de neige ; les lueurs blafardes des feux courbes lancés par les batteries et par les vaisseaux ennemis, éclairent les masses compactes des grenadiers russes et des Cosaques volontaires du Don, luttant corps à corps avec les zouaves, tandis que les travailleurs du génie s'efforcent de bouleverser les parapets de la redoute ennemie.

Ces clartés subites, tantôt rouges, tantôt pâles, apprennent aux Russes la faiblesse numérique des assaillants. Aussitôt leurs bataillons tirent au hasard sur le point principal de notre attaque, frappant aussi bien de leurs balles leurs propres soldats que les nôtres, et s'inquiétant peu de la mort qu'ils portent eux-mêmes dans leurs rangs.

Un instant la redoute nous appartient; mais nos troupes sont accablées par un feu de mitraille, et des renforts russes, arrivant à la fois par la droite et par la gauche, cernent nos bataillons, qu'un masque de gabions protége contre le choc des ennemis qui se ruent pêle-mêle, combattant à la fois à coups de baïonnettes et de pierres.

Le général de Monet, malgré ses blessures, est entré le premier dans les retranchements ennemis; il donne le signal de la retraite. Deux fois ce signal se fait entendre, avant que le colonel Cler se décide à abandonner le terrain qui lui a coûté l'élite de son régiment. La position est critique; car de tous côtés l'ennemi enveloppe en forces supérieures cette faible colonne. Autour du colonel se sont groupés les débris des intrépides bataillons, et, à sa voix, cette poignée de braves, résolus à mourir, se précipite avec lui, tête baissée sur les baïonnnettes russes. Mâle et héroïque élan de grand courage! Des premiers tombent, pour ne plus se relever, le capitaine Sage et le jeune sous-lieutenant Sevestre; bientôt la petite colonne s'est reformée et opère en bon ordre sa retraite dans les tranchées d'Inkermann, sans que l'ennemi, malgré sa grande supériorité numérique, cherche à inquiéter son retour.

Nos pertes furent sensibles (1); celles des Russes durent être considérables, quoique le rapport du prince Menschikoff ne relatât que 278 hommes hors de combat.

CVIII. — Cette attaque meurtrière n'avait peut-être pas donné tous les résultats espérés, car les fortes réserves qui défendaient l'ouvrage avaient empêché de le détruire tout à fait; mais elle avait produit, par son énergique résolution l'influence morale, but réel de l'entreprise.

Le général Canrobert porta à la connaissance de l'armée la brillante conduite des troupes engagées dans la nuit du 23 au 24.

(1) Le régiment du 2e zouaves eut à lui seul 5 officiers tués, 1 prisonnier, 13 blessés, 62 soldats ou sous-officiers tués et 137 blessés.

« Le général en chef, dit-il, remercie au nom de l'Empereur et de la France les braves soldats qui viennent de soutenir l'honneur de notre drapeau avec une si haute valeur, que nos ennemis eux-mêmes lui rendent hommage (1). »

En effet, le général Osten-Sacken, qui en toute occasion affiche avec une véritable courtoisie guerrière, une grande admiration pour la valeur de nos troupes, terminait une lettre adressée au général en chef, le surlendemain, par ces mots : « Je m'empresse de vous

(1) *Ordre général*, 27 *février* 1855.

« Soldats,

« Dans le combat livré aux Russes pendant la nuit du 23 au 24 de ce mois par des troupes du 2e corps, le but que nous nous proposions a été atteint, et nos armes ont reçu un nouvel éclat qu'elles doivent, pour la plus grande part, aux officiers, sous-officiers et soldats du 2e régiment de zouaves, si vaillamment conduits par leur digne chef le colonel Cler et les commandants de bataillon Lacretelle et Darbois. Le général de Monet, qui conduisait en personne, sous l'énergique direction du général de division Mayran, l'attaque contre les Russes, a pénétré le premier dans leurs retranchements, où malgré quatre blessures reçues, il n'a cessé de donner à tous l'exemple d'un brillant courage. Le commandant Mermier, du 4e régiment de marine, le lieutenant d'artillerie de La Fosse, le capitaine du génie Valesque suivaient de près leur général.

« Le général de division Bosquet, commandant le 2e corps, avait préparé l'opération et en avait la haute direction.

« Le général en chef remercie, au nom de l'Empereur et de la France, les braves qui viennent de soutenir l'honneur de notre drapeau avec une si haute valeur, que nos ennemis eux-mêmes lui rendent hommage.

« A la suite de ce terrible combat, furent nommés officiers de la Légion d'honneur les commandants Lacretelle et Guépard, les capitaines Blanchet et Valesque; chevaliers, le commandant Dalidand, les capitaines Lacretelle, Dumazel et Reboul, les lieutenants Baratechard et Morville, le sous-lieutenant Rambaud, les sergents Fombon, Vignot, Aigrat, Thyriat, Rollet, Gardé ».

prévenir que vos braves soldats morts, qui sont restés entre nos mains dans la nuit du 23, ont été inhumés avec tous les honneurs dus à leur intrépidité exemplaire. »

CIX. — De l'observatoire du grand quartier général, les officiers d'état-major de service voyaient les Russes déployer une activité incessante et porter sur le point de Malakoff tous leurs efforts réunis.

Les mamelons, la veille inoffensifs, sont tout à coup gardés et armés; les bras des travailleurs remuent partout la terre; des travaux importants de contre-approche s'exécutent dans le bas du plateau d'Inkermann, entre le port et la baie du Carénage; car la configuration du terrain, très-propice à l'ennemi, lui permet de semer sur tous les versants de nombreuses et habiles défenses.

Chaque jour, chaque nuit, chaque heure disait de se hâter, si l'on ne voulait pas voir surgir des obstacles insurmontables.

CHAPITRE VIII.

CX. — Le général Niel, au moment de s'embarquer pour la France, avait reçu à Constantinople l'ordre de retourner en Crimée, et le 23 février arrivait de nouveau à Kamiesch.

Le même bateau débarquait le capitaine Merle, qui apportait au général en chef une lettre lui apprenant que S. M. l'Empereur avait l'intention de se rendre en Crimée. Suivant la loi commune des secrets si difficiles à garder, l'annonce de ce grand événement transpira bientôt, et comme une étincelle électrique parcourut les camps et fit battre les cœurs; car chacun, depuis les chefs jusqu'aux soldats, avait la conscience de ses efforts, de son dévouement, de son abnégation; chacun avait l'orgueil de ces rudes travaux accomplis sans relâche au milieu des neiges et des tempêtes du ciel et de la terre.

Mais un autre événement d'une haute importance ne devait pas tarder à être porté à la connaissance des armées alliées; — c'était la mort de l'empereur de Russie.

Lord Raglan tenait conseil à son grand quartier général, lorsqu'il l'apprit par un vapeur anglais.

« — C'est le doigt de Dieu, » dit-il; et il s'empressa d'en faire aussitôt part au général en chef de l'armée française.

« C'est une grande nouvelle, » écrivait le général Canrobert aux deux généraux commandant les corps d'armée, en leur annonçant que l'empereur Nicolas était mort, le 2 mars, à midi.

Oui, pour la politique à venir, c'était une importante nouvelle qui pouvait amener entre les nations une paix solide et durable. La mort tranche souvent le nœud gordien de bien des difficultés.

Pour ce qui regardait les événements présents, il n'y eut dans les deux armées qu'une impression profonde de tristesse et d'inquiétude; on se demandait, si la mort de l'empereur de Russie n'allait pas modifier les opérations de la guerre, suspendre peut-être le siége et arracher à cette armée si rudement éprouvée le noble prix de ses constants efforts et de ses longues souffrances. On en parla deux jours, puis on n'en parla plus; le courant de la vie attachée à l'imprévu entraînait les pensées.

CXI. — Omer-Pacha était attendu depuis plusieurs jours, car il était important qu'il apportât à l'attaque de vive force contre Sébastopol sa part de coopération.

Le 12, il débarqua à Kamiesch. Aussitôt les trois généraux en chef et les amiraux commandant les escadres alliées se réunirent en conseil.

Il fut résolu que la division égyptienne, qui depuis deux mois était à Constantinople, serait transportée par les moyens les plus prompts à Eupatoria, afin qu'Omer-Pacha lui-même pût se rendre sans délai devant Sébastopol avec 22 000 hommes d'élite de son armée, pour prendre part aux actions décisives du siége. — Eupatoria, base essentielle d'opération pour les mouvements stratégiques ultérieurs, resterait occupée par 30 000 hommes, force suffisante non-seulement pour défendre cette ville contre toute attaque, mais aussi pour donner à l'ennemi une sérieuse inquiétude et le contraindre à tenir en observation un gros détachement de son armée, pris forcément dans celle qui opère devant Sébastopol (1).

Si la fortune favorisait nos actions décisives contre la place, Omer-Pacha pouvait être ramené à Eupatoria, et avec son corps d'armée (renforcé au besoin d'une division française et d'une brigade anglaise) se porter immédiatement en avant pour atteindre soit Simphéropol, soit un point de la ligne de communication des Russes avec Sébastopol, en combinant ses mouvements avec ceux de l'armée alliée.

Telles étaient les décisions auxquelles s'était arrêté le conseil.

CXII. — Quelques jours auparavant, le général Canrobert, après avoir examiné avec soin nos nouveaux travaux et consulté les chefs de service, avait officiellement prévenu le général en chef de l'armée anglaise que toutes nos batteries anciennes et nouvelles seraient prêtes à ouvrir le feu, le 13 mars (2).

Malheureusement nos alliés n'étaient pas encore prêts, et à cette déclaration à laquelle des événements impossibles à prévoir pouvaient, d'un instant à l'autre, donner une grande gravité, lord Raglan avait répondu :

« Votre Excellence sait que le génie anglais a entre-

(1) Dépêche particulière du général Canrobert.

(2) *Dépêche du général en chef au ministre de la guerre.*

9 *mars.* « Nous sommes prêts à ouvrir le feu, mardi prochain ; j'en ai officiellement prévenu le général en chef de l'armée anglaise, il est indispensable que nos alliés agissent en même temps que nous. »

pris de nouvelles batteries, dont le rôle ne sera pas sans importance dans les opérations contre la place; ces batteries sont assez avancées, mais elles ne seront pas terminées pour le jour que vous indiquez, et je ne saurais en ce moment préciser celui où elles pourront, ainsi que les autres batteries anglaises, ouvrir le feu dans des conditions d'approvisionnement convenables. »

Il était pourtant impossible de se dissimuler que tous ces retards étaient funestes et permettaient à la défense un développement qui doublait les obstacles et multipliait les dangers. Les Russes, favorisés par la configuration et la nature du terrain autour d'Inkermann et de la baie du Carénage, avaient enlevé par des travaux habiles la possibilité de tenter autre chose contre Malakoff qu'une puissante diversion.

La difficulté de cette position périlleuse frappait toutes les pensées; aussi le général Canrobert insistait chaque jour auprès du général en chef de l'armée anglaise pour l'amener à ouvrir le feu.

Ainsi il écrivait au ministre, en date du 17 : « Nos batteries présentent le chiffre énorme de près de cinq cents bouches à feu en état d'agir et j'attends, depuis le 14, que les Anglais soient prêts à entrer en action. Je les presse de mon mieux, officiellement et officieusement, car je comprends l'impérieuse nécessité de nous lancer sur la partie de Sébastopol qu'il peut nous être permis de prendre; mais je dois aussi comprendre, qu'il m'est interdit d'agir sans le concours de nos alliés. — La *grosse* affaire du moment est de nous emparer de vive force du mamelon au sud de la tour Malakoff, où l'ennemi se retranche fortement sous la protection d'un cercle de feu d'artillerie. »

Le 20 mars il écrivait : « Les Anglais ne peuvent encore me dire quand ils seront prêts. Ce retard est d'autant plus funeste, que l'ennemi en profite pour augmenter chaque jour la force de ses ouvrages et en ajouter de nouveaux avec une habileté très-remarquable. »

De jour en jour la position devenait plus tendue.

« Hier, écrivait encore le général Canrobert, en date du 23, j'ai pressé lord Raglan aussi vivement que les circonstances le permettaient. Je n'ai pu obtenir de réponse positive. »

Pendant ce temps des dangers sans cesse renaissants menaçaient notre attaque Malakoff, qui se jetait forcément dans de nouveaux développements de batteries et de tranchées (1).

(1) *Dépêche particulière du général Canrobert*, 23 *mars*.

« A la gauche, le 1er corps (ancien corps de siége) continue à fonctionner et à défendre avec un succès constant les énormes travaux d'attaque entrepris de ce côté contre la place. On a la confiance que le feu, concentré entre le bastion Central et le bastion du Mât, assurera à nos colonnes d'assaut la possession, au moins, de la première enceinte de la ville comprise entre ces deux points.

« A la droite, le 2e corps, qui, tout en observant la plaine de Balaclava et la vaste vallée de la Tchernaïa, doit occuper le plateau dominant d'Inkermann, où il a élevé de nombreuses batteries au milieu des difficultés de tout genre, chemine péniblement sur le roc vif, sous le feu de grosses batteries de Karabelnaïa et sous celui d'une myriade de tirailleurs retranchés dans les nombreuses embuscades vers le mamelon sud de la tour Malakoff. — Là, l'ennemi a construit un très-fort ouvrage qui est protégé en avant par le feu croisé de batteries, s'étendant depuis le grand Redan jusqu'aux ouvrages russes, à l'est de la baie du Carénage, et soutenu, en arrière, à moins de 800 mètres par plus de 20 000 hom-

« Ce sont des alertes de chaque nuit, des embuscades nouvelles, qui tout à coup surgissent sur le versant des ravins ou sur les terrains mamelonnés, et derrière lesquelles d'habiles tireurs harcèlent perpétuellement nos approches les plus avancées (1). »

mes d'infanterie, pouvant facilement et à notre insu être portés à un effectif double, en une seule nuit. L'ennemi attaque à chaque instant nos cheminements et notre parallèle, il n'a pu jusqu'à présent arrêter nos travaux de ce côté, mais il en contrarie la marche, et nous fait éprouver des pertes. Il a en outre, par la conséquence de la configuration du terrain de défense, qui est la corde d'un arc de cercle et de celle du terrain des attaques qui représente cet arc, le grand avantage de tenir ses forces réunies sur ce point central, et de pouvoir facilement les jeter en masse sur une partie quelconque de la mince ligne que nous occupons autour de lui, et qui est éloignée de près de 4 kilomètres de nos camps les plus rapprochés.

« Ces circonstances, jointes à celles que feraient naître une attaque et une démonstration combinées contre nos lignes de circonvallation par les vallées de la Tchernaïa et de Balaclava, constituent pour le 2e corps, et par suite pour l'armée, un danger réel auquel je m'efforce d'obvier par le bon emplacement de solides réserves et par l'augmentation de l'effectif des troupes du général Bosquet. »

(1) D'après les renseignements parvenus au grand quartier général, l'armée russe en Crimée, en date du mois de mars, était à peu près établie ainsi qu'il suit :

Dans la ville et le faubourg, au sud du grand fort.....	39 000h
Au nord du grand fort et dans les lieux distants au plus de 6 kilomètres, Belbeck, Tchorgoun, etc.............	35 000
Sur l'Alma et vers Eupatoria..........................	25 000
A Pérécop..	10 000
A Théodosie et Kertch................................	10 000
Total en infanterie...	119 000
Sur divers points, cavalerie..	15 000
Génie et artillerie......................................	10 000
Marine...	5 000
Total général...	149 000

On annonce une division d'infanterie (la 9e), une division de grenadiers et une brigade de réserve.

CXIII.—Le 14 mars, sous la direction du général Bisson, de service à la tranchée, le capitaine Champanhet, à la tête de ses grenadiers, enlève vigoureusement trois postes avancés des Russes, qui reviennent au nombre de 400, pour reprendre le terrain sur lequel le colonel du génie Frossard a déjà mis ses travailleurs à l'œuvre. — Accablés par le nombre, les compagnies engagées tiennent résolûment, mais sont cruellement éprouvées, lorsque les tirailleurs algériens, que commande le chef de bataillon Gibon, se lancent à la baïonnette sur l'ennemi et le refoulent dans le ravin.

Le lendemain, cinq détachements du 3e zouaves, dirigés par l'intrépide colonel de Brancion, enlèvent cinq autres embuscades. Des travailleurs les détruisent malgré le feu violent de l'ennemi, qui revient comme la veille à la charge, sans parvenir à réoccuper les positions dont nous nous sommes emparés. Mais toutes ces luttes, sans cesse renouvelées, empêchent le travail de continuer son développement.

Le 17 devait être un jour néfaste.

Le lieutenant-colonel Vaissier (1), du 82e, est frappé

(1) LE LIEUTENANT-COLONEL VAISSIER.

Le colonel Vaissier était un de ces hommes, rares même parmi les meilleurs, dont l'énergique audace entraîne les troupes, électrise les soldats. Né à Dijon en 1816, il n'était donc que dans sa 39e année, et un brillant avenir lui était réservé. Sorti de l'École comme sous-lieutenant en 1837, il partait, en 1842, avec le grade de lieutenant, pour faire en Afrique son apprentissage militaire. En 1843, le général Changarnier le recommandait spécialement au ministre en disant : « Officier très-distingué, dont on peut attendre beaucoup. » Il prit

mortellement d'une balle à la tête, en voulant aller lui-même, avant la tombée de la nuit, reconnaître le terrain et relever un poste de tirailleurs dans une des embuscades conquises la nuit précédente ; courage inutile, qui prive l'armée d'un brave soldat et d'un officier plein d'avenir.

CXIV. — La tranquillité apparente des Russes cachait un projet vigoureux d'attaque qu'ils devaient tenter dans la nuit du 22 au 23.

Vers sept heures du soir, deux colonnes russes furent aperçues descendant du mamelon Vert; vers huit heures, elles ouvrirent un feu vif sur le cheminement de gauche, auquel le génie travaillait avec ardeur pour avancer sur la ligne d'embuscade dont nous nous étions emparés.

« A neuf heures, dit le journal du siége, une fusillade très-intense commence, et malgré l'obscurité assez profonde, on peut suivre le mouvement de masses noi-

part à toutes les luttes qui surgissaient à tout instant du sol de l'Afrique, et partout il s'y montrait plein d'énergie et de réelles qualités militaires. Capitaine en 1846, il entrait, en 1852, comme chef de bataillon, au 16e régiment d'infanterie légère. Il semble parfois que la guerre veuille respecter ces audacieux courages; aussi, Vaissier ne fut blessé qu'à l'expédition de Kabylie. Quoique frappé d'un coup de feu, il continue de combattre à la tête de son bataillon, enlève la position ennemie, et reçoit, sur le champ de bataille même, les félicitations du général de Saint-Arnaud. Appelé à faire partie de l'armée d'Orient comme lieutenant-colonel, il se conduit brillamment à la bataille de l'Alma; à la sanglante journée d'Inkermann il entraîne ses troupes au plus fort de la mêlée. Ce fut un des héros de cette impérissable page militaire. — Le 17 mars de l'année suivante il était tué devant l'ennemi.

res se déployant devant la portion la plus avancée de nos travaux. Il était évident que les Russes voulaient, sinon l'envahir, du moins nous inquiéter et en arrêter l'achèvement par un feu nourri et par les menaces imminentes d'une attaque.

Telle était en effet la pensée de l'ennemi ; il présumait bien qu'en face des nouveaux travaux qu'il exécutait, pour relier les redoutes du mont Sapou, nommées par nous : *ouvrages blancs*, nous ne resterions pas inactifs, et il tentait une forte sortie contre la tête des approches françaises.

Cette entreprise importante, confiée au lieutenant général Khrouleff, se composait de onze bataillons de la marine, et d'un détachement du 35e équipage.

La colonne que nous apercevions marchait sur notre front, deux autres devaient se porter, l'une à notre droite, l'autre à notre gauche. Leur mission était, en tournant les ravins de Karabelnaïa, de nous prendre de flanc, pendant que l'extrémité droite des tranchées anglaises serait attaquée de son côté. Les troupes russes massées en silence attendirent que la nuit eût son entière obscurité ; alors, elles s'avancèrent rapidement, et bientôt tout le terrain en face de nos cheminements fut couvert d'assaillants. Il était onze heures environ. Les compagnies du 3e bataillon de zouaves, aux ordres du commandant Banon, sont disposées dans les tranchées (1) ;

(1) *Journal du corps de siége* (*attaque de droite*), *du 22 au 23 mars.*

« Les bataillons de tranchée sont ainsi disposés :

« A droite de la parallèle Victoria, le 6e et le 82e de ligne. Au cen-

sans se laisser intimider par les masses compactes, qui s'avancent en colonnes serrées, elles attendent le signal de faire feu; ce signal doit être donné, lorsque l'ennemi touchera nos ouvrages. Tout à coup une détonation terrible se fait entendre, ce sont les zouaves qui se sont levés et ont reçu les assaillants par une décharge à bout portant. Les premiers rangs sont tombés, comme s'ils eussent été fauchés par une lame de fer : un instant l'ennemi s'arrête, une nouvelle décharge retentit, les plus audacieux tombent frappés de mort, en poussant des cris furieux.

Alors les lignes s'étendent à droite et à gauche; les bataillons russes se déploient, et, pendant qu'ils luttent contre notre tête de sape, leurs deux ailes cherchent à envelopper ce cheminement avancé dans lequel nos intrépides zouaves se maintiennent avec une énergie croissante; bientôt ceux-ci accablés par des feux croisés, sont obligés pour se dégager de s'élancer à la baïonnette. Trois fois la charge sonna, et trois fois ces vaillants soldats entrèrent au milieu des rangs ennemis.

Le capitaine Montois accourt avec ses deux compagnies d'élite, et chargeant vigoureusement sur sa gauche, permet aux zouaves de rentrer dans nos lignes. Le chef de bataillon Banon s'est jeté dans la mêlée à la tête de ses troupes et est tombé frappé d'une balle qui lui tra-

tre, 350 hommes du 4e bataillon de chasseurs à pied. A gauche, le 2e bataillon du 3e zouaves. En réserve, dans le ravin de Karabelnaïa, le 86e. »

verse la poitrine. Le colonel Janin, du 1er de zouaves combat sur la gauche où les Russes tentent de pénétrer, après avoir envahi et bouleversé la partie de gabionnade que nous avions entamée et qui formait la tête de sape. Une balle lui a labouré la tête, des pierres lancées avec fureur lui ont déchiré le visage; mais il sent que le danger est grand, que sa présence est à la fois un appui moral et matériel, et il reste à son poste, aveuglé par le sang qu'il perd.

Le général d'Autemarre, de service à la tranchée, se multiplie pour porter des secours sur tous les points menacés par cette formidable attaque qui se resserre et s'étend tour à tour.

« Bientôt, dit ce général dans son rapport particulier, l'ennemi devant la résistance énergique et acharnée qui lui est opposée, finit par se prolonger entièrement sur notre gauche et occuper tout l'espace entre la tête de sape de gauche et le lacet de revers occupé par les Anglais, malheureusement trop peu garni de défenseurs. »

Avant que les troupes de soutien de nos alliés aient pu leur opposer résistance, ils pénètrent en nombre dans la parallèle, se répandent dans les communications, et se trouvant ainsi en arrière de notre gauche, nous prennent de revers par un feu des plus meurtriers; c'est dans ce moment que nos pertes sont le plus grandes.

Sur deux autres points extrêmes, l'ennemi s'est rué contre les tranchées anglaises; un instant il les franchit, mais il y trouve une résistance opiniâtre. En vain il veut la briser; nos braves alliés ont repris leurs positions, dont il est impossible de les désemparer. Les Russes, refoulés enfin après une lutte très-vive, sont contraints sur ce point à la retraite.

Mais, de notre côté, le combat se continue avec violence, depuis près d'une heure. Assaillis par des forces supérieures, nous tenons pied; et si de braves officiers, d'intrépides soldats, tombent dans ce sanglant combat, notre feu, dirigé sur des masses épaisses, doit leur causer un mal énorme.

Le reste du 4e bataillon de chasseurs est arrivé au pas de course. Les troupes engagées se réunissent, se relient; et pendant que les chasseurs fournissent d'un côté une charge énergiquement exécutée, une dernière attaque à la baïonnette repousse définitivement de l'autre l'ennemi lassé, qui continue en se retirant son feu à distance (1).

CXV. — Cette sortie, la plus importante que les Russes aient jamais tentée sur nos travaux d'approche pendant la durée du siége, leur coûta très-cher (2),

(1) *Rapport du général de tranchée Dautemarre.*

« D'après l'étendue de la ligne de bataille de l'ennemi, ajoute le général en terminant, en calculant la profondeur de ses colonnes, la longueur de l'attaque, j'estime que nous avons eu affaire à 15 ou 16 bataillons au moins. »

(2) *Rapport du prince Gortschakoff.*

« Cette affaire brillante nous a coûté très-cher : dans les trois sorties nous avons eu en tout 8 officiers supérieurs et subalternes et 379 hommes tués, 21 officiers supérieurs et subalternes et 982 hommes blessés. »

selon l'expression du prince Gortschakoff (1), qui dans les premiers jours de mars avait été nommé au commandement en chef de l'armée du Sud, en remplacement du prince Menschikoff, auquel son état de santé ne permettait plus de rester en Crimée. Le nouveau général était arrivé le 20 mars à Sébastopol.

Nos pertes aussi furent très-regrettables; car, il

(1) LE PRINCE GORTSCHAKOFF.

Le général en chef russe que la volonté de l'Empereur appelait au commandement en chef de l'armée de Crimée, est né en 1795; c'est le second fils du prince Alexandre Gortschakoff l'un des meilleurs généraux de Sowaroff. Sa famille compte parmi les plus anciennes et les plus illustres de la Russie. La vie du prince Gortschakoff est toute militaire; entré jeune au service, il reçut ses premiers grades dans l'artillerie de la garde im' 'riale et se fit remarquer par sa brillante conduite dans l'expédition contre la Turquie dans les années 1828 et 1829. Officier de l'artillerie de la garde et chef d'état-major du général Krassowski, il prit part au siége de Silistrie, que vingt-six ans plus tard, il devait venir attaquer de nouveau, sans parvenir cette fois à s'en emparer. Après la reddition de la ville le chef d'état-major Gortschakoff repoussa avec bonheur plusieurs attaques tentées par l'armée ottomane et se fit remarquer par son intrépide conduite dans les différents combats qui se livrèrent.

Plus tard il fit la campagne de Pologne et reçut le commandement supérieur de toute l'artillerie qui devait jouer un si grand rôle dans la sanglante et mémorable bataille d'Ostrolenka. La prise de Varsovie fut pour lui un titre de gloire, la campagne de Pologne avait montré ce que l'on devait attendre du prince Gortschakoff qui en 1843 fut élevé au grade de général d'artillerie, et appelé en 1846 aux fonctions importantes de général-gouverneur de Varsovie. Lorsque l'occupation des principautés danubiennes fut résolue (1853), le général Gortschakoff reçut le commandement en chef de l'armée du Danube jusqu'à l'arrivée du maréchal Paskéwitch. — Après la levée du siége de Silistrie le général repassa le Danube avec son corps d'armée qui vint se réunir aux puissantes réserves de Bessarabie, de Volhynie et des autres provinces. Appelé au commandement en chef de l'armée de Crimée, il devait par la défense de Sébastopol ajouter aux yeux de son souverain un nouveau titre à ceux qu'il avait déjà conquis.

faut le dire à l'honneur éternel du corps d'officiers, l'élan qu'ils donnaient aux troupes par leur vaillante intrépidité était toujours payé de leur sang dans une large et douloureuse proportion. Ainsi, dans cette triste nuit de lutte acharnée, le journal du corps de siége portait 12 officiers tués, 12 blessés, 4 disparus et 501 hommes hors de combat, plus, 83 disparus (1).

Que de traits héroïques! que de généreux dévouements! que de belles et glorieuses morts cache dans une ombre éternelle cette fatale obscurité!

Un récit est bien impuissant à peindre le tableau saisissant de ces mêlées nocturnes, enveloppées de ténèbres, où le sang coule dans l'ombre, où la mort surprend traîtreusement, sans savoir qui l'on attaque et qui vous frappe.

Les noms des officiers tués étaient encore inconnus, car le terrain en avant des tranchées et dans la gorge du ravin était jonché de morts; mais déjà le nom du commandant du génie Dumas, tué debout sur ses gabions, était dans toutes les bouches; blessé d'un coup de feu,

(1) *Dépêche du général Canrobert au ministre de la guerre, en date du 23 mars.*

« En résumé, cette opération de l'assiégé différait complétement de toutes celles qu'il a tentées jusqu'à ce jour contre nos travaux. Pour la réaliser, et malgré le chiffre déjà grand de la garnison, il avait fait venir du dehors deux régiments (huit bataillons) de troupes reposées (régiments de Dniéper et d'Ouglitch). C'était une sorte d'assaut général contre nos cheminements, et la combinaison paraissait mieux conçue pour obtenir un résultat considérable. Aussi, l'importance de cet insuccès de l'assiégé doit-elle être mesurée sur la grandeur du but qu'il avait en vue. »

il avait été traversé de coups de baïonnettes en avant de tous ses hommes.

« Nous avons, écrivait le général en chef au ministre de la guerre, particulièrement à regretter la mort du chef de bataillon du génie Dumas, officier supérieur plein de mérite et d'avenir, et qui a glorieusement succombé. »

CXVI. — Dans la journée, le général Osten-Sacken fit demander une suspension d'armes, pour l'enterrement des morts; elle fut fixée au 24, à l'heure de midi.

A midi, en effet, les clairons sonnèrent *cessez le feu*, et les sonneries se répétèrent dans les deux camps; puis on hissa le drapeau parlementaire.

C'est un triste et lugubre échange que celui de ses morts que chacun vient prendre silencieusement et ranger dans ses lignes. Pendant trois heures les brancards allaient et venaient, emportant leurs fardeaux humains. Sur le terre-plain, au milieu des débris du combat, se remarquaient deux groupes d'officiers : l'un de ces groupes portait l'uniforme français, l'autre la capote russe. Ces groupes se mêlèrent nn instant, et les officiers des deux nations causèrent ensemble avec déférence et courtoisie. Puis, par l'ordre du général Brunet, les Français durent se retirer en arrière; car, dans ces conversations échangées, une indiscrétion involontaire pouvait devenir un fait coupable et dangereux pour tous.

Le corps du commandant Banon fut trouvé au milieu

des morts (1), et l'on apprit de la bouche même de l'officier russe qui avait combattu contre le capitaine Letors de Crécy, que ce brave officier avait été transporté à l'hôpital de Sébastopol, très-grièvement blessé (2).

(1) LE CHEF DE BATAILLON BANON.

Le chef de bataillon Banon était âgé de 40 ans; il était sorti de l'école spéciale de Saint-Cyr en 1833. Il avait passé en Afrique les années de 1842 à 1850, et avait été blessé dans la campagne de Kabylie. Il conduisait vigoureusement ses zouaves à l'attaque des ouvrages ennemis, lorsqu'une balle le frappa à la poitrine. Ce ne fut que le jour de la suspension d'armes que son corps fut retrouvé.

(2) « Je me suis trouvé, écrit un officier supérieur, à la suspension d'armes, et voici ce que j'ai su d'un officier russe qui avait été l'adversaire de Crécy.

« L'officier dont vous parlez, m'a-t-il dit, a été bien soigné par des « sœurs religieuses russes; il a pu faire écrire à sa mère et à sa femme. Il « a dû être amputé. C'est un brave : longtemps nous avons lutté contre « lui corps à corps, et nous n'avons pu l'enlever que, lorsque blessé « plusieurs fois, il est tombé épuisé, les forces manquant à son cou- « rage. Il a en moi un ami, et je me fais un devoir de veiller à tout ce « qui le concerne. »

La mort du capitaine de Crécy a soulevé un de ces tristes drames de famille, trop fréquents hélas! pendant la durée du siége. Le détail de cet épisode est touchant et noble à la fois pour le caractère russe; à ce dernier titre surtout, il nous était imposé de ne pas le passer sous silence.

La famille du capitaine de Crécy cherchait, avec cette triste avidité de la douleur, à recueillir les détails de ses derniers moments; un instant même elle avait espéré qu'il serait conservé à la vie.

Voici les diverses correspondances émanées à ce sujet du ministre de la guerre russe.

Copie d'une lettre du prince Dolgorouki, ministre de la guerre à Saint-Pétersbourg.

« Voici tout ce que j'ai pu recueillir jusqu'à présent sur le brave « Crécy. Cet intrépide officier méritait un meilleur sort; Dieu en a « décidé autrement : que ses parents et ses amis prient pour son âme.

« Veuillez exprimer à Mme de Crécy que je prends une part des

CXVII. — Les prévisions du général en chef sur la gravité de la situation n'avaient pas tardé à se réaliser. Les Russes, auxquels on accordait un temps précieux, aggloméraient défenses sur défenses et tenaient sans

« plus sincères à sa douleur, et que je tâcherai de me procurer de « plus amples renseignements sur les derniers moments de son mari. »

Le ministre écrivait aussi à Mme de Crécy, en lui envoyant la copie d'une lettre adressée par l'aide de camp général prince Gortschakoff, et qui contenait quelques détails sur la mort de M. de Crécy.

« Quoique persuadé que ces renseignements doivent vous parvenir « par une autre voie, je m'empresse de vous les communiquer. En « remplissant ce devoir, qui m'est dicté par l'intérêt sincère que « m'inspire votre douleur si légitime, je saisis cette occasion pour « vous demander la faveur, madame, à laquelle je serai toujours « sensible, de vouloir vous adresser à moi dans toutes les circonstances « où je pourrais vous être de quelque utilité. »

On ne lira pas, sans être profondément ému, cet extrait d'une lettre écrite à l'impératrice de Russie elle-même, par la supérieure des sœurs de Charité à Sébastopol.

« Nous avons eu un prisonnier français, le capitaine de Crécy, blessé du 22 au 23 mars : il avait d'horribles blessures; la jambe brisée, le bras coupé, des coups de baïonnette dans la poitrine, la tête fendue par un coup de sabre.

« Il a vécu six jours, et cette lutte avec la mort est vraiment étonnante. Il était très-fort et d'une constitution très-robuste. On le plaça dans une chambre à part, et il fut confié aux soins de la mère Séraphine. On suivit ponctuellement les ordres des médecins, et nous fûmes bien tristes quand ceux-ci nous déclarèrent que notre malade n'avait plus longtemps à vivre. Le dernier jour, une heure avant sa mort, je suis allée le voir. Il me tendit la main, demanda des nouvelles de ma santé, et remarqua que j'étais très-pâle. Je pouvais à peine lui répondre; je quittai de suite la chambre. La mère Séraphine ne le quitta pas, et assista à ses derniers moments.

« C'est aujourd'hui qu'a eu lieu son enterrement. Notre prêtre russe a dit les prières. On lui fit un cercueil noir, et moi avec la sœur Séraphine et encore deux de nos sœurs, nous l'accompagnâmes au cimetière. L'âme était attristée à la vue de cette tombe orpheline de parents. Là, je pensai aux lettres qu'il avait dictées à un officier français pour sa femme, sa mère et sa sœur. Des larmes involontaires coulaient de mes yeux. Je restai près de la tombe jusqu'à ce qu'elle

cesse de puissantes réserves prêtes à protéger leurs nouveaux ouvrages.

« Par ces raisons, écrivait le général Canrobert, le 31 mars, du côté de nos attaques nouvelles, toute tentative soit de notre part, soit de celle de l'ennemi, doit amener des combats d'une grosse proportion; et pour faire face à ces sérieuses éventualités, j'ai dû renforcer le 2e corps avec la division de réserve, et envoyer chaque soir deux bataillons de la garde prendre position près de lui. »

« J'ai l'espoir, ajoute le général, que les Anglais seront prêts à ouvrir le feu dans les premiers jours de la semaine prochaine (vers mardi prochain). Ce feu pourra être soutenu très-vif sans discontinuer pendant dix ou douze jours. Il facilitera les cheminements des alliés vers la place; il diminuera les difficultés que nous offre l'enlèvement de vive force de certaines de ses approches, et son effet permettra à une ou deux colonnes d'assaut de se loger sur quelque point de Sébastopol et d'y planter notre drapeau. »

Tel était l'état des choses, lorsqu'enfin il fut décidé, de concert avec l'armée alliée, que le feu serait ouvert le 9 avril, sur toute la ligne des attaques.

fût comblée. La croix de la Légion d'honneur et quelques breloques qu'il avait sur lui furent envoyées dans le camp français. »

En effet, aussitôt après la mort du capitaine, un parlementaire apporta un petit paquet sur lequel il y avait écrit : « Croix d'honneur du capitaine Letors de Crécy, et différents objets lui ayant appartenu; » ce petit paquet fut remis au colonel Raoult, major de tranchée de l'attaque de gauche, où avaient lieu les entrevues des parlementaires, et immédiatement envoyé au quartier général.

Là se termine la première partie du siége; elle comprend un ensemble formidable de travaux exécutés dans les conditions les plus difficiles, et malgré les obstacles et les cruelles épreuves d'un hiver rigoureux. Nous avons cru utile d'entrer dans tous les détails de cette œuvre laborieuse, qui restera comme un monument de courage infatigable, de résolution et de force; car alors les petits événements de chaque jour étaient les seuls qui se produisissent. L'époque des grands événements n'était pas encore arrivée; mais ce n'en était pas moins l'époque des grands dévouements.

Était-il juste de déshériter de tout souvenir cette première partie de notre récit, pour courir, plus vite que la volonté de Dieu ne l'avait ordonné, vers les grands drames qui devaient se dérouler plus tard?

A mesure que nous avançons dans cette épopée guerrière, les événements grandissent, les péripéties terribles, saisissantes se multiplient, et les détails, qui autrefois étaient la seule vie du siége, se perdent dans le torrent qui les entraîne.

LIVRE II

LIVRE II.

CHAPITRE PREMIER.

I. — La multiplicité des événements qui se succédaient et se tenaient, pour ainsi dire, liés étroitement entre eux, comme les anneaux d'une même chaîne, ne nous ont pas permis encore de parler de la garde impériale, qui, elle aussi, était venue sur la terre de Crimée, prendre sa part de fatigues, d'épreuves, de combats et de gloire.

Le 8 janvier, l'Empereur réunissait le corps expéditionnaire; et après l'avoir passé en revue, il lui remettait ses aigles en adressant à ceux qui allaient partir ces belles paroles :

« Soldats, le peuple français, par sa souveraine volonté, a ressuscité bien des choses qu'on croyait mortes à jamais, et aujourd'hui l'Empire est reconstitué. D'intimes alliances existent avec nos anciens ennemis. Le drapeau de la France flotte avec honneur sur ces rives lointaines, où le vol audacieux de nos aigles n'était pas encore parvenu. La garde impériale, représentation héroïque de la gloire et de l'honneur militaire, est ici devant moi, entourant l'Empereur ainsi qu'autrefois, portant le même uniforme, le même drapeau, et ayant surtout dans le cœur les mêmes sentiments de dévouement à la patrie. Recevez donc ces drapeaux, qui vous conduiront à la gloire, comme ils y ont conduit vos pères, comme ils viennent d'y conduire vos camarades. Allez prendre votre part de ce qui reste encore de dangers à surmonter et de gloire à recueillir. Bientôt vous aurez reçu le noble baptême que vous ambitionnez, et vous aurez concouru à planter nos aigles sur les murs de Sébastopol. »

L'enthousiasme était dans tous les cœurs. Ce baptême de feu, chaque chef et chaque soldat voulaient le recevoir.

Quelques jours après, une brigade commandée par le général Uhrick s'embarquait à Marseille et arrivait devant Sébastopol le 21 janvier.

Les événements marchaient; les difficultés sans nombre qui naissaient sous chacun de nos pas, les opinions diverses, les doutes qui se manifestaient avaient jeté dans les esprits une grande incertitude.

L'Empereur avait résolu de se rendre en Crimée. Les beaux jours commençaient à paraître; les neiges, les glaces et les pluies ne devaient plus irrévocablement attacher l'armée au rivage; une expédition ayant pour but l'investissement de Sébastopol, était le rêve de presque toutes les pensées. La garde au complet (moins les dépôts) devait faire partie d'un corps, dit de réserve, sous les ordres du général Regnaud Saint-Jean d'Angély. Ce corps d'armée, destiné à agir séparément de l'armée de Crimée, devait opérer sur des instructions ultérieures.

II. — Le 1er mai, ce corps arrivait au camp de Maslak, à deux lieues de Constantinople environ, sur la rive droite du Bosphore, près d'un petit village de ce nom, lieu fixé pour la réunion des diverses troupes; une belle et vaste ferme appartenant au sultan avait été mise à la disposition du général de Béville, aide de camp de l'Empereur, qui avait été chargé de faire le tracé du camp. Le général Saint-Jean d'Angély était arrivé; mais à peine les troupes furent-elles installées au camp, que le choléra s'abattit sur elles et exerça en peu de temps de cruels ravages. Il semblait que le fatal fléau voulait dans cette guerre avoir aussi sa part, et qu'il attendît au passage nos vaillants soldats pour les décimer par la mort.

Ce corps d'armée, nous l'avons dit, entièrement indépendant dans son principe et dans sa composition, devait recevoir des ordres séparés; mais bientôt une dépêche télégraphique apprit que les projets précédemment arrêtés, étaient changés; il ne devait plus agir séparément, mais se réunir à l'armée de Crimée et se rendre devant Sébastopol sur les ordres du général Canrobert. — Cet ordre ne tarda pas à arriver; la division d'Aurelle devait s'embarquer le 12 mai, la division Herbillon le 13, et la garde impériale le 15.

Le sultan voulut faire ses adieux aux troupes qui

allaient partir, et les passa en revue dans la journée du 12, exprimant à plusieurs reprises, au général Saint-Jean d'Angély, l'admiration profonde que lui inspirait toujours cette belle armée si superbe aux revues, si intrépide au combat.

C'était un puissant renfort qui arrivait à l'armée de Crimée; car ce corps de réserve comptait 22 000 hommes environ (1). De graves projets étaient sur le point d'être exécutés, et leur accomplissement nécessitait la réunion complète de toutes nos forces vives. La nouvelle garde impériale allait, comme son aînée, payer un large tribut sur les champs de combat.

III. — Devant Sébastopol on touchait à la phase des grands événements.

Omer-Pacha est arrivé le 8 au camp, précédé par une division turque sous les ordres d'Ismaël-Pacha.

Nous l'avons dit à la fin du livre précédent, le jour tant désiré, tant attendu, tant de fois retardé avait été définitivement fixé; le 9 avril, toutes nos batteries démasquées, jointes à celles des Anglais, devaient à la fois tonner contre la ville.

Malgré le développement des travaux du côté de Malakoff, nos efforts réels ne devaient pas cependant se diriger sur ce point. Cette attaque ne devait être qu'une

(1) Division de la garde (g^al Mellinet); 211 officiers, 6450 hommes.
1re division d'infanterie (g^al Herbillon); 248 officiers, 6924 hommes.
2e division d'infanterie (g^al d'Aurelle de Paladines); 234 officiers, 6570 hommes.
Division de cavalerie (g^al d'Allonville; 190 officiers, 1364 hommes.

diversion ayant pour but important de diviser l'attention de nos adversaires et de diminuer la résistance qu'ils nous avaient préparée, de longue main, dans la ville proprement dite.

L'ordre est donné d'ouvrir le feu à la pointe du jour.

Pendant la nuit tous les préparatifs ont été faits ; au siége de gauche, 303 bouches à feu sont dirigées contre la place dans toutes les directions. La nouvelle attaque Malakoff présente plus de 50 bouches à feu, les Anglais en ont près de 100.

La nuit est pluvieuse ; le vent souffle avec violence ; néanmoins rien n'est changé à la décision arrêtée. Les batteries doivent commencer à tirer sans signal. Déjà quelques lueurs, indécises encore, blanchissent l'horizon, les troupes de garde dans les tranchées évacuent les endroits que l'artillerie a piquetés.

A cinq heures, les premiers coups de canon partent du centre; puis toutes les bouches à feu des trois attaques y répondent à la fois : terrible et solennel mugissement de la guerre qui fait tressaillir la terre jusque dans ses entrailles. — Six mois avant, jour pour jour (le 9 octobre 1854), les premiers coups de pioche des travailleurs avaient retenti sur le plateau.

Depuis ce temps, quelles épreuves chefs et soldats n'ont-ils pas traversées ?

Le ciel est sombre ; le jour est triste. Un épais brouillard voile l'horizon. Le vent vient du sud et emporte avec lui, vers la ville assiégée, les formidables détonations de notre artillerie. Toutes les lignes de nos ouvrages, de l'extrême droite à l'extrême gauche, se sillonnent d'éclairs; les boulets, les bombes, les obus parcourent l'espace avec un lugubre sifflement; on les voit de tous côtés éclater et bondir à travers les ravins et sur les parapets écrêtés. La place, surprise par ce réveil inattendu, est restée quelques instants sans répondre, puis tous ses bastions, si puissamment armés, vomissent à leur tour des torrents de fer et de feu.

Le brouillard s'est levé; la ville disparaît sous un voile de fumée qui, par instant, l'enveloppe et l'étreint de toutes parts. De quelque côté que les regards se portent, ce sont les mêmes foudres tonnantes. Pendant la première partie de la journée, le tir était à volonté, ensuite il a été limité.

IV. — « A deux heures, dit le journal du corps de siége, notre feu avait acquis une supériorité réelle; déjà une brèche est pratiquée dans le long mur crénelé; partout les bastions ennemis portent la trace de notre feu. » Mais la pluie qui détrempe les terres, et à laquelle se sont joints l'action des pièces elles-mêmes et le tir de l'ennemi, nous a causé dans plusieurs batteries de notables dégradations. Les tranchées sont presque devenues impraticables; l'eau, par endroits, s'y agglomère en flaques profondes.

L'état dans lequel sont nos canonniers est affreux à voir : leurs vêtements sont inondés et couverts d'une boue épaisse et blanchâtre à laquelle se mêlent les traces noires de la poudre. Mais combien leurs visages sont énergiques, résolus, souriants! Qu'importent à ces hommes, qu'enthousiasment le combat, la pluie, l'orage, les terres éboulées! ils ne se plaignent que d'une chose : c'est que leur tir soit restreint.

Parfois les batteries russes font un feu tellement irrégulier, que l'on pourrait les croire bien près d'être réduites au silence; mais, tout à coup, elles se réveillent et lancent de foudroyantes salves d'artillerie.

V. — Dès le soir de la première journée, plusieurs embuscades ennemies devaient être enlevées, pour permettre au génie d'envelopper une portion du cimetière dans l'intérieur de nos ouvrages, et dominer ainsi la crête du ravin qui est devant la ville. Le mauvais temps fit remettre ce projet au lendemain.

Le lendemain soir elles furent, en effet, vigoureusement conquises entre neuf et dix heures ; mais le tracé est difficile et pénible ; les réserves russes sont signalées sur plusieurs points; il y a confusion. Les travailleurs voyant les compagnies couvrantes sérieusement engagées, entendant de toutes parts des cris frénétiques, craignent d'être tournés, et se replient sur les parallèles.

Il est rare qu'un travail, ainsi interrompu, soit sérieusement repris : aussi, 200 mètres de gabionnade avaient à peine été ébauchés, et les Russes s'étaient de nouveau rendus maîtres des embuscades qui n'avaient pu, pendant la nuit, être entièrement détruites.

La nuit suivante, les travaux doivent être repris afin de ne pas laisser l'œuvre inachevée; des instructions sont données pour que les travailleurs, se sentant solidement soutenus, ne redoutent pas d'attaque imprévue.

A neuf heures les troupes sont lancées. Elles s'emparent rapidement des postes que l'ennemi abandonne, comme toujours, après nous avoir fait supporter une première décharge. Aussitôt les sapeurs du génie se mettent à l'œuvre pour combler et détruire ceux des repaires ennemis qui ne sont pas compris dans notre tracé. Mais cette fois encore un succès complet ne doit pas couronner nos efforts; les Russes ne tardent pas à reparaître en nombre supérieur : le terrain leur est très-favorable. Distribués en tirailleurs, cachés derrière des amas de pierres, ou protégés par des affaissements du sol, ils engagent avec les compagnies de soutien une vive et meurtrière fusillade.

Le brave 46e tient la tête; il sait la mission importante confiée à son énergie; un feu terrible l'accable, à tel point, qu'en quelques instants, il a 73 hommes hors de combat. Nos batteries envoient sans interruption leurs boulets dans les ravins où sont massées des réserves ennemies, et leur causent un mal sérieux, car parfois on entend de ce côté des cris confus s'élever dans les airs; pendant ce temps le commandant du génie Mangin dirige énergiquement les travaux, qui cependant avancent peu. Toute la nuit le combat continue; il est vif et sans cesse renouvelé avec des chances diverses. Du côté du cimetière, que les Russes n'abandonnent que pied à pied, faisant à tout instant des retours offensifs, le commandant Mangin est blessé; le jour va bientôt paraître; le travail est suspendu.

Cette nuit nous avait coûté 250 hommes hors de combat.

C'est qu'aussi ces travaux s'exécutaient sous la mitraille et sous la fusillade; et bien souvent les terres creusées étaient rouges de sang répandu.

VI. — Cependant il faut en finir; car ces combats ont pris des proportions sérieuses, et la ligne de nos approches exige impérieusement que nous soyons maîtres absolus de cette portion de terrain, dont la configuration permet à l'ennemi un développement successif de défenses.

Le général en chef, le général commandant le 1er corps et les généraux chefs de service sont venus dans la journée visiter les tranchées, étudier à nouveau le terrain et examiner l'importance des résultats obtenus par les travaux que nous avons déjà commencés. Dans la journée, une conférence a lieu dans la maison du Clocheton afin d'arrêter les dernières instructions.

Les opérations à exécuter seront divisées en deux attaques distinctes : l'une comprendra les travaux vers le cimetière; l'autre, ceux en avant de cette partie de nos approches appelée le T; chacune sera commandée par un général qui pourra ainsi donner une impulsion et surveiller le mouvement des bataillons engagés. —

L'attaque de gauche est dirigée par le général Breton, de service à la tranchée; celle du T, par le général Rivet, chef d'état-major du 1er corps.

L'heure est venue. Les compagnies placées à leur poste de combat attendent le signal. Les réduits russes qui doivent être enlevés ont été soigneusement observés par les capitaines des compagnies d'attaque. A gauche, ces postes sont au nombre de six; six compagnies du 98e de ligne doivent les aborder à la fois. Elles s'élancent en dehors des parapets avec une ardeur intrépide et, sans tirer un coup de fusil, se précipitent à la baïonnette. A leur tête sont le chef de bataillon Grémion et le capitaine Marrust, qui tombe mortellement blessé sur les retranchements ennemis. Quelques moments après, c'est le capitaine Bourresch qui paye de sa vie l'exemple de résolution et de courage qu'il donne à ses soldats.

Déjà les réserves ennemies placées à distance font un feu violent de deux rangs, mais elles ne peuvent jeter aucune confusion parmi nos soldats, résolus à se maintenir sur le terrain conquis : deux compagnies du 9e bataillon de chasseurs sont venues renforcer les troupes engagées et prendre part à l'action. De tous côtés dans les ravins on entend, selon l'habitude des Russes, battre la charge; des clairons sonnent et des cris sauvages s'élèvent dans les airs. Nos soldats se portent aussitôt en avant, et de nouveau les travailleurs, dont le nombre a été augmenté, commencent l'œuvre de destruction, pendant que le génie reprend son travail inachevé.

VII. — Le général Rivet lançait en même temps, sous les ordres du commandant Julien, quatre compagnies du 46ᵉ, soutenues par des chasseurs à pied, contre les quatre embuscades que les Russes avaient déjà reconstruites avec cette prodigieuse activité dont ils ont donné tant de fois l'exemple. Là, comme à l'attaque du cimetière, l'ardeur de nos troupes surmonta tous les obstacles. — Bientôt cependant, elles se trouvèrent devant un ennemi très-supérieur en nombre, mais elles résistèrent avec opiniâtreté jusqu'à l'arrivée des renforts. Comme les jours précédents, les Russes, convaincus que nous renouvellerions nos efforts sur ces deux points, y avaient accumulé de nombreuses réserves; un instant nos soldats, écrasés par des feux qui les pressaient de toutes parts, se replièrent vers les tranchées. Mais déjà l'impulsion de leurs chefs leur a imprimé un nouvel élan; des compagnies de soutien arrivées à la hâte se joignent à eux, et tous s'élancent contre ces masses compactes qui ont repris possession du terrain. Ce choc devait être décisif, il fut sanglant, mais cette fois encore l'ennemi dut rétrograder; alors les compagnies assaillantes, mêlées à celles de la légion étrangère et du 42ᵉ, formèrent en avant des embuscades un rempart vivant que les Russes ne purent plus parvenir à entamer. La nuit, heureusement assez obscure, ne leur permettait pas d'assurer la direction de leur tir, et les balles et la mitraille passaient au-dessus de la tête des compagnies courbées sur le sol.

La série d'embuscades, dont une portion avait atteint

la proportion de véritables remparts, est définitivement à nous.

L'ennemi, fort de sa supériorité numérique, avait résisté avec un grand acharnement, et ce ne fut qu'après de redoutables efforts qu'il s'était décidé à opérer sa retraite. Ses pertes sans nul doute durent être considérables, proportionnées aux masses qu'il nous opposa. Un grand nombre de cadavres couvraient le sol de nos attaques; mais si les Russes virent leurs tentatives se briser contre l'énergique résistance de nos vaillantes troupes, ce ne fut pas sans que nous eussions de notre côté de douloureuses pertes. 5 officiers avaient été tués, 12 blessés et 200 hommes environ avaient été mis hors de combat (1).

(1) « Devant Sébastopol, 19 avril 1855.

« Dans les nuits du 11 au 13, l'occupation du terrain en avant de nos parallèles a été préparée par des combats auxquels les détachements du génie des 14e, 21e, 26e, 28e, 42e, 43e, 46e, 80e régiments de ligne, et 9e et 10e bataillons de chasseurs à pied ont pris une part active et des plus honorables pour tous particulièrement pour le 14e, qui a montré beaucoup de vigueur et de ténacité, le 28e et les chasseurs à pied.

« Dans la nuit du 13 au 14, à l'attaque de gauche, dirigée par le général de tranchée Breton, six compagnies du 98e, aux ordres du commandant Grémion, appuyées par deux compagnies du 9e bataillon de chasseurs à pied, ont enlevé avec beaucoup d'élan les postes retranchés de l'ennemi et s'y sont maintenues malgré ses efforts renouvelés. C'est un brillant début parmi nous pour le 98e de ligne.

« A la droite, et sous la direction du général Rivet, chef d'état-major du 1er corps, quatre compagnies du 46e, aux ordres du commandant Julien, une compagnie du 5e bataillon de chasseurs à pied (lieutenant Copri), ont enlevé les embuscades russes avec une ardeur entraînante; deux des compagnies du 46e, rencontrant un ennemi très-supérieur en nombre, ont été brillamment soutenues par les grenadiers du 2e ré-

Les résultats obtenus étaient précieux. — Ainsi se trouvaient détruits, ces abris derrière lesquels d'habiles tireurs, placés à 50 ou 60 mètres de nos tranchées, nous causaient chaque jour des pertes d'hommes impossibles à éviter. Un grand nombre de tonneaux, de sacs à terre, d'outils trouvés sur le terrain démontraient clairement que toutes ces embuscades reliées entre elles devaient former plus tard une sorte de front bastionné. Les travaux semblables que les Russes tentèrent sur d'autres points sont la preuve qu'ils attachaient à la réalisation de ce projet une grande importance. Le lendemain, leur artillerie seule a inquiété nos cheminements.

VIII. — Tous ces événements se produisaient pen-

giment de la légion étrangère (capitaine Robert), qui se sont précipitées sur les Russes sans brûler une amorce; deux détachements du 14ᵉ et du 42ᵉ ont pris une bonne part à ce retour offensif.

« Le général en chef, CANROBERT. »

Quelques jours auparavant, un de ces traits de courage dont notre vaillante armée donnait si souvent d'héroïques preuves était porté à la connaissance des troupes, par un ordre du jour.

« Devant Sébastopol, 13 avril 1855.

« Dans la journée d'hier une bombe a pénétré dans un magasin de la 11ᵉ batterie de marine, au milieu d'un grand nombre d'obus chargés.

« Un commencement d'incendie était allumé et un désastre semblait imminent, lorsque le matelot Cogniec, se précipitant résolûment dans le magasin, jeta les obus au dehors pour découvrir le feu et l'éteignit avec l'aide de l'aspirant De Leusse et de quelques hommes courageux.

« Je signale à l'armée ce trait d'intrépide dévouement du matelot Cogniec et de l'aspirant De Leusse, que sa vaillante conduite a déjà fait remarquer antérieurement.

« AU NOM DE L'EMPEREUR : je leur confère la croix de la Légion d'honneur.

« Le général en chef, CANROBERT. »

dant que chaque jour nos batteries continuaient leur feu régulier contre la place, en se maintenant dans les limites prescrites. Déjà ce duel terrible d'artillerie a inscrit sur la liste des morts des noms chers à l'armée. Le général Bizot, qui depuis le commencement du siége a donné chaque jour d'infatigables preuves de courage et de dévouement, a été gravement blessé en parcourant avec le général Niel les tranchées anglaises. En vain on espéra sauver ce chef intrépide dont le concours était si précieux, dont le cœur savait se faire si noblement comprendre par tous. L'espoir, hélas ! fut de courte durée ; la balle, en traversant de la mâchoire à la joue, avait jeté dans le cerveau une perturbation mortelle (1). Sa mort fut un deuil et une af-

(1) LE GÉNÉRAL BIZOT.

Le général Bizot était aimé de tous, estimé de tous ; chacun avait pu apprécier depuis le commencement du siége cette calme et froide énergie, cette abnégation infatigable du devoir qui ne se démentaient jamais au milieu des plus rudes épreuves et des plus pénibles travaux. L'Empereur venait de reconnaître les services signalés qu'il avait rendus, et un décret, en date du 12 avril, l'élevait au grade de général de division. Le général Bizot, qui avait tant de fois échappé à la mort, venait d'être, la veille, mortellement frappé. Il était né en 1795. Admis à l'École polytechnique à l'âge de 16 ans, il en sortit en 1813, pour entrer, en qualité de sous-lieutenant élève du génie, à l'École d'application de Metz, et était déjà appelé, en 1814, à défendre, sous les ordres du général Rogniat, cette ville où venait de commencer sa carrière militaire. En 1815, il servait sous les ordres du maréchal Jourdan. Incorporé au 1er régiment du génie, en 1816, il était promu lieutenant en 1818, et classé à l'état-major du génie l'année suivante. A la campagne d'Espagne de 1823, le capitaine Bizot se distingua brillamment et fut cité deux fois dans les rapports du maréchal Lauriston. Le blocus et le siége de Pampelune valurent au jeune officier son premier grade dans la Légion d'honneur.

Plusieurs années se passèrent ; il s'embarqua pour l'Afrique,

fliction profonde pour toute l'armée. Aussi, tout ce que les trois armées comptaient d'officiers généraux avait voulu rendre un dernier hommage au brave et noble Bizot et accompagner sa dépouille mortelle qui allait reposer pour toujours sur cette terre de Crimée, té-

en 1839, comme chef du génie de la province d'Oran. C'était la vie qu'il fallait à cette ardente nature, que dévorait à la fois un besoin d'activité et de travail. Nommé chef de bataillon en 1839, il prit part à presque toutes les expéditions. Après celle de 1841, contre les Kabyles, chargé de faire sauter un pont, il reçut à l'issue de la campagne la croix d'officier de la Légion d'honneur. Déjà le commandant Bizot avait su faire apprécier par tous ses qualités réelles : il était recommandé au ministre comme un officier d'avenir. Rentré en France en 1841, il repartait une seconde fois pour l'Afrique en 1849. Depuis quatre ans déjà, il était lieutenant-colonel. Aussi, à peine avait-il pris possession de son nouveau commandement de directeur des fortifications à Constantine, qu'il fut nommé colonel, et trouva bientôt l'occasion de se distinguer, dans plusieurs expéditions, sous les ordres du général de Saint-Arnaud. Général de brigade en 1852, il reçut le commandement supérieur du génie en Algérie, dont il exerça les fonctions jusqu'au moment où les brillantes qualités qu'il avait su toujours déployer, dans les diverses phases de sa vie, l'appelèrent à la tête de l'École polytechnique.

Lorsque notre armée s'embarqua pour l'Orient, le général Bizot fut nommé commandant en chef du génie, et s'embarqua pour Gallipoli, le 1er mai de l'année 1854. Dans la première partie de ce travail, nous avons dit avec quelle énergique et persistante audace il avait dirigé pendant le siége les durs et périlleux travaux de son arme. Nommé commandeur de la Légion d'honneur au mois de janvier 1855, il devait périr glorieusement, sans avoir pu porter les épaulettes de général de division, qu'il avait si noblement gagnées.

On ne peut faire un plus bel éloge de celui que l'armée venait de perdre, que de répéter les nobles paroles prononcées sur sa tombe par le général en chef Canrobert :

« C'est parce que Bizot était un noble caractère, donnant à tous, chaque jour, le modèle du courage, du devoir accompli sans relâche, du dévouement, de l'abnégation; c'est parce que Bizot avait toutes les vertus et toutes les mâles qualités que Dieu, dans sa justice infinie, lui a accordé le suprême honneur de tomber en soldat sur la brèche, en face de l'ennemi. »

moin de son constant dévouement et de sa courageuse abnégation. En tête de ce triste et solennel cortége marchaient les trois généraux en chef des armées alliées. Au milieu de la foule accourue, c'était un silence triste et grave qu'interrompait seulement le bruit du canon, qui, lui aussi, semblait vouloir saluer la dépouille du brave soldat tombé sur la brèche (1).

Non loin de son général allait reposer le commandant Masson, mort le même jour. Le génie était souvent frappé par de cruelles blessures; le commandant Saint-Laurent (2), officier du plus haut mérite, que

(1) LE COMMANDANT MASSON.

Le commandant Masson était mort au champ du combat, et ce fut pour lui un grand et dernier honneur d'être conduit à sa dernière demeure côte à côte avec le général Bizot.

C'était un brave officier, dont la vie comptait déjà de bons et loyaux services en France, en Afrique, à la Guadeloupe.

Né en 1806, au Sénégal, il fut élève de l'École polytechnique, puis de l'École d'application de Metz en 1828. Envoyé à l'état-major du génie en Algérie, en 1835, il ne tarda pas à être nommé capitaine. Il suivit plusieurs expéditions dans la province de Constantine, et fut mis à l'ordre du jour dans un rapport du duc d'Aumale, pour s'être brillamment distingué.

On lit dans ses états de service : « A la Guadeloupe, du 7 avril 1845 au 28 septembre 1847. — Au Sénégal, du 2 novembre 1847 au 13 juin 1850 : a assisté à l'attaque et à la prise de Fanaye, dans la province de Dimar, où il s'est particulièrement distingué. »

Blessé d'une balle au côté gauche, dans la tranchée, le 1er avril, il succomba le même jour à sa blessure.

(2) LE COMMANDANT SAINT-LAURENT.

C'est au moment où le commandant Saint-Laurent allait être élevé au grade de colonel pour récompense méritée de ses services dans ce siége à jamais mémorable que la mort vint le frapper.

Sa perte fut vivement sentie, vivement regrettée.

La note que le brave général Bizot avait ajoutée au mémoire de pro-

l'avenir avait marqué du doigt pour en faire un de ses élus, avait succombé le 13 avril dans les tranchées. Le capitaine Mouhat, également du génie, nommé quelques jours auparavant officier de la Légion d'honneur pour une action d'éclat, avait aussi trouvé une mort glorieuse et le général Canrobert saluait le brancard qui transportait à l'ambulance de tranchée le capitaine expirant (1).

position d'avancement est le plus grand éloge et le plus digne hommage que l'on puisse rendre à cette tombe si vite fermée.

« Le commandant Saint-Laurent, disait le général, réunit toutes les qualités qui constituent l'habile ingénieur et l'excellent officier de guerre. Après avoir pris une part active aux travaux de la première période du siége de Sébastopol, il a été chargé de l'exécution souvent périlleuse des travaux de défense des positions d'Inkermann, et s'est acquitté de cette mission avec autant d'intelligence que d'intrépidité. Il n'est pas de proposition mieux motivée que celle faite en sa faveur. »

Le commandant Saint-Laurent, né en 1814, était sorti de l'École d'application à la fin de l'année 1834. Après une année de séjour à Bayonne, il fut envoyé en Afrique, où il resta jusqu'en 1839. De retour en France, il fut aide de camp du général Dode, président du comité de fortifications, puis envoyé comme chef de bataillon du génie à Montpellier en 1852. Partout où son service l'appela, le commandant Saint-Laurent fit preuve d'une intelligence supérieure et d'une haute capacité. « Pourvu qu'ils ne nous tuent pas Saint-Laurent, » disait un général devant Sébastopol en apprenant la mort d'un officier du génie. — Hélas! ils l'ont tué.

(1) LE CAPITAINE MOUHAT.

Le capitaine Mouhat, entré au service comme jeune soldat, était un énergique officier, et sa vaillante conduite lui avait valu de la part du général Canrobert une mention spéciale.

« Le capitaine du génie Mouhat (disait-il dans un ordre du jour du 20 mars 1855), opérant sous la direction immédiate du lieutenant-colonel Jourjon, s'est fait remarquer particulièrement, et je récompense ses vieux services en lui conférant, au nom de l'Empereur, la croix d'officier de la Légion d'honneur. »

C'étaient de tristes tableaux ; mais la pensée les oubliait vite. On vivait trop souvent et de trop près avec la mort pour qu'elle effrayât. Sur les champs de bataille elle n'a pas le même aspect qu'au sein des villes paisibles.

IX. — Devant le bastion du Mât, nos mines avaient marché, creusant en avant leurs voies souterraines.

Le 15 avril, seize fourneaux contenant 25 000 kilog. de poudre devaient sauter, aussitôt la nuit venue. A huit heures, en effet, l'explosion se fit entendre. La détonation ne fut pas retentissante au dehors, mais on eût dit que la terre se soulevait, et à une grande distance les troupes de garde qui avaient été éloignées de ce point des tranchées, la sentirent frémir et onduler. Des blocs de rocher d'une dimension énorme furent lancés dans les airs ; de profonds fossés se creusèrent dans le sol déchiré.

A ce bruit soudain, à ce tremblement dont ils ressentirent au loin les effets, les Russes crurent à une attaque générale ; aussitôt, de toutes les parties des remparts et de leurs ouvrages défensifs, commença une terrible fusillade dont le but était d'écraser nos colonnes, si elles eussent tenté de s'avancer. Des bombes, des obus, des paniers de grenades éclatent à la fois dans le ciel et sur les terrains défoncés ; l'horizon s'éclaire de longues raies enflammées qui s'entrelacent, se confondent, puis se séparent et jaillissent en étincelles. Pendant près d'une heure ce vacarme continua donnant à la nuit, tout à l'heure encore si obscure, des lueurs soudaines, semblables à celles d'un vaste incendie.

X. — Nos canonniers, prudemment éloignés par crainte de l'explosion, sont accourus à leurs pièces et ont, de leur côté, ouvert sur le bastion du Mât le feu de toutes celles qui sont armées d'obusiers et de mortiers.

Deux compagnies d'élite du 39e, suivies de sapeurs du génie et d'une nombreuse escouade de travailleurs, ont déjà franchi les épaulements et se sont précipitées à travers les terres-plains, pour occuper les fossés produits par la mine. Les balles et la mitraille forment au-dessus d'eux un dôme de fer; mais rien n'arrête leur élan, rien n'ébranle leur courage; chefs et soldats travaillent sous cet orage, car tous comprennent qu'il ne faut pas que les Russes puissent se rendre maîtres des entonnoirs.

Le major de tranchée, le colonel Raoult, que le danger trouve toujours le premier à son poste, est sur les lieux.

A la maison du Clocheton des officiers d'état-major, prêts à monter à cheval, attendent des nouvelles, pour les porter au quartier général.

Les premières qui arrivent sont du colonel Raoult; il a écrit au crayon ces quelques mots adressés au général commandant le corps de siége :

« Les mines ont formé deux fossés de 4 à 5 mètres de profondeur et d'une longueur suffisante; on travaille à relier la droite de la troisième parallèle avec le fossé le plus rapproché; mais le terrain est rocheux et difficile. »

Ce qu'il n'avait pas ajouté, c'est que ce travail s'exécutait sous des batteries fumantes, dont on n'était éloigné que de 70 mètres, que la mitraille abattait des rangs entiers de travailleurs, qui aussitôt étaient remplacés, que c'était enfin une œuvre de géants qui s'accomplissait.

Mais, hélas! déjà les premières lueurs du jour blanchissent l'horizon lointain, les blocs de pierre qui encombrent le sol et les difficultés du terrain lui-même n'ont pas permis encore d'établir la communication projetée avec nos tranchées. Les ordres sont donnés d'évacuer les nouveaux travaux qui ne pourraient présenter un abri suffisant. Dans un seul des fossés est restée une compagnie; isolée au milieu de ce terrain que crible la mitraille, que labourent les boulets, elle ne pourra être relevée que la nuit suivante.

Pendant le reliement de ces entonnoirs avec la ligne avancée de nos ouvrages, que de traits d'héroïsme et de sublime courage qui resteront à jamais inconnus!

Plusieurs fois les Russes s'élancèrent à la baïonnette jusqu'aux épaulements des nouveaux fossés, sans pouvoir parvenir à nous en déloger (1).

(1) *Journal du corps de siége*, du 15 au 16 *avril.*

A huit heures du soir, on fait jouer les fourneaux de mine, préparés devant le bastion du Mât, à 70 mètres environ de la 3e parallèle. Quelques-uns de ces fourneaux n'ont pas pris feu; les autres ont déterminé, sur la réunion des entonnoirs, 2 fossés, profonds de 4 à 5 mètres, dont

XI. — Telles étaient les opérations qui s'exécutaient à l'attaque de gauche, sous la protection du feu de notre artillerie.

A l'attaque Malakoff comme à celle des Anglais, aucun événement important ne s'était passé ; on avait continué et perfectionné les travaux, tout en entretenant le tir régulier des batteries, selon les instructions prescrites.

C'était là le côté apparent de la position, celui que chacun pouvait toucher du doigt ; mais une autre ques-

l'un à gauche, de 80 à 100 mètres de longueur, l'autre à droite, séparé par une berne de 30 à 40 mètres. Les boyaux de communication tracés entre la 3e parallèle et les entonnoirs, n'ayant pu être achevés à cause de la difficulté du terrain ; les entonnoirs, d'un autre côté, n'ayant pu être reliés entre eux, il a fallu, au jour, ne laisser qu'une compagnie dans le fossé, et abandonner le travail des communications.

Du 16 *au* 17. Les travaux continuent ; au point du jour on évacue les entonnoirs de gauche et du centre. Celui de droite est resté occupé par 100 hommes d'élite.

Du 17 *au* 18. La nuit on a relié les entonnoirs formant les deux postes de la 4e parallèle, par une sape demi-pleine, de 37 gabions, etc. Au jour, la communication entre la 3e parallèle et les entonnoirs, endommagée par l'artillerie ennemie, est demeurée très-périlleuse ; on y a laissé une garde.

Du 18 *au* 19. On a travaillé à améliorer les communications conduisant aux entonnoirs. Le feu de l'artillerie ennemie a été régulier jusqu'à deux heures du matin, heure où les Russes ont tenté une sortie sur les compagnies placées dans les entonnoirs : l'ennemi, reçu avec vigueur, est rentré dans la place, en laissant quelques cadavres sur le terrain. Vers trois heures, l'ennemi a tenté une nouvelle sortie qui a été repoussée avec la même énergie que la première.

Du 19 *au* 20. Travail.

Du 20 *au* 21. Il ne reste plus qu'une lacune de 7 à 8 mètres pour arriver aux entonnoirs.

Du 21 *au* 22. On fait jouer deux fourneaux sur le terrain formant lacune. Le bastion du Mât et les batteries en arrière ont envoyé beaucoup de mitraille, de grenades et de pierres.

tion s'agitait qui dominait toutes les résolutions et les tenait pour ainsi dire en suspens:

XII. — Cette inaction forcée, cette attente perpétuelle, cette flottante irrésolution avaient bien des causes; nous allons les dire, nous appuyant, comme toujours, non sur des appréciations, mais sur des documents officiels irrécusables.

En face des obstacles qui surgissaient à chaque pas, des retards forcés et des difficultés innombrables qui s'accumulaient, le doute était venu sur la réussite du siége direct.

Le général Niel déclarait toujours que, sans l'investissement, on ne pouvait répondre du succès du siége; que les assauts seraient sanglants et hasardeux.

Cependant, avec une vaillante armée, souvent bien des choses impossibles réussissent; et il eût été amer et cruel, après tant de sacrifices, après tant de sang versé, en face de tant de travaux, de ne pas tenter l'effort suprême qui pouvait conduire au dénoûment.

Là est la plus grande gloire du général Canrobert; c'est, au milieu de tant de difficultés, de s'être roidi contre le découragement, germe fatal qui grandit vite dans les cœurs, et d'avoir maintenu dans son armée la confiance, premier gage du succès.

L'hiver, qui avait paralysé nos travaux, était terminé; les raisons impérieuses qui attachaient les troupes au rivage disparaissaient en partie avec la venue des beaux jours. L'Empereur avait annoncé son arrivée en Crimée ; il devait prendre le commandement en chef d'un corps d'armée agissant à l'extérieur. Déjà le plan de campagne était arrêté dans sa pensée.

Toutefois, ce projet était subordonné aux éventualités de l'ouverture du feu et aux conséquences qui pouvaient en résulter, si notre artillerie agissait puissamment contre les défenses de la place. « Profiter de tout événement favorable, mais ne rien livrer au hasard ; » tel était le mot d'ordre.

XIII. — Des rapports fréquents faisaient supposer que l'ennemi, menacé par notre artillerie d'une attaque sérieuse sur la ville, viendrait nous attaquer dans nos lignes pour contrecarrer nos projets d'assaut. Une bataille alors pouvait tout décider.

Le 10 avril, le général en chef écrivait : « Depuis l'arrivée près de nous d'Omer-Pacha et de ses divisions d'élite, nous pensions que ce qui pourrait arriver de plus avantageux aux armées alliées, serait d'être attaquées par l'armée russe dans les excellentes positions qu'elles occupent; nous supposions depuis longtemps, que son intention était de se porter sur nos lignes, à l'ouverture du feu contre la place. En conséquence, afin de tâter l'ennemi dans la ville et de provoquer son agression extérieure, nous avons jugé utile de faire ouvrir le feu hier avec la totalité des batteries françaises et anglaises. Les généraux en chef sont convenus de mener ce feu sans précipitation, mais aussi sans hésitation, et de profiter des chances favorables qu'il pourrait amener, soit contre la place, soit contre l'armée de secours. »

Le même jour, les généraux des armes spéciales se réunissaient au quartier général anglais pour apporter leurs observations sur le résultat obtenu par la première journée du feu et en déduire les conséquences présumables. Les généraux commandant les corps d'armée étaient prévenus de se tenir prêts à attaquer les lignes les plus avancées des défenses ennemies.

« Les soldats demandent l'assaut, écrivait, en date du 17, le général Canrobert; mais les généraux en chef ne le donneront qu'avec des chances suffisantes de réussite qui ne leur ont pas encore apparu. L'assaut à fond pourrait tout compromettre; notre sagesse et notre devoir ne l'accepteraient qu'avec la presque certitude du succès. »

XIV. — La pensée d'une opération à l'extérieur planait toujours, on le voit, sur les décisions et empêchait de tenter contre la place une action décisive. Les instructions secrètes du général Canrobert lui liaient les mains, à moins de force majeure. Ces instructions disaient : « Si l'assaut de Sébastopol est impossible, ou doit coûter trop de monde sans nous amener à la prise totale de la ville, il faut vous tenir sur la défensive, et vous arranger de telle sorte qu'il soit possible de vous prendre deux divisions d'infanterie, la garde impériale et toute la cavalerie, quatre batteries montées et quatre à cheval, pour que toutes ces troupes, jointes à un corps de 40 000 hommes réuni à Maslak, près Constantinople, puissent, au premier signal, opérer extérieurement contre l'ennemi. » Le tir des batteries était restreint, afin de pouvoir se prolonger sans interruption pendant longtemps, s'il le fallait, sur toute la ligne des attaques. Chaque nuit les bâtiments des escadres combinées s'avançaient, par deux ou trois, assez près des forts de la mer pour envoyer leurs projectiles dans la place, et une de nos batteries les plus puissantes avait pratiqué une large brèche dans le mur crénelé à droite du bastion de la Quarantaine.

Une reconnaissance poussée vers Tchorgoun, le 18 du mois, par Omer-Pacha, n'avait pas rencontré l'ennemi et avait clairement démontré que le prince Gortschakoff avait retiré la majeure partie de ses troupes, pour les concentrer près de Sébastopol et les opposer à nos colonnes d'assaut (1).

La situation était critique, difficile, pressante ; car si les impatiences étaient grandes, les appréhensions ne l'étaient pas moins.

Certes, le champ des combinaisons était vaste. L'attaque de vive force contre Sébastopol pouvait être terrible et entraîner des pertes énormes sans résultat réel. Ces luttes sanglantes impressionnent peu la Russie ; mais il n'en est pas de même en France et en Angleterre. L'in-

(1) Cette reconnaissance se composait de 12 bataillons turcs, 1500 chevaux français, anglais et turcs et de l'artillerie ; elle n'a rencontré que des Cosaques, qui se sont ralliés en arrière sur un mamelon, d'où quelques coups de fusil ont suffi à les déloger ils ont repassé bien vite la Tchernaïa.

décision forcée des généraux en chef s'expliquait par les circonstances singulières dans lesquelles ils se trouvaient.

A côté de leur base d'opérations, une grande place derrière laquelle se trouve l'armée ennemie, qui ne bouge pas; à Vienne, un congrès qui est au moment de prononcer sur la paix ou sur la guerre; à Constantinople enfin, une armée de réserve devant opérer à une époque sur laquelle on n'a aucune donnée positive, armée dont la présence cependant est essentielle pour obtenir de grands résultats.

XV. — Mais les événements marchaient et poussaient pour ainsi dire les volontés. Le génie n'avançait que lentement, et toujours chaque fois au prix des pertes les plus cruelles : l'artillerie commençait à reconnaître qu'elle ne pourrait pas éteindre le feu de la place.

Le général en chef réunit en conseil les généraux des corps d'armée et les généraux d'armes spéciales; il leur fit part des instructions qu'il avait reçues; et de ce conseil sortit la résolution d'une attaque que rendaient imminente, impérieuse peut-être, nos approches sur la ville. Lord Raglan s'était prononcé pour l'assaut et combattait vivement le projet d'une expédition à l'extérieur.

« Les travaux des alliés les ont tellement engagés avec l'ennemi, écrivait le général Canrobert, en date du 24 avril, que l'assaut sera donné dans quatre ou cinq jours, à moins de ces événements imprévus qui sont inhérents à l'état de guerre. Nous eussions désiré retarder cette opération jusqu'à l'arrivée en Crimée de l'armée de réserve, mais nous sommes si rapprochés des Russes, qu'il y aurait danger à attendre, d'autant plus que l'armée ennemie reçoit des renforts journellement.

« Les officiers généraux des armes spéciales des deux armées, les chefs de nos deux corps d'armée ont été unanimes pour céder dans cette circonstance aux cris de nos soldats français et anglais demandant l'assaut. Lord Raglan partage fermement leur avis.

« J'ai pensé que mon devoir était de m'y joindre. »

Déjà le général Pélissier avait reçu des instructions qui l'invitaient à faire reconnaître et préparer l'emplacement destiné à contenir les colonnes d'assaut (dans la prévision d'une attaque) : 1° en face de la grande brèche du mur crénelé ; 2° devant le bastion Central ; 3° en face du bastion du Mât, et enfin un autre emplacement en arrière pour tenir à portée de puissantes réserves.

Le sort en était jeté. A la droite, on devait enlever le mamelon Vert et les ouvrages blancs afin de faciliter à nos alliés leur attaque contre le grand Redan. — A la gauche, nos troupes devaient marcher sur trois colonnes contre le bastion du Mât, le bastion Central et la Quarantaine ; une fois la première enceinte traversée, ces colonnes devaient chercher à tourner la seconde, à pénétrer dans le réduit par la gorge et à s'y loger solidement.

XVI. — Un second conseil fut tenu pour prendre les

dernières dispositions, et discuter une dernière fois les meilleurs points d'attaque. C'est pendant cette conférence que le vice-amiral Bruat envoya communication d'une dépêche du ministre de la marine, qui lui annonçait officiellement l'arrivée totale à Constantinople de l'armée de réserve, pour les premiers jours de mai. Cette date était trop rapprochée, pour ne pas attendre un si précieux renfort, en face des éventualités impossibles à prévoir, qui pouvaient résulter d'un assaut dont les proportions s'élevaient à celles d'une grande bataille.

Le ministre de la marine confirmait en outre à l'amiral la venue prochaine de l'Empereur, qui, malgré les prières de son gouvernement, persistait à se rendre en Crimée pour partager les périls et la gloire de notre vaillante armée. Tous les membres composant le conseil furent d'avis d'attendre la coopération de l'armée de réserve; le général en chef partageait cette opinion; car à l'assaut projeté étaient attachés de redoutables hasards; et dans la ville assiégée, tout semblait s'être changé en bronze (1).

XVII. — C'est au milieu de toutes ces complications, que l'on voit surgir tout à coup le projet de l'expédition de Kertch, dont la pensée, depuis quelque temps, souriait fort au général en chef de l'armée an-

(1) C'est à des sources authentiques et officielles que l'auteur a puisé ces différents détails.

glaise, et surtout aux deux amiraux Lyons et Bruat, qui voyaient la flotte sortir enfin de son inaction et prendre une part active aux opérations de guerre. Cette expédition souriait moins au général Canrobert, en vue des nouvelles instructions qu'il venait de recevoir; elle éloignait à la fois du centre d'opérations, des vaisseaux dont le concours pouvait être très-utile pour le transport des troupes de Maslak à Kamiesch, et une division dont la présence devait servir le plan combiné d'attaque extérieure.

Lord Raglan insista : les amiraux insistèrent.

« Profitons, disait le général en chef de l'armée anglaise, du temps qui nous reste avant l'arrivée ici du corps de réserve, pour explorer Kertch, le détroit de Yeni-Kalé, séparer l'Asie de l'Europe et enlever aux Russes les moyens de ravitaillement qu'ils tirent de la mer d'Azoff. Il est d'autant plus urgent de se presser, ajoutait-il, que les Russes travaillent à obstruer le passage, et que chaque jour de retard double les difficultés et ôte à cette entreprise des chances favorables de succès. »

Dans toutes les questions importantes, se glissait une question d'harmonie et d'accord entre les généraux alliés, complication permanente à laquelle il fallait songer. — C'était une balance dans laquelle chacun apportait sa part de conciliation. Lord Raglan, nous l'avons dit, était très-porté pour l'attaque générale contre la place; il avait accepté, tout en le regrettant vivement, le changement de résolution qu'avait amené la dépêche adressée par le ministre de la marine ; l'expédition de Kertch était, à son tour, du côté du général français, une concession à la bonne harmonie. Le général Canrobert céda donc aux pressantes sollicitations de lord Raglan, et l'expédition fut arrêtée.

Les troupes françaises étaient commandées par le général d'Autemarre, les troupes anglaises par le général Brown, qui prenait le commandement supérieur par ancienneté de grade.

XVIII. — Au milieu de toutes ces péripéties, de tous ces événements, le général en chef voulut passer une grande revue de chacun des deux corps d'armée, pour leur annoncer le puissant renfort qui allait bientôt débarquer à Kamiesch. Une journée devait être consacrée à chaque corps. — La première de ces deux revues eut lieu le 26, la seconde le 27. A toutes deux assistaient l'ambassadeur d'Angleterre et de jeunes dames anglaises dont les visages souriaient doucement à ces mâles colonnes qui défilaient devant le général en chef dans leur tenue de combat.

Après la revue, le général Canrobert se porta successivement devant chaque division, et fit former autour de lui le cercle des officiers. — Avec quelle impatience chacun attendait les paroles qui allaient sortir de ses lèvres !

Il annonça que 30 000 hommes environ, réunis en ce moment à Constantinople, allaient venir partager la gloire et les fatigues de leurs compagnons d'armes, et qu'alors la France et l'Angleterre se réunissant dans un commun effort, frapperaient à la fois à la porte et aux fenêtres de Sébastopol.

Chacun salua cette espérance et retourna au camp la joie et la confiance dans le cœur. Ces deux journées auxquelles le canon qui tonnait venait ajouter sa voix retentissante, furent belles de poésie guerrière et de solennelle gravité.

CHAPITRE II.

XIX. — On touchait à la fin d'avril.

Le général Niel avait pris par ordre de l'Empereur le commandement en chef du génie de l'armée d'Orient (1).

(1) LE GÉNÉRAL NIEL.

La mission importante dont avait été chargé le général Niel, les études qu'il avait faites des terrains d'attaque, sa haute position dans l'arme du génie, l'appelaient tout naturellement à remplacer le digne général que la mort avait frappé. Lourde succession ; car on était arrivé à cette période du siége, où le génie devait s'avouer que ses espérances ne s'étaient point réalisées, et que chaque jour l'objectif de ses efforts semblait s'éloigner davantage.

Le général Niel, placé aujourd'hui à la tête du génie, est né en 1802. Élève de l'École polytechnique, il était sous-lieutenant élève du génie, à Metz, en 1823. En 1827, il était lieutenant, et déjà capitaine en premier en 1835. Il s'embarquait en 1836 pour l'Afrique, attaché à l'état-major du génie du corps d'expédition contre Constantine. Chacun se rappelle ce siége mémorable, où le général Vallée, après la mort du commandant en chef, le général Damrémont, prit le commandement supérieur : action de guerre sanglante et mémorable, où se trouvent déjà au premier rang, parmi les plus ardents à combattre, ceux dont les noms, plus tard, devaient acquérir une si belle popularité, et s'élever, par l'éclat de leurs services, aux premiers

Nul mieux que cet habile général ne pouvait remplir ces importantes et difficiles fonctions. Chaque jour depuis son arrivée en Crimée avait été pour lui une

rangs de l'armée. Le général Niel se distingua dans cette arme du génie, qui, dans les siéges, a su prendre la plus large part du danger. Il reçut, pour sa brillante conduite à l'assaut de Constantine, les félicitations du ministre de la guerre. et fut nommé plus tard commandant du génie de la place dans cette ville. Chef de bataillon en 1837, il revint en France et entra, à Metz, au 3e régiment du génie. Un an ne s'était pas encore écoulé, qu'il était lieutenant-colonel, puis, colonel six ans plus tard : c'était en 1846. Dans les différentes fonctions qu'il avait remplies, le colonel Niel avait su se faire distinguer, et déjà il était classé parmi les officiers du génie les plus capables et les plus éclairés. Aussi, lorsqu'en 1849 l'expédition de Rome fut résolue, le colonel Niel fut nommé chef d'état-major du génie au corps expéditionnaire de la Méditerranée. Général de brigade deux mois après, il était appelé au commandement du génie de l'expédition. Il rendit dans ces importantes fonctions des services signalés, et après la capitulation de la place, le général en chef lui donna, en témoignage de sa haute satisfaction, la belle mission d'aller à Gaëte porter les clefs de Rome au saint-père.

Après l'expédition, chef du service du génie au ministère de la guerre, il fut nommé membre du comité des fortifications, puis général de division en 1853. Le général Niel avait au plus haut degré la passion de l'arme qu'il avait choisie, et, dans la position élevée qu'il devait à ses services, il continuait encore des études, que dans sa pensée il regardait toujours comme incomplètes. Lorsque la guerre fut déclarée en Orient, et que l'Empereur envoya un corps expéditionnaire dans la Baltique, sous les ordres du général Baraguay d'Hilliers, le choix du ministre appela le général Niel à commander le génie. La prise de la forteresse de Bomarsund ajouta un titre de plus à tous ceux que le général avait acquis déjà dans son active et laborieuse carrière. Nommé aide de camp de l'Empereur en 1855, il fut, nous l'avons dit, envoyé en mission devant Sébastopol, pour apporter à ce siége difficile et redoutable sa part de lumières et de vieille expérience.

Telle est la vie militaire de celui qui prenait le commandement en chef du génie : s'il avait laborieusement étudié dans les livres cette science difficile et ardue, il l'avait surtout et souvent étudiée en face du canon de l'ennemi, à Constantine, à Rome, à Bomarsund, à Sébastopol.

étude sérieuse, approfondie du siége, et tous avaient une juste confiance dans son expérience et dans sa haute capacité.

Quoique le feu eût été circonscrit dans des limites restreintes, il continuait cependant avec régularité et causait aux défenses de la ville et à la ville elle-même un mal sensible.

A l'attaque de droite aucun événement réellement sérieux ne s'était produit en dehors du résultat plus ou moins favorable du tir de notre artillerie.

A l'attaque de gauche, au contraire, où nos approches tendaient à resserrer de plus en plus la place, chaque jour portait en soi sa menace, chaque nuit son combat.

Déjà depuis que nous occupions une portion du cimetière, dont une des extrémités était le lieu désigné d'un commun accord pour les entrevues de parlementaires, toutes communications par terre avaient été supprimées; et, par convention en date du 24 avril, il avait été convenu que les échanges de lettres auraient lieu désormais par voie de mer (1).

(1) *Devant Sébastopol, le 24 avril* 1855.

En vertu de conventions arrêtées entre lord Raglan, les amiraux, et le général Canrobert d'une part, et le gouverneur de Sébastopol de l'autre, il a été entendu que les échanges se feraient désormais par voie de mer. Les seules relations qui pourront s'établir à l'avenir entre l'assiégé et nous, seront celles que nécessitera l'inhumation des morts, lorsqu'il s'en trouvera en avant des lignes. Dans ce cas, les dispositions ci-après seront prises :

« Le pavillon blanc parlementaire sera arboré à midi, vis-à-vis du

Les Russes, instruits par les champs de bataille de l'Alma et d'Inkermann, redoublent d'efforts, d'activité et d'audacieuse défense; ils multiplient les fossés, les trous de loup, les abatis, les obstacles de toute nature pour entraver une action décisive; ils s'entourent d'une triple ceinture d'airain. Cependant nous avançons sans cesse; les entonnoirs de la mine nous ont portés à 70 mètres du bastion du Mât, et nous cheminons sous le feu incessant de la mitraille, entretenant chaque nuit une guerre permanente d'embuscades.

Ces combats perpétuels nous coûtaient beaucoup de monde, et n'amenaient pour ainsi dire que des résultats négatifs; on résolut donc de ne pas perdre ainsi un sang précieux.

« Quand le jour de l'attaque sera décidé, se disait-on, l'artillerie détruira ces petits postes avancés et l'on passera outre. » — C'était une résolution difficile à tenir; car ces petits postes, aujourd'hui sans grande conséquence, pouvaient, avec l'activité des Russes, ces remueurs infatigables de terre, devenir des obstacles menaçants et sérieux.

XX. — C'est ce qui arriva. Quelques embuscades séparées sont en une nuit reliées entre elles, et forment déjà une sorte de ligne couvrante; un feu très-vif de

point où il y aura lieu de procéder à l'opération dont il s'agit, sans que, pour cela, il soit nécessaire de faire cesser le feu dans les autres directions. Chaque parti fera inhumer les morts qui seront les plus rapprochés de ses travaux : aucune communication ne pourra avoir lieu entre les personnes appelées à figurer dans l'opération. »

mousqueterie de notre part n'a pu empêcher ce reliement. Plus de deux cents hommes peuvent se loger dans cet abri, et faire pleuvoir à très-courte distance sur notre parallèle avancée une grêle de balles. Les chefs de service des armes spéciales s'émurent de la proportion croissante que prenait chaque nuit cet ouvrage, devenu un réduit fermé communiquant avec un des saillants du bastion Central. — Évidemment la pensée des Russes était d'y faire une place d'armes, qui une fois achevée et armée devait battre d'enfilade nos attaques sur le bastion du Mât et une nouvelle batterie (batterie 40) que nous venions de construire.

Si d'un côté l'importance de l'enlever aux Russes était grande, de l'autre, les instructions positives qu'avait reçues le général Canrobert et les projets d'investissement à l'extérieur qui devaient précéder l'assaut, lui faisaient désirer de ne pas s'emparer de points trop rapprochés de la place, dont l'occupation permanente (dans le cas où le siége ne serait pas immédiatement poussé à fond) coûterait des sacrifices considérables et des pertes journalières. Il fallait donc, dans la pensée du général en chef, se maintenir avec vigueur dans ses lignes d'attaque, et avant de prononcer en avant des mouvements offensifs qui engageaient la position, attendre les résultats des décisions ultérieures qui devaient être prises.

Le général Pélissier, commandant le premier corps, regardait cette occupation comme indispensable, et demandait avec instance l'autorisation d'agir.

Nous avons dit les raisons de haute prudence qui arrêtaient le général en chef. Le 30 avril, il répondit aux instances du général Pélissier : « que, dans les circonstances présentes, il ne consentirait à l'enlèvement de l'ouvrage, que s'il lui était démontré que cela fût d'une nécessité absolue, ne voulant pas faire un sacrifice inutile d'hommes, pour occuper un point dont la possession attaquée par les feux croisés des deux bastions, coûterait plus cher encore, si l'on voulait s'y maintenir. »

XXI. — Depuis deux jours les ordres étaient donnés au major de tranchée (colonel Raoult) de prendre toutes les dispositions, afin que l'on fut prêt immédiatement, si l'autorisation sollicitée parvenait au quartier général du premier corps.

Le général Canrobert, après avoir fait à ce projet d'attaque les objections que nécessitaient les circonstances exceptionnelles dans lesquelles il se trouvait placé, écrivait le 1er mai au général Pélissier :

« Mon cher général, je maintiens le sens de la lettre que j'ai eu l'honneur de vous écrire hier, au sujet des ouvrages de contre-approche de l'ennemi, en avant de notre batterie : 40. Ces ouvrages ne doivent être attaqués de vive force, que si l'impossibilité de ne pas le faire vous était matériellement ou moralement démontrée. Dans ce cas seulement vous feriez agir, en employant toutes les dispositions que votre haute expérience vous suggérerait. Vous penseriez, sans doute, qu'il ne faudrait engager que peu de troupes très-solides, et les faire soutenir à point par des réserves solidement constituées. »

A la suite de cette lettre, une dernière réunion eut lieu, où les chefs de l'attaque du premier corps pesèrent les difficultés de cette situation périlleuse dans le présent, terrible peut-être dans l'avenir. Après une longue et sérieuse délibération, leur avis d'agir fut unanime; la contre-approche des Russes pouvait paralyser entièrement les travaux du génie, et causer à notre artillerie des dommages peut-être irréparables.

« Cet ouvrage a grandi, répondait au général en chef le général Pélissier; sous peu, entièrement relié, il fera partie du corps de place et nécessitera un siége comme le reste, un siége véritable avec des sacrifices réellement plus grands que le coup de main que je vous ai proposé et que nos chefs de service jugent utile pour la sécurité de nos tranchées et de nos propres batteries. S'il m'était donné de décider, je n'hésiterais pas.

« L'ardeur des Russes à pousser ainsi en avant, à nous créer cet obstacle, à travailler quand même sous le feu le plus nourri d'artillerie et de mousqueterie, montre quelle importance ils attachent à cette nouvelle création. Elle nous donne la mesure de l'attention que nous devons y porter. »

Le général annonçait, en outre, « que les Russes s'étendaient vers la Quarantaine. Il n'y a pas à en douter, disait-il en terminant, c'est une ligne de défense avancée qu'ils établissent avec une activité des plus audacieuses. Jour et nuit, on les voit travailler sans relâche. Si l'on ne marche pas, l'ennemi, enhardi, pourra marcher sur nous. »

Le général en chef envoya, le 1er mai, l'ordre d'enlever cet ouvrage. L'exécution en fut confiée au général de division de Salles, secondé par les généraux Bazaine, de La Motterouge, Rivet et le lieutenant-colonel Raoult. Le lieutenant-colonel Guérin, l'un des plus ardents pour cette attaque, fut chargé de diriger pendant le combat les travaux difficiles du siége.

XXII. — Dans la journée, les trois généraux allèrent de nouveau reconnaître le terrain et arrêter, sur les lieux mêmes où le combat devait se livrer, leurs dernières dispositions.

Le général en chef vint aussi visiter les tranchées.

A cinq heures, les troupes désignées pour cette importante opération arrivèrent à la maison du Clocheton et se massèrent sur divers emplacements, ainsi que les travailleurs. Il y avait autour de la demeure du major de tranchée un grand mouvement; les différents ordres arrivaient d'heure en heure, et les aides-majors donnaient à chacun des officiers les instructions spéciales qui les concernaient.

Les troupes s'écoulèrent lentement une à une, et traversèrent les cheminements en silence, de manière à ne pas donner l'éveil à l'ennemi. La nuit était claire et permettait de disposer avec ordre le placement des troupes.

L'attaque avait été divisée en trois colonnes.

La colonne de gauche, sous les ordres du général Bazaine, devait tourner l'ouvrage occupé par l'ennemi. Celle du centre, commandée par le général de La Motterouge, devait aborder de front la position. La colonne de droite, que dirigeait le capitaine Villermain avec le 9e bataillon de chasseurs à pied, appuyé par deux compagnies du 42e, capitaine Ragon, abordait par leur gauche les retranchements ennemis.

A dix heures et demie le signal est donné.

Aussitôt, de nos parallèles les plus avancées, les trois petites colonnes d'attaque s'élancent avec un élan impétueux, escaladant les parapets; elles vont au pas de course, et sans tirer un coup de fusil.

A gauche, le général Bazaine, intrépide et énergique officier, lance les compagnies du 1er régiment de la légion étrangère, que commande le colonel Viénot, et celles du 43e, à la tête desquelles marche le commandant Becquet de Sonnay. Le 79e suit les traces du colonel Grenier.

Un feu violent les accueille; soldats et officiers y répondent par les cris répétés de : *vive l'Empereur !* et, comme un torrent, envahissent à la fois toutes les portions de l'ouvrage qui sont devant eux. Au centre, le général de La Motterouge dirige le mouvement avec sa valeur habituelle. Pendant qu'un bataillon du 46e, que mène au combat le colonel Gault, aborde la position à la baïonnette et franchit la première enceinte, le second marche sur ses pas : l'intérieur de l'ouvrage est envahi, et ce n'est plus qu'une étreinte corps à corps, une lutte d'homme à homme. En vain les officiers russes cherchent à rallier, sur une place d'armes en arrière, leurs compagnies en désordre et, combattant en soldat, donnent l'exemple du plus intrépide courage : la résistance est vaine. De toutes parts l'ennemi est refoulé, de toutes parts, il est pressé, écrasé, enveloppé par nos baïonnettes, car le colonel Brégeot est accouru contre eux avec son brave 98e; et, sur la gauche, les chasseurs à pied et le 42e ont aussi victorieusement pris position dans cet ouvrage, qui désormais doit nous appartenir.

XXIII. — La lutte avec les soldats est terminée, la lutte avec les canons va commencer.

Aussitôt que les Russes ont regagné les abords de la place, une violente canonnade, partie à la fois de tous les points, cherche à nous écraser par une pluie de mitraille; mais déjà les travailleurs sont à l'œuvre et placent des gabions sur le tracé arrêté à l'avance. Le lieutenant-colonel Guérin et les officiers du génie les dirigent avec un sang-froid qui est justement admiré de tous. Tâche difficile dont chaque pas est marqué par une trace de sang; mais la mort, qui frappe de tous côtés, n'effraye pas ces cœurs résolus. Les parapets sont retournés pour dérober la position aux vues de la place, et la communication qui doit la relier avec la parallèle en arrière, quoique encore imparfaite, peut pourtant déjà servir d'abri et de défense.

Pendant ce temps notre artillerie, sous l'énergique

Attaque du 1er mai 1855.

direction du général Lebœuf, contre-battait à son tour, par un feu violent, toutes les batteries qui avaient vue sur nos attaques : elle arrêta cet orage de fer qui décimait à la fois les travailleurs à l'œuvre, les troupes qui leur servaient de soutien et celles massées dans les tranchées en arrière.

Dans ce combat, comme dans tous, les soldats, entraînés par leur élan, dépassèrent les ordres qu'ils avaient reçus ; quelques-uns s'élancèrent à la poursuite de l'ennemi. Animés d'une audace insensée, ils arrivent jusqu'aux escarpements du bastion Central et tentent de les escalader ; mais de tous côtés des fougasses éclatent et les renversent en bouleversant les terres. Ils reviennent alors laissant des cadavres, qui disent à l'ennemi : que déjà le pied français a marqué son empreinte sur les parapets de ses bastions. — Trois fois les Russes ont tenté des retours offensifs, et trois fois ils ont été repoussés. Les compagnies, établies sur cinq rangs, couchées à terre, la baïonnette en avant, attentives au moindre mouvement, gardent notre nouvelle conquête.

Pendant la durée de ce combat important, le général en chef, placé à l'observatoire du grand quartier général, envoyait à la maison du Clocheton des officiers de son état-major s'informer du résultat de la lutte, dont les retentissantes détonations parvenaient jusqu'à lui, éclairant l'horizon de longs rais enflammés. Les premiers soldats qui arrivaient annonçant le succès de nos armes, portaient sur un brancard le colonel Viénot, frappé glorieusement, l'épée à la main; à la tête de son régiment (une balle lui avait traversé le crâne) : c'était un brave soldat, dont la perte fut vivement sentie (1). A peu de distance suivaient les brancards sur lesquels étaient étendus le commandant Julien et le capitaine Dubosquet, tous deux tués. — Hélas! notre succès était payé par des pertes douloureuses : mais le jour, en éclairant le lieu du combat, montra le sol et les fossés de l'ouvrage jonchés de cadavres russes. Des prisonniers, des armes, des outils en grand nombre et neuf mortiers portatifs, trouvés en batterie, restèrent entre nos mains (2).

(1) LE COLONEL VIÉNOT.

Le colonel Viénot, né en 1804, était âgé de 51 ans; il sortit de l'École spéciale militaire en 1825, et passa plusieurs années en Afrique. Tous les généraux inspecteurs le signalèrent comme un officier distingué, instruit et capable; c'était surtout un chef actif, digne et ferme à la fois dans le commandement. C'est à cause de ces qualités essentielles que le commandement difficile d'un régiment de la légion étrangère lui fut donné en Orient. Ses soldats l'aimaient, et c'est au milieu d'eux qu'il tomba frappé mortellement.

(2) *Rapport particulier du général de Salles au général Pélissier.*

« Général,

« Les ordres que vous m'avez donnés hier au soir ont été exécutés. L'important ouvrage que les Russes avaient construit à quelques mètres de la batterie n° 40, a été vigoureusement enlevé à la baïonnette par nos braves soldats; les troupes s'y sont maintenues. Sous la direction des officiers du génie, les parapets ont été retournés; une communication avec nos approches a été construite dans la nuit; au jour l'ouvrage a pu être conservé, et j'ai la confiance qu'il nous appartient définitivement.

« Cet ouvrage présentait une double enceinte; son importance était immense; il avait pour but d'écraser par des feux d'artillerie la batterie n° 40, et les travaux qui l'entourent, de battre les deux gorges

XXIV. — Dans la matinée qui suivit, le feu se ralentit, et 400 travailleurs furent employés aux communications commencées entre nos approches et cette place d'armes dont nous venions de nous emparer. D'un seul bond nous nous étions avancés de 150 mètres sur le bastion Central.

Le lendemain, vers les trois heures, 300 Russes environ débouchaient par une issue, à gauche de la lunette du bastion Central, courbés à terre, marchant en une seule colonne. Sans nul doute, ils supposaient que nos défenses, tourmentées toute la nuit par le feu incessant de leur artillerie, devaient être encore imparfaites sur ce point.

Deux compagnies d'élite du 2e régiment de la légion étrangère, une du 43e et deux bataillons du 46e et du 98e, tous deux d'un effectif très-affaibli par le combat de la nuit précédente, gardaient cette position. Les Russes, protégés par les ondulations du terrain, avaient pu, sans être aperçus, arriver très-proche des parapets derrière lesquels nos compagnies de garde étaient couchées; espérant nous surprendre par cette attaque inusitée en plein jour, ils s'élancent avec une grande

qui séparent cette batterie du bastion du Mât et de la crête sur laquelle nous avons établi les batteries 41 et 42. Presque entièrement terminé, il avait déjà reçu un armement de 9 mortiers, et il était défendu par plusieurs bataillons, flanqué par les feux croisés du bastion du Mât et de la Quarantaine, et soumis aux feux de la face gauche du bastion du Centre et de la flèche qui la couvre. L'ouvrage nous appartient, les défenseurs ont été culbutés à la baïonnette, l'artillerie est entre nos mains; tous les efforts de l'ennemi pour tenter la reprise de cet ouvrage ont échoué. »

impétuosité, battant la charge et poussant, selon leur habitude, des cris sauvages. Les voici contre les parapets, assaillant à la fois nos soldats de coups de fusil, de coups de pierres, de coups de crosse; ceux-ci supportent sans faiblir ce choc inattendu : les plus rapprochés n'ont pas eu le temps de saisir leurs armes; mais ils rendent coup pour coup, pierre pour pierre, frappant l'ennemi avec les pioches et les pelles qui étaient sous leurs mains, et combattant à la fois comme des travailleurs et des soldats. La colonne ennemie est rejetée en arrière; mais, se reformant avec audace sous notre feu, elle revient de nouveau à la charge, enhardie par le petit nombre des défenseurs de cette importante position. Le lieutenant-colonel Martineau-Deschenez soutient vaillamment, avec le 46e, cette seconde attaque, et deux compagnies du 1er régiment des voltigeurs de la garde, en réserve dans la deuxième parallèle, s'élancent à travers champs sur l'ennemi, qu'elles menacent sur son flanc droit : à leur tête est le capitaine Gentil; chacun court à travers la mitraille. C'est la première fois que ce brave régiment de la garde s'élance au feu, il a cet enthousiasme superbe d'un premier combat, enthousiasme que tous, depuis les chefs jusqu'aux soldats devaient conserver jusqu'à la fin de cette longue et terrible lutte. — Sur les pas des voltigeurs se sont jetées une compagnie de chasseurs à pied et deux du 80e que dirige le commandant Courson : ce renfort inattendu rendit la lutte terrible et courte à la fois. Les Russes, comprenant l'impossibilité de nous désemparer de cet ouvrage, regagnèrent leurs bastions, où les poursuivirent la grêle de nos balles et les boulets de nos canons (1).

Depuis Inkermann c'était la première fois qu'un combat avait lieu à la lumière du jour et aux rayons du soleil. Mais bientôt un voile de fumée avait enveloppé l'horizon et caché les batteries de l'ennemi, ainsi que le long mur de la Quarantaine, déchiré par notre artillerie.

Toute tentative pour nous disputer la victoire était désormais inutile. Dans la journée du 3, le pavillon blanc s'éleva sur la lunette du bastion Central, et un parlementaire russe demanda de la part du général Osten-Sacken

(1) Le général en chef signale en ces termes la brillante conduite des troupes dans les combats du 2 et du 5 mai.

« Devant Sébastopol, le 2 mai 1855.

« L'ennemi avait établi devant nos attaques de gauche une série de postes fortifiés qu'il avait solidement reliés, et dont le développement présentait ces jours derniers l'aspect d'un ouvrage avancé, à double enceinte, menaçant nos travaux les plus rapprochés de la place. Il était défendu par plusieurs bataillons.

« Dans la nuit du 1er au 2 mai, cet ouvrage a été enlevé par trois colonnes formées du 46e de ligne, colonel Gault, et de détachements des 1er régiment de la légion étrangère, 43e, 79e, 42e et 98e de ligne, et 9e bataillon de chasseurs à pied, aux ordres directs du général de division de Salles, secondé par les généraux Bazaine et de La Motte-rouge.

« Habilement et vigoureusement conduites, les troupes ont marché avec ordre en même temps qu'avec un irrésistible élan. Elles ont culbuté l'ennemi, l'ont rejeté dans la place, et le génie, dont les périlleux travaux ont été dirigés avec une énergie remarquable par le lieutenant-colonel Guérin, a assuré leur établissement définitif dans l'ouvrage, dont elles ont enlevé l'armement.

« Le colonel Vienot, du 1er régiment de la légion étrangère, est mort glorieusement, l'épée à la main, à la tête de son régiment.

« Je remercie les généraux, les officiers, les soldats, de leur vail-

une suspension d'armes, pour rendre aux morts les derniers devoirs. Cette autorisation fut aussitôt accordée.

A deux heures, le feu recommençait des deux parts.

« Ce double combat, écrivait le général en chef, en date du 4 mai, caractérise de la manière la plus heureuse les qualités d'élan et d'ardeur qui sont particulières à nos troupes : jamais elles ne firent preuve sur un théâtre, restreint il est vrai, mais où le drame de la guerre se manifestait sous les formes les plus saisissantes, de plus de vaillance et d'impétuosité ».

Dans les deux engagements 33 officiers avaient été mis hors de combat, 11 étaient tombés pour ne plus se

lante conduite ; elle consacre l'ascendant que notre opiniâtreté et tant de vigoureux combats nous ont acquis sur l'assiégé.

« Je remercie, en particulier, le général Pélissier, commandant le 1er corps, des habiles et fermes dispositions d'ensemble avec lesquelles il a préparé les résultats que nous venons d'obtenir. »

« Devant Sébastopol, le 5 mai 1855.

« L'ouvrage que nous avons enlevé à l'ennemi avait pour lui trop d'importance pour qu'il ne fît pas de grands efforts pour le reprendre Il l'a tenté le 2 mai ; mais il est resté impuissant devant l'inébranlable solidité des compagnies d'élite du 2e régiment de la légion étrangère, d'un bataillon du 46e de ligne, d'un bataillon du 98e et d'une compagnie d'élite du 43e, chargés de défendre notre conquête, sous les ordres du lieutenant-colonel Martineau des Chenez, commandant les attaques du centre.

« Pendant ce vif et brillant engagement, deux compagnies du 1er régiment de voltigeurs de la garde impériale, entraînées par le capitaine Genty, ont franchi avec un remarquable élan le parapet de la deuxième parallèle, et se sont portées en avant avec une compagnie du 10e bataillon de chasseurs à pied et deux compagnies du 80e de ligne, par un mouvement plein d'initiative et d'entrain qui menaçait le flanc droit de l'ennemi. Celui-ci, désespérant de vaincre, est rentré dans la place avec des pertes considérables.

« Le général en chef, CANROBERT. »

relever. — Ce chiffre dit assez à quel rang sont les officiers, quand l'heure est venue de combattre.

XXV. — Omer-Pacha, prévenu par de nombreux rapports, que les Russes s'avançaient en force sur Eupatoria, s'est rendu dans cette ville avec 5000 des soldats qu'il avait conduits devant Sébastopol.

L'expédition de Kertch est partie avec la division Brown et la 1re division du 1er corps français sous les ordres du général d'Autemarre, qui a remplacé le général Forey (1); un détachement turc fait aussi partie de l'opération.

Les vapeurs avaient pris la mer le 30 avril au soir. La petite flottille, afin de donner le change, cingla d'abord dans la direction d'Odessa ; elle devait se rabattre sur la

(1) Appelé au commandement de la province d'Oran, le général Forey se sépara avec une profonde amertume de cette armée dont il avait partagé depuis le commencement les travaux, les combats et les fatigues.

Avant de partir il adressa ses adieux à sa division en termes nobles et touchants :

« Officiers, sous-officiers et soldats, disait son ordre du jour, un ordre de l'Empereur m'appelle à un autre commandement ; un soldat ne sait qu'obéir. Je quitte celui de la belle et brave division que depuis un an je m'étais plu à considérer comme une famille, dont tous les membres m'étaient dévoués, et que j'espérais, après lui avoir assigné moi-même, comme commandant du corps de siége, les postes les plus périlleux, conduire bientôt sur la brèche de Sébastopol : c'est vous dire les regrets que j'en éprouve. Si quelque chose peut les adoucir, ce sont les témoignages d'estime et de sympathie que j'ai reçus de toutes parts en vous quittant, et l'assurance que j'emporte que, sous les ordres d'un autre chef si digne de vous commander, vous conserverez votre belle réputation, parce que vous serez toujours de vaillants soldats. »

Le général en chef voulut, de son côté, rendre au général Forey,

gauche, aussitôt que la nuit ou la distance qu'elle aurait franchie, lui permettrait d'opérer son mouvement sans être aperçue des parages de Sébastopol.

Le lendemain matin, une dépêche télégraphique, partie du cabinet de l'Empereur, arriva de Paris, disant au général en chef :

« Au reçu de cette dépêche, réunissez tous vos moyens pour vous préparer à attaquer l'ennemi extérieurement; concentrez immédiatement toutes vos forces, même celles de Maslak. »

Le général Canrobert se rendit aussitôt auprès de lord Raglan. « Il avait pu, lui dit-il, devant une certaine latitude de temps, en profiter, comme l'avait dit le général anglais lui-même, pour envoyer des troupes à Kertch; mais devant un ordre positif, émanant de l'Empereur, qui lui commandait de réunir sans retard tous ses moyens d'attaque et de concentrer ses forces, il ne

avant son départ, un éclatant témoignage de grande estime et d'entière satisfaction, et publia l'ordre général qui suit :

« L'Empereur appelle à l'armée d'Afrique M. le général Forey, en l'investissant du commandement important de la division d'Oran. Le général en chef, en faisant ses adieux à cet officier général, lui exprime hautement sa satisfaction et sa reconnaissance pour les services signalés qu'il n'a cessé de rendre dans la haute position de commandant du corps de siége devant Sébastopol, qu'il a exercée avec une inébranlable et loyale énergie, pendant cinq mois des plus dures épreuves.

« Le nom du général Forey restera glorieusement attaché aux efforts persévérants de l'armée d'Orient pendant cette mémorable campagne d'hiver.

« Au grand quartier général, devant Sébastopol, 11 avril 1855.

« Le général en chef, CANROBERT. »

Le général Forey quitta la Crimée le 17 avril.

pouvait laisser éloignée une partie de ses troupes et de ses transports »

Lord Raglan insista vivement pour que l'expédition continuât son cours; mais le général Canrobert crut devoir, d'après ses instructions si précises, rappeler le général d'Autemarre et le vice-amiral Bruat.

C'est de ce moment, et de cette résolution prise en dehors de la résistance apportée par le général en chef anglais, qu'une certaine froideur succéda dans les relations jusqu'alors si complétement d'accord entre les deux généraux des armées alliées.

Un des officiers d'ordonnance du général Canrobert, le lieutenant de vaisseau Martin, s'embarqua aussitôt sur *le Dauphin* et partit à l'encontre de la flottille, qu'il rejoignit dans les eaux avoisinant le détroit de Kertch.

Il remit à l'amiral Bruat l'ordre formel dont il était porteur. Ce fut un grand désappointement pour la flottille, si près de toucher au but, et qui avait tant de foi dans le succès de la mission qui lui était confiée. L'amiral Lyons, auquel le vapeur français ne portait pas d'ordre émané de lord Raglan, hésita; mais celui qui était transmis à l'amiral Bruat était impératif, l'exécution devait en être immédiate, et celui-ci se prépara à retourner vers Sébastopol.

Peu après arriva le vapeur anglais qui rappelait également l'amiral Lyons.

XXVI. — On le voit, la situation se compliquait. L'entente n'existait plus momentanément dans les projets.

Le général Canrobert, selon les ordres qu'il venait de recevoir, s'empressa d'appeler à lui toutes les troupes stationnées aux alentours de Constantinople sous le commandement du général Regnaud Saint-Jean d'Angély; et tous les moyens disponibles de l'escadre française furent dirigés sur le Bosphore pour cette opération.

Dans le même moment, le général de La Marmora (1), commandant en chef de l'armée sarde, débarquait à Kamiesch avec 4000 Piémontais, premier convoi d'un corps expéditionnaire de 15 000 hommes, qui, à la suite d'un traité avec la Sardaigne, venait partager les combats et la gloire des armées alliées. Le reste des troupes sardes arrivait successivement. — Ce corps auxi-

(1) LE GÉNÉRAL ALPHONSE DE LA MARMORA.

Le général de La Marmora, qui appartient par sa famille à la haute aristocratie de son pays, est un des grands noms de la Sardaigne; ministre de la guerre, il est l'œuvre du mouvement libéral de 1848 à 1849 : il ne nous appartient pas ici d'apprécier le côté politique de la carrière du ministre; nous n'avons à nous occuper dans cette étude rapide que du général qui a su conquérir, par ses services signalés, l'estime et l'affection de son souverain. Il prit une part brillante à la guerre de l'indépendance italienne; major d'artillerie au début de la campagne, il se distingua brillamment au siége de Peschiera, et fut bientôt promu au grade de lieutenant général. Après la cruelle journée de Novare et la conclusion de l'armistice une révolte sérieuse éclata à Gênes, le général de La Marmora reçut l'ordre de marcher sur la ville révoltée, et Gênes ne tarda pas à mettre bas les armes.

Appelé, en 1852, au ministère de la guerre, il y apporta de sages mesures et d'utiles réformes; il s'appliqua surtout à la réorganisation complète de l'armée sarde, dans laquelle la dernière guerre avait amené une confusion inévitable.

C'était au général de La Marmora que devait être réservé l'honneur de marcher à la tête de cette petite armée qui allait mêler son sang à celui des généreux défenseurs de la cause européenne.

liaire devait se réunir à l'armée anglaise et agir sur les instructions de lord Raglan (1). — Toutes les sympathies étaient acquises d'avance à cette petite armée; car on savait qu'elle avait dans ses veines le feu sacré de la guerre et l'ardent amour du champ de bataille. L'année 1848 avait laissé des souvenirs dans tous les cœurs, et chacun s'apprêtait à accueillir les nouveaux venus comme des frères d'armes connus et aimés depuis longtemps.

L'armée anglaise, de son côté, renaissait de ses ruines; elle allait redevenir ce qu'elle avait été au début de la campagne, brillante et superbe; des renforts lui arrivaient d'Angleterre, et de plus, des régiments de cavalerie accouraient des Indes prendre leur part de l'expédition de Crimée.

Sur ces entrefaites arriva un envoyé de l'Empereur, le commandant Favé.

(1) *Traité entre la France, l'Angleterre et la Sardaigne.*

Art. 1er. Sa Majesté le roi de Sardaigne fournira pour les besoins de la guerre un corps d'armée de 15000 hommes, organisé en cinq brigades, formant deux divisions et une brigade de réserve sous le commandement d'un général sarde.

. . . .

Art. 3. Le corps d'armée de Sa Majesté le roi de Sardaigne sera composé d'infanterie, de cavalerie et d'artillerie, proportionnellement à sa force effective.

Art. 4. Sa Majesté le roi de Sardaigne s'engage à maintenir le corps expéditionnaire au chiffre de 15000 hommes par l'envoi successif et régulier des renforts nécessaires.

Art. 5. Le gouvernement sarde pourvoira à la solde et à la subsistance de ses troupes.

Les ratifications de ce traité avaient été échangées, le 4 mars, à Turin.

XXVII. — Le résultat équivoque des conférences de Vienne suspendues le 22 avril, et les pressantes sollicitations de son gouvernement avaient entravé les projets de voyage de l'Empereur : il ne devait plus se rendre en Crimée ; mais si Sa Majesté elle-même ne venait pas prendre le commandement des troupes, sa pensée ne devait pas moins en recevoir son exécution ; cette pensée, mûrie à l'avance, et à laquelle les événements du mois d'avril venaient ajouter une nouvelle force, était dans un plan de campagne émané de l'Empereur lui-même, et que le commandant Favé remit au général en chef de l'armée d'Orient.

Ce document précieux, nous sommes assez heureux pour pouvoir en donner ici les principaux passages.

L'EMPEREUR

Au général Canrobert, commandant en chef l'armée d'Orient.

28 avril 1854.

« Le feu qui a commencé contre la place aura, à l'heure qu'il est, réussi ou échoué. Dans l'un et l'autre cas, il faut absolument sortir de la position défensive dans laquelle se trouve l'armée depuis six mois : à cet effet, d'accord avec le gouvernement anglais, j'aurais divisé les troupes en trois armées : une armée de siége et deux armées d'opérations.

« La première armée est destinée à garder Kamiesch et à bloquer la garnison de Sébastopol.

« La seconde armée est destinée à opérer à une petite

distance de Balaclava et à s'emparer au besoin des hauteurs de Mackensie.

« La troisième armée est destinée à faire une diversion (1).

« Si, comme je le pense, les Russes ont 35 000 hommes dans Sébastopol, 15 000 hommes au nord d'Eupatoria et 70 000 hommes entre Simphéropol, le Belbeck et la Tchernaïa, il suffisait d'avoir 60 000 hommes de bonnes troupes pour détruire toute l'armée russe qui pouvait être surprise et prise à revers avant d'avoir pu réunir toutes ses forces ; et même eût-elle pu les réunir, nous nous trouvions en nombre presque égal ; car il ne faut pas oublier ce grand principe de la guerre, que si l'on fait une diversion à une certaine distance de sa base d'opération, il faut que les troupes employées à cette diversion, soient en nombre suffisant pour résister à elles seules à l'armée ennemie qui peut réunir tous ses efforts contre elles.

« Tout cela bien considéré, j'aurais porté dans la vallée de Baïdar les 40 000 hommes pris à l'armée de Sébastopol ; et, soutenu par lord Raglan, j'aurais occupé depuis Skélia jusqu'au pont de Teulé et Tchorgoun, les quatre chemins qui traversent la Tchernaïa ; nous

(1) 1° L'armée de siége, composée de 30 000 Français et de 30 000 Turcs.. 60 000 ;
Sans compter 10 000 indisponibles.
2° La première armée d'opération sous lord Raglan, 25 000 Anglais, 15 000 Piémontais, 5000 Français et 10 000 Turcs........... 55 000 ;
3° Deuxième armée d'opération, 40 000 Français à l'armée de Sébastopol, 25 000 Français composant l'armée de réserve de Constantinople.. 65 000.

aurions eu ainsi autant de têtes de pont menaçant la gauche des Russes établis sur les hauteurs de Mackensie.

« Après ce mouvement, je laissais lord Raglan maître de toutes les positions sur la gauche de la Tchernaïa, depuis Skélia jusqu'à Tchorgoun; je réunissais, en arrière des lignes occupées par les Anglais, les 40 000 hommes de l'armée active avec la cavalerie et les moyens de transport à ma disposition, attendant dans cette situation avec des vigies sur la falaise, du côté de la mer, l'arrivée de mon corps d'armée de réserve qui, venant de Constantinople, aurait eu l'ordre de reconnaître le cap Phoros (1).

« Quelle était notre position vis-à-vis des Russes?

« Le mouvement sur Baïdar, en nous donnant les passages sur la Tchernaïa, a menacé leur gauche et fait croire à notre intention de les déloger de front des hauteurs d'Inkermann et de Mackensie; les Russes sont donc tenus en échec, et leur attention est attirée sur Inkermann et Pérékop; nos positions sont excellentes, mes projets inconnus, et si quelque chose vient les déranger, rien n'est compromis.

« Mais supposons que rien ne s'oppose au plan général, il se poursuit donc de la manière suivante :

(1) L'armée active serait ainsi organisée :

Général Canrobert, général en chef.

1er CORPS D'ARMÉE. Général Bosquet, 4 divisions d'infanterie, 1 division de cavalerie légère.

2e CORPS D'ARMÉE. Général Regnaud de Saint-Jean d'Angély, 2 divisions d'infanterie, une division de la garde, une division de grosse cavalerie.

Le général Pélissier continuerait à commander l'armée de siége.

« Dès que la flotte portant les 25 000 hommes de l'armée de la réserve a été reconnue, on lui a donné l'ordre de se porter à Alouchta sur l'endroit de la plage qui, en secret, aura été reconnu favorable à un débarquement. 3000 hommes sont disposés d'avance pour débarquer les premiers, et ils vont s'établir à trois lieues d'Alouchta, au delà du défilé d'Ayen. Tant que des cavaliers n'ont pas donné la nouvelle de l'occupation du défilé, le reste des troupes ne quitte pas les vaisseaux. Les rapports étant favorables, l'avant-garde prend là une bonne position au delà du défilé, s'y retranche et y attend l'armée; alors ce qui reste des 25 000 hommes débarque sur la plage d'Alouchta, et, de leur côté, les 40 000 hommes réunis à Baïdar reçoivent l'ordre de filer par la grande route qui longe la mer par Jalta. En trois jours, c'est-à-dire deux jours après le débarquement de l'armée à Alouchta, les 40 000 hommes de Baïdar se sont réunis sous les murs de Simphéropol aux 25 000 débarqués; on s'empare de cette ville et on y laisse une garnison suffisante, ou bien, on occupe sur la route que nous venons de parcourir, une bonne position qui assure les derrières de l'armée.

« Maintenant, de deux choses l'une : ou l'armée russe qui est devant Sébastopol abandonne cette formidable position pour venir à la rencontre de l'armée qui s'avance du côté de Baktschi-Seraï, et alors la première armée d'opération, sous les ordres de lord Raglan, la pousse l'épée dans les reins et s'empare de la position d'Inkermann; ou bien les Russes attendent dans leurs lignes l'arrivée de l'armée qui vient de Simphéropol, et alors celle-ci s'avance de Baktschi-Seraï sur Sébastopol, en appuyant toujours sa gauche aux montagnes, fait sa jonction avec l'armée du maréchal Raglan qui s'est avancé de Baïdar sur Albat, repousse l'armée russe et la rejette dans Sébastopol ou dans la mer.

« Ce plan a d'immenses avantages à mes yeux : D'abord l'armée, jusqu'à Simphéropol qui n'est qu'à neuf lieues d'Alouchta, se trouve toujours en communication avec la mer; elle traverse les pays les plus sains, où il y a la meilleure eau de toute la Crimée : ses derrières sont toujours assurés; elle occupe des terrains accidentés où notre infériorité en cavalerie est moins sensible; enfin, elle se trouve tout à coup sur la ligne d'opération des Russes et leur coupe tous les approvisionnements en s'emparant probablement de leurs parcs de réserve. Si le défilé d'Ayen, élément indispensable de la réussite du projet, est fortifié de manière à ne pouvoir être pris, les 3000 hommes qui sont allés en reconnaissance pour s'en emparer se rembarquent aussitôt, l'armée de réserve va débarquer à Balaclava, et la diversion qu'on voulait opérer à Simphéropol se fait par Baïdar, mais avec beaucoup moins d'avantages.

« Quant à la marche des 40 000 hommes qui vont de Baïdar à Alouchta, je la crois sans danger, puisque l'armée est protégée par des montagnes presque infranchissables, et qu'on est très-loin de l'armée russe. Notre armée peut, pendant presque toute la route au bord de la mer, être suivie de bateaux à vapeur pour recueillir les malades (1).

« Si, au contraire, on voulait faire une diversion par Eupatoria, mon avis est que rien ne serait plus dangereux et plus opposé aux règles de l'art comme aux conseils de la prudence. En effet, si l'on opère d'Eupatoria pour se diriger sur Simphéropol, on est dans un pays malsain, découvert et presque sans eau; on est sur un terrain où la cavalerie russe, qui est très-nombreuse, a toute chance de succès; on fait une marche de seize lieues devant un ennemi qui peut venir du nord, comme du midi, tomber sur vos colonnes et vous couper toute retraite. On ne peut appuyer ses ailes à aucun obstacle naturel. Pour aller d'Eupatoria à Simphéropol, il faut traîner avec soi tous les vivres et toutes les munitions; car, une fois l'armée partie d'Eupatoria, les 15 000 Russes qui l'entourent aujourd'hui, et dont la plupart sont de la cavalerie, harcèleront ses derrières et empêcheront l'arrivée de toute espèce de convois. Si elle trouve quelque résistance à Simphéropol et que, pendant ce temps, l'armée russe, par un changement de front, se soit mise

(1) D'un autre côté, le ministre de la guerre aura fait réunir à Constantinople des rations en viande, en poudre et en objets occupant un petit volume, afin que les soldats, en laissant tous leurs autres effets, puissent emporter dans le sac 8 jours de vivres, plus une chemise et la capote. Le corps d'armée de réserve emportera dans des vapeurs, de ces rations, pour 60 000 hommes pendant 8 jours. Les voitures qui suivront l'armée de Baïdar en emporteront autant, de sorte que les 60 000 hommes auront, en commençant le mouvement, pour 16 jours de vivres assurés. De plus, une fois à Simphéropol, les voitures pourront, par Alouchta, ravitailler l'armée.

à cheval sur la route qu'elle a parcourue, cette armée est anéantie ou affamée. Et d'ailleurs il est un autre principe absolu, c'est qu'une marche de flanc n'est possible que loin de l'ennemi et à l'abri par des obstacles de terrain.

« L'armée qui opérerait d'Eupatoria à Simphéropol n'aurait donc ni ligne d'opération, ni flanquement assuré, ni retraite, ni champ de bataille favorable, ni moyen de se nourrir. Enfin cette armée d'opération, au lieu d'être compacte, composée de soldats d'une même nation commandés par un seul chef, serait formée en grande partie de Turcs, et comme on y adjoindrait quelques divisions alliées il n'y aurait ni unité, ni sécurité, ni confiance absolue.

« Si, au lieu d'aller sur Simphéropol, l'armée partant d'Eupatoria veut se diriger tout droit sur Sébastopol, il faut qu'elle recommence dans de mauvaises conditions la campagne que nous avons faite en débarquant en Crimée, il faut qu'elle enlève les formidables positions de l'Alma, de la Katcha, et du Belbeck. Cette entreprise est impossible, car elle serait désastreuse. De là, découle la nécessité absolue de ne laisser à Eupatoria que le nombre de Turcs strictement indispensable pour défendre la place. »

« Voici le plan que je voulais exécuter à la tête des braves troupes que vous avez commandées jusqu'ici, et c'est avec la plus profonde et la plus vive douleur que des intérêts plus graves me forcent à rester en Europe.

« NAPOLÉON. »

XXVIII. On le voit, ce projet dans lequel ressortaient les qualités d'un génie supérieur répondait d'avance à toutes les éventualités, pesait toutes les ressources, et d'un œil profond sondait tous les obstacles pour les déjouer et les briser; il prévoyait à la fois les chances heureuses et contraires et s'élevait jusqu'aux régions de la plus haute stratégie.

Si l'Empereur abandonnait avec douleur la pensée de son voyage en Crimée, ce fut avec une douleur bien profonde aussi et une infinie tristesse que l'armée, qui attendait l'arrivée de son souverain avec tant d'impatience et d'enthousiasme, apprit qu'il lui fallait renoncer à cet espoir.

Lorsque le commandant Favé apporta de Paris ces instructions, bien des événements s'étaient passés; et déjà, nous l'avons dit, entre les chefs des armées alliées se montrait le germe de tiraillements intérieurs et de dissentiments impossibles peut-être à éviter.

Ce plan d'opération allait être, selon les ordres de l'Empereur, communiqué aux généraux en chef; mais le général Canrobert, par un pressentiment qui ne devait pas tarder à se réaliser, ne se dissimulait pas les difficultés qui allaient surgir; aussi il écrivait dans une dépêche particulière :

« Les trois généraux en chef vont être appelés à prononcer l'offensive contre l'armée extérieure; leur objectif sera Simphéropol et Baktschi-Séraï; mais, dans ces graves circonstances, je ne puis m'empêcher de déplorer ici l'absence d'un généralissime, homme de haute autorité, de haute position et d'assez vieille expérience pour tout dominer. »

XXIX. — Ce sera toujours dans les armées le point capital. Du manque d'unité dans le commandement en chef résultent toujours des lenteurs, des hésitations, des froissements.

Ce fut là, il ne faut pas se le dissimuler, le plus grand écueil contre lequel vint se heurter l'expédition de Crimée; cet écueil, il existait chaque jour, chaque heure; il créait des obstacles, amenait des retards, et jetait sur chaque pas de cette périlleuse entreprise d'inextricables difficultés.

Dieu seul, dans son infinie sagesse et dans sa science de toutes choses, peut savoir de quel poids eût pesé, dans la balance des événements, l'unité de commandement.

Lord Raglan avait une répugnance réelle pour le projet d'investissement à l'extérieur.

D'abord, de concert avec Omer-Pacha, il aurait désiré opérer par Eupatoria; mais les inconvénients de ce mouvement étaient si évidents, si incontestables et si sagement énumérés dans le plan de campagne, que les deux généraux alliés durent se rendre aux justes observations du général français.

Alors survint dans le conseil une nouvelle difficulté: la route d'Alouchta à Simphéropol paraissait trop en l'air à lord Raglan, celle de Baïdar à Baktschi-Séraï lui semblait préférable ; mais il était évident toutefois que lord Raglan cédait, de guerre lasse et sans conviction : aussi, à tout instant, et sur toutes les questions de détail, l'opposition tacite de sa pensée se traduisait à son insu.

Devant les hasards terribles et douteux d'un assaut général, devant la menace perpétuelle de la partie nord de la ville, que ne pouvaient envelopper nos attaques et qui nous échapperait toujours, le général Canrobert, après tant de croyances déçues et tant d'événements imprévus et contraires, attachait à l'opération projetée une importance si capitale pour le succès de la campagne, qu'il fit sans hésitation le sacrifice de sa personnalité à ce qu'il regardait comme le nœud de la situation.

Ici se retrouve encore la hauteur et la noblesse de caractère du général en chef. Pour arriver promptement à un résultat heureux, éloigner les difficultés, aplanir les obstacles, il proposa à lord Raglan de lui laisser en cette circonstance le commandement suprême, et pria avec instance Omer-Pacha d'agir comme lui, et d'accepter de son côté le commandement supérieur de lord Raglan.

Celui-ci fut un instant étonné de cette proposition, car il y avait là une abnégation à la chose publique, difficile souvent aux cœurs même les plus élevés. C'était, en outre, une lourde responsabilité dont le poids subit effrayait peut-être le général anglais. Il refusa d'abord, puis hésita, puis enfin accepta, et demanda ensuite que les troupes françaises se chargeassent d'occuper et de défendre les tranchées anglaises.

Cette nouvelle proposition ne pouvait être acceptée. Le développement de nos lignes exigeait déjà, pour le service de chaque jour, de nombreuses troupes; et il n'était pas possible, sans de graves inconvénients et sans un accroissement fatal de pertes journalières, d'en augmenter le chiffre. Le général refusa. Dès lors il n'y avait plus moyen de s'entendre. Deux conférences, dont la première avait duré près de sept heures, n'avaient pu vaincre les répugnances de lord Raglan à surmonter les obstacles qui, dans la pensée du général en chef de l'armée anglaise, s'opposaient à l'exécution de ce plan de campagne.

Le premier coup porté aux relations d'entente cordiale qui jusque-là avaient toujours existé entre les deux généraux en chef, avait été le rappel de l'expédition de Kertch; le refus de lord Raglan de coopérer au plan d'attaque qui lui était proposé par le général Canrobert, fut le dernier.

Par suite de ce refus, la situation faite au général en chef de l'armée française devenait presque impossible vis-à-vis l'armée qu'il commandait et vis-à-vis le chef de l'armée alliée.

XXX. — La résolution du général Canrobert en cette occurrence fut rapidement prise ; car il la puisa dans les sentiments patriotiques d'un cœur élevé ; il n'hésita pas à se sacrifier au bien public et à descendre volontairement, dans l'intérêt de la chose commune, du rang élevé où l'avait placé la confiance du souverain. Action noble et belle ; car ce ne peut pas être sans une profonde amertume, qu'un général abandonne le commandement en chef d'une belle et vaillante armée. Une fois ce parti pris avec lui-même, sa volonté fut inébranlable. — Le 16 mai, à dix heures du matin, il envoya au ministre de la guerre la dépêche télégraphique suivante :

« Ma santé fatiguée ne me permettant plus de conserver le commandement en chef, mon devoir envers mon souverain et mon pays me force à vous demander de remettre ce commandement au général Pélissier, chef habile et d'une grande expérience. L'armée que je lui laisserai est intacte, aguerrie, ardente et confiante : je supplie l'Empereur de m'y laisser une place de combattant à la tête d'une simple division. »

Mais si le général Canrobert gardait ainsi secrète la cause réelle de cette subite résolution en l'imputant à sa santé fatiguée, il devait faire connaître la vérité à son souverain.

Il écrivait à l'Empereur, le 19 mai :

« Le peu d'effet relatif produit contre Sébastopol par les nombreuses et excellentes batteries des alliés ; la non-attaque de nos lignes extérieures par l'ennemi ; la réouverture du feu, attaque qui paraissait très-probable, et sur laquelle j'avais fondé des espérances d'un succès plus décisif que celui d'Inkermann ; les ardues difficultés que je viens d'éprouver pour préparer l'exécution du plan de campagne de Votre Majesté, devenu *presque impossible* par la non-coopération du chef de l'armée anglaise, la position *très-fausse* que m'a créée ici, vis-à-vis des Anglais, le rappel subit de l'expédition de Kertch, à laquelle, je l'ai su depuis, ils attachaient une importance capitale; les exceptionnelles fatigues morales et physiques auxquelles, depuis neuf mois, je n'ai pas cessé un seul instant d'être soumis : toutes ces raisons, Sire, ont produit dans mon âme une conviction, celle que je ne devais plus diriger désormais en chef une immense armée dont j'avais su conquérir l'estime, l'affection et la confiance.

« Dès lors mon devoir envers Votre Majesté, envers la patrie, était de m'effacer et de demander mon remplacement par le général pour lequel, dans sa sage prévoyance, l'Empereur m'avait confié une lettre de commandement en chef (1), et qui réunit les conditions de capacité, d'autorité morale, d'habitude de conduire les grandes affaires et d'énergie nécessaire, pour amener à un heureux et sérieux résultat la vaste entreprise, dont la mort de mon prédécesseur et la volonté de l'Empereur m'avaient chargé. Le soldat et l'officier connaissent les qualités guerrières du général Pélissier; ils vont l'entourer de toute leur confiance ; le

(1) L'Empereur, prévoyant le cas où un malheur aurait privé l'armée de son général en chef, avait fait parvenir au général Canrobert une lettre de commandement pour le général Bosquet; à l'arrivée du général Pélissier, la lettre secrète de commandement, en cas d'événement imprévu, portait le nom de ce général.

concours de nous tous lui est complétement acquis, et je sais que le nouveau général en chef a en son succès la foi la plus vive.

« Votre Majesté me permettra-t-elle de lui dire que mon nom est trop connu des troupes, dont la confiante affection n'a cessé et ne cesse de m'honorer, pour que dans les circonstances présentes, je ne reste pas au milieu d'elles, afin de leur donner en face des fatigues et des périls l'exemple du dévouement au service et à la gloire de l'Empereur et de la France ?

« J'ose donc supplier Votre Majesté de me permettre de commander une simple division dans cette belle et héroïque armée dont la conduite a honoré et honorera toujours la France. »

Et au ministre de la guerre il écrivait :

« L'armée que je laisse à mon successeur est sortie des plus rudes et des plus périlleuses épreuves plus belle, plus remplie d'ardeur et de confiance ; elle est une gloire pour la France et n'a cessé d'être pour moi une source de consolation par le dévouement dont elle m'a entouré jusqu'à ce jour : elle est prête à accomplir les plus grandes choses que lui demanderont le service et la gloire de l'Empereur. »

XXXI. — Tous les détails qui se rattachent à ce grand événement, qui a si profondément impressionné l'armée, nous paraissent du plus puissant intérêt.

Lorsque le général Canrobert eut envoyé par le télégraphe la dépêche que nous avons rapportée plus haut, il manda le général Pélissier dans sa tente.

« — Général, lui dit-il, j'ai été longtemps sous vos ordres en Afrique; aujourd'hui c'est vous qui êtes sous les miens. De la haute position qui m'était confiée, j'ai dû vous étudier, et j'ai reconnu dans l'homme qui sait obéir sans murmurer, la rare qualité de l'autorité du commandement; cette autorité, il faut vous apprêter à l'exercer sur une grande échelle. »

Le général Pélissier le regarda avec étonnement.

« — Écoutez-moi avec attention, continua le général Canrobert : les dissentiments qui se sont présentés, depuis quelque temps, entre lord Raglan et moi ont rendu ma position fausse avec le chef de l'armée anglaise et, par suite, mes relations très-difficiles. Selon moi, dans les circonstances actuelles, ma personnalité, par suite de ce concours imprévu d'événements, créait de sérieux obstacles dans une situation déjà trop tendue. Dès lors, il était de mon devoir, pour le service de l'Empereur et envers mon pays, de me retirer; j'ai demandé à Sa Majesté de vous donner le commandement en chef, en me permettant de me remettre à la tête d'une division.

« — Général, interrompit avec émotion le général Pélissier, ne faites pas cela, je vous en supplie; plus tard vous le regretterez amèrement.

« — On ne regrette jamais de faire son devoir, » répondit simplement le général Canrobert.

Ce que ressentait le général Pélissier se trahissait dans

sa voix. Des larmes involontaires roulaient dans ses yeux; et comme le général Canrobert s'étonnait de l'émotion si grande qui se peignait sur ce visage mâle et guerrier.

« — Oui, lui dit le général Pélissier, je ne le cache point, je suis profondément ému, non par la responsabilité qui va peser sur moi, mais par une si complète abnégation de soi-même; attendez encore, général.

« — La dépêche est partie, dit le général en chef; la voici. »

Et il la remit au général Pélissier. — Celui-ci se tut; et, après avoir parcouru la dépêche, serra les deux mains du général Canrobert; puis les deux chefs se séparèrent.

Cette scène est une des plus touchantes que l'on puisse retracer, et mérite que plus tard l'histoire l'enregistre dans ses souvenirs.

XXXII. — Le surlendemain, la dépêche télégraphique suivante arrivait au grand quartier général :

« Paris, 16 mai, onze heures du soir.

« L'Empereur accepte votre démission. Il regrette que votre santé soit altérée; il vous félicite du sentiment qui vous fait demander de rester à l'armée; vous y commanderez non pas une division, mais le corps du général Pélissier. Remettez le commandement en chef à ce général. »

Le général Trochu, premier aide de camp, et le colonel Waubert avaient seuls eu connaissance de la décision du général, qui, jusqu'au dernier moment, resta secrète.

En quittant le commandement en chef, il restait au général Canrobert à remplir un devoir que lui dictait son cœur, c'était de s'occuper de ceux qui étaient auprès de lui. De grand matin, il fit appeler les officiers de son état-major, et, en leur annonçant qu'il quittait le commandement en chef, il proposa à chacun ce qui pouvait plus particulièrement lui convenir. Tous inclinèrent la tête avec un sentiment de profonde amertume, mais aussi de vive reconnaissance pour ce dernier souvenir du général qui n'avait oublié personne.

XXXIII. — Pendant ce temps, le général Pélissier, mandé par le général en chef, se rendait, le 19 au matin, au grand quartier général, accompagné seulement de son aide de camp, le lieutenant-colonel Cassaigne. Le général Canrobert lui apprit que l'Empereur, en acceptant sa démission de commandant en chef, avait bien voulu, sur sa demande, désigner le général Pélissier pour son successeur.

Le commandement en chef devait lui être remis dans la matinée.

Le général Pélissier se rendit alors chez lord Raglan auquel il avait fait dire, par son officier d'ordonnance, le capitaine de Polignac, que la première pensée du nouveau général en chef avait été pour lui. — A huit heures et demie il était chez lord Raglan avec lequel il eut une assez longue conférence, car ce grand événement devait évidemment, par la conséquence du fait même qu'il entraînait, ouvrir le champ à une voie nouvelle.

Vers midi, le général Pélissier était de retour au grand quartier général. Les généraux commandant les corps d'armée, les généraux de division et les chefs de service de l'artillerie et du génie, le chef d'état-major général, et l'intendant général avaient été convoqués et étaient réunis dans une grande baraque que le général Canrobert avait fait installer, depuis quelques jours seulement, pour ses bureaux.

Là, entouré des officiers de son état-major, avec une grandeur de caractère, une loyauté de parole qui lui est propre, le général Canrobert adressa ses adieux aux chefs de cette vaillante armée qu'il avait commandée si longtemps : adieux touchants, simples et dignes, qui émurent tous les cœurs et mouillèrent les yeux de larmes; lui seul, au milieu de tous, était calme et ferme, descendant de cette haute dignité du commandement avec la même simplicité qu'il y était monté.

« — Celui qui va vous commander, dit-il en terminant, est déjà connu de tous par ses grands services militaires. Je remets entre ses mains une belle et vaillante armée, qu'il conduira à la victoire, et vous tous, messieurs les généraux, vous accorderez à mon successeur ce fidèle et infatigable appui qui a secondé et soutenu mes efforts, pendant les différentes épreuves que nous avons traversées; pour moi, j'ai demandé à l'Empereur, et je demande à notre nouveau général en chef, non l'honneur du commandement important d'un corps d'armée, pour lequel Sa Majesté a bien voulu me désigner, mais celui de reprendre ma place de combattant à la tête d'une division. »

Nul ne pourra peindre l'émotion de cette scène et l'impression profonde que produisirent ces dernières paroles (1).

(1) C'est dans ces termes nobles et chaleureux que le général Canrobert fit ses adieux à l'armée, le 19 mai 1855 :

« Soldats !

« Le général Pélissier, commandant le 1er corps, prend, à dater de ce jour, le commandement en chef de l'armée d'Orient.

« L'Empereur, en mettant à votre tête un général habitué aux grands commandements, vieilli dans la guerre et dans les camps, a voulu vous donner une nouvelle preuve de sa sollicitude, et préparer encore davantage les succès qui attendent sous peu, croyez-le bien, votre énergique persévérance.

« En descendant de la position élevée où les circonstances et la volonté du souverain m'avaient placé et où vous m'avez soutenu, au milieu des plus rudes épreuves, par vos vertus guerrières et ce dévouement confiant dont vous n'avez cessé de m'honorer, je ne me sépare pas de vous. Le bonheur de partager de plus près vos glorieuses fatigues, vos nobles travaux, m'a été accordé, et c'est ensemble que, sous l'habile et ferme direction du nouveau général en chef, nous continuerons à combattre pour la France et pour l'Empereur.

« Au grand quartier général, devant Sébastopol, le 19 mai 1855.

« Le général en chef,

« CANROBERT. »

Le même jour, le général Pélissier, en prenant le commandement de l'armée, adressait aux soldats l'ordre du jour suivant, et ses paroles étaient l'écho de tous les cœurs :

« Soldats !

« Notre ancien général en chef vous a fait connaître la volonté de l'Empereur, qui, sur sa demande, m'a placé à la tête de l'armée d'Orient.

« En recevant de l'Empereur le commandement de cette armée, exercé si longtemps par de si nobles mains, je suis certain d'être l'in-

Le général Pélissier rappela les services signalés que le général Canrobert avait rendus, services que ni l'armée ni le pays ne pourraient jamais oublier.

Le général avait raison; quelques mois plus tard la population entière acclamait le général Canrobert ramenant dans les rues de Paris les régiments de Crimée, mutilés par la guerre, mais glorifiés par la victoire. Et deux mois après l'Empereur l'élevait à la dignité de maréchal de France.

terprète de tous, en proclamant que le général Canrobert emporte tous nos regrets et toute notre reconnaissance. Aucun de vous, soldats, ne saurait oublier ce que nous devons à son grand cœur. Aux brillants souvenirs d'Alma et d'Inkermann, il a ajouté le mérite, plus grand encore peut-être, d'avoir conservé à notre souverain et à notre pays, dans une formidable campagne d'hiver, une des plus belles armées qu'ait eues la France. C'est à lui que vous devez d'être en mesure d'engager à fond la lutte et de triompher; et si, comme j'en suis certain, le succès couronne nos efforts, vous saurez mêler son nom à vos cris de victoire.

« Il a voulu rester dans vos rangs; et bien qu'il pût prendre un commandement plus élevé, il n'a voulu qu'une chose, se remettre à la tête de sa vieille division. J'ai déféré aux instances et aux inflexibles désirs de celui qui était naguère notre chef et sera toujours mon ami.

« Soldats! ma confiance en vous est entière. Après tant d'épreuves, après tant d'efforts généreux, rien ne saurait étonner votre courage. Vous savez tout ce qu'attendent de vous l'Empereur et la patrie! Soyez ce que vous avez été jusqu'ici, et, grâce à votre énergie, au concours de nos intrépides alliés, des braves marins de nos escadres, et avec l'aide de Dieu, nous vaincrons!

« Au quartier général devant Sébastopol, le 19 mai 1855.

« Le général en chef,

« A. PÉLISSIER. »

CHAPITRE III.

XXXIV. — Le nouveau général en chef avait pris le commandement (1), le mot d'ordre qui lui fut transmis,

(1) LE GÉNÉRAL PÉLISSIER.

Le nom du nouveau général en chef était pour l'armée un nom tout militaire; il se liait intimement aux quinze dernières années de nos combats en Algérie. Chacun connaissait son énergie, sa vigoureuse résolution, et l'armée avait confiance en lui. Cette haute expérience acquise par tant d'années d'une vie entièrement consacrée à son pays, tempérait les regrets qui furent unanimes, lorsque l'on apprit que le général Canrobert avait lui-même demandé à remettre son commandement dans les mains du général Pélissier.

Il serait difficile de retracer dans son ensemble la longue carrière du soldat vieilli dans les camps, et nous ne pouvons en esquisser ici que les principaux traits.

Le nouveau général en chef de l'armée d'Orient est né en 1794. Il entra à l'école de Saint-Cyr en 1814, et fut attaché en 1815 à l'artillerie de la maison du roi avec rang de sous-lieutenant. Mis en non-activité au licenciement du 26 août, il rentrait à la fin de la même année à la légion départementale de la Seine-Inférieure. Le 20 janvier 1819, il était admis, après examen, dans le corps d'état-major dont on venait d'arrêter la formation. En 1823, il fit la campagne d'Espagne avec le grade de lieutenant, et fut nommé chevalier de la Légion d'honneur. Après son retour d'Espagne, il fut successivement aide de camp de plusieurs généraux. En 1827 il était capitaine, et faisait, dans les années 1828 et 1829, la campagne de Grèce, comme aide de camp du général Durrieu. Il se distingua brillamment au siége du château de Morée, et fut nommé chevalier de Saint-Louis. En 1830, lorsque l'expédition d'Alger fut résolue, il en fit partie et sut, comme dans les deux précédentes campagnes, attirer sur lui l'attention de ses chefs, qui le signalèrent au ministre de la guerre comme un officier plein d'avenir. La même année, il fut nommé chef de bataillon et officier de la Légion d'honneur : ces deux récompenses, qui se suivirent

PÉLISSIER

était: « Conformez-vous autant que possible aux instructions données; s'il y a nécessité de les modifier, que ce soit d'accord avec lord Raglan. — Agissez de concert. »

Quelles que fussent les décisions ultérieures, le général Pélissier n'était pas lié par le passé, et par les actes de son prédécesseur, il conservait ainsi toute

à deux mois de distance, disent assez les services qu'il avait rendus, et combien on comptait sur ceux qu'il devait rendre.

En 1832, il dirigea, au dépôt de la guerre, pendant plusieurs mois, la section militaire d'Alger. Successivement détaché, dans l'espace de plusieurs années, auprès des généraux inspecteurs, le commandant Pélissier fut nommé lieutenant-colonel le 20 novembre 1839, et il partait aussitôt pour l'Algérie comme chef d'état-major de la 3e division. A partir de ce moment il ne quitta plus l'Afrique. En 1842, il était nommé colonel et sous-chef d'état-major de l'armée d'Algérie. Partout il donna des preuves de haute intelligence et d'audacieuse initiative. En 1846, il était élevé au grade de maréchal de camp, et commandait, en 1848, la division d'Oran. Dans toutes les expéditions auxquelles il prit part, le général Pélissier se distingua par l'énergie de ses résolutions et de ses entreprises. Son nom fut cité plusieurs fois à l'ordre du jour de l'armée, et deux fois il fut blessé devant l'ennemi, en combattant avec intrépidité. Dur, souvent jusqu'à l'excès, dans le commandement, il cache sous cette rude écorce un cœur chaud et dévoué à ceux qu'il aime.

Pendant les dernières années de son séjour en Algérie, nommé général de division depuis l'année 1850, il ajouta aux qualités du vaillant soldat, celles d'organisateur et d'administrateur éclairé, pendant son commandement de la division de Mostaganem, de la division d'Oran, et enfin dans le gouvernement général, intérimaire, de l'Algérie.

La prise de Laghouat fut un hardi et brillant fait d'armes, qui vint dignement consacrer les glorieux services militaires du général Pélissier sur le sol d'Afrique. L'Empereur ne pouvait manquer d'appeler à l'armée d'Orient celui qui par de nombreux et de grands commandements avait acquis la difficile expérience de la guerre; il fut mandé d'Afrique pour aller, devant Sébastopol, se mettre à la tête d'un des deux corps d'armée. Aujourd'hui, c'est sur lui que reposent toutes les destinées de l'armée, dont il devient le chef suprême.

liberté dans ses mouvements et dans ses résolutions. — Les projets d'opérations à l'extérieur, que la non-coopération de l'armée anglaise rendait inexécutables, furent momentanément écartés, pour donner aux travaux offensifs contre la place une nouvelle et menaçante activité. L'attaque du mamelon Vert et des autres ouvrages qui complétaient cette partie des défenses de l'ennemi fut résolue en principe. — Ces attaques, le général Canrobert s'y était toujours refusé, malgré les demandes réitérées de lord Raglan dont ces ouvrages de contre-approche tourmentaient et arrêtaient les travaux; car, nous l'avons expliqué plus haut, tout ce qui nous rapprochait de la place nous engageait plus complétement dans le siége direct, et était par conséquent en désaccord avec les instructions qu'il avait reçues et les projets arrêtés d'investissement.

L'expédition de Kertch reprenait naturellement son rôle dans le plan nouveau. — Le général en chef de l'armée anglaise y tenait beaucoup; les amiraux Lyons et Bruat la demandaient avec instance; elle fut décidée pour la fin du mois, car les questions importantes qui avaient nécessité son rappel n'existaient plus (1).

(1) *Dépêche du vice-amiral Bruat au ministre de la guerre.*

Le 20 mai, il fut arrêté, entre les généraux en chef et les amiraux, qu'un corps expéditionnaire, composé de 7000 Français et de 3 batteries, sous les ordres du général Dautemarre, de 3000 Anglais et d'une batterie, sous les ordres du général Brown, de 5000 Turcs et d'une batterie empruntée à l'armée d'Omer-Pacha, s'embarquerait sur les deux escadres, qui le transporteraient immédiatement devant Kertch

Le corps de réserve appelé de Maslak par le général Canrobert était débarqué à Kamiesch. Le 18, le général Regnaud de Saint-Jean-d'Angély arrivait en Crimée, et le lendemain, un ordre du jour du général en chef faisait connaître que ce général prenait le commandement supérieur de ce nouveau corps d'armée (1).

XXXV. — Pendant que les événements importants dont nous avons retracé le récit, se passaient dans le camp des armées alliées, les Russes ne perdaient ni jour ni nuit pour augmenter la multiplicité de leurs défenses, et combattre sur la gauche nos approches, auxquelles le reliement des entonnoirs et l'enlèvement de l'ouvrage, appelé *du 2 Mai*, avaient donné un caractère sérieusement menaçant. — Serrés de près en avant du bastion Central et en avant du bastion du Mât, ils avaient porté tous leurs efforts vers l'extrême droite, du côté de la Quarantaine.

Dans la journée du 21 mai, on s'aperçut de leurs travaux; ce n'étaient encore que des embuscades séparées; mais, avec cette activité et cette multiplicité de bras qu'ils emploient, les Russes devaient, en une nuit ou deux tout au plus, relier entre elles les embuscades de la baie et celles du grand côté du cimetière, afin d'établir sur ce point une place d'armes considérable, très-dangereuse pour la partie gauche de nos attaques,

(1) La garde alla prendre position aux environs du grand quartier général, sur le versant opposé à celui où était établi le grand quartier général anglais.

et très-favorable en même temps à des sorties importantes de la garnison.

Le danger était imminent, et le projet de l'ennemi trop évident, pour que l'on pût s'y tromper un seul instant. Le général Pélissier prescrivit au général de Salles (1), qui l'avait remplacé dans le commandement du premier corps d'armée, d'enlever cette position et de

(1) LE GÉNÉRAL DE SALLES.

Le général de Salles, qui venait de prendre le commandement supérieur du 1er corps d'armée, est entré au service en 1822, comme élève de l'école spéciale militaire. En 1827, il était lieutenant d'état-major, et faisait partie de l'expédition de Morée l'année suivante. En 1830, il était attaché comme aide major, à l'expédition d'Afrique, et nommé capitaine la même année. Il fit la campagne de Belgique en 1831 et en 1832, et retourna en Afrique vers la fin de l'année 1837. Il ne tarda pas à recevoir l'épaulette d'officier supérieur. Déjà le chef d'escadron de Salles avait montré les qualités d'intelligence et de brillant courage qui le distinguaient.

Quoique sa vie fût très-active, et lui laissât peu d'heures inoccupées, il se livrait à des études spéciales, qui devaient compléter cette instruction militaire si utile et si précieuse à celui qui atteint les grades élevés. Aide de camp du maréchal Vallée, il fut promu au grade de lieutenant-colonel en 1839. Colonel l'année suivante, il quittait l'Afrique en 1841, pour y retourner une troisième fois, comme général de brigade, en 1848. Des fonctions importantes attendaient le général de Salles : le commandement de la subdivision d'Alger et celui de la division de Constantine. — En 1852, le grade de général de division fut la juste récompense de ses services. En 1854, compris parmi les heureux généraux qui devaient en Orient attacher leurs noms à la gloire de nos armes, il commandait une division du 1er corps d'armée.

Brave, actif, résolu, entreprenant, il dirigea avec énergie l'attaque du 2 Mai, qui nous rendit maîtres d'une position importante.

Par ce rapide exposé, nous avons montré combien la carrière du général de Salles avait été active, et c'est dans presque toutes les campagnes qui se firent, depuis son entrée au service, qu'il apprit le métier de soldat, et monta, d'échelon en échelon, au grand commandement qu'il devait conserver jusqu'à la fin de notre glorieuse expédition de Crimée.

tourner contre l'ennemi lui-même les nouveaux ouvrages qu'il avait entrepris. Cette opération ressemblait, sur plusieurs points, à celle qui avait été déjà exécutée avec une énergique habileté par le général de Salles devant le bastion Central; seulement le lieu du combat était moins restreint, plus propice à la défense, qui pouvait, vers la baie de la Quarantaine, masser des réserves considérables. Sans nul doute la résistance serait vive, le combat acharné, le feu des batteries ennemies formidable, et nous ne parviendrions, peut-être qu'après une lutte sérieuse et sanglante, à nous emparer de cette portion de terrain qui complétait le réseau déployé de nos attaques.

XXXVI. — Chacun se rendait bien compte de toutes ces difficultés, aussi le général de Salles visita avec soin les tranchées en compagnie du général Paté, qui commandait la division d'attaque et des généraux de brigade La Motterouge et Beuret.

Dans la journée, il y eut une dernière conférence, à laquelle furent appelés les généraux Dalesme et Lebœuf chefs du génie et de l'artillerie : toutes les dispositions de détail furent arrêtées. Habitués à l'élan irrésistible de nos intrépides soldats, les chefs avaient foi entière dans le succès. L'énergique colonel Guérin était de nouveau chargé de diriger les travaux du génie.

Tout est prêt. — Vers quatre heures environ, les troupes se massent derrière le dépôt de tranchée : c'est là, le cœur du siége, c'est là, la grande artère où viennent se rejoindre toutes les ramifications de cet immense développement qui parcourt une étendue de plus de 40 kilomètres. Le colonel Raoult désigne les emplacements et dirige avec ses aides-majors les compagnies d'attaque sur les points qu'elles doivent occuper. — Quel mouvement ! quelle mâle agitation ! quelle vie enfin autour de cette petite maison, qui tout à l'heure va devenir silencieuse, sentinelle qui veille jour et nuit !

Deux attaques avaient été organisées, l'une sur les embuscades du fond de la baie, l'autre sur celles du cimetière, en débouchant par l'angle de cet enclos. Ces deux attaques devaient être simultanées ; le développement des lignes de l'ennemi était immense, et après le combat, il fallait exécuter les travaux : deux phases distinctes dans l'action qui allait s'engager. A gauche se tient le général Beuret, avec trois compagnies du 10ᵉ bataillon de chasseurs à pied, trois bataillons du 2ᵉ régiment de la légion étrangère, et un bataillon du 98ᵉ. A droite est le général La Motterouge, avec les compagnies d'élite du 1ᵉʳ régiment de la légion étrangère, que soutiennent deux bataillons du 28ᵉ, ayant en arrière en réserve, un bataillon du 18ᵉ et deux des voltigeurs de la garde.

XXXVII. — A neuf heures, le signal est donné par le général Paté lui-même ; des deux côtés l'action s'engage avec une impétuosité indicible ; quelques minutes se sont à peine écoulées, que les vieux soldats de la légion étrangère, intrépides héros que rien n'arrête, ont enlevé les embuscades de droite. Le général La Motterouge, dont le nom se retrouve presque à chaque combat, les a jetés en avant avec cette énergique intrépidité qui le distingue; le 28e n'est pas resté en arrière, et l'ennemi s'éloigne après une courte lutte, dans le but de revenir à la charge avec les réserves qui sont placées près de là.

A l'attaque de gauche, les chasseurs et les soldats de la légion étrangère ont enlevé les embuscades avec la même irrésistible impétuosité; l'ennemi avait préparé des forces imposantes pour soutenir le travail qu'il comptait exécuter pendant cette même nuit (1); aussi il revient en masses profondes sur les lignes, dont nous nous sommes emparés. On s'aborde à la baïonnette, on combat pied à pied; mais, après plus de deux heures d'assauts successifs et de lutte impuissante, le terrain nous appartient. Malgré la mitraille qui couvre le ter-

(1) *Journal des opérations militaires de l'armée russe.*

« L'aide de camp général prince Gortschakoff ayant remarqué que l'ennemi étendait ses tranchées sur la gauche de ses approches et menaçait ainsi nos logements près du cimetière, ordonna de construire une ligne de contre-approches, en avant de ces logements, sur le versant du mamelon, du côté de l'ennemi, avec cheminement vers le bastion 5. Cette nouvelle tranchée pouvait être défendue par les feux croisés de nos batteries les plus rapprochées, et le but proposé était d'établir à son extrémité une batterie pour prendre en flanc les travaux de l'assiégeant.

« Se proposant de terminer dans la nuit du 22 au 23 mai, la tranchée commencée, l'aide de camp général prince Gortschakoff ordonna de concentrer, à neuf heures du soir, en avant du bastion 6, pour protéger les travaux, les régiments de chasseurs du maréchal prince de Varsovie et de Podolie, avec 2 bataillons de celui de Jitomir.

« Les bataillons du régiment d'infanterie de Minsk et celui de chasseurs d'Ouglitch furent envoyés pour renforcer les troupes engagées. »

rain le génie s'est mis à l'œuvre, et parvient à s'installer solidement.

C'était sur la droite que les Russes avaient réuni leurs plus grands efforts. Ils débouchent du ravin de la Quarantaine; de tous côtés, selon leur habitude, c'est un terrible bruit de tambours, de sons aigus de trompes, de clairons, de cris formidables qui se répandent de ravins en ravins et courent d'échos en échos. — Nos soldats, depuis longtemps accoutumés à ce bruit, à ces cris sauvages, attendent résolûment le choc des réserves ennemies. La légion étrangère s'est établie en avant et couvre la ligne de nos travailleurs qui bouleversent les terres et commencent à retourner l'ouvrage, pour nous en faire des abris protecteurs. Les masses russes arrivent imposantes, compactes, entraînées par leurs chefs, et se jettent à leur tour pour reprendre le terrain conquis. — Ce n'est plus l'obscurité ténébreuse et profonde des nuits d'hiver; le ciel a des reflets de clartés qui se jouent vaguement sur cette forêt de baïonnettes. Une mêlée de feu s'engage; puis, quelques instants après, une autre mêlée d'homme à homme : on se bat avec fureur; nos soldats trouent ces murs vivants qui menacent de les envelopper; mais les brèches que fait la mort disparaissent soudainement devant les rangs qui se resserrent. — De tous côtés accourent de nombreux bataillons, dont les ondulations du sol ont protégé l'approche. Nos réserves sont prêtes aussi; le bataillon du 18e, les voltigeurs de la garde chargent successivement avec un élan qui change vingt fois la face des choses dans ce combat aux péripéties mobiles. Les embuscades les plus éloignées sont prises et reprises; les fossés sont remplis de corps étendus, d'armes inoffensives que les mains mourantes ne peuvent plus soulever.

Parfois la lutte se ralentit : on dirait qu'épuisée, elle veut reprendre haleine. — Une portion de nos troupes a été contrainte de regagner les tranchées pour s'y reformer. L'encombrement des hommes qui remplissent l'étroit espace des communications, et le mélange des régiments au milieu de l'obscurité, sous une pluie de boulets et de mitraille amènent quelques moments de confusion; mais bientôt officiers et soldats, confondus dans le même élan, se jettent une troisième fois sur les retranchements russes dans lesquels ils pénètrent avec cette même impétuosité. Deux autres bataillons des voltigeurs de la garde, le 9e de chasseurs et le 80e se sont joints à eux.

Partout le travail est interrompu, car partout on se bat. En face d'une si grande résistance, ne pouvant utiliser pour nous-mêmes les embuscades des Russes, nous les détruisons, pour qu'ils ne puissent plus au moins s'y maintenir. Pendant toute la nuit, le combat dura; ce furent des assauts furieux, des luttes désespérées auxquelles le jour seul vint mettre un terme. Lorsque les premières clartés se répandirent dans le ciel, nos troupes regagnèrent les tranchées, et le soleil, en se levant, éclaira le terrain jonché de cadavres, dont une partie était à moitié ensevelie sous les terres bouleversées.

Dans cette nuit du 23 mai, les chefs de bataillon d'Anthès et Cargoüet trouvèrent la mort et le colonel Raoult, major de tranchée, qu'un hasard providentiel avait sans cesse protégé au milieu des dangers qu'il affrontait chaque jour, fut grièvement blessé à la tête par un éclat d'obus.

XXXVIII. — La nuit suivante devait être témoin d'un nouveau combat, et nous assurer la conquête de ces positions si rudement disputées et payées, comme l'écrivait le général en chef, d'un sang généreux.

L'ennemi, de son côté, avait dû faire des pertes considérables, car nos batteries habilement et énergiquement dirigées par le général Lebœuf, balayaient pendant tout le temps du combat, le ravin où s'assemblaient les réserves russes; chaque fois qu'elles s'avançaient pour revenir à la charge, nos boulets et nos obus traçaient dans leur sein de sanglants et larges sillons.

Pendant la journée, la place fit un feu très-violent. De notre côté, tout se préparait pour recommencer la lutte, avec la ferme volonté, quel que fût le nombre des ennemis, de nous établir dans les ouvrages conquis.

Une nouvelle conférence a lieu dans la journée chez le général commandant le premier corps. Là, furent arrêtées les dernières dispositions. C'était la division Levaillant qui devait agir. La garde, qui, la veille, avait eu vingt-sept officiers hors de combat, dont quatre frappés mortellement, formait la réserve avec deux bataillons de voltigeurs.

Chefs et soldats ont confiance dans le succès, et il semble que les heures s'écoulent trop lentement, au gré de l'impatience de tous.

Vers le soir, les troupes sont dirigées, comme la veille, à leurs postes de combat. Dans la prévision que les Russes pourraient tenter de reconquérir la portion d'embuscades que nous avons conservée à l'extrême gauche, quatre bataillons, aux ordres du général Couston, sont chargés de la couvrir. Le général Duval, avec les six autres bataillons, doit se jeter sur la série d'ouvrages parallèles au grand mur du cimetière, en repousser l'ennemi, le maintenir en échec à distance, et permettre ainsi au génie de s'y établir assez solidement pour nous en assurer la possession définitive.

Dans ces combats nocturnes, dans ces luttes corps à corps, la stratégie n'a que des calculs impuissants. — C'est l'élan, c'est le courage des soldats, c'est l'impétuosité de l'attaque, l'opiniâtreté de la résistance, qui font tout et décident la victoire.

XXXIX. — Comme la veille, le signal est donné à neuf heures, et comme la veille, nos troupes s'élancent avec impétuosité en dehors des parallèles avancées. Toutes les éventualités ont été prévues pour éviter la confusion pendant le combat.

Les bataillons du 46e, du 98e, du 14e et du 80e, ont en quelques minutes tourné et envahi les positions ennemies que les Russes ne défendent que faiblement : un petit nombre seulement attend à la baïonnette et se fait tuer sur place. Toute la ligne des embuscades est bientôt à nous. Le colonel Guérin et le commandant Durand de Villers dirigent les travaux qui se font, malgré le feu de l'ennemi, avec une prodigieuse activité. Les compagnies, désignées pour couvrir les travailleurs, sont couchées à terre, prêtes à se dresser et à combattre au premier signal; mais nulle part l'ennemi ne tente un assaut impossible.

La plume est impuissante à peindre le tableau héroïque de ces travaux exécutés ainsi sous une grêle de mitraille et de boulets; énergie froide et résolue, qui fait braver, sans combattre, une mort obscure.

Cette seconde nuit avait donc complété le succès de notre entreprise. L'ouvrage considérable, sur lequel l'ennemi comptait pour entraver nos attaques, est entre nos mains; ses propres travaux nous couvrent, ses embuscades sont dirigées contre lui; celles qui n'entraient pas dans le tracé de nos attaques ont été rasées (1).

Sur la demande réitérée du général Osten-Sacken, il y eut, le 25, un armistice pour enlever les morts. Si

(1) « Je cite avec orgueil, dit le général en chef Pélissier, les corps qui ont figuré ou ont été représentés dans cette lutte, où ils ont combattu un contre plusieurs, avec une solidité et un élan que n'ont pu déconcerter ni les clameurs sauvages de l'ennemi, ni ses masses profondes, ni les feux redoublés de la mousqueterie, ni la mitraille.

« Ce sont les 1er et 2e régiments de voltigeurs de la garde impériale, les 14e, 18e, 28e, 43e, 46e, 79e, 80e et 98e régiments de ligne, 1er et 2e régiments de la légion étrangère, 6e, 9e et 10e bataillons de chasseurs à pied, le génie et l'artillerie du siége. »

près que nous étions de la place, toute suspension d'armes était pour nous très-délicate, et pouvait entraîner de graves résultats. Aussi, dès que le pavillon blanc fut hissé, toutes les précautions qu'une sage prudence exigeait, furent prises avec soin. Il fallut plus de cinq heures pour accomplir ce pénible devoir.

« Nous avons, écrivait le général en chef, remis plus de douze cents cadavres entre les mains de l'ennemi; ce champ de carnage rappelait au souvenir nos vieilles et mémorables luttes avec les Russes. »

Parmi nos pertes les plus sensibles, il faut compter celle du colonel Boulatigny, excellent et brave officier (1).

XL. — Le 22 mai, pendant que nos troupes se préparaient à l'attaque des positions ennemies, les corps

(1) LE LIEUTENANT-COLONEL BOULATIGNY.

Le 23 mai, le lieutenant-colonel Boulatigny recevait deux blessures en conduisant énergiquement ses soldats au combat; l'une d'elles nécessita l'amputation; un mois après, il succombait, et l'armée perdait en lui un de ses officiers les meilleurs et les plus méritants. Né en 1811, il s'engageait comme soldat au 33e d'infanterie de ligne en 1830; enfant de troupe, c'est en passant par tous les grades qu'il était parvenu à l'honneur de porter les épaulettes de lieutenant-colonel; il avait fait la campagne de Belgique; en 1841, il partait, comme sous-lieutenant, pour l'Afrique, se disant que par son courage, son énergie et une irréprochable conduite de soldat, il forcerait l'avenir à s'ouvrir devant lui; et il avait raison; l'avenir appartient toujours aux nobles cœurs et aux persistants courages; il resta en Algérie jusqu'en 1848, et se fit remarquer dans les jours calmes, comme dans les jours agités de sa vie militaire. En 1849, il prenait part à la campagne d'Italie, et le général Mollière écrivait sur lui cette note : « D'un mérite accompli, que lui seul semble ignorer; cet officier est

désignés pour l'expédition de Kertch s'embarquaient dans le port de Kamiesch. Lorsque la petite escadre s'éloigna de Sébastopol, à l'entrée de la nuit, elle vit l'horizon, du côté de la ville assiégée, s'embraser des feux d'une violente canonnade ; et, pendant qu'elle gagnait le large au bruit du combat, la lune, claire et limpide, jouant avec ses rayons au milieu des mâtures des vaisseaux, éclairait au loin la mer tranquille sur laquelle glissait la silhouette mouvante des navires.

L'escadre française naviguait, sur deux colonnes, dans le sud de l'escadre anglaise.

Le 24, au matin, la petite flottille doublait le cap Takli, derrière lequel une sinuosité de la côte forme une petite baie (baie de Kamich), choisie pour lieu de débarquement. Le phare du cap était indiqué comme point de rendez-vous général. A droite, se dessinaient les terres basses et arides de l'île de Taman ; un peu plus loin, vers le nord, la pointe fortifiée d'Ak-Bournou et la citadelle d'Iénikalé, forment, en s'avançant, l'extré-

plein d'avenir, et il faut se hâter de le pousser aux grades élevés. Intelligence de premier ordre et bravoure à toute épreuve, il aurait mérité d'être cité tous les jours pendant la campagne. »

En 1851, il était nommé chef de bataillon ; en 1854, il entra, avec son grade, dans le 2ᵉ régiment d'infanterie de la garde, et le général Regnaud de Saint-Jean-d'Angély disait : « J'ai la plus grande estime pour cet officier supérieur, que j'ai suivi de près pendant toute la campagne d'Italie. Dignité, zèle, énergie, feu sacré, il a tout pour lui. » En 1855, il partait pour la Crimée, et était nommé lieutenant-colonel le 2 mai, dans le 19ᵉ régiment d'infanterie de ligne ; le même mois il tombait vaillamment devant l'ennemi.

mité de la baie profonde au fond de laquelle apparaît la ville de Kertch (1).

Dès que les vaisseaux furent en vue du point de débarquement, l'alarme fut donnée sur toute la côte par les vedettes; et, l'ennemi, trop faible pour essayer résistance, prit aussitôt ses mesures de retraite, pendant que les canots, forçant de rames, débarquaient à la fois avec une prodigieuse activité 3000 hommes d'infanterie et 3 batteries d'artillerie attelées.

La plage était à nous.

Une colonne russe, que l'on avait aperçue sur les hauteurs, se repliait dans l'intérieur des terres; quelques Cosaques seulement, placés sur le sommet élevé des tumuli, se détachaient à l'horizon et suivaient d'un œil attentif nos moindres mouvements.

A trois heures et demie, les troupes alliées avaient toutes pris terre.

Les Russes abandonnaient la position et renonçaient à la défendre; mais, fidèles à leurs anciennes traditions,

(1) *Dépêche du vice-amiral Bruat, au ministre de la marine.*

« Le 24 mai, au point du jour, les deux escadres étaient réunies au lieu du rendez-vous, à 12 milles au sud du cap Takli : les chaloupes, les embarcations et les canots-tambours furent mis à la mer : les vapeurs se rangèrent en ligne et se dirigèrent vers la baie, que forme en s'avançant vers l'est, la pointe basse de Kamich.

« Toutes les dispositions avaient été prises pour jeter à terre, d'un seul coup, 3000 hommes au moins d'infanterie, qui devaient être fortement soutenus par 3 pièces d'artillerie et par une demi-section de fuséens. »

ils faisaient sauter leurs batteries et ruinaient leurs défenses. Bientôt des colonnes de flammes et de fumée, qui s'élevaient de la pointe Ak-Bournou, suivies d'épouvantables détonations, nous annoncèrent cette œuvre de destruction. Ainsi la barrière qui nous faisait obstacle, s'ouvrait d'elle-même devant nous. Les vapeurs des deux nations traversèrent la passe et pénétrèrent dans la mer d'Azoff.

Le spectacle qui s'offrit alors aux regards, sont de ceux que la plume de l'écrivain ou le pinceau du peintre sont impuissants à rendre. Des centaines de vaisseaux marchands se sauvaient à toutes voiles, s'efforçant en vain de remonter la brise et le courant; les canonnières et les bombardes alliées s'élançaient à toute vapeur au milieu de cette mêlée de chaloupes, de barques, de bricks et de goëlettes, dont plusieurs furent capturés.

XLI. — Cette retraite rapide semblait indiquer que l'ennemi s'était réservé une ligne de défense plus avantageuse, derrière laquelle il se concentrerait pour nous attendre; et, en effet, le château d'Iénikalé, vieille construction turque, offrait à l'armée russe un réduit dont l'épaisse maçonnerie pouvait longtemps résister à une artillerie de campagne. Une longue ligne d'embossage, composée de transports armés en guerre et de batteries flottantes, joignait ses feux aux feux des batteries d'Iénikalé. Les renseignements obtenus sur cette partie du détroit étaient incomplets, et tout devait faire présumer que cette position, fortement défendue, ne serait emportée qu'après une lutte des plus vives.

Les canonnières anglaises, le *Fulton* et la *Mégère*, engagèrent résolûment le feu, qui dura toute la journée. Au coucher du soleil, les défenses ennemies cessèrent tout à coup de tirer, et l'on vit la vieille forteresse devenir le foyer d'un vaste et fumant incendie; l'explosion fut terrible; les flots de la mer en frémirent et les bâtiments, mouillés à plusieurs milles, en ressentirent une violente commotion, qui fit trembler leurs mâtures. C'était le signal de la retraite que l'ennemi donnait par l'incendie et la ruine.

L'armée, formée en colonne par bataillons, était prête à se porter en avant.

Elle alluma ses feux de bivouac; et le lendemain, au point du jour, passant devant Kertch sans y pénétrer, elle atteignait, avant midi, la petite ville de Iéni-kalé, où elle s'établissait solidement (1).

Pendant ce temps, la flotte parcourait dans tous les sens la mer d'Azoff, et faisait subir aux Russes des pertes considérables. Genitchesk, Marioupol, Berdiansk, Taganrog, brûlaient avec leurs immenses approvisionnements.

De tous les établissements que nos ennemis possé-

(1) Une lettre du prince Gortschakoff, interceptée par l'armée alliée, informait le général Wrangel, commandant les troupes chargées de défendre la presqu'île, que les renforts qu'il avait demandés à plusieurs reprises, ne lui seraient pas envoyés, et qu'il devait diriger toute sa cavalerie sur Sébastopol.

daient dans la mer d'Azoff, ou sur les côtes de la Circassie, il ne restait plus qu'Anapa; mais cette place, que couvraient de nombreuses fortifications, pouvait offrir à nos armes une sérieuse résistance, et il ne pouvait entrer dans les vues des généraux en chef de l'armée alliée de s'engager dans un nouveau siége, au moment où celui de Sébastopol allait exiger le concours de toutes nos forces vives. Aussi les instructions étaient-elles de ne tenter contre Anapa qu'un coup de main. Déjà les amiraux Lyons et Bruat se dirigeaient vers cette place, lorsque les Russes, craignant que l'investissement ne les forçât à se rendre à discrétion, et voulant éviter à leurs armes cette extrême douleur, abandonnèrent Anapa, après avoir démantelé les fortifications et brûlé les magasins. Lorsque la flotte alliée entra dans le port, déjà les tribus circassiennes voisines avaient envahi la ville abandonnée, et ajoutaient le pillage aux tristes désastres de l'incendie.

XLII. — Pendant ce temps, l'armée principale ne restait pas inactive. Depuis longtemps acculée sur le plateau dévasté de la Chersonèse, elle manquait d'air, d'eau, de bois, d'espace; avec les chaleurs des premiers beaux jours, venait naturellement la nécessité d'étendre nos positions pour empêcher les maladies qui ne pouvaient manquer de s'abattre bientôt sur les troupes agglomérées. Les chevaux, les troupeaux étaient privés de pâturages, que l'on voyait se déployer, comme d'immenses tapis de verdure, dans la vallée de la Tchernaïa. D'un autre côté, en cas d'une action décisive que le succès eût couronnée, il était important et utile de reconnaître le terrain et de préparer la voie par laquelle on pourrait forcer les positions de l'armée de secours et l'obliger à la retraite. — Aussi on avait résolu de balayer toute cette partie du terrain, et de faire camper des troupes sur les bords mêmes de la Tchernaïa.

Le général Canrobert avait reçu du général en chef le commandement supérieur de cette opération.

Le petit corps expéditionnaire se composait de la division Canrobert, de la division Brunet et des deux divisions de cavalerie Morris et d'Allonville. Cinq batteries d'artillerie de la réserve lui avaient été adjointes. L'ordre était donné aux différentes troupes de quitter leurs campements respectifs à minuit, et de se concentrer dans la plaine de Balaclava.

XLIII. — Il faisait une nuit claire et calme. A minuit, on put voir le spectacle imposant de ces colonnes qui descendaient la colline et se massaient peu à peu dans la plaine. Devant soi, brillaient les feux des avant-postes russes, semés çà et là sur différents points, et qui paraissaient si rapprochés, qu'on eût pu les croire au milieu même de l'armée française.

A trois heures, les divisions étaient échelonnées dans la petite plaine située au sud des collines qui bordent la rive gauche de la Tchernaïa. L'infanterie mit ses sacs à terre. — Au moment où la cavalerie qui était tête de colonne allait commencer son mouvement, quelques coups de fusil tirés par les vedettes ennemies, cachées dans les broussailles sur le flanc des hauteurs, nous apprirent clairement que l'ennemi avait eu l'éveil et se tenait sur ses gardes. Les premières lueurs du jour apparaissaient à peine. La cavalerie, lancée au trot, franchissait le pont de pierre de Traktir, et après avoir détaché quelques escadrons sur le cours inférieur de la rivière, pour chercher à enlever les postes répartis sur la rive droite, prolongeait son mouvement sur la route de Mackensie. Aussitôt la batterie, désignée depuis le commencement du siége sous le nom de : *batterie Bilboquet*, ouvrit le feu de toutes ses pièces. La cavalerie, tournant brusquement à droite, avait gravi au galop les pentes qui conduisaient aux positions supérieures occupées par l'ennemi : une vive fusillade l'accueillit. Elle continua résolûment d'avancer, jusqu'au moment où la nature du sol et la disposition des terrains inconnus qu'elle rencontrait, la forcèrent à suspendre son mouvement.

Les deux brigades de la première division (Espinasse et Vinoy) avaient passé le pont, en se dirigeant sur une redoute, armée de douze pièces de campagne, qui occupait une des hauteurs de la rive droite de la Tchernaïa. La première de ces brigades attaquait de front l'ouvrage; la seconde gravissait, sur le revers méridional, les pentes que la cavalerie avait tournées au nord.—Déjà la division Brunet avait en grande partie traversé le pont sur les pas de la première division, prête à marcher, si l'action s'engageait sérieusement. La division sarde, sous les ordres du général de La Marmora, devait compléter l'ensemble de l'attaque, en se portant sur le village de Tchorgoun pour couper de ce côté la retraite aux colonnes russes. Mais l'ennemi, prévenu de notre approche, malgré la rapidité avec laquelle ces divers mouvements avaient été exécutés, s'était, après une faible résistance, replié sur ses réserves, dans la direction de Mackensie et d'Aïtodor, abandonnant la redoute dont il enlevait les canons.

XLIV. — A huit heures, le général en chef arriva dans cette redoute avec son état-major, et examina avec le général Canrobert les mouvements des troupes ennemies. Les deux généraux se rendirent ensuite sur les hauteurs de Tchorgoun, point dominant, duquel ils pouvaient mieux encore sonder les profondeurs des gorges et apprécier la position. — Le but était atteint; les divisions reçurent l'ordre d'opérer leur mouvement rétrograde et de prendre position sur les monts Fediukines et sur la rive gauche de la Tchernaïa, qui désormais devait servir de fossé entre les Russes et les armées alliées.

Les Sardes établirent leur campement à la droite de l'armée française, sur les hauteurs entre Inkermann et Tchorgoun : les Turcs se formèrent en deuxième ligne, sur les petites collines qui avaient servi de champ de bataille, le 25 octobre.

Par ce mouvement, les Russes furent définitivement refoulés sur les positions de Mackensie, et l'armée française put s'étendre dans la plaine et établir successivement différents corps dans la direction de Baïdar, fertile vallée qui devait nous fournir de précieux fourrages.

Avant de se retirer, le général Canrobert avait eu soin de faire raser la face de la redoute russe qui avait vue sur le pont de Traktir, et de rétablir la conduite d'eau au sud de la Tchernaïa, que les Russes avaient coupée, lors de notre arrivée sur le plateau de la Chersonèse.

Aussitôt cette petite expédition terminée, le général demanda que le commandement supérieur revint à celui qui y avait droit par ancienneté de grade, et le général Morris fut appelé à l'exercer.

XLV. — L'été était venu avec ses chauds rayons de soleil, et avait jeté de tous côtés les richesses de sa végétation. — Combien les regards attristés par l'aride plateau de la Chersonèse et le cruel aspect des pluies, des boues et des glaces de l'hiver, rayonnèrent devant ce splendide spectacle de la fertilité et de l'abondance; il semblait que chacun eût fait un riche héritage. Cette vallée, comprise entre Balaclava et Tchorgoun, offrait un aspect charmant; le champ de combat qui avait vu la brillante charge de la cavalerie anglaise et tant de sang héroïquement répandu, était aujourd'hui recouvert de fleurs aux couleurs variées qui émaillaient la plaine de leurs dessins capricieux.

Les officiers, que leur service ne retenait pas au camp ou dans les tranchées, accouraient chercher sur les bords de la Tchernaïa les riants souvenirs des belles et radieuses journées de printemps, et chacun déjà se portait par la pensée dans cette belle vallée, dont les récits des voyageurs faisaient la terre de promission.

L'impatiente curiosité des troupes devait être bientôt satisfaite. — Le 2 juin, le général Morris reçut l'ordre de pousser une reconnaissance sur Baïdar. Les rapports des Tartares avaient appris qu'il se trouvait quelques sotnias de Cosaques à Büuk-Miskomia; mais que d'ailleurs la vallée était inoccupée par l'ennemi.

Le 3 juin, le général Morris partit, emmenant avec lui la première division, commandée par le général Canrobert, et la division de cavalerie du général d'Allonville.

En suivant la belle route de Woronzoff, on traverse d'abord une gorge étroite. Depuis Tchorgoun jusqu'à Büuk-Miskomia, jamais la nature n'offrit un spectacle d'une grandeur plus pittoresque. A gauche de la route taillée dans le roc vif, s'élevaient à pic de hautes montagnes, dont les flancs étaient nus et arides, comme les falaises qui bordent la mer, et le sommet couronné de verdure. A droite, l'œil plongeait dans un précipice au fond duquel, parmi des fragments de rochers, un petit ruisseau roulait ses eaux turbulentes. — Ce défilé s'ouvre sur la riante vallée de Varnoutka, qui précède celle de Baïdar; toutes deux étaient abandonnées par leurs habitants; mais à mesure que nos troupes approchaient, les Tartares accouraient au-devant d'elles et faisaient éclater leur joie. — Sur aucun point on ne rencontra l'ennemi.

A Baïdar, la reconnaissance se bifurqua, et le général Morris se dirigea dans le sud, vers les portes de Phoros qui, à travers une série de montagnes bizarrement accentuées, donnent accès dans la partie méridionale de la Crimée. De tous côtés ce sont des collines boisées, des massifs profonds; et au milieu de cette végétation luxuriante, qui s'étend jusqu'au bord de la mer, apparaissent les dômes et les colonnades de magnifiques et nombreuses villas. Le général d'Allonville avait reçu l'ordre de s'avancer vers le nord, jusqu'au moulin de Teiliou, sur la Tchernaïa. Il ne rencontra que de petits groupes de Cosaques qui se replièrent, en lançant quelques coups de fusil; le général alors traversa la rivière et poussa sans encombre jusqu'à Urkusta.

Le soir, toutes les troupes, qui avaient pris part à ce mouvement, étaient rentrées dans leurs campements.

Plus tard, vers la fin du même mois, la vallée de Baïdar devait être définitivement occupée par le général d'Allonville, ayant avec sa division de cavalerie deux bataillons d'infanterie; nous retirâmes de cette vallée plus de 40 000 quintaux de fourrages.

CHAPITRE IV.

XLVI. — La pensée du général en chef se tournait incessamment vers l'attaque du mamelon Vert, et il y avait sur ce point unité de pensée avec lord Raglan, qui désirait depuis longtemps, nous l'avons dit, l'enlèvement de cette redoute, dont les feux perpétuels lui causaient grand mal et l'empêchaient d'avancer dans ses travaux sur le grand Redan. — On devait s'emparer simultanément des ouvrages construits par les Russes les 22 et 27 février, et nommés par nous *ouvrages Blancs*.

Les Anglais, de leur côté, avaient mission d'envahir l'ouvrage dit *des Carrières*, en avant du grand Redan. C'était un pas avancé dans le siége direct, pour lequel les deux généraux en chef étaient entièrement d'accord, tout en reconnaissant les grandes difficultés attachées à cette entreprise. Le général Niel maintenait ses appréhensions qui l'avaient toujours porté à demander que l'investissement précédât toute attaque de vive force contre Sébastopol.

L'expédition de Kertch venait de porter un premier coup aux Russes, dans la mer d'Azoff. Anapa n'existait plus; Geisk, Marioupol, Taganrog brûlaient avec leurs approvisionnements, notre armée s'était déployée sur la Tchernaïa et avait étendu ses positions sur la droite, au delà de Tchorgoun, dont les hauteurs, occupées par les Sardes, formaient l'extrême droite de l'armée alliée. Des lettres interceptées à Kertch faisaient connaître que la garnison de Sébastopol souffrait beaucoup, que notre bombardement y causait des pertes plus sensibles que ne le disaient les rapports russes (et cela devait être), qu'en outre les maladies, le choléra surtout, faisaient de grands ravages; le moment était donc favorable pour tenter ce coup décisif. Toutefois il se présentait des difficultés sérieuses; les parallèles les plus avancées étaient encore à trois ou quatre cents mètres de la redoute Kamchatka (mamelon Vert), et cette redoute formidable était couverte par deux lignes d'embuscades reliées.

A la veille des événements importants, il se produit toujours certains déchirements, surtout quand une seule volonté ne pèse pas dans la balance. Dans un conseil tenu chez sir Harry Jones, furent convoqués les généraux des armes spéciales; on y exprima le vœu que cette attaque fût précédée par une diversion contre les positions russes, vers Aïtodor et Mackensie. Une note fut rédigée, à ce sujet, et envoyée au général français le 4 juin; mais cet incident n'eut pas de suite et ne changea rien au projet de l'attaque, qui fut décidée en principe.

XLVII. — Un grand conseil s'assembla (1); le général Pélissier expliqua nettement ses intentions, et déclara tout d'abord que le conseil était réuni, non pour discuter l'opération projetée, mais pour en fixer le jour et arrêter les dispositions les plus favorables.

(1) Ce conseil était composé des généraux Bosquet, Niel, Thiry, Lebœuf, Beuret, Dalesme, Frossard, Martimprey et Trochu, et du côté de nos alliés, les généraux sir H. Jones, Dacres, Airey, le colonel Adye.—Le major Claremont et le capitaine d'artillerie de Polignac y assistaient.

L'attaque fut résolue pour le 7 juin. Il restait la question de l'heure. Sur ce point les avis étaient opposés : quelques-uns proposaient le point du jour, pour pouvoir masser et préparer les troupes à la faveur de l'obscurité. Le général Pélissier insista beaucoup sur la nécessité d'attaquer le soir, quelques heures avant le coucher du soleil, afin d'avoir, disait-il, le jour pour combattre, et, immédiatement après, la nuit pour s'établir et se relier solidement. L'action devait conserver le caractère d'une surprise ; les troupes engagées avaient ordre surtout de ne pas se laisser entraîner au delà des ouvrages, et l'artillerie devait préparer les voies par un feu violent, dans le but de ruiner les défenses ennemies, et sinon d'éteindre, au moins d'affaiblir leur feu.

Suspendre l'attaque après l'enlèvement des points indiqués était chez le général en chef de l'armée française une volonté très-arrêtée, et il ne voulut pas accepter que l'on prévît le cas, où la fortune souriant à nos efforts, on pourrait tenter de poursuivre l'assaut jusqu'au bastion de Malakoff.

Les détails d'exécution furent confiés à la haute expérience et à l'énergie si connues du général Bosquet.

La nouvelle de cette décision ne tarda pas à se répandre dans l'armée, bien que l'on eût tenu secret le jour où cette action importante devait avoir lieu. Tous les cœurs se préparèrent avec joie à ce combat livré le jour, à la face du soleil ; et chacun dévorait des yeux l'espace où bientôt allaient s'élancer nos colonnes impatientes.

XLVIII. — Le 6, à la pointe du jour, nos batteries ouvrirent un feu terrible contre les ouvrages de Karabelnaïa, et le mamelon Vert fut écrasé par une pluie de bombes. Les Russes, surpris sans doute par cette attaque inopinée, ne répondirent d'abord que faiblement; mais, vers le milieu du jour, l'artillerie ennemie se jeta dans la lutte avec sa puissance et sa vigueur accoutumées. Pour occuper de tous côtés les défenseurs de la place, et les laisser dans l'incertitude sur nos projets d'attaque, les batteries de la gauche commencèrent aussi à tonner de toutes leurs pièces.

Vers la fin de la journée, notre feu avait sérieusement dégradé les ouvrages contre lesquels on devait se lancer le lendemain.

Vers cinq heures du soir, le général en chef se rendit avec son état-major à la redoute Victoria et à la batterie de Lancastre pour examiner le terrain. En revenant, il dut traverser une partie des camps anglais; les soldats sortirent de leurs tentes, et accourant sur son passage, firent des deux côtés de la route une longue haie, d'où partaient d'unanimes acclamations. Les soldats jetaient en l'air leurs casquettes, et les officiers agitaient leurs épées. Le jour touchait à sa fin, et ses dernières clartés donnaient à cette scène un cachet plus touchant encore. Le général Pélissier fut ému jusqu'aux larmes, et jamais il ne raconte cet épisode sans éprouver une profonde émotion.

La nuit calma l'intensité du feu ; les salves d'artillerie ne se firent plus entendre que par intervalles ; nos mortiers continuèrent, toutefois, à lancer des bombes dans les ouvrages ennemis : et aussitôt que le jour parut, le feu reprit avec violence des deux côtés. Le soleil ne devait pas se coucher sans avoir éclairé cette énergique entreprise depuis si longtemps attendue, et dont le résultat pouvait avoir sur les opérations à venir une importance décisive.

Toutes les dispositions sont prises par le général Bosquet en personne avec ce calme actif, résolu, qui le distingue.— Les 2e, 3e, 4e et 5e divisions du 2e corps ont été désignées pour l'attaque.

Entre trois et quatre heures du soir, le 7 juin, le général Bosquet se porte successivement dans les camps de ces divisions, et au moment de la prise d'armes fait serrer tous les bataillons en masse autour de lui. Là, dans une courte et énergique allocution, il apprend aux officiers et aux soldats ce qu'ils sont appelés à faire, et ce que la France attend d'eux. D'unanimes acclamations lui répondent.

A quatre heures et demie, les colonnes d'assaut se mettent en marche, profitant des ravins contournés du Carénage et de Karabelnaïa pour se rendre à leurs postes de combat; elles peuvent y arriver, sans que l'ennemi ait eu l'éveil de leur présence. Les troupes confiantes et animées d'une ardeur indicible attendent impatiemment que la voix de leurs chefs leur donne le signal.

Ceux-ci se sont réunis une dernière fois, pour que les instructions bien précises ne laissent aucun doute dans les esprits, et que l'attaque commencée sur tous les points avec ensemble, frappe les Russes de terreur par son énergie et sa spontanéité.

Des détachements de canonniers, commandés par des capitaines d'artillerie, doivent marcher avec les premiers bataillons, afin de retourner aussitôt les ouvrages contre l'ennemi, et reconnaître les travaux immédiats à effectuer.

En outre, l'artillerie doit après le départ des colonnes d'assaut, changer le tir des batteries du Carénage et de la parallèle Victoria, et diriger tous ses feux sur la place. La direction supérieure de ces mouvements est confiée au lieutenant colonel de Laboussinière, homme intrépide dont le dévouement et l'activité sont à toute épreuve.

XLIX. — L'action qui allait s'engager avait donc trois points très-distincts ; deux nous étaient dévolus, le troisième appartenait aux Anglais. — A droite, sur le contre-fort du Carénage, étaient les *ouvrages Blancs*, appelés par les Russes (redoutes de Volhynie et de Selighinski); au centre, le mamelon Vert (redoute de Kamchatka), en avant de la tour Malakoff; à gauche l'ouvrage dit : *des Carrières*. Des ravins aux berges escarpées et rocheuses séparaient chacune de ces attaques, et avaient l'inconvénient de les isoler l'une de l'autre; mais les parties couvertes de ces ravins permettaient, d'un autre côté, de placer de nombreuses et puissantes réserves à l'abri du feu de l'ennemi.

Les 3e et 4e divisions, sous les ordres des généraux Mayran et Dulac, étaient massées du côté du Carénage. Les 2e et 5e (généraux Camou et Brunet) étaient placées au centre.

A cinq heures, le général Pélissier, accompagné des généraux Niel, Trochu, Martimprey, Thiry, Frossard, Beuret et de tout son état-major, arrivait dans les retranchements en avant de la redoute Victoria. Déjà le général Bosquet était à son poste à la batterie de Lancastre. — Les derniers rapports viennent de lui être donnés, les derniers ordres sont transmis; chacun est prêt; les troupes sont frémissantes d'impatience et d'ardeur. L'heure désirée du combat va bientôt sonner; tous les regards sont fixés sur le point d'où les fusées de signal doivent partir, et, messagères de feu, nous précéder dans les ouvrages ennemis.

L. — Le général Bosquet a donné ordre à l'officier d'artillerie de lancer le signal; les fusées traversent l'espace avec leurs sifflements aigus. — Aussitôt, pendant que les brigades de Failly et Lavarande se dirigent sur les ouvrages du Carénage, le général Wimpffen s'est élancé des tranchées qui, de notre côté, entourent la base du mamelon Vert.

Trois colonnes ont été disposées. — A la droite, c'est

le colonel Rose avec les tirailleurs algériens; au centre, le colonel de Brancion avec le 50e; à gauche, le colonel de Polhes avec le 3e de zouaves.

Comment dire l'élan, l'enthousiasme de ces vaillantes troupes, qui se précipitent! De toutes parts les cris de *vive l'Empereur!* parcourent les rangs; c'est le mot d'ordre du combat. Ce flot humain monte et envahit la colline, comme une marée vivante que pousse une puissance irrésistible.

Déjà la mitraille de la redoute, les feux convergents du grand Redan et les batteries à gauche de la tour Malakoff, lancent sur les troupes assaillantes un ouragan de mitraille.

Pendant que le colonel Rose s'empare d'une batterie annexe de la redoute, où il se loge vigoureusement, et que le colonel Polhes attaque la gauche du mamelon, le colonel de Brancion aborde de front la redoute elle-même avec son brave 50e; il anime ses soldats de la voix. La résistance est terrible; les Russes luttent en désespérés; une fusillade renverse nos premiers rangs à bout portant.

Le colonel de Brancion s'empare du drapeau, pour que tous, au moment du danger, voient flotter devant eux l'étendard de la France; il s'élance sur le parapet ennemi, et pendant que d'une main victorieuse, il plante sur les épaulements de la redoute l'aigle d'or du régiment, de l'autre il agite son épée et appelle ses braves soldats autour de lui; mais la mitraille s'acharne sur ce point où flotte notre drapeau, et le colonel de Brancion « tombe glorieusement enseveli dans son triomphe (1). »

LI. — Ce n'est là qu'une des faces de ce brillant et rude combat, qui prit, par son importance et son étendue, les proportions d'une bataille. A l'extrême droite aussi, nous avons envahi résolûment les positions ennemies. La brigade Lavarande, placée dans les tranchées du Carénage, s'élance, son général en tête, en dehors de la deuxième parallèle, sur l'ouvrage du 27 Février, pendant que la brigade de Failly, avec le même élan et la même ardeur, se précipite sur l'ouvrage du 22 Février. Toutes deux ont un long espace à parcourir sous une pluie terrible de mousqueterie et de mitraille; la brigade de Failly surtout, prise de flanc par des feux meurtriers, traverse un terrain difficile; rien toutefois n'arrête ces deux intrépides brigades qui avancent tou-

(1) LE COLONEL DE BRANCION.

Le colonel de Brancion, que la mort avait frappé agitant le drapeau de la France sur la redoute conquise, était né en 1803. Élève de Saint-Cyr en 1818, sous-lieutenant en 1821, il entrait, l'année suivante, au 53e de ligne, et dans la garde royale le 28 janvier 1827, lieutenant en 1830, il rentra, par suite du licenciement de ce corps, au 18e léger. Capitaine en 1833, il passait les années 1845 et 1846 en Afrique, et les notes des généraux inspecteurs le signalaient comme un officier vigoureux et instruit. Chef de bataillon en 1845, il était lieutenant-colonel en 1851 et colonel du 50e de ligne en 1854. Ses états de service ne comptent pas de nombreuses campagnes, mais son héroïque conduite à l'attaque du mamelon Vert lègue à sa famille un beau souvenir.

Par ordre du général en chef, la redoute de Kamchatka, sur le mamelon Vert, prit le nom de *redoute Brancion*.

jours, semant de morts la trace glorieuse de leurs pas; elles arrivent compactes, irrésistibles.

Ici la brigade Lavarande, entraînée par son jeune et bouillant général, entre par les embrasures et par les brèches de l'ouvrage qu'elle attaque avec une énergique résolution; de son côté, la brigade de Failly se jette sur la batterie ennemie; son chef lui donne l'exemple, elle escalade les parapets sous un feu terrible qui l'accueille à bout portant, et brise jusque dans l'intérieur de l'ouvrage la résistance désespérée de l'ennemi.

Les Russes, refoulés par cette impétueuse attaque, abandonnent les deux positions; nos soldats que le combat enivre, s'élancent à leur poursuite sur une batterie construite, le 2 mai, par les Russes pour défendre l'embouchure du ravin du Carénage, et enclouent les canons.

Une forte colonne russe s'avance, mais le général Mayran la voit, et lance des bataillons qui chargent à la baïonnette et font bon nombre de prisonniers; les troupes engagées sont ralliées et ramenées dans les ouvrages du 22 et du 27 Février, qu'elles occupent pour ne plus les quitter.

Il se passait dans le même moment sur l'extrême droite de cette attaque un épisode marquant : deux bataillons avaient été massés dans le ravin du Carénage, sous le commandement du lieutenant-colonel Larouy d'Orion; aussitôt que l'offensive se dessine, ce brave colonel descend rapidement le ravin et pousse en avant ses bataillons qui malgré les nombreuses difficultés du terrain, gravissent les escarpements de la rive droite, et arrivent assez à temps pour couper la retraite à l'ennemi repoussé des deux premiers ouvrages. Pris ainsi à revers par ce mouvement habile et audacieux, toute résistance lui est impossible; 400 prisonniers sont en notre pouvoir, parmi lesquels on compte 12 officiers (1).

LII. — Revenons en toute hâte à l'attaque principale du mamelon Vert; c'est là que les plus saisissantes péripéties se succèdent, mêlant les lugubres cris de la mort aux enthousiastes acclamations de la victoire.

L'ordre formel avait été donné de ne pas dépasser la gorge de l'ouvrage, et de s'y créer aussitôt un logement contre les tentatives et les feux de l'ennemi; mais nos soldats, n'écoutant que l'ardeur qui les entraîne, animés par leur succès, voyant les Russes abandonner en désordre la redoute du mamelon Vert, s'élancent à leur poursuite jusqu'au fossé de la batterie Malakoff, cherchant à pénétrer avec eux dans l'intérieur de ce redoutable ouvrage. Quelques-uns déjà, parmi nos héroïques soldats, ont franchi le fossé et veulent escalader les embrasures; mais tout à coup un feu roulant les décime et couvre en un instant le terrain de nos morts.

(1) Le général en chef dit dans son rapport au ministre de la guerre, en date du 11 juin :

« Ce mouvement tournant, conduit avec autant de vigueur que d'habileté, et qui nous a donné 400 prisonniers, dont 12 officiers, fait le plus grand honneur au colonel Larouy d'Orion, et mérite que je recommande particulièrement cet officier à Votre Excellence. »

Les réserves ennemies, massées en arrière, apparaissent et garnissent les remparts qui vomissent le fer et le feu.

Bientôt notre imprudente colonne est forcée de se replier devant des forces considérables qui marchent droit sur notre attaque du centre. La redoute Kamchatka ne pouvait offrir encore aucun abri contre le retour des Russes; une explosion subite l'avait encombrée de poutres, de planches, de cordages enflammés, et ce point important, si vaillamment enlevé par nos troupes, et sur lequel avait flotté l'aigle de la France, est de nouveau occupé par les Russes.

Nos bataillons, décimés et désunis, se rallient en arrière du mamelon; le 50e, qui a déjà perdu son intrépide colonel de Brancion, a vu tomber aussi son lieutenant-colonel Leblanc, vaillant soldat que le feu trouvait toujours le premier à son appel (1).

Le général Bosquet a suivi le mouvement avec une anxiété croissante; aussitôt qu'il a vu les troupes dépasser dans leur élan le but qui leur avait été assigné, il a compris la gravité de la situation. Pendant que le général Camou fait immédiatement sortir des tran-

(1) LE LIEUTENANT-COLONEL LEBLANC.

Élève de l'école spéciale militaire, le lieutenant-colonel Leblanc entra au service en 1834, toute sa carrière militaire s'est passée en Afrique, où il était resté 11 ans. Il s'était plusieurs fois brillamment distingué dans différentes expéditions, et avait été blessé en 1839. Énergique, plein d'entrain, il avait, le jour du combat, sur ses soldats, l'ascendant que donne toujours l'énergie et le courage. C'est en s'élançant, un des premiers à l'attaque du mamelon Vert, qu'il fut tué à la tête de son régiment, le 50e de ligne.

chées sa 2e brigade, il envoie à la 5e division l'ordre de se porter en toute hâte en avant, au secours de la brigade Wimpffen qui menace d'être écrasée. — Cet ordre est énergiquement exécuté par le général Brunet. La 1re brigade vient occuper les parallèles en arrière du mamelon que les Russes menacent d'envahir; la 2e appuie à gauche, en profitant d'un pli de terrain qui la protége contre les feux ennemis. — Le général Vergé gravissait déjà la pente, en battant la charge et ralliait à sa brigade celle du général Wimpffen.

Ce fut un spectacle imposant et qui fit frissonner tous les cœurs, de voir ces belles troupes opérer leurs mouvements avec un ensemble calme et résolu sous le feu qui les accablait. Les nouvelles colonnes s'élancent avec un élan et une ardeur que doublent les dangers qu'elles bravent : en quelques instants la terrible redoute est entourée, les parapets sont franchis, les Russes sont une seconde fois repoussés, et le général en chef voit de nouveau flotter triomphalement notre drapeau sur ce mamelon qui nous est définitivement acquis.

Il était sept heures et demie; à l'horizon lointain le soleil se couchait dans les flots de la mer, et éclairait cette scène de combat de ses derniers rayons.

LIII. — Nos alliés s'étaient emparés, de leur côté, de la position (dite des Carrières), en avant du grand Redan, dont l'occupation complétait la ligne de défense enlevée aux Russes.

Aussitôt que les colonnes d'attaque furent sorties des tranchées françaises, les troupes anglaises, composées de détachements de la division légère et de la 2e, avaient marché sur l'ouvrage des *Carrières*. Avec cette calme intrépidité qui les distingue, elles envahissent l'intérieur de la redoute que défendent les Russes avec une énergique ténacité; mais là, comme au mamelon Vert, comme aux redoutes de la droite, ceux-ci sont refoulés. C'était au moment où nos soldats, descendant le ravin qui sépare le bastion Malakoff de la redoute du mamelon Vert, s'élançaient follement à l'assaut de ce redoutable bastion; nos alliés ne voulurent pas rester en arrière de bravoure et d'audace imprudente, et s'élancèrent, eux aussi, sur le grand Redan, à travers un terrible feu de mitraille; mais, malheureusement, ils furent repoussés, et laissèrent sur ce terrain, qu'ils n'auraient pas dû franchir, une large ligne de morts, parmi lesquels on comptait de braves et regrettables officiers.

LIV. — Le point important, c'était de s'établir assez solidement dans les ouvrages conquis du mamelon Vert et du mont Sapoun, pour être à même de repousser les tentatives de l'ennemi pendant la nuit. — Les travailleurs du génie se mettent aussitôt à l'œuvre au milieu de la fusillade et des bombes; chacun rivalise d'ardeur, d'énergie et de courage; les compagnies placées en éclaireurs protégent le travail et surveillent les mouvements des Russes dans le ravin.

En effet, des bataillons se sont formés dans l'ombre, et, soutenus par de fortes réserves qui contournent le ravin de Karabelnaïa, s'avancent sur les travailleurs; mais ils nous trouvent prêts à combattre et sont vigoureusement repoussés à la baïonnette.

Trois fois ils tentent par des efforts désespérés de reprendre ces importantes positions, et trois fois, reçus par une vive fusillade, ils voient tout à coup apparaître, sur les parapets, des remparts vivants qu'ils ne peuvent entamer, et contre lesquels viennent se briser leurs efforts impuissants.

Les résultats de cette brillante journée furent grands, et produisirent un immense effet moral; les Russes perdaient ainsi leur première ligne de défense.

Ce premier et important rempart, que leur prévoyante activité avait élevé en avant de Malakoff pour nous menacer et nous arrêter sans cesse dans nos travaux d'approche, était tombé en quelques heures en notre pouvoir, et nous avait avancés, sur toute notre ligne d'attaque, de 300 à 400 mètres environ.

Nos pertes furent douloureuses; de tous côtés, sur les terrains extérieurs, dans les ravins, partout où la mitraille et les boulets avaient pu fouiller les dépressions du sol, gisent nos braves soldats. Toute victoire a sur la tête une auréole et au cœur une profonde blessure.

69 officiers périrent, et parmi eux le colonel Hardy, du 86e de ligne, tombé héroïquement en s'élançant sur la redoute ennemie. Au nombre des glorieuses victimes de cette belle journée étaient les chefs de bataillon Du-

trochet, Klein, Moussette, Tigé, les capitaines d'artillerie Decasse, Tribouillard, et le capitaine du génie Laboissière.

Nous eûmes 628 hommes de troupes tués, et 4160 blessés, dont 2000 environ légèrement (1).

Sans l'ardeur héroïque, mais inconsidérée des troupes qui avaient dépassé les ordres formels que leurs chefs avaient reçus, cette importante position ne nous eût coûté que des pertes peu sensibles (2).

(1) « Devant Sébastopol, 15 juin 1855.

« L'enlèvement de vive force des redoutes russes en avant de Sébastopol, gage assuré du succès de nos opérations prochaines, restera l'un des faits les plus considérables de cette campagne. Il est pour le 2ᵉ corps d'armée un titre d'honneur que le général en chef est heureux de proclamer, et dont il consacre le souvenir en citant les corps qui ont pris une part active à ce glorieux fait d'armes, et les noms des militaires de tout grade que leur bravoure et leurs services ont fait particulièrement remarquer :

« Artillerie et génie du 2ᵉ corps.

« Régiment de gendarmerie de la garde impériale.

« 1ᵉʳ régiment de grenadiers de la garde impériale.

« 3ᵉ, 4ᵉ, 17ᵉ et 19ᵉ bataillons de chasseurs à pied.

« 2ᵉ et 3ᵉ régiments de zouaves.

« 6ᵉ, 10ᵉ, 50ᵉ, 57ᵉ, 61ᵉ, 82ᵉ, 85ᵉ, 86ᵉ, 95ᵉ, 97ᵉ et 100ᵉ régiments de ligne.

« 4ᵉ régiment d'infanterie de marine.

« Régiment de tirailleurs algériens.

« Le général en chef, PÉLISSIER. »

(2) Le général Pélissier, tout en appréciant le courage héroïque qui avait entraîné les troupes jusqu'au bastion Malakoff, devait déplorer les pertes inutiles qui en avaient été les tristes conséquences; il rappela énergiquement, par un ordre du jour, la nécessité impérieuse de ne pas dépasser les limites prescrites dans les attaques, comme cela était arrivé le 7 juin.

« Soldats, disait cet ordre du jour, un entraînement toujours dé-

502 prisonniers et 73 bouches à feu étaient en notre pouvoir.

Dès le lendemain les Russes avaient évacué la batterie du 2 Mai, dont nous nous étions aussi emparés, mais que nous n'avions pas cru devoir conserver (1).

« L'ennemi, écrivait le général en chef, en date du 9 juin, n'a fait contre les ouvrages conquis que des démonstrations sans résultat. Il a abandonné la batterie dite du 2 Mai, il nous abandonne aussi complétement

plorable, puisqu'il aboutit à répandre inutilement un sang généreux, vous a emportés plus loin que vous n'eussiez dû le faire, et bon nombre en ont été cruellement punis.

« Il est de mon devoir aujourd'hui de vous renouveler les recommandations faites tant de fois déjà. Aussi, répéterai-je aux officiers généraux, aux chefs de corps, aux commandants de compagnie, de faire bien sentir aux hommes qui leur sont confiés, la nécessité de leur réunion et de leur formation régulière après toute action de guerre, et surtout après un assaut : non-seulement le succès de l'opération, mais encore l'honneur de l'armée et leur propre salut individuel dépendent de la rapidité avec laquelle ils se sont reformés et mis en mesure de repousser toute attaque de l'ennemi, de vaincre toute résistance qui serait encore à renverser, jusqu'à ce qu'il soit tout à fait réduit à l'impuissance.

« J'attends de votre dévouement à l'Empereur, de votre amour du devoir, la stricte exécution de cet ordre. Trouvez-y les paroles d'un père, jaloux de votre conservation, et d'un chef qui a le droit de vous demander tout pour le succès de nos armes, l'honneur du souverain et la gloire de la France.

« *Le général en chef*, PÉLISSIER. »

(1) Nous avions quitté cette batterie après en avoir encloué les canons, parce que, se trouvant à 500 mètres environ de l'ouvrage du 22 Février, le plus éloigné de nos lignes, elle était placée sous la triple protection des batteries de terre, des forts du Nord, de la rade et des bâtiments russes, et leurs feux croisés en rendaient la position fort dangereuse. Les Russes, de leur côté, après l'avoir réoccupée, se sentirent trop en l'air, détruisirent la batterie, et l'abandonnèrent complétement.

la rive droite du Carénage ; les navires du port se réfugient dans la baie de l'Artillerie, où nos grosses bombes pourront aller les chercher. »

Le lendemain le pays et l'armée firent une grande perte, le jeune général Lavarande, qui avait si puissamment contribué à la prise des *ouvrages Blancs*, en dirigeant l'attaque de sa brigade avec une vaillante intrépidité, fut tué dans la matinée (1). Il visitait les positions

(1) LE GÉNÉRAL LAVARANDE.

Quoique le général Lavarande fût un des plus jeunes généraux de l'armée d'Orient, son existence militaire comptait de nombreux souvenirs, et un passé plein d'activité, d'intelligence et d'élan ; combien grands durent être les regrets de cette mort prématurée !

Il était à peine âgé de 42 ans ; admis à l'école de Saint-Cyr en 1831, il en sortait comme sous-lieutenant au 13e d'infanterie légère en 1833. En 1840, il était lieutenant et s'embarquait pour l'Afrique, terre promise de toutes les imaginations ardentes et guerrières ; il devait y rester pendant 13 années consécutives, conquérant tous ses grades sur les champs de combat.

Sa première expédition fut l'occupation de Bréda ; en 1841 il suit l'armée dans toutes ses excursions aventureuses, vivant de cette vie incessante de luttes perpétuelles. Déjà, il s'est fait remarquer, et les soldats connaissent le jeune Lavarande par son élan à se jeter le premier au-devant de l'ennemi.

Après l'expédition, à la suite de six combats, il est cité au rapport du gouverneur général ; au combat d'Elbordj un trait d'audacieux courage met son nom dans toutes les bouches : un brigadier de spahis, ayant eu son cheval tué sous lui, était au pouvoir des Arabes ; il s'élance à la tête de quelques hommes, et délivre le prisonnier. En 1842, dans la province de Mascara, il se distingue encore dans une rencontre avec les réguliers, et s'empare d'un drapeau : cité de nouveau à l'ordre du jour pour cette action d'éclat, il a l'honneur d'être choisi pour porter en France les trophées pris à l'ennemi. A la fin de la même année, le rapport du général commandant la province d'Oran cite encore le jeune Lavarande pour son élan et sa vaillante intrépidité. Dans le combat du 18 décembre, contre les tribus arabes, il

du mont Sapoun que nous avions conquises la veille ; les Russes lançaient sur ce point une nuée terrible de projectiles qui déchiraient tous les terrains avoisinants, et nous causaient même, dans l'intérieur des ouvrages, des pertes sérieuses. — Le général, malgré les avis de tous ceux qui l'entouraient, oubliant, dans son mépris du danger, qu'un chef doit surtout savoir ne pas verser inutilement un sang si utile au pays, voulut sortir, de sa personne, des ouvrages, et aller reconnaître un pli de terrain exposé aux feux croisés de la place ; quelques

a le bonheur de sauver son colonel, M. de La Jorre, renversé de son cheval. Le colonel, entouré par un groupe d'ennemis, lutte héroïquement pour ne pas tomber vivant dans leurs mains; accablé par le nombre, il va succomber, mais le lieutenant Lavarande accourt, avec quelques hommes déterminés, et ce renfort inattendu met en fuite les Arabes. Malgré tous ces faits de guerre, Lavarande ne fut nommé capitaine qu'au mois de janvier 1843, et chevalier de la Légion d'honneur le 21 décembre de la même année.

Nous l'avons déjà dit, en retraçant le passé militaire des officiers qui ont grandi sur le sol de l'Afrique, pour les suivre pas à pas, il faudrait chaque fois retracer de nouveau nos aventureuses expéditions, nos luttes contre les tribus soumises aujourd'hui, révoltées demain. En 1845, le capitaine Lavarande est encore mis deux fois à l'ordre de l'armée, et en 1847, il obtient l'honneur d'une citation particulière pour sa brillante conduite, pendant la première expédition de Kabylie. Chef de bataillon au 10e léger à la fin de l'année 1848, il ne tarde pas à passer aux zouaves.

Cette existence active, jetée chaque jour dans les combats, dans les marches pénibles, ne prend pas un seul instant de repos; tant il est vrai que les âmes vraiment trempées ont en elles-mêmes la source inépuisable d'une énergie toujours nouvelle. En 1849, il fait la seconde campagne de Kabylie; il est au siége de Zaatcha, il est à la prise de Nazab. Le grade d'officier de la Légion d'honneur récompense ses brillants services.

L'avenir était ouvert au jeune commandant, chefs et soldats avaient apprécié, les uns sa valeureuse intrépidité, les autres ses brillantes qualités militaires. Lieutenant-colonel du régiment de zouaves,

minutes après il payait de sa vie cette audacieuse témérité ; un boulet lui emportait la tête.

« C'est, écrivait-on du quartier général en chef, un grand malheur qui jette une profonde tristesse sur notre victoire. »

LV. — Il fut décidé, entre les généraux en chef, qu'une suspension d'armes aurait lieu le 9, à midi, pour l'enterrement des morts. C'est un moment triste et cruel qui force les regards à compter une à une les plaies

en 1851, il commande provisoirement, en 1852, la division d'Aumale. Colonel en 1853, il rentra enfin en France, rapportant de l'Afrique une réputation justement méritée et l'honneur de douze citations à l'ordre de l'armée.

La place du jeune et brillant colonel était marquée à l'armée d'Orient. A la bataille de l'Alma, il s'élance avec le 7e de ligne à travers la mitraille et a son cheval tué sous lui ; jusque-là il semblait qu'une protection invisible sauvegardait les jours de l'intrépide soldat. Après l'Alma, il est nommé commandeur de la Légion d'honneur. Au commencement de l'année 1855 il était appelé au commandement du nouveau régiment de zouaves de la garde impériale. Promu au grade de général, deux mois après, il fut placé à la tête de la 1re brigade de la 4e division d'infanterie du 2e corps. Lorque le 8 juin, il fut emporté par un boulet, l'armée comprit la perte immense qu'elle venait de faire, et le général en chef légua à sa mémoire le plus grand honneur qui puisse être accordé à un vaillant soldat, celui de donner son nom à un des importants ouvrages que nous venions d'emporter sur l'ennemi.

« *Ordre général.*

« 14 juin 1855.

« Le général en chef, voulant honorer la mémoire du général Lavarande et du colonel de Brancion, tués glorieusement devant l'ennemi, ordonne que les ouvrages où ils ont été frappés, porteront désormais leurs noms.

« En conséquence, la redoute du mamelon Vert sera désignée sous le nom de redoute Brancion, et les ouvrages Blancs seront appelés : ouvrages Lavarande. »

cruelles que laisse après elle une victoire ; mais ce moment est solennel et grave dans sa tristesse, et les émotions qu'il laisse sont de celles qui élèvent à la fois la pensée et le cœur.

Le feu devait cesser sur toute la ligne, depuis l'ouvrage du 2 Mai, à l'extrémité du mont Sapoun, jusqu'au ravin qui séparait nos attaques des attaques anglaises.

A midi, le drapeau parlementaire fut arboré par les Français sur le mamelon Vert; par les Anglais, sur les carrières du grand Redan. Presque aussitôt le drapeau parlementaire des Russes y répondit en s'élevant sur la tour Malakoff (bastion Korniloff) et sur le grand Redan.

Des soldats sans armes s'avancent. De notre côté, une ligne, formée d'Anglais et de Français, marquait la limite que nous ne devions pas dépasser ; l'autre ligne, composée de soldats russes, porteurs de petits fanons jaunes, indiquait la position extrême que l'ennemi ne pouvait franchir. — Entre ces deux lignes, se trouvait donc un espace neutre, où devait être déposée la triste récolte de cette funèbre moisson. Chaque nation venait prendre sur des civières les restes déjà glacés de ses combattants, et les transportait dans l'intérieur de ses lignes. Mais cette portion de terrain où ne devaient point pénétrer les soldats, n'était pas interdite aux officiers, et bientôt l'on vit se former des groupes ; amis et ennemis y étaient confondus, et se parlaient avec une grande courtoisie, s'entretenant de sujets frivoles. Les Russes parlaient de Paris, de ses splendeurs, de ses plaisirs ; étrange contraste qu'offrait cette conversation, ainsi légère et souriante au milieu du triste tableau qui se déroulait sous les yeux et de ce terrain couvert de débris de toute nature. Le revers du mamelon Vert était surtout jonché de fascines hachées, de terres renversées, de corps humains déchirés par d'horribles blessures.

De tous côtés les généraux des armes spéciales parcouraient leurs lignes avancées, examinant les terrains et fouillant de leurs regards scrutateurs les inégalités du sol qui se répandaient à l'infini devant eux, lorsque, soit par accident, soit qu'il fût renversé par le vent qui soufflait avec violence, le drapeau parlementaire disparut subitement du bastion Korniloff. On crut que l'armistice avait tout à coup cessé; et, comme le feu recommençait d'habitude, presque aussitôt après, il s'ensuivit un moment de subite confusion pendant lequel, des deux parts, on regagnait en courant les tranchées; mais bientôt l'on s'aperçut que le drapeau parlementaire français n'avait pas cessé de flotter sur la redoute que nous avions conquise; le drapeau russe reparut, et chacun se prit à rire de ce moment d'inquiétude et du hasard qui l'avait produit.

A six heures, l'armistice était terminé.

LVI. — Après toutes les grandes crises, il se produit de surprenantes réactions dans les esprits; mais ces revirements soudains, enthousiastes, soit en bien, soit en mal, sont surtout frappants dans une armée. La lenteur du siége, provenant de toutes les causes que nous avons énumérées plus haut, les tiraillements des diverses opinions, les difficultés s'accroissant sans cesse, tout avait contribué à jeter dans les esprits un doute que les plus forts cherchaient à dissimuler sous l'apparence du calme et de la confiance, mais qui, à l'insu de chacun, germait déjà dans les cœurs les plus résolus. Après la prise du mamelon Vert et des ouvrages Blancs, on passa tout à coup sans transition de cette sorte de découragement à une confiance extrême; nulle part, toutefois, elle ne fut plus grande, plus complète que dans le camp anglais. Il faut, dans celui qui commande, un cœur prudent et sage pour savoir résister aux enthousiasmes et aux entraînements qui l'entourent le lendemain d'un succès, comme il lui faut une âme fortement trempée pour relever les esprits et soutenir le poids des déceptions et des découragements, le lendemain d'un insuccès.

La volonté de Dieu devait placer le général en chef, à peu de jours de distance, dans cette étrange et soudaine alternative.

Que d'ardeur bouillante! que de cris vaillants et généreux il fallut tempérer, après l'heureux et rapide résultat de la journée du 7 juin!

LVII. — Les généraux en chef se réunirent en conseil; près d'eux furent appelés les généraux des armes spéciales. Après avoir pesé les éventualités d'une attaque décisive, il fut résolu que l'on avancerait de plus près sur Malakoff, et que de nouvelles batteries seraient établies pour protéger le mouvement de nos colonnes d'attaque. Les opérations projetées par le génie et l'artillerie ne devaient prendre que peu de jours. Un instant on agita la question de la construction très-difficile d'une batterie de gros calibre, à l'extrémité du mont Sapoun, sur l'emplacement de l'ouvrage russe du 2 Mai, pour combattre l'action des vapeurs ennemis embossés à l'entrée de la baie du Carénage. De grandes objections furent élevées par les hommes spéciaux. Chacun reconnaissait l'utilité et l'importance de cette batterie; mais, placée dans un cercle de feu, elle était prise de tous côtés et même à dos par les tirs les plus meurtriers; les communications par le ravin du Carénage étaient difficiles à tracer: en outre sa construction, très-périlleuse, demandait plus de temps que les autres batteries projetées pour l'attaque du bastion Malakoff, et dont l'achèvement devait avoir lieu en quatre ou cinq jours au plus.

Les ouvrages Blancs (Lavarande) furent retournés contre la place. Sur le mamelon Vert (redoute Brancion) furent construites rapidement de nouvelles batteries, malgré le feu violent de l'ennemi et les difficultés sans cesse renaissantes d'un sol rocheux; à cent mètres en avant du mamelon, on retourna une tranchée russe, on l'étendit et l'on en fit une sorte de parallèle avancée, pendant que les tranchées à droite et à gauche de l'ouvrage étaient prolongées du côté des Anglais et de la baie du Carénage, de manière à relier toutes les attaques. Nos alliés établissaient dans les carrières du Redan une place d'armes, d'où leurs colonnes d'attaque devaient s'élancer sur les ouvrages russes.

Arrêtons-nous un moment pour faire encore une place à la mémoire d'un des officiers les plus distingués du génie : le lieutenant-colonel Guérin était frappé d'une balle dans la tranchée, le 13 juin, et emportait avec lui les profonds regrets qui s'attachent à l'intelligence éclairée et au courage infatigable (1).

LVIII. — Notre rôle de chroniqueur devient ici très-difficile. L'attaque du 7 juin, nous l'avons déjà dit, avait éprouvé dans les conseils des armes spéciales de graves tiraillements et une opposition sérieuse. La volonté du

(1) LE LIEUTENANT-COLONEL GUÉRIN.

Officier énergique et distingué, le lieutenant-colonel Guérin était élève de l'école polytechnique; il était, en 1826, à l'école d'application de Metz. En 1832, il s'embarquait pour l'Afrique, et prenait glorieusement part à diverses expéditions. Capitaine en 1er en 1839, il était nommé chef de bataillon en 1850, et s'embarquait pour la troisième fois, en 1852, pour l'Algérie, où il était nommé chef du génie à Tlemcen. Il partit pour l'armée d'Orient en 1854. Directeur du parc de l'armée il rendit dans cette position difficile de réels services. Lieutenant-colonel à la fin de la même année, il mena cette rude et périlleuse vie de tranchée avec une persistante énergie; d'une initiative audacieuse, souvent il entraîna la décision d'attaques importantes dont il dirigeait les travaux du génie avec un courage qui défiait la mort. Homme de conscience et de sévère discipline, il ne transigeait pas avec son devoir. En 1848, à Lyon, il commandait le fort Lamothe, qui renfermait les armes et les munitions de la place; quoique professant des idées très-avancées, il résista énergiquement à plus de 30000 ouvriers révoltés, et jura de s'ensevelir sous les ruines du fort plutôt que d'en ouvrir les portes. C'est de tels hommes que la mort devrait épargner.

général en chef de l'armée française bien arrêtée pesa de tout son poids dans la balance, soutenue par l'assentiment du général en chef de l'armée anglaise. Pour l'attaque du 18 juin, le général Pélissier commandait avec la double autorité du commandement en chef et avec celle du souvenir de ce succès si rapidement obtenu, premier pas, dans sa pensée, d'une victoire décisive. Il domina les opinions diverses, les avis opposés, et il fut résolu en conseil tenu par les généraux en chef des trois armées alliées, qu'un assaut décisif aurait lieu contre Malakoff, et qu'il serait immédiatement suivi d'un mouvement important sur la Tchernaïa par un corps d'armée français de 25 000 hommes, auquel était adjoint le contingent des armées turques et sardes.

Certes, l'attaque sur Malakoff devait être terrible et sanglante; les troupes avaient à parcourir un espace considérable sous le feu meurtrier de nombreuses batteries; mais le général se flattait que rien ne résisterait à nos intrépides soldats et que la glorieuse journée du 7 juin aurait un lendemain plus glorieux encore.

Ce siége irrégulier depuis sa naissance, vivant sur l'imprévu en bien comme en mal, tirant surtout de son énergique persistance sa seule force réelle et son seul gage de succès, continuait ses allures étranges, et ce que l'on pourrait appeler, ses caprices de soudaine vitalité.

Une fois l'entreprise sur Malakoff décidée, ainsi que le mouvement des troupes de la Tchernaïa après le succès de l'assaut, le général en chef avait à se préoccuper de donner un commandant supérieur à ces deux attaques.

Nous ne saurions trop le répéter, notre opinion personnelle n'a pesé d'aucun poids dans la rédaction de ce récit. Ce n'est pas dès le lendemain des succès et des revers que l'histoire, qui se fait juge, peut en apprécier avec justice la portée et les causes. Les passions humaines, bonnes ou mauvaises, ont toujours un rôle dans le cœur humain, et à ces moments difficiles, dans ces questions elles-mêmes si passionnées, peuvent-elles conserver la mesure exacte de l'impartiale vérité ?

LIX. — Certes, il paraissait naturel et rationnel surtout, que le général Bosquet, qui le 7 juin avait présidé avec un si rapide succès à la prise des ouvrages avancés, et qui depuis l'ouverture de la tranchée étudiait chaque jour sur le terrain les positions ennemies, fût chargé de l'attaque si importante appelée par nous : *attaque Malakoff*, et qui comprenait le bastion Korniloff, la courtine, le petit Redan et les batteries de la Pointe.

D'un autre côté, l'opération qui devait suivre immédiatement le succès de cette attaque, c'est-à-dire le mouvement offensif des troupes à l'extérieur, avait aussi besoin d'un chef qui connût le terrain, qui eût la confiance des troupes chargées de l'exécuter, et le général Bosquet, dont une partie du corps d'armée occupait déjà la Tchernaïa, n'était-il pas plus à même qu'aucun autre, par le commandement des lignes d'observations qu'il avait exercé depuis le commencement, de diriger ces importantes opérations auxquelles des éventualités soudaines pouvaient donner une grande gravité. Telles étaient les deux résolutions en présence, les deux partis entre lesquels il fallait choisir.

Le général en chef se décida pour le dernier. — Eut-il raison ; eut-il tort? L'avenir le dira. Toutefois, ce fut avec un grand regret et une profonde amertume que les troupes, à la veille d'une action décisive, virent s'éloigner ce chef aimé qui les avait tant de fois conduites à la victoire.

CHAPITRE V.

LX. — Le 15 juin, le général Bosquet recevait du général Pélissier une lettre par laquelle il apprenait qu'il avait été décidé, entre les trois généraux en chef, qu'un assaut serait donné à l'ouvrage Malakoff, et qu'un corps d'armée de 25 à 30 000 hommes, dont il irait prendre le commandement, se tiendrait à la Tchernaïa, prêt à agir selon les ordres qui lui parviendraient.

« Vous remettrez demain, ajoutait le général en chef dans cette lettre, le commandement des attaques au général Regnaud de Saint-Jean-d'Angély, à la disposition duquel, pour les détails de service, vous laisserez le commandant Henry, votre sous-chef d'état-major. »

Le général Bosquet fut cruellement attristé de cette décision, qui l'éloignait d'un champ de bataille dont il avait depuis tant de mois étudié les moindres détails et dirigé les attaques.

LXI. — Le même jour, le général Regnaud de Saint-Jean-d'Angély, commandant la garde impériale, recevait du général Pélissier les instructions suivantes, que nous croyons utile de reproduire en leur entier.

« Dimanche, 17 juin, à la pointe du jour, ouverture générale du feu contre la place. — Le même jour, les armées sardes et turques feront un mouvement offensif vers Aï-Todor, de manière à menacer cette direction.

« Le lundi 18, de bonne heure, dans la matinée, assaut sur la tour Malakoff, avec attaque du Redan par les Anglais. Après succès, et alors qu'il y aura lieu, assaut sur le bastion du Mât et sur le bastion Central.

« Un corps d'environ 25 000 hommes est formé par l'armée française sur la Tchernaïa, soit pour appuyer la démonstration des armées turques et sardes, soit, si j'en donnais l'ordre, pour attaquer et enlever les batteries de la rive droite de la Tchernaïa et s'emparer du plateau dans le camp retranché du fort du Nord. Le projet serait, avec le concours des Anglais, et en faisant jonction avec les armées sardes et turques, de marcher sur Bakstchi-Seraï.

« C'est à cette éventualité postérieure à l'assaut qu'il y a lieu de se préparer complétement, en organisant à l'avance convois, munitions et ambulances pour les troupes qui devront prendre part à ce mouvement.

« Afin d'assurer l'exécution de ce plan général, en ce qui concerne l'armée française, je vous ai désigné pour prendre le commandement du corps qui sera chargé de l'attaque sur Malakoff, le général Bosquet devant prendre sous ses ordres les troupes qui vont se former sur la Tchernaïa.

« Ces troupes se composeront des 1re, 2e et 4e divisions du 2e corps, et de la 1re division du corps de réserve (général Herbillon); de toute la cavalerie, divisions Morris et d'Allonville; de la brigade Forton et de 4 batteries à cheval de la réserve.

« Je viens de vous dire que l'attaque sur Malakoff aura lieu le 18 au matin.

« Les troupes chargées de cette opération, et qui seront sous vos ordres, seront la 1re division du 1er corps (général d'Autemarre), la 3e division du 2e corps (général Mayran), la 5e division du 2e corps (général Brunet), la division de la garde (général Mellinet).

« Quant au corps d'armée aux ordres du général de Salles, chargé des attaques de gauche, il se composera des 2e, 3e et 4e divisions du 1er corps et de la 2e division du corps de réserve (général d'Aurelle).

« Tous les mouvements de troupes qui doivent compléter ces dispositions s'opéreront demain, dans l'après-midi, sur les ordres particuliers des commandants de corps. La garde impériale seule sera maintenue, jusqu'à nouvel ordre, dans les conditions d'installation où elle se trouve.

« En conséquence de ces dispositions, je vous invite à

vous mettre immédiatement en mesure de connaître le terrain sur lequel vous aurez à agir, pour me soumettre, le 17 au matin, le projet d'action. C'est une question que le général Bosquet a été en position de préparer, et dont il vous remettra les données. Vous irez recevoir de ce général le commandement demain, à deux heures de l'après-midi, et vous vous installerez au quartier général actuel du 2e corps, dont l'emplacement est connu.

« Vous enverrez demain de très-bonne heure votre chef d'état-major s'aboucher avec le général de Cissey, afin d'en recevoir tous les renseignements qui devront assurer l'heureuse continuation des attaques et de tous les services.

« Le sous-chef d'état-major du 2e corps, le commandant Henry, restera avec le colonel Vaudrimey jusqu'après le succès de l'assaut. Vous inviterez M. l'intendant du corps de réserve à se rendre auprès de M. l'intendant de Molines, demain matin de très-bonne heure, pour prendre la direction des services administratifs du nouveau corps d'armée placé sous vos ordres, afin d'être en mesure de satisfaire à tout ce qu'exigent les circonstances, comme ambulances, distributions, etc.

« Les compagnies du génie engagées dans les travaux de siége y resteront. Vous aurez sous vos ordres, pour l'attaque sur Malakoff, MM. les généraux Frossard, du génie, et Beuret, de l'artillerie. »

LXII. — Dès que le général Regnaud de Saint-Jean-d'Angély reçut ces instructions qui lui donnaient le commandement des attaques, il se rendit aussitôt (le 15 au soir) chez le général Bosquet, et lui communiqua la lettre qu'il venait de recevoir. Comprenant, sans nul doute, le sentiment qui devait être au fond du cœur du général, il lui assura, avec une netteté qui ne permettait pas de doute, qu'aucune démarche de sa part n'avait motivé cette résolution, dont il venait seulement d'être instruit par les instructions que lui adressait le général en chef.

Le 16, le général Regnaud de Saint-Jean-d'Angély vint prendre le nouveau commandement dont il était investi, et le général Bosquet, après lui avoir donné tous les renseignements utiles à l'attaque projetée, fruit de ses observations de chaque jour et de ses longues et profondes méditations, descendit dans la plaine et alla établir son quartier général sur les monts Fédiukines, occupés par les divisions Canrobert et Camou, et par la 1re division du corps de réserve, sous les ordres du général Herbillon.

Dès son arrivée, le général Bosquet alla visiter les différents emplacements de ses troupes et ceux des armées alliées (1); puis, prenant avec lui une forte escorte de chasseurs d'Afrique, ses aides de camp et deux officiers de son état-major, il poussa une reconnaissance un peu au delà de la position avancée des Sardes, dans

(1) L'armée sarde était à cheval sur un affluent de la Tchernaïa, à la hauteur de Tchergoun; les Turcs s'étaient portés sur les bois avoisinants, que l'on appelait bois de la Tchernaïa.

le but d'étudier à fond le terrain et de pouvoir s'entendre avec le général de La Marmora, dans le cas où le mouvement offensif vers Mackenzie serait ordonné.

De son côté, le général Regnaud de Saint-Jean-d'Angély allait avec les chefs du génie et de l'artillerie, Frossard et Beuret, prendre connaissance du terrain et reconnaître les tranchées, ainsi que les abords de la place. Il réunissait ensuite à son quartier général les trois généraux commandant les divisions désignées pour l'assaut, et arrêtait le projet d'attaque.

LXIII. — Cette attaque se composait de trois colonnes assaillantes, composées des divisions Mayran, Brunet, et de la division d'Autemarre, qui, revenue de l'expédition de Kertch à son ancien campement de l'attaque de gauche, dans les journées des 14 et 15 juin, se rendait, le 16 au soir, à l'attaque Malakoff.

La division Mayran devait sortir du ravin du Carénage, longer la berge gauche du ravin, se prolonger vers la droite, et attaquer avec sa 1re brigade la batterie de la pointe tournée par sa gorge, tandis que la 2e brigade, commandée par le général de Failly, dirigerait tous ses efforts sur la droite du Carénage, appelée le petit Redan. — Sur la demande du général Mayran, le 1er régiment des voltigeurs de la garde lui avait été adjoint comme réserve, l'effectif de sa division étant très-réduit.

La division Brunet, qui formait la division du centre, avait une brigade, dans la tranchée en avant, et à droite de la redoute Brancion, l'autre dans la parallèle en arrière, et devait entrer par la courtine, entre Malakoff et le petit Redan, attaquant à droite la face droite du petit Redan, à gauche la face gauche de Malakoff.

La division d'Autemarre devait arriver par le ravin de Karabelnaïa, tenant ses deux brigades, l'une en avant et à gauche de la redoute, l'autre dans la parallèle en arrière; cette colonne avait mission de pénétrer par la batterie Gervais, placée à droite de Malakoff, à mi-côte, et d'envahir la courtine qui, reliant la batterie à Malakoff, descendait dans le ravin de Karabelnaïa vers le grand Redan.

Ces trois attaques devaient s'opérer simultanément et se prêter l'une l'autre un puissant appui. Deux batteries d'artillerie attelées étaient placées en arrière de la redoute Brancion, prêtes à être portées immédiatement sur les positions ennemies aussitôt que les troupes s'en seraient solidement emparées.

Tel était le plan de cette attaque importante, qui allait, selon l'espérance des généraux en chef, porter un coup décisif à la ville assiégée.

Les Anglais devaient dans le même moment s'emparer du grand Redan, contre lequel s'étaient dirigés tous leurs efforts depuis le commencement du siége. Les 2e, 4e et la division légère, sous les ordres du général Brown, formaient trois colonnes. — La droite attaquait la face gauche du Redan; la gauche se jetait contre l'angle rentrant formé par la face droite et le flanc de l'ouvrage; le centre, qui ne devait commencer son attaque qu'après le mouvement bien prononcé des deux ailes, marchait contre l'angle saillant.

Le 17, au matin, le feu de nos batteries écrasa la place. — C'était surtout sur les points dont on devait s'emparer le lendemain de vive force, qu'étaient dirigées toutes les ressources de notre artillerie.

Dans la journée, Malakoff et le grand Redan paraissaient avoir considérablement souffert, ce que l'on devait du moins supposer, non-seulement par les dégradations apparentes, mais aussi, par la diminution sensible du feu de l'ennemi. L'événement ultérieur prouva que celui-ci, prévenu, sans nul doute par les espions ou les déserteurs, de nos projets d'attaque pour le lendemain, ménageait ses batteries et réservait ses feux.

LXIV. — On était à la veille de l'assaut; et, comme il arrive toujours pour les événements d'une haute et décisive importance, l'impatience, l'inquiétude, l'enthousiasme du combat dévoraient les esprits.

A sept heures, il y eut un grand conseil chez le général en chef de l'armée française. A ce conseil assistaient le général Niel, commandant le génie du siége; les généraux Thiry, Beuret, Dalesme, Frossard; les généraux de division Mayran, Brunet, Regnaud de Saint-Jean-d'Angély et d'Autemarre. Sir Harry Jones, général commandant le génie anglais, avait été appelé au sein du conseil.

Dans cette séance furent arrêtées les dernières dispositions. — Sur la demande des généraux commandant les colonnes d'assaut qui craignaient que le mouvement des troupes ne fût aperçu par l'ennemi dans les tranchées, si l'attaque se faisait à six heures du matin, c'est à-dire trois heures après le lever du jour, il fut décidé qu'elle aurait lieu à trois heures du matin. — Cette nouvelle résolution changeait le projet précédemment arrêté, de faire précéder l'assaut par deux heures au moins du feu de nos batteries, dans le but de détruire les réparations que l'ennemi aurait pu faire dans la nuit, et de préparer ainsi la voie aux colonnes assaillantes; mais elle avait l'avantage de dérober aux regards vigilants de la place la marche difficile de nos divisions dans les tranchées.

Cette décision du conseil fut communiquée le soir à lord Raglan, et chacun se sépara, demandant à Dieu que le soleil du lendemain éclairât le triomphe de nos armes.

Le général en chef s'était réservé d'une manière absolue le droit de donner le signal d'attaque, qui devait se composer d'un bouquet de fusées d'artifice, tiré de la batterie Lancastre, que le général Pélissier avait choisie pour son quartier général.

LXV. — Pendant la nuit on lança sur la place une grande quantité de bombes et de fusées. Les divisions se rendirent silencieusement à leur poste de combat; celles des généraux d'Autemarre et Brunet se dirigèrent vers les tranchées qu'elles devaient occuper, l'une par le ravin de la Karabelnaïa, l'autre par les cheminements tortueux de nos communications.

La division Mayran se déployait dans le ravin du Carénage. Sa mission dans l'attaque générale était difficile par la complication des différents points qu'elle devait menacer et envahir à la fois. Le général, comprenant la gravité de sa position, qui embrassait toute la droite du mouvement, passa la nuit entière à présider lui-même au placement de ses troupes. Les zouaves devaient tourner la batterie de la Pointe par la droite; l'infanterie de marine devait la prendre par la gauche et attaquer en même temps la courtine du petit Redan. Le colonel Malher, avec le 97e de ligne, avait pour instruction d'attaquer le reste de la courtine et le petit Redan par la droite, conjointement avec le 95e, sous le commandement du lieutenant-colonel Paulze-d'Ivoy. Toute la division, préparée au combat, était assise dans le ravin ou couchée à plat ventre, selon les dispositions du sol, dans le but de cacher sa présence à l'ennemi, qui pouvait diriger de ce côté des reconnaissances; car malheureusement c'était une de ces belles nuits d'été, pendant lesquelles l'obscurité semble porter en soi les reflets lumineux des dernières clartés du jour.

Il était une heure et demie, lorsque toutes les troupes furent massées sur leurs différents emplacements. Leur général, qui s'était établi sur un point très-avancé dans le ravin, envoya vers deux heures et demie son officier d'ordonnance, le capitaine de Launay, vers l'extrémité de la baie du Carénage.

Le capitaine entendit très-distinctement sonner le

garde à vous, qui prouvait que l'ennemi avait l'éveil et s'attendait à une attaque. Quelques coups de feu isolés partirent des embuscades ; toutefois aucun mouvement apparent ne se manifesta du côté de l'ennemi.

A trois heures moins dix minutes environ, plusieurs bombes à traces fusantes, parties de la redoute Brancion, firent croire au général Mayran que c'était le signal. Déjà pendant la nuit plusieurs bombes avaient produit le même effet; vainement ses aides de camp lui objectèrent que ce ne devait point être le signal, puisque l'heure n'était pas encore arrivée :

« — C'est le signal, répondit-il; d'ailleurs, quand on va à l'ennemi, il vaut mieux être en avance qu'en retard. »

Et immédiatement il donna l'ordre aux colonnes d'attaque de partir, faisant dire au général de Failly, massé en arrière sur le versant du ravin, d'avancer avec sa brigade. Le général Mayran se dirigea ensuite de sa personne vers une petite embuscade placée entre le petit Redan et la batterie de la Pointe.

A peine nos troupes se furent-elles lancées en avant, qu'une pluie de mitraille et de balles vint les assaillir de toutes parts.

LXVI. — Le général Regnaud de Saint-Jean-d'Angély se trouvait déjà à la batterie Lancastre, où le général en chef lui avait donné ordre de se rendre à deux heures et demie. Étonné d'entendre sur la droite une vive fusillade, entrecoupée de coups pressés de mitraille, et ne pouvant supposer que la division Mayran attaquât, puisque le signal n'avait pas encore été donné, il crut à une invasion des Russes, et envoya un officier s'en informer en toute hâte ; il ne tarda pas à apprendre que le général Mayran avait lancé ses têtes de colonnes.

Certes les angoisses du général Regnaud de Saint-Jean-d'Angély durent être grandes, lié qu'il était d'une manière absolue par l'ordre du général en chef, et ne pouvant donner le signal; cependant il n'était pas douteux pour lui que la division Mayran s'épuisait en efforts impuissants, pendant lesquels deux autres divisions attendaient l'arme au bras. On ne peut dire, on ne peut apprécier d'une manière exacte à quelle heure fut donné le signal, car, dans de pareils moments, les minutes sont des siècles; mais ceux qui entendaient la vivacité du combat à droite, pendant qu'au centre et à gauche tout restait silencieux, sentirent leurs poitrines délivrées d'un poids immense, lorsqu'ils aperçurent dans le demi-jour arriver le général en chef avec son état-major, et que le signal tant désiré partit enfin de la redoute Victoria.

En effet, le général Pélissier était encore à plus de 1000 mètres de la batterie Lancastre, lorsque l'attaque du général Mayran se dessinait déjà sur la droite, ôtant ainsi par une erreur fatale aux projets arrêtés la soudaineté si précieuse de leur ensemble.

LXVII. — Une fatalité étrange semblait s'être réunie contre nos armes dans cette néfaste journée. La division d'Autemarre se lance vigoureusement sur son point d'attaque; mais la division Brunet, qui avait dû opérer son mouvement au milieu des tranchées par des cheminements étroits et difficiles, avait éprouvé du retard; les troupes n'avaient pu encore s'établir d'une manière exacte dans les positions qui leur avaient été assignées, et les dernières dispositions du général n'étaient pas entièrement prises, lorsque la gerbe de fusées étoilées vint lui dire de lancer ses colonnes d'assaut. Les bataillons d'attaque, par suite de ce retard, flottent un instant indécis et sortent avec difficulté des tranchées.

Le général Brunet a gravi les parapets extérieurs et dispose lui-même ses troupes un peu confuses; celles-ci, pleines d'élan, se précipitent aux cris mille fois répétés de vive l'Empereur! mais le général a fait à peine quelques pas, qu'une balle, l'atteignant en pleine poitrine, le renverse sans vie, perte cruelle pour la France et pour l'armée (1). Non loin de lui venait

(1) LE GÉNÉRAL BRUNET.

Le général Brunet avait 52 ans; c'était un brave et vigoureux officier, aimant avec passion la carrière des armes, dont il avait fait l'unique pensée de sa vie. A sa vigueur et à son énergie dans le combat, se joignaient de solides qualités, fruit d'études sérieuses.

Il était âgé de 16 ans, lorsqu'il entra à l'école de Saint-Cyr, en 1819; il en sortit en 1821, sous-lieutenant au 51e régiment d'infanterie de ligne; en 1825 il était lieutenant, et s'embarquait pour la Guadeloupe, où il resta avec son régiment jusqu'en 1832. C'est à cette époque qu'il fut nommé capitaine.

Chef de bataillon en 1840, il partit pour l'Afrique avec le 48e. Sa carrière n'avait pas été rapide, car les occasions lui avaient fait défaut jusque-là; mais les généraux inspecteurs l'avaient déjà signalé: « Officier, disaient-ils, d'une instruction solide, d'un dévouement entier à ses devoirs et très-digne d'avancement. » Aussi, dès l'année

de tomber un brave officier, modèle de courage, de feu sacré, et auquel l'avenir réservait de hautes destinées; le lieutenant-colonel de La Boussinière, commandant l'artillerie d'attaque, avait été frappé d'un biscaïen qui lui avait brisé la tête (1).

suivante, faisant partie de l'expédition qui allait ravitailler Médeah, il fut cité à l'ordre de l'armée. C'était son premier titre réel conquis sur un champ de combat; et à la fin de la même année, son intrépidité pendant la campagne de Milianah, mettait encore son nom à l'ordre du jour.

Il fut appelé au commandement supérieur de Milianah. Dans ces importantes fonctions, l'activité de son esprit, l'intelligence de ses devoirs lui valurent les éloges et l'attention particulière de ses chefs. Proposé pour le grade de lieutenant-colonel, il rentra, peu de temps après, en France. Son séjour en Afrique avait été de courte durée, mais avait dit ce que l'on pouvait attendre de son caractère ferme et résolu, de son instruction accomplie. Appelé à faire partie du jury d'inspection des études à l'école de Saint-Cyr, il fut nommé colonel en 1845, et officier de la Légion d'honneur deux ans plus tard. En 1848, il présidait le conseil de guerre de la 1re division militaire, et était élevé, en 1851, au grade de général de brigade.

Général de division en 1854, il fut appelé au commandement de la 9e division d'infanterie de l'armée d'Orient.

Le sort des combats devait frapper le général sur ce terrain glorieux, conquis pas à pas par le sang de la France.

Le 7 juin, il était cité à l'ordre de l'armée par le général en chef, et tombait, en soldat, le 18 du même mois, inscrivant sur ses états de service cette dernière ligne, titre d'honneur :

Tué à l'ennemi, le 18 *juin* 1855. »

(1) LE LIEUTENANT-COLONEL DE LA BOUSSINIÈRE.

Les batailles de l'Alma et d'Inkermann avaient placé le colonel de La Boussinière à la tête des officiers supérieurs les plus distingués de l'artillerie. A l'Alma, il avait fait preuve d'audace, de résolution et d'infatigable énergie; partout où le danger était le plus grand, il avait conduit ses batteries, que l'on voyait accourir avec une rapidité incroyable d'un point à un autre, traversant les ravins, gravissant les collines, et venant jeter le désordre et la mort dans les rangs ennemis. A Inkermann, le général Bosquet, qui se connaît en courage,

LXVIII. — De tous côtés la lutte est engagée avec acharnement, et les tourbillons de fumée qui montent jus-

disait : « Les deux batteries du commandant de La Boussinière ont eu à supporter un rude duel avec l'artillerie russe, qui se composait d'un nombre considérable de pièces de campagne. « Ce rude duel, le commandant l'avait soutenu avec cet énergique sang-froid, ce calme courage qui le caractérisaient : sans cesse au milieu de ses batteries, il animait par sa présence et par son audace soldats et officiers.

Alma et Inkermann l'avaient épargné ; mais il devait trouver la mort d'un soldat en combattant.

Ce fut un triste jour que celui où, de bouche en bouche, on entendit ces mots : « La Boussinière est tué ! » Ce fut un deuil dans l'armée ; car l'armée sentait la perte réelle qu'elle venait de faire. Ce fut un deuil dans tous les cœurs ; car chacun l'aimait et l'appréciait.

C'est un hommage rendu à sa mémoire que de jeter un regard sur ce passé, si jeune encore.

Né en 1814, il entra à l'École polytechnique en 1832.

Élève sous-lieutenant à l'École d'application de Metz en 1834, il sortit en tête de sa promotion, et fut nommé lieutenant au corps de l'artillerie en 1837. En 1846, il était capitaine en 1er. En 1842 il s'embarqua pour l'Afrique ; car la vie, dans les directions d'artillerie, dans les dépôts, n'allait pas à cette nature active, énergique, pleine de séve, de jeunesse et d'audace ; il sentait qu'il avait pour lui l'avenir. Il fit l'expédition de 1842, revint en France ; et sollicitant de nouveau son envoi en Algérie, y retourna en 1845, et y resta quatre années, pendant lesquelles il prit part à différentes expéditions, soit en Kabylie, soit dans l'Ourenscénis, soit contre les Flittas. Partout il se distingua, et le maréchal Bugeaud le mit à l'ordre du jour en le signalant comme un officier de grand avenir. Tour à tour les généraux d'Hautpoul, Schramm, Randon, l'attachèrent à leur état-major.

Nommé chef d'escadron au corps de l'artillerie en 1851, il était compris le 28 février 1854 dans les cadres de l'armée d'Orient comme commandant la 2e division d'artillerie de réserve.

Le 24 novembre 1854, ses éclatants services sur les champs de bataille de l'Alma et d'Inkermann l'élevèrent au grade de lieutenant-colonel.

Choisi pour chef de l'attaque de droite, sa vie se passait au milieu des tranchées, dans les batteries, car il voulait tout voir, tout diriger, tout apprécier par lui-même. Son intrépidité chevaleresque tentait trop la mort ; il n'a pu lui échapper.

qu'au ciel voilent les premières clartés du jour naissant. Nos vaillants et intrépides soldats, surmontent toutes les difficultés de terrain qui brisent à chaque instant leur élan, et franchissant les obstacles accumulés par l'ennemi, avancent toujours; mais les Russes sont partout sur leurs gardes, préparés à repousser l'assaut.

A la droite, les troupes que commande le général Mayran, et dont les deux divisions d'Autemarre et Brunet n'ont pu, on le sait, appuyer le mouvement trop hâté, se sont précipitées sur la courtine à travers un terrain difficile, au milieu d'herbes hautes qui se lient et s'entrelacent entre elles sous les pas des soldats.

Bientôt tout le terrain qu'elles parcourent est jonché de leurs morts : les steamers ennemis sont accourus à toute vapeur, et, embossés à l'entrée de la baie du Carénage, criblent le sol d'un ouragan de mitraille. Nos rangs s'éclaircissent; le brave colonel Malher, qui ne doit pas survivre à ses blessures, tombe dans cette lutte de héros.

Le général Mayran, dans son impatiente anxiété, s'est porté en avant sur un terrain entièrement à découvert : un biscaïen le frappe au coude gauche. La commotion fut si violente, la douleur si vive, qu'un instant il crut ne pouvoir conserver le commandement; mais lorsque son officier d'ordonnance de Launay allait avertir le général de Failly : « Non, s'écria-t-il avec énergie, je garde le commandement; donnez ordre aux réserves d'avancer. » Et il continua à se porter en avant, suivant d'un œil inquiet ses intrépides soldats qu'abattait inexorablement une pluie de fer.

Le 1er voltigeurs de la garde est accouru avec son colonel Boudville; puis le 95e de ligne que conduit au feu son jeune lieutenant-colonel Paulze-d'Ivoy. Le général lance lui-même ces vigoureux bataillons, auxquels leurs chefs montrent le chemin en s'élançant à leur tête, l'épée haute. Bientôt tous deux sont tombés : le colonel Boudville frappé à la fois de plusieurs blessures, le colonel Paulze-d'Ivoy, le visage traversé d'une balle.

Presque en même temps un biscaïen de grappe marine atteignait le général Mayran à la poitrine, un peu au-dessus du cœur. Quoique le projectile n'eût pas pénétré, la blessure était mortelle (1).

(1) Parmi les glorieuses victimes qui tombent sur les champs de combat, sont à plaindre surtout celles qu'une lente agonie mène à la mort, et qui pleines de force et de courage, voient s'échapper de leurs mains l'épée qu'elles ne pourront plus reprendre. C'est dans ces hommes surtout, pour lesquels se ferme le retour à la patrie et au foyer, qu'il faut admirer le mâle courage et l'abnégation.

La mort du général Mayran fut plus cruelle que celle de son vaillant compagnon d'armes le général Brunet; car il ne se fit pas un seul instant illusion sur sa blessure. Il fut enlevé à grand'peine du terrain que labouraient avec furie des projectiles de toutes sortes, et pendant que son officier d'ordonnance, le capitaine de Launay, s'occupait de ce triste soin, son aide de camp, le capitaine Hautz, allait remettre le commandement au général de Failly. On plaça le général sur une couverture, et il fut ainsi porté jusqu'au ravin du Carénage, où les premiers soins lui furent donnés à une ambulance provisoire. Dès les premiers moments son état fut jugé désespéré (le général avait deux côtes cassées et les poumons enfoncés). Ce qui s'est passé du 18 au 22, jour de sa mort, n'a été que la lutte d'une constitution robuste contre les étreintes de la mort.

Le général voulut que l'aumônier lui administrât sans retard les

La position des troupes est critique; ne pouvant traverser ce terrible orage de projectiles, elles n'avancent pas, mais se maintiennent avec une ténacité sans égale.

Le général en chef vient d'apprendre la mort du général Brunet et l'insuccès de son attaque sous un feu que sa division ne peut franchir; on lui annonce que le général Mayran a dû remettre son commandement,

derniers sacrements; puis il renvoya tout le monde, et ne conserva auprès de lui que le capitaine de Launay, auquel il exprima avec calme ses dernières volontés, lui demandant de se charger de porter son cœur à sa femme, et de lui remettre deux médailles qu'il avait au cou, et qu'il pria son officier d'ordonnance de prendre immédiatement, dans la crainte qu'elles fussent oubliées après sa mort. Le capitaine accepta, les larmes dans les yeux, cette triste mission. Le général était calme; il s'occupait de sa mort comme il se fût occupé de choses concernant sa vie.

Dans la soirée du même jour, il fut porté dans sa barraque. Le lendemain, dans la journée, il eut un moment de mieux apparent : le général en chef vint le voir. « Général, lui dit-il, après lui avoir exprimé sa douleur de le voir ainsi, Dieu conservera des jours si précieux pour l'armée et pour la France. » Mais bientôt le mal empira, et le 22, vers deux heures du matin, après quelques instants de délire, il s'assoupit pour ne plus se réveiller. Le cœur du général, ainsi qu'il l'avait désiré, fut rapporté en France, à sa veuve.

LE GÉNÉRAL MAYRAN.

Le général Mayran était âgé de 53 ans. Admis à l'école de Saint-Cyr en 1819, il en sortit, en 1821, avec le grade de sous-lieutenant. Garde de 3e classe dans la compagnie des gardes du corps commandés par le duc de Gramont, il fit la campagne d'Espagne les deux années suivantes. Promu au grade de garde de 2e classe, il était compris dans le licenciement de la maison militaire du roi, en 1830. Quelques mois plus tard, le sous-lieutenant Mayran, auquel pesait cette triste inaction, demandait son rappel au service, et écrivait au ministre de la guerre : « Fils d'un officier d'artillerie mort sur le champ de bataille, j'aspire à marcher sur ses traces. » Dieu devait exaucer le vœu du

et que sa division est écrasée. Il donne ordre aussitôt au général Regnaud de Saint-Jean-d'Angély d'envoyer à son secours quatre bataillons de la garde, pris à la réserve générale; les généraux Mellinet et Uhrich conduisent au combat ces troupes d'élite, ralliant à eux tout ce qu'ils trouvent sur leur passage dans le ravin du Carénage. Inutiles efforts, inutile courage, qui ne pouvaient ramener la victoire échappée de nos mains!

soldat, et, 25 ans plus tard, le général de division tombait glorieusement devant l'ennemi, l'épée à la main.

Rendu à la vie militaire, le lieutenant Mayran se distingua, dans la campagne de Belgique, par son infatigable activité et son vaillant courage aux avant-postes. Le maréchal Gérard le proposa pour le grade de capitaine.

Bientôt il partait pour l'Afrique dans un bataillon de la légion étrangère. Sa valeureuse conduite au siége de Constantine, où il fut blessé d'un coup de feu au bras droit, lui valut une citation à l'ordre de l'armée. En 1840, mis de nouveau deux fois à l'ordre du jour, pendant l'expédition de Médéah, et à la sanglante attaque du col de Mouzaia, il fut nommé chef de bataillon. C'était un grade noblement gagné sur le champ de bataille. Il rentra en France, et fut mis à la tête d'un bataillon de chasseurs à pied. Lieutenant-colonel en 1845, il retourna en Afrique, où il fit toutes les campagnes qui signalèrent les trois années suivantes. Colonel en 1847, il était général de brigade en 1851.

Les brillantes et énergiques qualités qui distinguaient cet officier supérieur l'appelaient à faire partie de l'armée expéditionnaire envoyée en Orient.

Le général Mayran fut détaché en Grèce, pour commander le corps d'occupation : il y resta jusqu'en octobre 1854, montrant, dans les difficiles fonctions qui lui étaient dévolues, d'éminentes qualités.

Bientôt il s'embarquait pour la Crimée, où cette belle carrière de soldat devait être brusquement interrompue par la mort. Général de division au mois de janvier 1855, il fut appelé à commander la 2e division du 2e corps d'armée. A la glorieuse journée de juin, cet homme de guerre, auquel Dieu avait donné la stature d'un géant, avait une fois de plus prouvé ce que l'on devait attendre de son grand courage.

LXIX.—Cependant, nous l'avons dit, la tête d'attaque du général d'Autemarre s'est élancée avec une impétueuse ardeur. Seule elle arrive, seule elle pénètre. Le 5e bataillon de chasseurs à pied, conduit par le commandant Garnier, qui est tête de colonne, a pour mission de franchir la batterie Gervais, de refouler ses défenseurs, de s'engager résolûment dans les faubourgs de Karabelnaïa, et de venir tourner Malakoff pour entrer par la gorge du réduit.

Au signal donné, le bataillon du 5e chasseurs traverse la distance qui le sépare de la batterie Gervais. Un feu terrible de mitraille court sur la pente du ravin; car l'ennemi a pu se préparer à la défense. Déjà la trace de la petite colonne est marquée par des morts et des blessés; mais le commandant Garnier, qui les guide, a compris l'impérieuse nécessité d'arriver au moins sur l'ouvrage, en une masse compacte. « — Il ne doit y avoir parmi nous, leur dit-il, ni premier ni dernier; tous ensemble ! » Le terrain qu'il parcourt est rocheux et présente de temps à autre quelques légères dépressions; à chacune, le bataillon s'arrête pendant l'espace de quelques secondes, sur l'ordre de son commandant, afin de rallier les retardataires, puis repart chaque fois avec une nouvelle ardeur.

La course des chasseurs avait été si rapide, que le bataillon sautait en entier dans le fossé extérieur de la batterie, au moment où retentissait la seconde décharge. Cent hommes environ avaient été mis hors de combat pendant le trajet; tous les autres se lancent à l'escalade en s'aidant mutuellement, et bientôt pénètrent dans l'ouvrage. Alors s'engagea une de ces luttes terribles, dont nous avons déjà tant de fois, dans le cours de ce récit, retracé le saisissant tableau. Tous les chasseurs étaient arrivés avec leurs carabines chargées : l'ennemi est repoussé, les artilleurs sont tués en grand nombre sur leurs pièces.

Le commandant Garnier a reçu deux blessures, un coup de baïonnette qui lui traverse l'avant-bras et une balle dans le corps. — Près de lui combat, avec cette belle ardeur de la jeunesse, le lieutenant Roger, qui déjà est gravement blessé ; mais, comme son chef, il veut rester au poste du danger et marcher encore à l'ennemi. Hélas ! il devait être une des glorieuses victimes de cette sanglante journée, et sa mort enfermait dans un tombeau de bien belles espérances. Le bataillon est maître du terrain, et déjà il envahit l'entrée du faubourg de Karabelnaïa, dont les rues spacieuses forment une croix (1).

La plupart des maisons sont à moitié détruites, et derrière les murailles démantelées, les Russes ouvrent un feu nourri sur nos soldats, qui recommencent avec l'ennemi une lutte furieuse... On se tue à bout portant, on

(1) *Rapport du prince Gortschakoff.*

« Les colonnes ennemies se portèrent sur la batterie Gervais, l'envahirent, repoussèrent le bataillon du régiment de Pultawa, qui la défendait, et en le poursuivant occupèrent quelques maisons du faubourg de la Karabelnaïa, depuis le monticule de Malakoff jusqu'au ravin des Docks. »

se prend à la gorge, on se déchire à coups de pierres. — Une fraction du 19e est arrivée à l'aide de ce brave bataillon ; le colonel Manèque, qui les commande, a reçu, par un biscaïen, une forte contusion au côté gauche, et les officiers qui l'accompagnaient ont été renversés par la mitraille. Les chasseurs se sont réunis en groupe et tiennent bon. Le colonel, pour reconnaître le terrain, s'engage avec un clairon dans une des issues transversales, et se trouve, parallèlement à la position qu'occupe le bataillon de chasseurs, dans une autre rue qui suit, en s'inclinant, le prolongement de la gorge. Là, on serait abrité à la fois de Malakoff et du grand Redan. Le colonel Manèque a placé dans ce passage, par lequel on peut nous couper, un lieutenant avec les hommes qui lui restent, et appelle à lui les autres fractions des compagnies engagées çà et là ; mais le général Krouleff, qui commande la ligne des fortifications, a rallié les bataillons en désordre, et les conduit au feu avec une grande énergie ; de toutes parts les officiers groupent autour d'eux les soldats et les précèdent au combat.

De minute en minute, des masses arrivent du grand Redan, où les Anglais ont dû abandonner leur attaque, et de la courtine que n'a pu envahir la division Brunet.

Le danger est imminent; si des renforts n'accourent pas pour empêcher les réserves ennemies de se réunir sur un seul et même point, de ce côté-là aussi, tout ne tardera pas à être perdu.

Le commandant Garnier, aussitôt entré dans la batterie Gervais, avait envoyé successivement trois sous-officiers au général d'Autemarre pour lui dire : « — Je suis arrivé, je continue ma marche en avant sur le faubourg; mais si vous ne m'envoyez de prompts et vigoureux renforts, je serai bientôt écrasé et ne pourrai me maintenir. »

Les trois sous-officiers ont été tués avant d'arriver. Dans cette prévision, un quatrième est déjà parti, c'est le sous-lieutenant Potier; il a la mâchoire fracassée, mais il a atteint le général d'Autemarre et peut remplir la mission qui lui est confiée.

Combien les minutes qui s'écoulent sont longues, quand on a devant soi des ennemis plus de vingt fois supérieurs en nombre, dont les colonnes grossissent à chaque instant!

Nos braves soldats se sont ralliés à l'entrée du faubourg. Ils ne peuvent plus avancer, mais ils tiennent encore, résistant à ce feu croisé qui les décime et les mitraille presque à bout portant. — Lutter plus longtemps était impossible; c'était s'exposer à être enveloppé par l'ennemi; le commandant Garnier, frappé déjà de quatre blessures, dont trois coups de feu, et qui n'a pas voulu quitter le terrain, combattant toujours en tête de son brave bataillon, commande à ses hommes de se replier. Les chasseurs et les compagnies du 19e, repassent derrière les retranchements de la batterie Gervais et se groupent dans un pli de terrain. Une centaine de Russes ont déjà franchi avec eux les parapets extérieurs.—Le commandant Garnier, superbe de courage et tout couvert de son sang si noblement répandu, retrouve en ce moment le colonel Manèque, qui, lui aussi, luttait en désespéré, ne cédant que pas à pas le terrain conquis.

Ces deux chefs intrépides se regardent : « — Mon colonel, dit le commandant, ne tenterons-nous pas un dernier effort ? »

Le colonel ne répond pas; mais avec une énergie sublime il se lance en avant, en agitant son épée : « — Allons ! le 19e, » s'écrie-t-il; et il se précipite sur les Russes.

Le 2e bataillon du 19e vient d'arriver à travers une pluie de mitraille lancée par les batteries qui flanquent le grand Redan; chefs et soldats sont confondus dans un même élan, dans une même ardeur héroïque. Presque aussitôt une balle frappe au côté le commandant Garnier; c'est sa cinquième blessure; il veut continuer encore; mais, épuisé déjà par le sang qu'il perdait depuis longtemps, il ne peut marcher.

« — Hélas ! je ne puis plus..., mon colonel, dit-il avec amertume, en se soutenant à peine.

« — Retournez vers le ravin, mon brave Garnier, lui dit le colonel Manèque, moi je reste.... »

LXX. — L'ennemi est rentré dans ses retranchements, où il se maintient. Le capitaine de Gramont est accouru avec ses grenadiers, presque sur le fossé; mais là, de fortes réserves bordent les parapets et l'empêchent de pénétrer dans l'intérieur; le capitaine est gravement blessé en tête de ses hommes.

Le bataillon est revenu alors s'abriter derrière le mouvement du terrain, où se reforment les troupes que ce dernier effort a encore décimées. Le général Niol est au milieu d'elles.—Le colonel lui rend compte de ce qui s'est passé; sans renforts, toute attaque est impossible.

Dans le même moment accourt le 26e, avec son colonel Sorbiers. Le général, prévenu par un officier, qu'il existe un endroit praticable à la gorge de Malakoff, veut une dernière fois tenter la fortune. — Il se met en tête du 26e, pendant que le colonel Manèque prend sa place au premier rang du 19e, et ces deux braves régiments, entraînés par leurs chefs, s'élancent encore au combat, en se dirigeant droit sur Malakoff. — Malgré la mitraille qui les décime, ils arrivent jusqu'au fossé au fond duquel tombe atteint d'un coup de feu le commandant Moréno. Le colonel Sorbiers est gravement blessé, le général Niol est frappé d'une balle dans la hanche. — Le colonel Manèque a reçu deux autres blessures : une balle lui brise deux doigts de la main, une autre lui traverse la cuisse; longtemps les deux braves régiments combattent devant ce fossé infranchissable; ils ne sont pas repoussés, mais les pertes qu'ils éprouvent sont tellement considérables, qu'ils sont forcés de se replier et d'aller reprendre la position qu'ils occupaient. Renforcées par un bataillon du 39e, ces braves troupes mutilées par le combat, se groupent sur le revers du ravin.

Nous avons voulu retracer cette lutte héroïque et opiniâtre; car ce point fut le seul où, dans cette attaque du 18 juin, nos troupes pénétrèrent dans les retranchements ennemis. Tant de courage et de persistance valent bien une page : chacun de ces héros inconnus l'a payée de son sang (1).

LXXI. — Pendant que tous ces faits se passaient, le sous-lieutenant Potier, nous l'avons dit, avait pu rejoindre le général d'Autemarre.

Le commandant Garnier disait bien au général : « La position est périlleuse, il nous faut sans retard des renforts; » mais il lui disait aussi : « Nous avons pénétré. »

Le général d'Autemarre envoie au général en chef un officier d'état-major, le capitaine Piquemal, lui demander des troupes.

Voici ce que venait lui dire cet officier : « Que, l'attaque des Anglais ne paraissant pas avoir réussi, il faisait connaître sa situation; il demandait que nos alliés recommençassent leur assaut contre le grand Redan, et qu'on lui envoyât quatre bataillons de troupes fraîches, presque toute sa division ayant déjà considérablement souffert. Le 74e, qui n'avait pas été engagé, avait même, par le seul fait de sa position, essuyé de fortes pertes. » — « Les troupes, ajoutait-il,

(1) De cette vaillante brigade Niol, deux officiers supérieurs seulement furent providentiellement préservés : le lieutenant-colonel Nicolas et le commandant Génot, du 26e.

sont pleines d'ardeur, prêtes à reprendre l'attaque, et la journée est à peine commencée (1). »

Mais, à ce moment, de bien tristes rapports arrivaient de tous côtés au général en chef ; le général d'Autemarre lui-même ne devait pas tarder à apprendre que sa tête de colonne, après avoir vaillamment combattu, avait été forcée d'abandonner tout le terrain conquis, et que les réserves immenses, maintenant accumulées par les Russes sur ce point, rendaient toute attaque nouvelle impossible.

A peine, au signal donné, les colonnes anglaises s'étaient-elles montrées hors des tranchées, qu'elles avaient été accueillies par un feu terrible de mitraille et de mousqueterie qui, dès le commencement, paralysa leur attaque ; toutefois ces colonnes audacieuses tentèrent d'exécuter leur mouvement et de se porter contre le grand Redan, qu'elles devaient envahir sur trois points. — Leurs héroïques efforts ne purent surmonter ces obstacles de feu qui abattaient des bataillons entiers. Déjà sir John Campbell, chef cher à l'armée, était tombé mortellement frappé. Les colonels Shadfort et Yea avaient été tués, et près d'eux de nombreux officiers et d'intrépides soldats.

La division Mayran ralliait avec peine ses bataillons mutilés ; et il était facile d'apprécier les efforts impuissants de la division Brunet.

(1) Ces paroles, telles que nous les transcrivons, nous ont été répétées par l'officier d'état-major envoyé au général en chef par le général d'Autemarre

La situation était grave.

« — C'est bien, répondit à l'officier envoyé par le général d'Autemarre le général en chef, profondément attristé par ces cruelles morts qu'on venait de lui apprendre ; avant de recommencer l'attaque, il faut se compter. »

Mais les résolutions du général Pélissier sont rapidement prises (et d'ailleurs quel est le cœur humain qui laisse facilement s'enfuir une espérance ?). Il envoya demander à lord Raglan de recommencer son attaque contre le grand Redan, pendant que nous-mêmes, nous reprendrions l'offensive ; puis il donna ordre de faire avancer les zouaves de la garde, pour soutenir le général d'Autemarre.

LXXII. — Ce fut un splendide et saisissant spectacle, lorsque l'on vit défiler devant la batterie Lancastre ces zouaves, leurs officiers en tête. Le soleil s'était levé et illuminait tout le terrain de ses rayons ; à quelques pas plus loin bondissait la mitraille et mugissait le combat de ses voix terribles et furieuses. Ils marchaient à une mort certaine ; car si Dieu et nos vaillantes armes nous donnaient le succès, ce ne pouvait être qu'au prix de bien du sang répandu. Jamais plus de fierté, plus de calme, plus de mâle résolution ne furent empreints sur des visages de soldats ; tous passaient la tête haute, les regards enflammés ; et à mesure qu'ils atteignaient la batterie Lancastre, d'où le général en chef les regardait défiler, ils le saluaient de ce seul cri : Vive l'Empereur !...

Mais le général anglais Rose venait dire, que lord Raglan ne pensait pas que ses troupes pussent recommencer une attaque sur le Redan avec chance de succès.

La réponse du général en chef de l'armée anglaise était facile à prévoir ; dans les conditions où l'on se trouvait, tout nouvel effort n'eût conduit qu'à une effusion de sang inutile.

« Le mouvement, écrit le général Pélissier, ne pouvait plus avoir l'ensemble désirable pour un coup de vigueur avec une seule division, sans appui, soit sur sa droite soit sur sa gauche, et labourée par l'artillerie du Redan, sur laquelle nos alliés suspendaient leur attaque. Je ne tardai pas à reconnaître que toute chance favorable était épuisée. »

L'ordre fut donné aux troupes de rentrer dans les tranchées et de reprendre leurs positions. — Il était à ce moment huit heures et demie.

C'était le premier échec qu'avaient éprouvé nos armes jusque-là victorieuses.

Combien de récriminations ne se sont pas élevées contre cette fatale entreprise qui coûtait un sang si noble et si précieux ! car il faut la gloire du triomphe et la joie du succès, pour ne pas jeter des regards trop amers autour de soi en voyant tant de places vides et tant de braves cœurs éteints. Le soir, les rapports marquaient 3338 hommes hors de combat ou disparus. Sur ce chiffre, 150 officiers (1).

(1) Détail des pertes de l'armée française dans la matinée du 18 : 37 officiers tués, 17 disparus ; 1544 sous-officiers et soldats tués ou disparus. 96 officiers et 1644 hommes entrés aux ambulances.

Le 7 juin, disait-on, on avait mécontenté la fortune en ne voulant pas prévoir le cas où, maître des positions, du mamelon Vert, on pourrait s'élancer avec des réserves sérieuses sur le réduit de Malakoff; le 18, on l'avait imprudemment tentée, et elle se vengeait par un refus.

Notre rôle ne nous permet pas d'entrer dans ces différentes appréciations, et d'en constater, ou d'en combattre la valeur.

Les Russes, toutefois, ne tentèrent même pas de profiter du succès de leur défense pour nous inquiéter sérieusement dans nos lignes avancées. Notre mouvement de retraite s'opéra paisiblement sur tous les points, et pendant la nuit les travaux du génie avancèrent avec audace.

LXXIII. — Il est facile de comprendre quelle anxiété régnait parmi les troupes qui devaient opérer à l'extérieur.

La veille, le général Bosquet avait été informé du jour et de l'heure fixés pour l'attaque; il devait, d'après les instructions qu'il avait reçues, se tenir prêt à marcher selon les ordres qui lui parviendraient. Aussi toutes les dispositions furent prises dans la nuit; les cartouches furent comptées, et chaque homme reçut quatre journées de vivres.

Dès le point du jour la plaine de Balaclava retentit sous le fracas des feux redoublés de l'artillerie et de la mousqueterie, et les échos des ravins apportèrent, comme les éclats d'un tonnerre lointain, ce formidable retentissement. — Toutes les troupes étaient sous les armes, inquiètes, attentives; tous les regards étaient tournés vers Sébastopol. Bientôt des officiers qui avaient été envoyés à la batterie Lancastre donnèrent les premières nouvelles : la blessure mortelle du général Mayran, la mort du général Brunet et l'insuccès des attaques de leurs divisions; puis, à tout ce bruit, à toute cette agitation, à cet écho retentissant du combat succéda un silence mortel. Ce silence serra tous les cœurs, car il disait que nous avions échoué. Le colonel de La Tour du Pin, qui servait en volontaire depuis le commencement de la campagne, et qui courait avec une ardeur insensée; mais avec un héroïque et chevaleresque courage partout où l'on combattait, vint raconter au corps d'observation les tristes détails de cette matinée fatale. Son émotion était si vive, qu'il pouvait à peine parler. C'était un jour d'insuccès, au milieu de bien des jours de victoire.

Le général Pélissier montra en cette occasion une grandeur d'âme et une sérénité qui arrêtèrent les découragements et ranimèrent les courages : il quitta la redoute Lancastre avec le même visage, que chacun lui avait vu après la journée du 7 juin, et les cœurs même les plus faciles au désenchantement ne purent désespérer du succès de nos armes, en face de tant de calme et d'une si noble tranquillité.

Le 20, le général Bosquet, rappelé au commandement

des attaques de droite, recevait du général en chef les instructions suivantes :

« Général,

« En vue de faire donner aux troupes, après la fatigue et les pertes qu'elles ont éprouvées, les soins qui leur sont nécessaires, il est indispensable de les replacer, autant que possible, sous le commandement de leur chef direct. — J'ai décidé en conséquence que vous quitteriez aujourd'hui même votre position sur la Tchernaïa pour venir reprendre le commandement des opérations du siége aux attaques de droite ; le général Regnaud de Saint-Jean-d'Angély rentrera, de son côté, à son ancien camp, près du grand quartier général, et il vous fera la remise du commandement à cinq heures du soir. Le général Herbillon, en sa qualité de plus ancien, prendra le commandement des troupes de la ligne de la Tchernaïa ; à ce titre il entrera directement en relations avec moi pour tout ce qui aura trait aux opérations militaires ; veuillez lui donner des instructions à ce sujet (1). »

LXXIV. — Ici, un événement qui a cruellement attristé les armées alliées nous arrête dans notre récit.

(1) Les troupes dont le général Bosquet devait disposer pour les attaques étaient les 3e, 4e et 5e divisions du 2e corps, la 2e division du corps de réserve, plus 4 bataillons de la garde, se relevant, toutes les vingt-quatre heures, pour concourir au service des tranchées.

La journée du 18 juin avait produit dans l'esprit de lord Raglan une émotion profondément douloureuse qu'il ne chercha pas à dissimuler. Malgré toutes les appréhensions, malgré tous les obstacles et toutes les difficultés sans cesse surgissantes, il avait poussé à la continuation du siége direct; il s'était opposé de tout son pouvoir au projet d'investissement, et avait entraîné la démission volontaire du général Canrobert par son refus de coopérer à ce mouvement.

Si, dans les événements qui se passaient et dans ceux que l'avenir tenait en réserve, la responsabilité du général Pélissier était grande, celle de lord Raglan était plus grande encore peut-être; car elle avait précédé celle du nouveau général en chef de l'armée française. Le général anglais donna dans sa pensée une importance immense à ce revers passager de nos armes, et devant tant de sang répandu, devant les efforts brisés de ses héroïques soldats, le doute lui vint aussi, et avec ce doute une cruelle amertume qui serra son cœur navré; la mâle tranquillité du général Pélissier, qu'il alla trouver à la batterie Lancastre, ne put effacer les douloureuses impressions qui s'étaient emparées de lui; il retourna silencieux et abattu vers son quartier général, dont il ne devait plus sortir que dans un cercueil.

En effet, dix jours après, c'est-à-dire le 28 juin, lord Raglan expira entre huit et neuf heures du soir.

Les personnes qui l'entouraient pensèrent que ces

tristes impressions avaient réagi sur sa santé, et donné une prise plus grande au cruel fléau qui déjà s'abattait sur les armées alliées, et avait emporté, quelques jours auparavant, le brave et regrettable major-général Estcourt (1). La mort de lord Raglan fut une perte réelle pour l'Angleterre; c'était un beau caractère, une de ces âmes vieillies dans la loyauté, qui honorent leur pays.

Le général James Simpson prit le commandement en chef, comme le plus ancien de grade des officiers présents à l'armée d'Orient. Une dépêche télégraphique du gouvernement anglais le confirma dans ce commandement.

Par une triste coïncidence, la mort avait frappé, en dehors des hasards redoutables de la guerre, les deux généraux en chef auxquels avaient été confiés, dès le principe, les destinées des deux armées. — Le troisième, le prince Menschikoff, avait été contraint, par la maladie, de remettre son commandement.

Lorsque les restes mortels de lord Raglan quittèrent la terre de Crimée, pour être transportés à bord du vaisseau qui devait les ramener en Angleterre, ce fut

(1) Par une cruelle fatalité, l'officier supérieur français délégué auprès du chef de l'armée anglaise, le lieutenant-colonel Vico, qui avait rendu de si éminents services dans ces fonctions importantes, depuis le commencement de la campagne, succombait dix jours après sous les atteintes mortelles du choléra. En 24 heures, le fléau le prenait plein de vie et d'espérance pour le coucher dans la tombe. Il était né en 1813, en Corse, et avait commencé sa carrière militaire à l'école de Saint-Cyr. L'armée perdit en lui un bon officier, rempli de zèle, de dévouement et d'énergie.

une cérémonie triste et touchante, et chacun, parmi tous ces hommes si habitués au spectacle de la mort, vit passer avec un sentiment d'amertume et de profonde tristesse le corps inanimé du vieux général. Le cercueil recouvert du drapeau national était traîné par huit chevaux d'artillerie. — Aux quatre coins se tenaient à cheval les quatre généraux en chef des armées alliées, suivis de tous les généraux et de tous les officiers d'état-major, que leur service n'avait pas retenus loin de cette touchante cérémonie. Sur tout le parcours, le funèbre cortége défila entre deux haies de soldats, composées d'abord des Anglais, ensuite des troupes françaises. L'air national de l'Angleterre, *God save the Queen*, accompagna jusqu'au rivage l'ancien général en chef, comme un dernier souvenir de la patrie absente. — Il semblait qu'une trêve tacite eût été faite pendant ce triste moment entre les combattants ; car l'on n'entendit pas retentir le canon de la ville assiégée.

Fut-ce un hasard ; fut-ce une courtoisie de la part de nos ennemis ?

CHAPITRE VI.

LXXV. — Les tristes souvenirs de la journée du 18 juin n'existent plus dans les cœurs : le génie et l'artillerie travaillent avec une activité sans égale à la construction des batteries du Carénage, dont on espère un puissant effet pour gêner le ravitaillement de la place et combattre, au jour de l'attaque, les navires dont les projectiles avaient mutilé nos divisions.

On avance pied à pied devant ce redoutable bastion, on combat chaque heure, chaque jour, chaque nuit. Sur certains points, on n'est plus qu'à 110 mètres environ : la pioche, le pic, la poudre tracent nos cheminements dans de vastes carrières qui pourraient merveilleusement protéger des projets contre nous. Aussi on est sur ses gardes ; de tous côtés, c'est un feu perpétuel de mousqueterie, un duel de tous les instants entre les plus habiles tireurs des deux nations.

Mais plus on marche dans ce siége gigantesque, plus on comprend quelle multiplicité et quelle puissance les Russes donnent à leurs travaux défensifs; si quelque doute eût encore subsisté dans les esprits à cet égard, il suffirait d'examiner ce qu'ils avaient accompli dans les ouvrages avancés que nous avons appelés, depuis le 7 juin : redoutes *Brancion* et *Lavarande*. — Sous notre feu, sous celui de nos alliés, sous la menace de nos attaques, ils avaient construit, dans l'intérieur des redoutes et sur le sol nu, des sortes de casernes blindées où cinquante à soixante hommes pouvaient être à l'abri, les pièces de bois qu'ils avaient réunies au sommet de ce mamelon, étaient des arbres séculaires traînés à bras d'hommes.

LXXVI.—Le 4 juillet, la 1re division, qui avait conservé son campement sur la ligne de la Tchernaïa, fut appelée à prendre le service du corps de siége, en remplacement de la division Faucheux (ancienne division Mayran), cruellement éprouvée par les portes qu'elle avait subies, et qui chaque jour s'augmentaient encore. La division du général Canrobert apportait un effectif superbe, se montant à plus de six mille hommes : le 5, elle venait s'établir à son nouveau campement et prenait la garde de tranchée, le 7.

De ce moment, la 1re division, qui devait, le 8 septembre, planter si glorieusement ses drapeaux dans le réduit Malakoff, figura dans toutes les opérations du siége ; et le général Canrobert fut appelé, comme général divisionnaire, à concourir à une attaque qu'il n'avait pas voulu effectuer comme général en chef. De garde aux tranchées tous les trois jours, on le voyait parcourir, avec un soin attentif, les travaux avancés que nous exécutions contre Malakoff, afin de prendre lui-même toutes les dispositions pour les éventualités des attaques de nuit. Les soldats l'acclamaient et semblaient ignorer que ce n'était plus le commandant en chef de l'armée d'Orient qui passait devant eux. De toutes parts, en toute occasion, il recueillait ainsi de précieux témoignages de haute estime et de profonde sympathie.

Ces souvenirs toujours vivants du commandement élevé qu'il avait conservé si longtemps dans l'armée, rendaient à son insu sa position difficile, moins pour lui-même, que pour les chefs qui, hier encore sous ses ordres, étaient appelés aujourd'hui à lui commander.

Ce fut là, sans nul doute, le motif sérieux qui fit rappeler le général à Paris.

Le 26 juillet, le général Canrobert était de service à la tranchée de l'attaque Malakoff, lorsqu'on lui remit une lettre du général en chef Pélissier, dans laquelle celui-ci transcrivait un passage d'une dépêche du ministre de la guerre reçue la veille au soir, et qui était ainsi concu :

« Dites au général Canrobert que l'Empereur, pour raison de santé, l'engage à revenir en France. Je lui écris. »

Le général Canrobert répondit immédiatement, de la tranchée.

« L'état de ma santé, quoique mauvais, ne peut encore paralyser mon activité. En acceptant ma rentrée en France pour cette cause, je donnerais à notre armée un mauvais exemple, et je me pique, mon général, de ne lui en avoir jamais donné que de bons. Si Sa Majesté l'Empereur, et vous, mon général, pensez que la dignité du commandement supérieur ait à souffrir de la modeste position qu'occupe ici celui qui fut pendant si longtemps le général en chef de notre immense armée, et si vous croyez que sa présence en France puisse être plus utile au service du pays et de l'Empereur, veuillez ordonner, et je m'inclinerai devant votre décision. »

Cette lettre, en son entier, fut aussitôt transmise à Paris, par le télégraphe. — Le 29, dans la nuit, la même voie apportait la réponse; et le 30 juillet le général en chef écrivait au général Canrobert :

« Mon cher général, j'ai fait connaître au ministre votre lettre. L'Empereur persiste dans ses intentions et modifie la forme de leur expression. J'ai reçu cette nuit la dépêche suivante, que je vous communique sans délai :

« Paris, 28 juillet 1855.

« L'Empereur ordonne au général Canrobert de venir prendre son service auprès de sa personne.

« *Signé :* Maréchal VAILLANT. »

Le général Canrobert fit ses préparatifs de départ et quitta la Crimée le 4 août.

Tous ses frères d'armes voulurent lui dire adieu et l'accompagner jusqu'à la plage. Le général Pélissier vint dans sa voiture chercher le général Canrobert, qui était depuis la veille chez le commandant supérieur du 1er corps; et tous deux se rendirent au vaisseau amiral, où l'amiral Bruat avait demandé avec instance que le général passât les derniers moments qui précédaient son départ.

A huit heures, le courrier de Constantinople approcha le vaisseau amiral, et celui qui, depuis les premiers jours de la campagne, avait partagé les fatigues, les combats et la gloire de notre vaillante armée, s'embarqua pour la France, au bruit retentissant de l'artillerie qui en signe d'honneur saluait son départ, et aux acclamations des soldats blessés dont était chargé le bâtiment. — Par une courtoisie digne des nobles cœurs du général Pélissier et de l'amiral Bruat, le salut dû à un général en chef fut fait à l'ancien commandant supérieur de l'armée d'Orient.

LXXVII. — Maintenant que nous approchons du dénoûment de ce grand drame; maintenant que le siége a creusé tout le plateau de ses voies souterraines; maintenant que le sol est brûlant sous chacun de nos pas, que les grands événements planent, pour ainsi dire, dans le ciel, prêts à s'abattre sur les champs de bataille, notre récit, malgré nous, suit ce rapide courant; nous ne pouvons plus, comme dans les premiers pas de cette œuvre laborieuse, suivre les travaux qui se tracent et nous arrêter à chaque combat partiel. L'heure solennelle ne doit pas tarder à sonner; toutes les pensées sont incessamment tendues vers ce but qui couronnera de si persistants efforts, de si nobles dévouements, de si grands courages; mais l'avenir, ce livre fermé aux regards de tous, ne dit pas encore de quel côté la volonté de Dieu veut envoyer la victoire.

Presque chaque nuit les Russes tentent des sorties. Aujourd'hui le général Uhrich repousse sur les glacis de Malakoff plusieurs bataillons ennemis; demain ce sera le général Vinoy qui soutiendra, avec la 1re division du second corps, le choc des assaillants devenus plus audacieux encore par l'imminence du danger. — Nos parallèles les enveloppent de tous côtés; ils sentent cette étreinte qui les enlace, et aussitôt que leurs détachements sont rentrés dans la place, l'artillerie lance à profusion des bombes et des obus qui éclatent, bondissent et tuent de tous côtés; la mort frappe au hasard, sans lutte, sans combat.... On comprend combien les troupes impatientes, lasses de ces tueries obscures, demandent l'assaut à grands cris et la lutte en plein jour.

LXXVIII. — Dans une campagne, on livre une bataille; si l'on est vainqueur, on continue sa marche, et excepté une petite portion de l'armée, ceux que le sort des combats a respectés n'ont pas le triste spectacle de tout ce sang versé, de tous ces restes à ensevelir; si l'on est vaincu, on se retire, et le champ de bataille demeure à l'ennemi. Le mouvement, l'activité, la marche, l'imprévu arrachent la pensée aux tristes et funèbres souvenirs.

Ici, le soldat est forcément rivé aux mêmes lieux, il revoit la place, où la veille sont tombés ses compagnons d'armes, il vit au milieu des morts qui se succèdent, des tombes qui se creusent, des brancards qui portent chaque jour de nouveaux et funèbres fardeaux; il voit les ambulances encombrées, il entend les plaintes des souffrances, et toujours il revient à la même place, quand l'heure a sonné, prendre sa faction, donner sa vie, affronter la mort, sans qu'un seul jour son cœur ait failli, et que l'élan, l'ardeur du combat se soient refroidis dans ses veines.—C'est un beau spectacle donné au monde étonné, qui montre que les fortes races des temps antiques ne sont pas éteintes au cœur de la France; car cette vie de siége, qui dure depuis dix mois, cette vie souterraine, de surprises, d'embuscades, où l'on rampe, où l'on guette, est une rude épreuve pour les natures même les plus fortes et les plus résolues.

Les habiles tacticiens, les maîtres dans l'art de prendre les places étudieront cette œuvre aux proportions herculéennes; ils diront les fautes qui ont été commises, les erreurs dont ne sont pas exempts les esprits les plus intelligents et les plus éclairés; ils prendront le squelette de terre et de bronze et le disséqueront à leur manière; c'est le droit de l'avenir sur le passé; c'est le droit d'enseignement des nations et des armées; mais nous qui retraçons cette lutte persistante, infatigable, nous n'avons pas ce rôle de la critique. Si le génie s'est trompé dans les premiers pas de son audacieuse entreprise, s'il a cru lorsqu'il ne devait pas croire, si l'artillerie a eu des espérances irréalisées, et parfois une confiance en soi peut-être trop aveugle, combien de preuves de courage, de dévouement, de force persistante, n'ont-ils pas données tous deux ! — Quel que soit le jugement que l'on portera sur le siége en lui-même, il faudra rendre une éternelle justice à cette inébranlable fermeté qui ne s'est pas démentie, et à ce feu sacré du combat qui a lancé le dernier jour, comme le premier, nos colonnes intrépides contre des obstacles inconnus.

LXXIX. — Maintenant, il n'y a plus d'opinions diverses, de croyances opposées, la nécessité impérieuse de la réalité réunit tous les esprits vers un seul et même but : la prise de la ville par le siége direct.

L'attaque principale a été décidée contre Malakoff, parce que, cette position prise (et elle domine tout le système défensif de ce côté), Karabelnaïa tombe en entier, et, une fois Karabelnaïa tombé, la ville ne peut plus tenir. — Devant les attaques de l'ancien siége, au contraire (c'est ainsi que l'on appelle nos attaques de gauche), on trouverait devant soi deux enceintes successives formidables, une étendue de terrain où peuvent se masser d'immenses réserves ennemies et des batteries nombreuses battant tous les abords ; de plus, le succès sur ce point, fût-il même assuré, n'entraînerait pas la chute de toute la ligne des ouvrages russes.

Voilà ce que l'expérience acquise et les mois écoulés avaient appris, expérience chèrement payée. Des deux côtés l'entreprise était rude et hasardeuse ; mais sur Malakoff, on marchait à un but plus sûr et plus réel. Les anciens projets sont entièrement bouleversés. Dans le principe, cette attaque ne devait être qu'une diversion ; aujourd'hui, c'est le siége de gauche qui remplira ce rôle.

Telle était la situation, telles étaient les résolutions arrêtées.

Heureusement le choléra, ce cruel visiteur, qui semble ne s'éloigner des armées, que pour revenir s'abattre sur elles avec plus de certitude, avait enfin disparu ; il ne reste plus que les maladies inhérentes aux masses humaines accumulées sur un seul point. Mais les effectifs des corps sont cruellement diminués, et le feu de l'ennemi, dont nous approchons chaque jour davantage, y fait des ravages que les réserves qui arrivent ont grand'peine à combler.

Quelque difficile qu'il soit de cheminer ainsi sous la mitraille et sous les efforts persistants de la plus puissante artillerie qui soit jamais venue au secours d'une place assiégée, les généraux en chef sont décidés à ne rien donner au hasard et à s'avancer résolûment pied à pied, jusqu'à ce qu'ils puissent se jeter d'un seul bond dans le réduit Malakoff.

LXXX. — Toutefois, avant ce grand jour de lutte suprême auquel étaient attachées les destinées du siége, la plaine de la Tchernaïa allait être le théâtre d'un combat qui devait ajouter une nouvelle auréole aux drapeaux tant de fois victorieux des armées alliées.

Depuis plusieurs jours, des renseignements parvenus aux quartiers généraux et des avis donnés soit par les déserteurs, soit par les espions, annonçaient que l'ennemi se préparait à envahir notre ligne de la Tchernaïa. De nouveaux renforts, arrivés de différentes provinces à l'armée russe, avaient augmenté son effectif et permettaient d'engager un nombre de troupes considérable dans cette attaque sur nos positions extrêmes.

Il n'est pas sans utilité, pour bien comprendre l'action qui va s'engager sur ce terrain, d'en retracer les principales dispositions.

La rivière de la Tchernaïa, en sortant des gorges de

Tchorgoun, coule dans une plaine très-resserrée et s'élargit ensuite en se dirigeant vers Inkermann. Sur la rive gauche, un canal, prenant à la fois les eaux de la Tchernaïa et celles du ruisseau de Schouliou, traverse la rivière sur un pont-aqueduc et se jette dans un petit lac au pied de ces monts et au bas des pentes de la partie supérieure du mont Sapoun. De hauts plateaux ondulés dominent à droite la vallée de Schouliou et forment une crête qui s'avance obliquement, jusqu'au point où la vallée de la Tchernaïa est étranglée par le pont-aqueduc chargé d'amener les eaux dans le canal de dérivation.

Sur cette crête étaient placés les avant-postes piémontais, dont le corps principal occupait les hauteurs de la gauche de la vallée. De ce même côté s'élève une ligne de hauteurs appelées par les Russes : monts Fédiukines, séparées des monts de Balaclava par une gorge assez large. Cette ligne de mamelons est elle-même découpée par des ravins, dans l'un desquels passe la route de Mackensie, en traversant la Tchernaïa et le canal sur deux ponts en pierre, séparés entre eux, par un espace de 100 mètres environ.

LXXXI. — Voici les positions qu'occupait l'armée française :

A droite du ravin et faisant face à l'armée russe, était campée la 1re brigade de la division Faucheux (2e zouaves et 19e bataillon de chasseurs à pied), avec la 6e batterie du 13e d'artillerie. Ce mamelon est fortement dominé par la crête du plateau de Schouliou.

Sur le deuxième mamelon, beaucoup plus élevé que le premier, était, à droite, la 2e brigade du général Faucheux (général Failly avec les 95e et 97e), plus deux régiments de la 1re brigade du général Camou (50e et 3e zouaves), avec la 3e batterie du 2e d'artillerie. Enfin, à l'extrême gauche, sur le troisième mamelon, le reste de la division Camou (régiment de tirailleurs algériens, 6e et 82e) et les généraux Wimpffen et Vergé avec la 1re batterie du 13e régiment.

En arrière de ces mamelons, formant la réserve, était le général Cler avec le 62e et le 73e et cinq batteries à cheval, dont deux de la garde.

La 1re brigade de la division Herbillon (14e bataillon de chasseurs à pied, 47e et 53e de ligne) était placée à mi-côte du plateau d'Inkermann, au-dessous du télégraphe et près de la redoute Canrobert.

La division de cavalerie, commandée par le général Morris (quatre régiments de chasseurs d'Afrique), bivouaquait dans la petite plaine de Balaclava, en arrière de la droite des monts Fédiukines. Les Turcs occupaient le pâté montueux de Balaclava, sur lequel, du reste, ne pouvaient se porter les inquiétudes d'une attaque; car c'est une région montagneuse qui rend impossible toute manœuvre de masses. Quelle que fût l'intention réelle de l'ennemi, il ne pouvait, dans aucun cas, y faire autre chose que de fausses démonstrations.

Le général Herbillon, qui avait le commandement supérieur des troupes sur la Tchernaïa, avait depuis longtemps établi ses dispositions, en cas d'attaque imprévue.

soit de jour, soit de nuit; résultat de l'étude du terrain et des éventualités les plus probables, elles étaient très-détaillées et indiquaient à chaque division les postes de combat qu'elles devaient occuper.

« Les positions que nous tenons étant très-favorables pour la défensive, disait le général Herbillon dans ses instructions aux généraux sous ses ordres, il ne faut pas en perdre les avantages par trop de précipitation; il est nécessaire d'étudier le mouvement que l'ennemi pourra faire, et de profiter du moment qui paraîtra le plus opportun pour attaquer vigoureusement. MM. les généraux de division qui se trouvent sur des positions qu'ils connaissent, seront à même de juger de cette opportunité; ils seront soutenus par le général commandant les lignes de la Tchernaïa. »

Vers la fin de la journée du 15, le général Herbillon reçut du général d'Allonville, commandant une division mixte à l'extrême droite de l'armée des alliés dans la vallée de Baïdar, une dépêche télégraphique interrompue par la nuit. Cette dépêche, quoique incomplète, annonçait que les Russes avaient été en mouvement toute la journée et que de fortes masses menaçaient le flanc gauche du général.

Mais il faut dire, que de semblables avertissements se renouvelaient presque tous les jours, sans amener après eux d'événements sérieux.

Cependant cette fois l'avertissement était vrai ; car les Russes avaient projeté une attaque pour le lendemain à la pointe du jour.

LXXXII. — « Après l'arrivée des 4ᵉ et 5ᵉ divisions d'infanterie sous Sébastopol, écrit au ministre de la guerre l'aide de camp prince Gortschakoff, j'ai considéré comme indispensable d'exécuter un mouvement sur la Tchernaïa, afin de reconnaître la position des troupes ennemies, couvrant le siége de Sébastopol, et, s'il était possible, de les refouler de la Tchernaïa sur le mont Sapoun. »

Pendant la nuit, six divisions d'infanterie russe descendant des hauteurs de Mackensie et du haut Schouliou, étaient venues prendre position sur la droite de la Tchernaïa; 160 pièces de canon et trois divisions de cavalerie soutenaient toute cette infanterie.

A quatre heures du matin, les avant-postes piémontais furent assaillis par un violent feu de batteries de position; puis, presque aussitôt, la colonne d'infanterie de la 17ᵉ division s'avança contre un épaulement derrière lequel s'abritaient les avant-postes de l'armée piémontaise. Ceux-ci firent bonne contenance, soutinrent vigoureusement l'attaque et n'abandonnèrent le parapet qu'au moment où les Russes en couronnaient le faîte.

Immédiatement après cette attaque, le général Read s'était rangé en bataille vis-à-vis les monts Fédiukines; une nombreuse artillerie borde la crête du plateau, et des pièces placées à mi-côte, au-dessous de la batterie *Bilboquet*, ouvrent un feu très-vif sur nos embuscades le long de la rivière. — Dès les premiers coups de canon, les trois divisions françaises avaient pris les armes et avaient occupé les positions désignées à l'avance : les tentes avaient été abattues ; mais le brouillard épais auquel se joignait la fumée de l'artillerie russe, empêchait de distinguer le point d'attaque, et favorisait ainsi à l'ennemi le passage de la rivière qu'il opérait déjà, malgré le feu soutenu de quelques bataillons venus en aide aux avant-postes.

A l'extrême gauche, la 7e division russe marche sur les positions occupées par la division Camou. Quatre compagnies de tirailleurs algériens, de grande garde en avant du canal, soutiennent énergiquement le feu et opèrent lentement leur retraite en allant reprendre position avec le reste de ce régiment sur un mamelon en arrière. Les Russes ont passé le canal, mais déjà le 50e de ligne et le 3e zouaves, que guident leurs vaillants chefs, se sont élancés en avant ; ils abordent à la baïonnette la division encore mal reformée, et y jettent la confusion par ce mouvement audacieux. Les tirailleurs algériens (colonel Rose) appuient sur la gauche cette attaque résolue. Le 82e s'est porté sur le flanc de la colonne ennemie et l'aborde avec la même audace. Arrêtés dans leur marche, les officiers russes cherchent vainement à rallier leurs bataillons désunis ; ils sont refoulés sur le canal qu'ils repassent en désordre, pendant que les batteries de la division sèment la mort dans leurs rangs.

LXXXIII. — C'était au centre, au pont de Traktir, que le corps du général Read tentait les plus sérieux efforts.

La 12e division russe, soutenue par la 5e, marche résolûment vers le pont ; la garde en est confiée à l'intrépide général de Failly, qui déjà, dans le cours du siége, avait donné tant de preuves de valeur, et devait ajouter dans cette journée une belle page à tant de brillants services. Déjà il a pris ses mesures, déjà il a placé dans les positions les plus favorables les faibles ressources dont il dispose. A gauche du pont est la batterie du capitaine Vautré; la 6e batterie du 13e d'artillerie, que commande le capitaine Sailly, est placée sur la droite.

Ces dispositions sont à peine exécutées, que les colonnes ennemies se ruent sur le pont, semblables à ces avalanches que poussent les orages du sein des montagnes. A l'aide de passages improvisés avec des échelles, des ponts volants et des madriers, elles traversent la Tchernaïa, sous la protection du feu de leur artillerie; l'épaisseur du brouillard les protége.

Défendre ce passage assailli de tous côtés, est chose impossible. Les défenseurs se sont repliés en bon ordre pour reprendre l'offensive dans une position plus propice; les Russes, enhardis par ce mouvement de retraite, qui semble leur présager un succès, commencent à gravir, en masses profondes, la droite et la gauche du ravin; mais, quelque rapide qu'ait été l'attaque, elle a permis à des régiments de soutien d'accourir au secours des troupes engagées, qui ont maintenu le terrain et retardé le mouvement de l'ennemi.

D'un côté, le 73e arrivait au pas de course vers le général de Failly; de l'autre, le général Cler, qui commandait la réserve du général Herbillon, débouchait avec 3 bataillons (2 du 62e et 1 du 73e) sur le mamelon à droite de la gorge de Traktir, et venait renforcer la droite du général Faucheux, que soutenaient deux petits bataillons du 2e zouaves et quelques compagnies du 19e bataillon de chasseurs défendant les pentes pied à pied. Déjà les commandants Darbois et Alpy étaient tombés mortellement blessés, et plus de 400 hommes jonchaient le sol autour d'eux.

Alors, des deux côtés à la fois, change tout à coup le combat; le général de Failly, qui a reçu le restant de sa brigade, reprend vigoureusement l'offensive. A la vue de leur général qui marche au premier rang, à la voix de leurs chefs qui les entraînent, les soldats, électrisés, se précipitent sur l'ennemi; de toutes les poitrines sortent des cris d'enthousiasme, et les échos portent au loin ces cris à leurs frères d'armes, qui, des hauts plateaux d'Inkermann, écoutent avec anxiété le bruit de ce combat, dont le brouillard ne leur permet pas de suivre les péripéties. — Rien ne peut résister à leur choc intrépide; les Russes, arrêtés, se maintiennent un instant, la lutte s'engage; mais les baïonnettes de nos soldats trouent et culbutent les premiers rangs; l'ennemi, repoussé, rétrograde à son tour et est forcé de repasser le pont, abandonnant ainsi le terrain qu'il venait d'envahir.

A droite, le général Cler s'était, nous l'avons dit, rapidement porté au secours de la première ligne du général Faucheux. La disposition du terrain, ondulé dans cette partie du plateau, lui permet de cacher son mouvement offensif. Les Russes gravissent, sans l'apercevoir, les pentes qui regardent la Tchernaïa et se trouvent tout à coup en face de ses trois bataillons déployés. Les compagnies du 2e zouaves se mêlent aux nouvelles troupes qui arrivent et se jettent sur l'ennemi; celui-ci déborde de ce côté, et déjà désuni par la première décharge des trois nouveaux bataillons qui l'ont attendu à courte distance, est bientôt rejeté sur la rivière.

LXXXIV. — Cependant la 17e division russe est descendue, en toute hâte, des hauteurs de Schouliou pour soutenir les 12e et 5e divisions, qui se reforment aussitôt; cette masse imposante, divisée en trois colonnes, se dispose alors à attaquer de nouveau les gorges en arrière du pont de Traktir.

Le brouillard s'est dissipé, et l'on peut suivre du regard sur les pentes opposées les mouvements de l'ennemi.

Le colonel Forgeot a disposé sur le front de notre ligne un ensemble de 7 batteries, qui tonnent à la fois contre les masses assaillantes.

De l'autre côté arrivaient, avec le général en chef, la division Levaillant, du 1er corps, la division Dulac, du 2e, et la garde impériale. Ces solides réserves devaient parer aux événements contraires et soutenir nos troupes, dans le cas où, refoulées par un ennemi supérieur, elles eussent dû abandonner leurs lignes. Mais les divisions Herbillon et Faucheux, que les renforts ont complétées, barrent le passage à l'armée ennemie et sont prêtes à supporter son choc. Celle-ci, en effet, revient plus audacieuse, plus résolue, plus entreprenante. Le prince Gortschakoff avait pris en personne le commandement de l'aile droite, remplaçant le général Read, mortellement frappé dès le début de l'action.

L'attaque du pont est de nouveau tentée.

Les Russes se sont rendus maîtres du petit ouvrage en terre, qui, de leur côté, en couvrait la tête. — Le colonel Danner se lance en avant avec le 95ᵉ. Ce mouvement, sous l'intrépide impulsion du colonel, s'exécute avec vigueur. Au centre de la ligne, le général de Failly fait des prodiges de valeur; il est partout où le danger l'appelle et se multiplie sur tous les points menacés. Il commande à la fois comme un général, et combat comme un soldat. A droite, c'est le 2ᵉ zouaves et les bataillons du général Cler, qui repousent l'ennemi au delà de la Tchernaïa.

Mais les Russes n'abandonnent pas encore cette partie qu'ils ont si sérieusement engagée; la 17ᵉ division, renforcée à son tour par le régiment d'Odessa, se porte sur l'extrême droite des lignes françaises pour forcer le passage qui donne accès dans la petite plaine de Balaclava, point extrême auquel s'appuyait l'armée piémontaise.

Aussitôt le général de La Marmora envoie la 2ᵉ division, que commande le général Trotti, prendre position sur le canal, en descendant rapidement les pentes qui l'en séparent, au delà du bivouac de la cavalerie française.

Les troupes sardes étaient avides de combattre, car c'était la première fois qu'elles se trouvaient en face des Russes, et pouvaient, sur le champ de bataille de Crimée, donner de nouvelles preuves de cette valeur intrépide qui les a classées parmi les nations guerrières de l'Europe.

LXXXV. — Pendant que les 2 batteries de la division sarde ouvrent le feu sur les colonnes ennemies, le général Trotti s'est déployé jusqu'à l'extrême droite du mamelon occupé par les troupes françaises. Alors le combat s'étend sur toute la ligne. Pendant que les Sardes s'engagent vigoureusement et que le général Montevecchio est renversé sur le champ de bataille par une grave blessure, le général Faucheux a renforcé son aile droite. La colonne ennemie, prise ainsi à la fois de front et par les flancs, accueillie par une vive fusillade, ainsi que par le feu nourri des batteries de positions françaises et piémontaises, ne peut opérer son mouvement tournant. Une partie de la colonne descend le canal et se rallie au pied des pentes. Pendant quelque temps, elle dirige tous ses feux sur nous; puis, précédée du régiment d'Odessa, en colonne serrée, elle gravit le contre-fort, afin d'occuper le plateau, à l'extrémité duquel nous avons placé une batterie d'artillerie. Le général Cler est là; il voit s'avancer cette lourde colonne, il la laisse monter sans l'inquiéter et place, en arrière des pièces, deux bataillons. Les hommes, qu'abrite un pli de terrain, ont reçu l'ordre de ne faire feu sur l'ennemi, que lorsqu'ils entendront battre la charge ; alors ils se précipiteront à la baïonnette sur la tête de colonne. Bientôt les Russes atteignent le plateau ; les pièces les reçoivent par une dernière salve, le général fait battre la charge et lance ses deux bataillons sur les Russes, qui vainement cherchent à résister, et sont rejetés sur le canal. — Le régiment d'Odessa perdit son colonel et la plus grande partie de ses officiers.

Sur tous les autres points, l'attaque n'avait point eu plus de succès ; et, comme à l'Alma, comme à Inkermann, les Russes s'éloignaient, laissant le terrain de la bataille jonché de morts.

Il était neuf heures, lorsque l'armée ennemie prononça définitivement son mouvement de retraite, s'arrêtant souvent pour se rallier, et se retirant en bon ordre sous la protection de masses considérables de cavalerie, et sous l'appui d'une artillerie nombreuse. Bientôt on la vit se déployer dans la plaine sur la rive droite de la Tchernaïa, ayant son aile gauche sur la montagne du Télégraphe, et son aile droite au pied des derniers versants des montagnes de Mackensie.

LXXXVI. — Un instant le général en chef avait eu l'intention de faire charger sur les derrières de l'ennemi quelques escadrons de chasseurs d'Afrique, auxquels s'étaient joints les escadrons sardes et un régiment anglais. « Mais, écrit-il, le but que l'on aurait atteint eût été sans grande importance, et cette belle cavalerie eût pu être ravagée par les batteries ennemies encore en

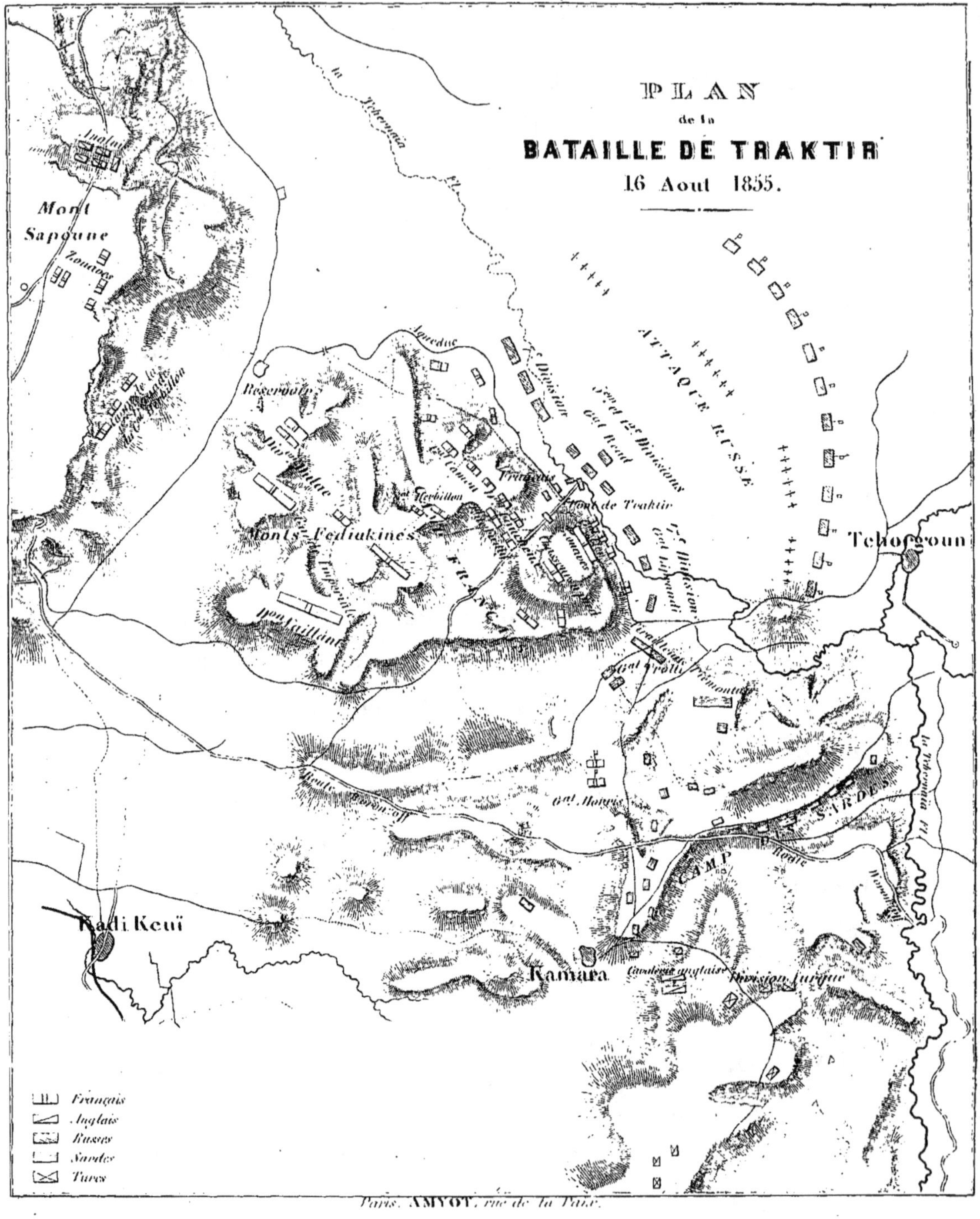
PLAN
de la
BATAILLE DE TRAKTIR
16 Aout 1855.
Mont
Sapoune
Monts Fediukines
ATTAQUE RUSSE
Pont de Traktir
Tchorgoun
CAMP
SARDES
Kadi Keuï
Kamara
Cavalerie anglaise
Division turque
Français
Anglais
Russes
Sardes
Turcs
Paris. AMYOT, rue de la Paix.

position. » A trois heures, toute l'armée russe avait disparu par la grande route qui conduit au plateau de Mackensie.

Cette bataille, qui avait duré cinq heures consécutives, avait montré une fois de plus aux Russes l'impossibilité de forcer nos positions.

Les abords de la Tchernaïa, tant de notre côté que sur la rive opposée, étaient littéralement couverts de cadavres amoncelés par groupes sanglants; ces traces humaines se prolongeaient sur le flanc des collines et dans la gorge des ravins, où l'ennemi, réunissant ses efforts les plus désespérés, avait essayé de forcer nos lignes. — Il fallut une suspension d'armes de deux jours consécutifs pour enterrer les morts (1).

C'est en vain que le rapport du prince Gortschakoff essaye de présenter cette véritable bataille comme une

(1) *Dépêche du général Pélissier au ministre de la guerre.*

« L'armistice demandé hier, a dû être continué aujourd'hui. De 5 heures du matin à 2 heures du soir, les Russes ont enlevé des morts. Le recensement a été fait, aussi bien que possible, et donne les résultats suivants :

« Russes enterrés par les Français	2129.
« Russes enterrés par les Russes eux-mêmes	1200.
« Total....	3329.

« Le rapport de l'intendant général de l'armée française portait 1664 Russes blessés entrés à l'ambulance; sur ce chiffre figuraient 38 officiers.

« Nous avons eu, dit la dépêche du général en chef au ministre de la guerre, 8 officiers supérieurs blessés, 19 officiers subalternes tués et 53 blessés, 172 sous-officiers et soldats tués, 146 disparus et 1163 blessés.

reconnaissance. Le plan trouvé sur le corps du général Read, plan très-détaillé dans toutes ses parties, et les efforts persistants des troupes russes pour s'emparer de nouveau d'une position que le général Liprandi avait occupée pendant tout l'hiver, prouvent assez l'importance que l'ennemi attachait à être victorieux. — Quelque appréciation que l'on veuille faire de cette attaque énergique de l'armée de secours, il est évident que l'échec qu'elle venait d'éprouver était dans les circonstances présentes d'une grande importance; car les jours étaient comptés, et nous touchions évidemment aux dernières épreuves de ce siége qui avait demandé tant d'indomptable courage et de persistante activité. C'était un heureux présage qui effaçait les mauvais souvenirs et nous parlait de victoire.

L'ordre du jour du général en chef portait à la connaissance de l'armée les noms de ceux qui s'étaient le plus héroïquement distingués (1).

(1) « Devant Sébastopol, le 17 août 1855.

« SOLDATS! Cette affaire, où les Russes ont perdu plus de six mille hommes, plusieurs généraux, et laissé entre nos mains plus de deux mille deux cents blessés ou prisonniers, et leur matériel, préparé de longue main pour le passage de la rivière, fait le plus grand honneur au général Herbillon, qui commandait les lignes de la Tchernaya, et à sa division. Une batterie de position anglaise, du sommet qui domine Tchorgoun, nous a puissamment aidés à décider le mouvement de retraite de l'ennemi sans engager nos réserves. Les Turcs, débarrassés d'une fausse attaque, nous ont apporté l'appui de six bataillons et d'une batterie. La cavalerie anglaise était prête, avec les escadrons sardes, à seconder les braves chasseurs d'Afrique du général Morris, si la poursuite de l'ennemi eût pu ajouter utilement au succès. Mais je n'ai pas perdu de vue notre grande entreprise, et j'ai

« Les divisions Camou et Faucheux, disait-il, ont été a la hauteur de leur vieille réputation. Les généraux de brigade de Failly surtout, Cler et Wimpffen, les colonels Douay, Polhes, Danner et Castagny; ont droit à la reconnaissance de l'armée. Je ne puis nommer ici tous les émules de leur valeur; mais je dois signaler particulièrement l'habile direction que le colonel Forgeot a imprimée à nos énergiques canonniers, la brillante conduite de l'artillerie de la garde impériale et des divisions. »

LXXXVII. — Aussitôt que la nouvelle de ce brillant

voulu ménager votre sang, après avoir obtenu un résultat qui consacre une fois de plus votre supériorité sur cette infanterie russe si vantée. Ce succès vous présage de nouvelles victoires, et augmente vos droits à la reconnaissance du pays.

« Le général en chef, PÉLISSIER. »

A la suite de cette glorieuse bataille, le général Simpson, commandant en chef de l'armée, anglaise envoya l'ordre du jour suivant au général Pélissier qui s'empressa de le porter à la connaissance de l'armée.

« Au quartier général anglais, 17 août 1855.

« Le commandant en chef félicite l'armée sur le brillant succès que les troupes françaises et sardes ont remporté hier sur l'ennemi.

« Les efforts des Russes pour franchir la Tchernaya, quoique tentés avec des forces très-supérieures, ont été très-vigoureusement repoussés.

« Nos courageux alliés, par leur intrépidité et leur audace, ont ajouté un nouveau lustre à nos armes, et dans cette occasion, la première où l'armée sarde a rencontré l'ennemi, elle s'est montrée digne de combattre à côté de la plus grande nation militaire de l'Europe. »

Après la lecture de cet ordre, disait le général Pélissier, l'armée trouvera un motif de plus d'unir fraternellement ses efforts à ceux de nos nobles alliés dans la grande tâche dont nous poursuivons l'accomplissement.

succès parvint à Paris, l'Empereur, que sa pensée rendait toujours présent au milieu de sa vaillante armée d'Orient, écrivait au général Pélissier :

« Palais de Saint-Cloud, le 20 août.

« Général, la nouvelle victoire remportée sur la Tchernaïa prouve, pour la troisième fois depuis le début de la guerre, la supériorité des armées alliées sur l'ennemi, lorsqu'il est en rase campagne ; mais, si elle fait honneur au courage des troupes, elle ne témoigne pas moins des bonnes dispositions que vous avez prises. Adressez mes félicitations à l'armée, et recevez-les aussi pour votre part. Dites à ces braves soldats, qui, depuis plus d'un an, ont supporté des fatigues inouïes, que le terme de leurs épreuves n'est pas éloigné. Sébastopol, je l'espère, tombera bientôt sous leurs coups ; et, l'événement fût-il retardé, l'armée russe, je le sais par des renseignements qui paraissent positifs, ne pourrait plus pendant l'hiver soutenir la lutte dans la Crimée.

« Cette gloire acquise en Orient a ému vos compagnons d'armes en France : ils brûlent tous de partager vos dangers. Aussi, dans le double but de répondre à leur noble désir et de procurer du repos à ceux qui ont déjà tant fait, j'ai donné des ordres au ministre de la guerre, afin que tous les régiments restés en France aillent, au fur et à mesure, remplacer en Orient ceux qui rentreraient.

« Vous savez, général, combien j'ai gémi d'être retenu loin de cette armée qui ajoutait encore à l'éclat de nos aigles ; mais aujourd'hui mes regrets diminuent, puisque vous me faites entrevoir le succès prochain et décisif qui doit couronner tant d'héroïques efforts.

« Sur ce, général, je prie Dieu qu'il vous ait en sa sainte garde.

« NAPOLÉON. »

CHAPITRE VII.

LXXXVIII. — Nous l'avons dit, nos approches sur Malakoff marchaient à pas sûrs sous le feu de la mitraille ennemie, malgré les difficultés et les obstacles que le sol ne cessait d'offrir presque sur tous les points. Dans d'autres conditions, on les réputerait insurmontables; mais, dans ce siége étrange, ne s'est-on pas depuis longtemps habitué à vouloir et à tenter l'impossible? Le génie, dont l'opiniâtre courage est infatigable, profite des moindres accidents de terrain, en s'enfonçant à la poudre pour traverser les points où la pioche ne mord pas, et en élevant sous une pluie de fer des masques (1) et des abris provisoires. Le général Frossard, commandant le génie du 2ᵉ corps, dirige ces audacieux travaux avec la vaillante intrépidité et l'activité de tous les instants, dont il n'a cessé de donner des preuves.

(1) Ces masques sont formés de sacs à terre, en doublant et triplant quelquefois les files de gabions.

L'ennemi tire sur nous sans relâche tous les feux de sa formidable artillerie; sans relâche aussi il tente des sorties, et cherche, par des attaques nocturnes, à bouleverser nos approches : efforts inutiles qui viennent se briser contre nos intrépides soldats! — Nous voudrions pouvoir nous arrêter dans notre récit, pour retracer un à un tous ces actes de courage et d'héroïsme qui glorifient notre armée, et payer à tous ces nobles dévouements, à tous ces morts héroïques couchés dans la tombe loin du sol natal, le tribut d'un cœur qui les admire; mais le grand drame est là; nous le sentons nous envelopper, nous étreindre et nous pousser en avant.

Devant le front de Malakoff, le terrain situé en arrière de l'enceinte de la place va en s'abaissant. Il résulte de cette disposition heureuse du sol, que l'ennemi ne peut pas étager des batteries les unes derrière les autres, comme dans les attaques de la ville, tandis qu'au contraire, notre position sur le mamelon Vert nous donne le moyen de battre son artillerie par plusieurs étages de feux. Aussi, sur ce point, notre artillerie prend une supériorité décisive sur celle des Russes et protége favorablement nos attaques.

LXXXIX. — Nous sommes au 2 septembre; les abatis de la tour Malakoff ont été traversés par nos cheminements et en partie incendiés. On n'est plus qu'à 25 ou 30 mètres au plus de la contrescarpe de la tour; et, de ce point avancé, on peut voir que la courtine, et le Redan dont le parapet est très-déformé et le fossé à peu près comblé, ne doivent plus présenter d'obstacles très-sérieux. Là, on est arrêté par du roc vif, à 40 mètres environ.

Assiégeants et assiégés se touchent; et, de cet espace si restreint, qui sépare à peine les combattants, les pierriers lancent nuit et jour des nuées de projectiles. Dans les courts instants où l'artillerie reste silencieuse, on entend pendant la nuit le bruit des voix; on pourrait s'interroger et se répondre.

Les pertes des Russes étaient considérables; les nôtres, sur ces points rapprochés, étaient grandes aussi.

Le moment de donner l'assaut est venu; l'artillerie n'a plus de munitions que pour quatre ou cinq jours. Le mineur russe arrive sur nos têtes de sape; on l'entend travailler; et, dans quelques jours, certainement l'explosion aura lieu. Cernés de près comme ils le sont, les assiégés élèvent à la hâte une seconde enceinte derrière celle que nous attaquons. Déjà le parapet de cette nouvelle enceinte est massé, et sur plusieurs points les pièces qui doivent l'armer sont en batterie.

Au Redan des Anglais et aux attaques de la gauche française contre la ville, on n'a rien à gagner en attendant.—Ouvrir immédiatement sur tous les points un feu des plus vifs, donner résolûment l'assaut, en s'en remettant, pour les résultats, à la volonté de Dieu et à la bravoure éprouvée de nos soldats, tel est évidemment le seul parti à prendre.

Le général Bosquet, de son côté, déclare que ses troupes ne peuvent plus tenir sous le feu perpétuel qui les accable, et que chaque jour une perte de 150 hommes, mis hors de combat dans les tranchées, décime l'effectif des divisions destinées à l'attaque. Le général Niel, qui commande en chef le génie de l'armée, est aussi convaincu que le moment d'agir est enfin arrivé; il envoie donc un rapport au général en chef et lui exprime la nécessité immédiate et impérieuse d'agir. « Si nous ne prenons pas notre élan aujourd'hui, écrivait-il, l'ennemi fera encore de nouvelles enceintes. »

XC. — Le 3, on réunit un conseil de guerre, composé des généraux Niel, Bosquet, Thiry, Martimprey, Frossard et du commandant en chef de génie anglais, sir Harry Jones; conseil grave et solennel où devaient se discuter et se résoudre les destinées de ce siége à jamais mémorable. Le général Pélissier explique froidement le grave sujet pour lequel le conseil est assemblé; après avoir lu la lettre écrite par le général Niel, il donne la parole à ce général. Celui-ci, après avoir brièvement énuméré les derniers travaux du siége et les faits décisifs qu'il attendait des batteries nouvellement construites, résume ainsi la situation :

« Nous sommes à 25 mètres de la place; et, pour y arriver, nous avons fait des sacrifices immenses; de plus, le commandant supérieur de l'artillerie vous dira que nous sommes presqu'à bout de munitions. Aujourd'hui, Malakoff est la seule issue du siége; sa prise donnera le faubourg, et le faubourg donnera la ville. L'assaut se présente dans des conditions plus favorables que je n'osais l'espérer. »

Chacun fut appelé à émettre son opinion. Les avis furent unanimes pour que l'attaque eût lieu sans plus tarder. Le général Pélissier eût désiré attendre les 400 mortiers qui arrivaient de France et dont l'effet devait être terrible.

« — C'est bien, dit-il cependant, l'assaut sera donné. »

Le général Niel demanda alors que le jour fût gardé secret, que l'heure même ne fût fixée qu'au dernier moment; car, dans la position où l'on se trouvait, la moindre indiscrétion pouvait devenir fatale et entraîner l'insuccès de toutes les opérations. L'attaque du 18 juin, dont les Russes avaient été évidemment prévenus, selon les renseignements parvenus par les prisonniers et les déserteurs, faisait de ce silence une loi suprême.

Le général Bosquet, en rentrant à son quartier général, prépara aussitôt son projet d'attaque, qu'il communiqua aux chefs de service, les généraux Beuret et Frossard.

Il est important de connaître, dans toutes ses parties, ce plan, dont le commandant supérieur du 2e corps avait voulu lui-même étudier les moindres détails.

XCI. — Les tranchées sont partagées en trois zones parallèles. La zone de droite doit être occupée par les troupes désignées pour l'attaque du petit Redan (la division Dulac, ayant pour réserve les chasseurs de la garde et une brigade de la division d'Aurelle). — Dans la zone du centre, se tiendra la division La Motterouge qui doit marcher sur la grande courtine, par laquelle le Redan se relie à Malakoff et à une seconde ligne de défense ébauchée par les Russes, dite : *batteries Noires*, à cause de la nature brune du sol, qui détache ces batteries sur la couleur blanchâtre des autres ouvrages. Dans la zone de gauche sera établie la division Mac Mahon, 1re du 2e corps, qui doit enlever Malakoff; elle a comme réserve les zouaves de la garde, et la brigade Wimpffen, de la 2e division du 2e corps. Cette dernière brigade devra monter la garde dans la tranchée, afin de laisser reposer les troupes d'assaut. La garde impériale occupera les anciennes tranchées françaises et russes, près du mamelon Vert.

La garde impériale étant destinée à agir comme réserve dernière et à frapper un coup décisif, il était indispensable qu'elle pût arriver en masse, comme sur un champ de bataille; et, dans ce but, une voie lui était pratiquée à travers les tranchées, pour lui permettre de les franchir facilement. Une coupure de 40 à 50 mètres de large, masquée par des gabions et de la terre en quantité suffisante, avait été préparée dans chacune des parallèles; mais le travail était assez avancé, pour que les sapeurs postés à l'avance pussent, en quelques minutes, les ouvrir complétement et les rendre praticables, dès les premiers coups de fusil de l'assaut. Deux batteries d'artillerie de campagne de la 5e division du 2e corps (commandant Souty), se tenaient à la batterie Lancastre, prêtes à arriver au galop. Quatre autres batteries de campagne avaient été placées en réserve à la redoute Victoria. La même voie, pratiquée pour le passage des réserves, devait servir à cette artillerie pour se rendre sur le lieu du combat. — L'intendant du 2e corps avait été chargé d'établir le service des ambulances sur une très-grande échelle. Outre les troupes indiquées, il y avait en tête de chaque colonne un détachement de 60 sapeurs du génie, commandé par un chef de bataillon et trois officiers. Ces sapeurs, ainsi qu'un demi-bataillon fourni par chaque colonne, étaient pourvus d'outils à manches courts et d'échelles d'assaut, pour franchir le fossé. Chaque colonne, enfin, emmenait avec elle un détachement d'artillerie de 50 hommes, commandé par un capitaine et un lieutenant. Ce détachement avait pour mission d'enclouer les pièces de l'ennemi, ou de les tourner contre les Russes eux-mêmes, selon les éventualités du combat. — Le général Bosquet demandait que l'attaque eût lieu à midi.

XCII. — Le jour de l'assaut est fixé. — Ce sera le 8 septembre.

La proximité de nos travaux d'approche contre la place avait permis d'observer une partie des mouvements des troupes russes, dont les réserves étaient massées en arrière, sous des blindages protecteurs. Le génie avait pu même constater d'une manière certaine, que l'ouvrage important de Malakoff était fermé à la gorge, empêchant ainsi ces réserves de pouvoir se porter tout à coup, en masse, contre nos colonnes assaillantes; d'un autre côté, le feu violent de nos batteries étayées, et la grande quantité de projectiles que nous pouvions lancer avec précision sur cet ouvrage, ne permettaient pas aux troupes ennemies de se maintenir perpétuellement dans l'intérieur, à moins d'essuyer des pertes incalculables.

Mais l'artillerie de gros calibre, qui armait les batteries russes, formait devant nous de redoutables obstacles. Il n'y avait pas à se le dissimuler, la réussite de cette importante attaque n'était pas en entier dans la vigueur des troupes; la question de surprendre l'ennemi, avant qu'il eût pu porter ses renforts sur les points attaqués, devait entrer pour beaucoup dans la prévision du succès.

Il fut donc résolu que l'artillerie ouvrirait son feu le 5 septembre (1). Ce feu devait être poussé sur tous les points et par toutes les batteries avec une vigueur

(1) L'attaque de gauche des travaux français se composait de 51 batteries et de 346 pièces, ainsi réparties :

Contre le bastion du Mât, 19 batteries. — 129 pièces.

Contre le bastion Central, 19 batteries. — 134 pièces.

Contre la Quarantaine, 13 batteries. — 83 pièces.

L'attaque de droite (Malakoff) comprenait 34 batteries : 267 pièces.

Les redoutes, dites du 5 Novembre et Canrobert, avaient 4 batteries : 14 pièces.

L'armement total du côté de l'armée française se composait donc de 627 pièces réparties dans 72 batteries. — Toutes firent feu à l'exception des redoutes dites du 5 Novembre et Canrobert (soit 14 pièces).

L'armement des attaques anglaises sur toute l'étendue de leurs travaux contre la place, se composait :

A droite, de 17 batteries. — 71 pièces.

A gauche, de 15 batteries. — 108 pièces.

Il formait donc un total de 32 batteries : 179 pièces.

L'artillerie des armées alliées, à l'ouverture du feu, était donc de 627, plus 179 bouches à feu. — Total 806.

excessive ; mais il devait affecter une allure irrégulière, afin de tromper l'ennemi, et de le laisser sans cesse dans l'indécision sur l'heure où nos colonnes tenteraient l'assaut général. Le jour de l'attaque, quelques minutes avant l'heure fixée, le feu des batteries devait être brusquement changé, et toutes les pièces tirées à la plus grande portée possible, pour démasquer à la fois le terrain des attaques et contraindre les réserves russes à se tenir abritées sous leurs blindages.

XCIII. — Avant de commencer le récit de cette glorieuse journée, le cœur bat d'orgueil et de douleur à la fois, devant les terribles tableaux qui vont se dérouler, où chefs et soldats atteignirent les suprêmes limites de l'héroïsme et de l'audace, nous sentons combien la plume de l'écrivain est impuissante à retracer ces solennelles grandeurs du courage humain.

Nous touchions à la fin de cette lutte mémorable, et la volonté de Dieu, qui plane du haut du ciel sur tous les événements de la terre, allait donner aux persévérants efforts de notre vaillante armée l'honneur de la victoire ; l'heure allait sonner où Sébastopol, comme un corps humain, rendrait le dernier soupir au milieu des ruines de la destruction.

Chaque jour les rapports des espions annonçaient que les ennemis se préparaient à fondre sur nous de tous les points à la fois.

Cette invasion générale, nous l'espérions bien plutôt que nous ne la craignions, et les troupes prévenues étaient prêtes à prendre les armes au premier signal. Les gardes de tranchées veillaient de leur côté l'arme au bras, calmes, résolus, infatigables; l'artillerie continuait son tir habituel.

Le 5, dès la petite pointe du jour, toutes les batteries du siége de gauche sous l'habile direction du général Lebœuf ouvrent leur feu avec une violence et un ensemble impossibles à décrire. — Aussitôt toutes nos attaques, les défenses ennemies et la ville elle-même sont enveloppées d'un tourbillon de fumée; le feu de nos alliés répond avec énergie, et bientôt l'attaque Malakoff commence son tir. Souvent les détonations de l'artillerie se taisent tout à coup, puis reprennent subitement avec une nouvelle fureur; ce sont, pour nous servir de l'expression du général en chef russe, tantôt des salves, tantôt un feu roulant d'artillerie. Dans la nuit, nos pièces continuent à tirer avec vigueur, pour empêcher que l'ennemi ne puisse réparer les dégradations de ses défenses et remplacer ses pièces hors de service.

Tout à coup une lueur immense donna au ciel, jusque dans l'horizon lointain, une teinte rougeâtre (1). Dans la direction du port s'élevait le foyer d'un vaste incendie, dont le cercle s'agrandissait à chaque instant; des gerbes de feu s'élançaient dans l'espace et venaient se

(1) *Dépêche du général en chef Pélissier.*

« Un vaste incendie a dévoré pendant la nuit dernière le vaisseau russe à deux ponts *le Marian*, mouillé dans la rade de Sébastopol; une bombe lancée de l'attaque de droite a déterminé cet incendie, dont la flamme éclairait tous nos camps. »

joindre, se mêler et se confondre dans un centre lumineux. C'était un bâtiment russe qui brûlait majestueusement dans le port. Cet incendie dura plusieurs heures.

XCIV. — Au lever du jour, le feu recommence avec une énergie nouvelle; l'ennemi n'y répond que faiblement. Comme la veille, notre tir est saccadé; il s'arrête, puis reprend, tantôt lent, tantôt formidable surtout vers la gauche où le nombre de nos batteries est énorme, et les munitions plus abondantes. Les projectiles ennemis lancés à courte distance ébrèchent les parapets, déchirent les épaulements, renversent les servants au milieu du sang et de la poussière; rien n'arrête l'ardeur, l'audace, le courage de notre vaillante artillerie; on dirait que le bronze lui-même dans cette lutte terrible a l'enthousiasme du combat. — Déjà depuis longtemps les défenses de la place souffraient cruellement par la continuité de notre feu; la ville était devenue intenable, les maisons étaient traversées, les toits effondrés, de tous côtés nos boulets et nos bombes semaient la mort; les troupes, pour la plus grande partie, bivouaquaient sur les places, dans les ravins et se construisaient des abris, qui bientôt eux-mêmes étaient détruits et bouleversés (1).

(1) Les Russes empilaient leurs morts dans des chalands et les faisaient remorquer, la nuit, sur la rive nord, où on les enterrait dans d'immenses tranchées, qu'un bataillon d'infanterie était occupé à creuser, tous les jours, dans le cimetière. A la longue vue, des différents camps, on voyait, chaque jour, le cimetière s'agrandir par ce funèbre travail.

« A partir du 5 septembre, dit lui-même le prince Gortschakoff dans son rapport, l'assaillant renforça d'une manière incroyable la canonnade et le bombardement, ébranlant et détruisant nos ouvrages sur toute la ligne de défense, tantôt par des salves de toutes ses batteries, tantôt par un feu roulant d'artillerie.

« Ce feu infernal, dirigé contre les embrasures et les merlons, indiquait clairement l'intention de l'ennemi de démonter nos pièces, de détruire nos ouvrages et de donner ensuite l'assaut à la place.

« Il n'y avait plus aucune possibilité de réparer les fortifications, et l'on se borna, en conséquence, à remblayer les magasins à poudre et les blindages.

« Les parapets en s'affaissant comblaient les fossés; les merlons s'écroulaient; il fallait à chaque instant déblayer les embrasures; les servants des pièces d'artillerie périssaient en grand nombre, et l'on parvenait à peine à les remplacer.

« Dans cette période, la perte fut énorme : du 5 au 8 septembre, 4 officiers supérieurs, 47 officiers subalternes et 3917 hommes furent mis hors de combat (1). »

Ces quelques lignes, que nous empruntons au général en chef de l'armée russe, démontrent clairement les ravages terribles qui se succédaient dans la ville assiégée.

XCV. — Évidemment l'ennemi comprenait que l'assaut définitif ne devait pas tarder à être livré; mais sans

(1) Sans compter les artilleurs tués dans les batteries.

indication certaine soit sur le jour, soit sur l'heure, il devait forcément tenir ses réserves massées à l'abri, pour ne pas les voir hachées par le feu redoutable de notre artillerie.

« Nous arrivons à la crise du siége (écrivait le 6 septembre l'aide de camp du général Pélissier, le lieutenant-colonel Cassaigne, qui devait payer de sa vie notre triomphe), la place est serrée comme dans un étau; nous sommes à pied d'œuvre; les canons anglais et nos batteries font un feu épouvantable. Dans deux jours les destins auront prononcé. »

La brigade Wimpffen, détachée des lignes de la Tchernaïa, arrivait le 6, dans la matinée et prenait le service de tranchée pour donner, ainsi qu'il avait été résolu dans le plan d'attaque, une nuit de complet repos aux troupes désignées pour l'attaque générale.

L'assaut doit être donné le lendemain; cependant les chefs de corps n'ont pas encore été prévenus du jour, de l'heure et des dispositions dernières : nul ne sait quelles sont les troupes qui doivent marcher et sur quels points elles seront dirigées : le feu de nos batteries fait fureur et nos munitions s'épuisent dans un tir terrible et précipité.

XCVI. — Dans l'après-midi, le général Bosquet réunit à son quartier général les généraux de division et de brigade, ainsi que les généraux du génie et de l'artillerie de son corps d'armée.

Dans cette conférence secrète, le général leur apprend

que, par ordre du général en chef, l'assaut sera donné le lendemain à midi, que toutes les forces vives de notre armée seront engagées dans cette lutte décisive; il explique clairement le plan d'attaque pour lequel chacun recevra des instructions particulières, et il engage les généraux à aller eux-mêmes étudier et reconnaître, autant qu'ils le pourront, avant la fin du jour les points qu'ils doivent occuper, et les directions de leurs attaques. A chacun il recommande le plus profond et le plus impérieux silence, puis leur serrant la main il leur dit : « Je vous connais tous de longue date, messieurs, pour de vaillants hommes de guerre; aussi j'ai pleine et entière confiance en vous. Demain Malakoff et Sébastopol seront à nous. »

Ces paroles étaient l'écho de toutes les pensées. Combien parmi ceux qui étaient là, devaient payer de leur sang cette glorieuse conquête !

Les généraux se séparèrent la joie dans le cœur et se rendirent aux tranchées.

Les chefs d'état-major des trois colonnes accompagnés du général Frossard, d'officiers du génie et du commandant Besson, major de tranchée, allèrent marquer les emplacements sur le terrain, et en reconnaître les minutieuses dispositions. Les soldats et les officiers de service les suivaient du regard, un instinct secret disait à tous que l'heure tant attendue allait enfin sonner.

Dans la soirée le commandant Henry, sous-chef d'état-major du général Bosquet, porta confidentiellement aux généraux divisionnaires, ainsi qu'aux chefs de service du génie et de l'artillerie, l'ordre du jour du général commandant le 1er corps; cet ordre devait être lu le lendemain, à 8 heures, dans chaque bataillon, au moment où les troupes se réuniraient pour aller prendre leurs positions de combat. Le commandant portait en outre des instructions relatives à la tenue des troupes; officiers et soldats devaient être en grande tenue.

La nuit fut longue d'impatience et de fièvre.

Enfin le jour se leva; un vent du nord s'engouffrait dans les ravins et mêlait ses sifflements aigus aux retentissantes détonations de notre artillerie déchaînée.

XCVII. — Dans la matinée le général de Cissey, chef d'état-major du 2e corps, fit relever la brigade Wimpffen par 6 bataillons, deux par deux, qui devaient former la tête de colonne de chaque colonne d'assaut. On évitait ainsi dans les tranchées des mouvements qui auraient pu être aperçus de l'ennemi; ces bataillons ainsi disposés, n'avaient plus, au moment de l'attaque, qu'à se serrer à la tête des ouvrages qu'ils devaient franchir pour s'élancer à l'assaut.—Les officiers de l'état-major du général Bosquet, afin d'éviter toute erreur ou toute confusion, présidaient avec les états-major divisionnaires, au placement des troupes et aux dispositions de détail (1).

(1) A huit heures du matin, le génie fit jouer en avant de nos cheminements, sur le fort de Malakoff, trois fourneaux chargés ensemble de 1500 kilogrammes de poudre, afin de rompre les galeries inférieures des mineurs russes, et de rassurer nos soldats qui venaient se masser dans les tranchées sous lesquelles les déserteurs annonçaient que le sol était miné.

Tout semblait présager un succès.

« L'artillerie française, écrivait à cette époque le général Niel, avait pris sur celle des Russes une si grande supériorité qu'elle avait éteint presque tous les feux qui voyaient directement nos attaques. Les embrasures comblées ne laissaient plus la crainte que nos colonnes fussent assaillies par la mitraille à la sortie des tranchées ; les parapets étaient déformés et une partie des terres avait roulé dans les fossés. »

A huit heures, toutes les troupes prirent les armes. Alors l'ordre du jour du général Bosquet apprit aux soldats que le moment était enfin venu de terminer cette lutte si longue et si sanglante ; cet ordre daté du 8 septembre disait :

« Soldats du 2e corps et de la réserve !

« Le 7 juin, vous avez eu l'honneur de porter fièrement les premiers coups droit au cœur de l'armée russe. Le 16 août, vous infligiez, sur la Tchernaïa, la plus honteuse humiliation à ses troupes de secours. Aujourd'hui, c'est le coup de grâce, le coup mortel que vous allez frapper de cette main ferme, si connue de l'ennemi, en lui enlevant sa ligne de défense de Malakoff, pendant que nos camarades de l'armée anglaise et du 1er corps commenceront l'assaut au grand Redan et au bastion Central.

« C'est un assaut général, armée contre armée ; c'est une immense et mémorable victoire dont il s'agit de couronner les jeunes aigles de la France. En avant donc, enfants! A nous Malakoff et Sébastopol! et vive 'Empereur! »

Ces chaleureuses paroles furent accueillies avec des acclamations enthousiastes; tous les cœurs et toutes les pensées s'élevaient à la hauteur de cette heure terrible et solennelle.

Les épais tourbillons de poussière soulevés par le vent nous protégeaient et masquaient tous nos mouvements; le ciel semblait lui-même venir à notre aide et nous dire que Dieu était avec nous.

XCVIII. — L'heure marche. — Les troupes défilent en silence dans les tranchées, les armes basses, et prenant les plus minutieuses précautions pour voiler leur approche à l'ennemi. Partout où l'on pouvait être vu, les crêtes couvrantes avaient été relevées. Néanmoins, malgré les branchages que nous avions entassés, les traverses en gabions et les masques fictifs par lesquels nous espérions cacher à l'ennemi la marche de nos troupes dans les tranchées, notre mouvement ne put lui être entièrement dérobé, et le prince Gortschakoff qui occupait les hauteurs d'Inkermann avec l'armée de secours avait envoyé des officiers d'état-major sur tous les points (1) prévenir qu'il se faisait un grand mouvement

(1) Deux officiers prisonniers, interrogés par les généraux, déclarèrent ce fait, ajoutant que l'arrivée d'une brigade de l'armé sarde, signalée à l'attaque de gauche, leur avait fait penser que nous tenterions de ce côté nos plus puissants efforts; et que nous y avions appelé nos nouveaux alliés pour leur faire partager la victoire que nous espérions obtenir.

de troupes dans nos tranchées, et que ce mouvement devait évidemment annoncer un projet d'attaque. Mais les Russes ignoraient à quelle heure cet assaut devait être tenté par nos troupes, et la vivacité de notre feu, à si courte distance, les forçait à tenir leurs réserves abritées.

A dix heures le général Bosquet se rendait au poste de combat, qu'il avait choisi dans la sixième parallèle, la plus avancée de nos parallèles. Sur cet emplacement convergeaient presque tous les feux de l'ennemi; mais c'était aussi le point d'où le général pouvait le mieux embrasser du regard l'ensemble de l'attaque et en suivre toutes les péripéties.

Le général en chef avait désigné pour son quartier général, pendant l'assaut, la redoute Brancion, et s'y était rendu avec les généraux Niel, Thiry et le général Martimprey; les officiers des états-majors étaient groupés, attendant les ordres. — L'artillerie continuant soigneusement les allures irrégulières qu'elle avait prises depuis le 5, redoubla de vivacité sur les onze heures, pour mieux tromper l'ennemi sur nos véritables projets.

Déjà les officiers d'état-major envoyés sur les lieux ont rendu compte au général Bosquet que les troupes sont à leurs postes. — Nul signal ne doit être donné. Toutes les montres des généraux commandant les divisions ont été réglées sur celle du général en chef; — lorsque l'aiguille marquera midi, les trois colonnes s'élanceront ensemble à la voix de leurs chefs.

CHAPITRE VIII.

XCIX. — Il faudrait la plume héroïque d'Homère pour retracer dignement ce moment d'attente solennelle qui faisait étinceler les regards et frémir les cœurs dans les poitrines impatientes. — Quel splendide tableau qui ne s'effacera jamais de la mémoire! Les généraux sont debout près des épaulements, calmes et attentifs; ils ont les yeux fixés sur leur montre. Tous les officiers ont l'épée à la main. Les soldats courbés devant la tranchée, la baïonnette en avant, n'attendent qu'un signal. Les foudroyantes détonations de l'artillerie semblent elles-mêmes dominées par ce solennel silence. Déjà les batteries ont changé brusquement leur tir pour dégager le terrain de l'attaque et se concentrer sur les réserves de l'ennemi.

Il est midi....

Les généraux s'élancent, leur chapeaux de commandant à la main; signaux vivants, ils se montrent les premiers entièrement à découvert sur la crête des parapets.

« — Soldats, s'écrient-ils d'une commune voix, en avant! Et vive l'Empereur! »

Ce cri mille fois répété frémit dans toutes les bouches c'est le signal de l'assaut. Chefs et soldats sont confondus dans un superbe élan d'immense énergie: on dirait que la terre vient tout à coup de s'entr'ouvrir pour vomir sur ces remparts démantelés une nuée de combattants.

Au même moment le guidon de commandement du général Bosquet est planté sur l'épaulement extérieur de la tranchée, pour indiquer à tous le poste d'honneur qu'a choisi le général, et servir de point de ralliement aux officiers qui viendraient lui demander des ordres.

Comment peindre ces trois assauts, ces trois attaques, ces trois combats héroïques et sanglants ?

Tambours et clairons battent et sonnent la charge; la musique fait retentir au loin ses accords guerriers. C'est le plus beau et le plus mâle spectacle auquel il soit donné à un homme d'assister jamais !

C. — La division du général de Mac-Mahon n'a que 25 à 30 mètres à parcourir; au signal de son chef qui lui montre le chemin, elle s'élance avec un hourra frénétique, une partie sur le saillant de Malakoff, l'autre sur la face gauche de ce bastion, au point où cette face se relie à la grande courtine que doit attaquer la division La Motterouge (1).

(1) La première brigade de la division Mac-Mahon, sous les ordres du colonel Decaen, du 7e de ligne, se composait de ce régiment, du 1er bataillon de chasseurs (commandant Gambier), du 1er zouaves (colonel Collineau). — La 2e brigade, commandée par le général Vinoy, avait le 20e de ligne (colonel Orianne), le 27e de ligne (colonel Adam). Les zouaves étaient armés de fusils de précision comme les chasseurs. Pour l'assaut, le général de Mac-Mahon fit passer le bataillon de chasseurs dans la 2e brigade.

« Tout faisait supposer, écrivait un officier général, que l'ennemi travaillait à des mines, dans le but de faire sauter les colonnes françaises au moment de l'assaut; il fut donc convenu que la 1re brigade n'attaquerait point de front, afin d'éviter ce danger, mais suivrait le

En quelques secondes, toutes les troupes ont atteint la partie extérieure de Malakoff. Les escarpements des talus présentent de sérieux et difficiles obstacles; mais les soldats s'élancent dans les fossés, se cramponnent aux aspérités du sol, et, sans attendre que le génie leur ait facilité les voies, où ait comblé des portions du fossé, ils apparaissent sur la crête des parapets, et plantent audacieusement le drapeau de la France sur le bastion ennemi.

L'intérieur de l'ouvrage est garni de traverses blindées que les Russes ont multipliées à l'infini, pour s'abriter contre le feu de notre artillerie; c'est un laby-

côté gauche de l'ouvrage pour aller le tourner par la gorge, tandis que la 2e brigade, débouchant un peu à droite, devait se jeter sur la tour, s'en emparer et faire balayer la batterie Gervais par les chasseurs; pendant que les deux autres régiments fouilleraient la redoute et occuperaient les banquettes, afin de prévenir un retour offensif.

« Les ordres furent donnés d'avance aux officiers supérieurs et bien expliqués à la troupe, car il était évident qu'une fois les soldats lancés, il serait bien difficile de donner de nouveaux ordres.

« En conséquence, les montres furent réglées le matin sur celle du général de Mac-Mahon, chargé de donner le signal. Tout le monde devait s'élancer à la fois au cri de : « Vive l'Empereur! » Nous avons fait prendre la grande tenue, les drapeaux étaient portés bas et devaient se déployer aussitôt que le signal serait donné.

« A 11 heures et demie, nos batteries ouvrent le feu de toutes leurs pièces sur les ouvrages ennemis. A midi le feu cesse, nous nous élançons sur Malakoff; mais quand la 2e brigade arrive au fossé que sa colonne devait franchir, elle y trouve les zouaves qui s'y étaient précipités, et escaladant déjà le parapet ennemi, où leur drapeau venait d'être planté. Les chasseurs se jettent tête baissée avec eux. Il était évident que les zouaves, dédaignant de tourner l'ouvrage pour se porter à la gorge, l'avaient abordé de front. La 2e brigade eut donc alors à appuyer sur la droite pour se porter sur la gorge; quelques minutes après la redoute était inondée de nos soldats. »

(*Extrait d'une correspondance particulière.*)

rinthe de fortifications. — Surpris par l'impétuosité de notre attaque, ils ont eu à peine le temps de sortir de ces abris et de se rallier. Les réserves avaient été retirées et massées en arrière, comme les jours précédents. Des officiers russes, l'épée à la main, sont accourus les premiers sur les parapets ; ils appellent leurs soldats, ils les excitent de la voix et du geste ; quelques mètres séparent seulement ces intrépides officiers de nos soldats, qui débordent de toutes parts ; de seconde en seconde, la mort diminue ce groupe héroïque, et on les voit tous tomber tour à tour, et disparaître sous les balles qui les broient à bout portant, sans qu'un seul ait abandonné la place. — Assiégeants et assiégés sont en un instant confondus en une mêlée terrible, où la baïonnette, étreinte dans cette lutte corps à corps, ne peut plus se frayer un passage ; on combat à coups de crosses, à coups de pierres ; les armes brisées dans ce choc rapide sont remplacées par des pioches, par des morceaux d'écouvillons, par des débris de bois arrachés aux blindages. C'est auprès de la tour, au centre même de ce réduit, que combat héroïquement la 1re brigade ; une partie de la seconde a atteint la gorge de la redoute, mais déjà ses meilleurs capitaines sont tombés. Le général Vinoy envoie ses officiers d'ordonnance presser l'arrivée du 27e. Déjà les Russes ont repris l'offensive avec une vigueur désespérée, et rentrent dans le réduit pêle-mêle avec nos soldats. Ce fut un moment terrible et décisif, le drapeau national s'agite dans les airs, et appelle au combat tous les enfants de la France. Près du général, le tambour bat la charge et tombe mutilé ; une seconde fois la redoute est balayée, mais on marche sur les morts et les mourants qui jonchent le sol.

CI. — De son côté, la division La Motterouge s'est élancée du centre de la sixième parallèle sur la grande courtine, dont une des extrémités se relie au bastion, l'autre au petit Redan.

Avec la colonne d'attaque marche le général, superbe d'énergie. L'espace que les troupes ont à parcourir est plus considérable, le terrain est difficile et accidenté. On les voit arriver bientôt en masse compacte sur le front de la courtine, la franchir avec un élan indicible, et s'emparer de la batterie de six pièces qui flanque Malakoff. Pendant que l'artillerie encloue les pièces, que le génie se met à l'œuvre, les compagnies abordent sans hésiter la seconde ligne de défense des ouvrages russes. La mitraille écrase les têtes de colonnes et renverse des rangs entiers; mais la mort électrise les soldats; ils escaladent les parapets hérissés de fer et se précipitent impétueusement sur l'ennemi, hachant les artilleurs sur leurs pièces. Ils ont envahi la seconde ligne et pénétré dans les batteries, conquête couverte de cadavres amoncelés. D'intrépides enfants perdus du 11e léger, avec leur colonel Chabron, vont même frapper aux portes du faubourg, où est arrivé le général Bourbaki un des premiers, il s'est élancé sur la courtine avec cette audacieuse énergie qui en avait fait le 5 novembre, un des héros d'Inkermann. Mais le nombre des combattants est cruellement diminué, pour continuer l'offensive, des renforts sont indispensables et le général envoie son aide de camp, le lieutenant de Kerhué en presser l'arrivée.

Dans le même moment, la division Dulac, commandée par les généraux Saint-Pol et Bisson, s'est jetée sur le petit Redan. Entraînés par la voix de leurs chefs, qui les premiers courent au milieu d'un terrible feu de mitraille et de mousqueterie, nos intrépides régiments ont franchi le Redan, renversant tout ce qu'ils trouvent sur leur passage. Les uns vont dans la direction des batteries de la maison en croix, les autres dans celle des batteries, dites *de la pointe.*

CII. — En ce moment, sur les trois points attaqués, tout est victoire, tout est triomphe, tout a cédé à l'irrésistible élan de nos troupes; mais l'ennemi, surpris par l'habileté des dispositions que nous avions prises, par le silence qui avait précédé notre attaque, par les flots de poussière qui, soulevés par le vent, lui avaient dérobé nos premiers mouvements, s'est reformé sous la protection de ses réserves et reprend bientôt l'offensive.

Il s'épuise sur le bastion Malakoff en efforts impuissants.

Sur le petit Redan, il est plus heureux. Vingt pièces d'artillerie de campagne attelées, quelques pièces de flanc des ouvrages de la place, les batteries du cimetière, toutes celles de la rive nord, et des vapeurs embossés dans la baie brisent dans leur élan nos vaillantes colonnes, que la nature même des obstacles qu'elles rencontrent, a déjà désunies. — Tout à coup surgissent en face d'elles de profondes réserves, abritées dans les ravins d'Outchakoff et d'Oupatanoff, qui viennent aboutir au port militaire. En vain les bataillons veulent se maintenir sur ce terrain broyé par la mitraille; ils sont mutilés dans cette lutte inégale, et contraints de se retirer. Un grand nombre d'officiers sont déjà tombés morts ou blessés, et au milieu de ceux qui ne doivent plus se relever, le brave colonel Dupuis (1).

(1) LE COLONEL DUPUIS.

Le colonel Dupuis était un de ces vieux et dignes serviteurs dont s'honore toujours une armée, et dont la vie est une longue série de services rendus au pays. Né à Boulogne-sur-Mer le 25 juillet 1796, il avait 59 ans, lorsqu'il fut tué devant l'ennemi, le 8 septembre.

Engagé soldat dans le 29e régiment d'infanterie légère en 1812, à l'âge de 16 ans, il fit successivement les campagnes de Russie, d'Allemagne en 1813; de France en 1814 et 1815. En 1823, il partit pour l'Espagne avec le grade de sous-lieutenant. Officier plein d'énergie, d'instruction, de dévouement, il fut sans cesse remarqué de ses chefs, et ses états de services le désignèrent à l'attention du ministre. En 1843, il partit pour l'Afrique avec le grade de chef de bataillon, et y resta jusqu'en 1848. Partout où son bataillon fut envoyé (le 32e de ligne), dans cette guerre incessante et ardue, il donna des preuves de vigueur. Le général Pélissier, juge sévère, disait de lui en 1846: « C'est un digne et vieux serviteur, animé de sentiments élevés; il a rempli sa tâche dans les diverses expéditions avec beaucoup d'énergie et de cœur. »

Lieutenant-colonel en 1848, Dupuis fut élevé au grade de colonel en 1852, et partit à la fin de l'année 1854, dans le 57e, pour aller rejoindre l'armée expéditionnaire en Crimée. Pendant toute sa carrière militaire, le hasard des batailles l'avait respecté; c'était en Crimée qu'il devait payer sa dette. Blessé le 4 juillet 1855, il fut mortellement frappé d'une balle dans cette glorieuse journée du 8 septembre, qui donna à nos armes une victoire si longtemps attendue. Il était commandeur de la Légion d'honneur.

En vain le commandant du génie Renoux s'est efforcé avec les sapeurs, de fermer l'ouverture du petit Redan, où il commence déjà à se retrancher ; malheureusement l'obstacle qu'il a créé est encore insuffisant, et ne peut couvrir nos troupes, qui, forcées d'abandonner le terrain qu'elles avaient si vigoureusement envahi, se jettent dans les fossés de l'ouvrage et s'y cramponnent avec une énergique résistance, pendant que l'autre portion se replie sur nos parallèles pour s'y reformer. C'est là que le lieutenant-colonel Magnan, chef d'état-major de la division qui, depuis le commencement de l'attaque, s'est fait remarquer par son ardent courage, est blessé mortellement (1).

(1) LE LIEUTENANT-COLONEL MAGNAN.

Né en 1815, il entra à l'École spéciale militaire en 1832, et à l'École d'application d'état-major en 1835. Admis au corps d'état-major comme lieutenant en 1837, il partit la même année pour l'Afrique, où il resta jusqu'en 1840. Capitaine en 1841, il fut mis, en 1845, à la disposition du département des affaires étrangères, pour être employé à l'École militaire de Constantinople. Il partit donc pour Constantinople, et fut élevé au grade de chef de bataillon, en 1851.

La connaissance approfondie de la langue turque, et les années qu'il venait de passer en Orient le désignaient tout naturellement comme un des officiers français qui pouvaient rendre les meilleurs services, lors de l'organisation des bachi-bouzouks; il reçut le commandement d'un régiment, et fit partie de l'expédition de la Dobrutscha. Après la dissolution de ce corps, il fut envoyé en mission à l'état-major de l'armée d'Orient, et attaché à la division turque en Crimée. Officier intelligent, plein de zèle, il rendit dans ces fonctions de bons services, dont le grade de lieutenant-colonel fut la récompense, en 1855.

Chef d'état-major de la 4e division d'infanterie du 2e corps, il fut blessé à l'attaque de Malakoff, le 8 septembre, et succomba à sa blessure trois jours après.

Les Russes ont compris que le petit Redan menace leur extrême gauche, et plus tard, peut-être, leur retraite sur le pont, et ils ont accumulé sur ce point des forces considérables; mais la retraite de la division Dulac découvre entièrement le flanc droit de la division La Motterouge, et, la laissant ainsi en prise aux feux les plus meurtriers, la force à se replier à son tour, en bon ordre, sur la première ligne de la courtine, où elle s'établit solidement, de manière à ne plus en être délogée.

CIII. — Cependant les généraux Saint-Pol et Bisson réunissent à la hâte leurs bataillons mutilés, font battre la charge et se jettent une seconde fois sur le petit Redan, qu'ils reprennent encore. Le brave général Saint-Pol est tué (1); le général Bisson est blessé. Le

(1) LE GÉNÉRAL DE SAINT-POL.

Le 8 septembre la mort a cruellement glané parmi les chefs de l'armée. C'est qu'ils étaient aux premiers rangs, toujours au plus fort du danger, et montrant à leurs soldats que le privilége des hauts grades est surtout le droit de donner à tous l'exemple du courage.

C'est un jeune général que la mort vient de frapper. Il était né en 1810; il quittait l'École de Saint-Cyr en 1829 pour entrer dans un régiment de ligne. En 1831, il fit la campagne de Belgique, et compta pendant quelque temps parmi les officiers français qui servirent dans l'armée belge. En 1839, il rentrait dans le régiment qu'il avait quitté. Capitaine en 1840, il prit rang en 1842 dans un régiment de zouaves qui était en Afrique, et ne tarda pas, dans les combats successifs qui se livraient chaque jour, à se distinguer par sa brillante valeur. En 1845, il était cité à l'ordre de l'armée. En 1847, il était promu au grade de chef de bataillon, et rentrait en France l'année suivante. Embarqué pour la campagne d'Italie en 1851, il fut nommé colonel à la fin de la même année. En 1852, il entrait dans un régiment de la légion étrangère, et retournait en Afrique pour faire partie de

feu meurtrier des batteries et des réserves écrase une seconde fois nos vaillants soldats, infatigables au combat.

Les chasseurs de la garde accourent; autour d'eux se serrent les compagnies brisées, dont les chefs sont morts en combattant les premiers. Vainement, avec un élan plein de feu, ils essayent de reconquérir les positions envahies : leur chef de bataillon Cornulier (1), leur adjudant-major de La Grandière sont déjà tombés frappés à mort. Lutte terrible! lutte sanglante! lutte impossible!

cette brillante expédition de la Kabylie, qui devait porter un si funeste coup aux tribus révoltées. Là encore il se distingua par son intrépide conduite, et fut atteint d'un coup de feu à la tête, blessure heureusement sans gravité, qui lui permit d'assister, dix jours plus tard, à un nouveau combat où il eut son cheval tué sous lui en sauvant un homme tombé au pouvoir des Arabes. Cette belle action lui valut une citation à l'ordre de l'armée et la croix d'officier de la Légion d'honneur.

Colonel en 1852, il s'embarqua pour l'Italie, et bientôt, sur sa demande, il obtint l'honneur de partager la gloire et les dangers du siége de Sébastopol. Promu au grade de général de brigade au mois de mars 1855; placé d'abord dans le 1er corps d'armée, il passa, au mois d'avril, au commandement de la 1re brigade du 2e corps. Les dangers sans cesse renaissants de chaque jour et de chaque nuit permirent au jeune général de se distinguer à l'armée de Crimée, comme il l'avait fait à l'armée d'Afrique. C'est sur un champ de bataille qu'il est tombé, attachant une dernière fois son nom à la mémorable journée qui couronnait l'infatigable dévouement de nos vaillantes troupes.

(1) LE CHEF DE BATAILLON CORNULIER DE LUCINIÈRE.

Le commandant Cornulier de Lucinière, tué à l'assaut du 8 septembre, fut parmi les victimes qui laissèrent un vide réel dans l'armée par les espérances qu'elles avaient données. L'avenir lui souriait. Élève de l'École spéciale militaire, après avoir passé six ans en Afrique, où les jeunes officiers allaient se former au rude métier de la guerre, il avait été nommé chef de bataillon en 1854, et ce grade il le devait à sa brillante conduite sur le champ de bataille d'Inkermann, où il avait reçu deux blessures en se tenant, avec son bataillon de chasseurs, au plus fort du combat.

Marolles est accouru à la tête de sa brigade; deux bataillons du régiment de grenadiers de la garde, conduits par leur colonel, veulent prendre aussi leur part de ce combat mortel : tous ils franchissent parapets et batteries pour atteindre l'ennemi, qui se retire aussitôt, les laissant pris à revers par les batteries de la 2e ligne.

Les boulets et la mitraille, ennemis lointains qu'on ne peut combattre, ravagent les intrépides bataillons. Le colonel donne ordre à ses hommes de se retirer dans le fossé extérieur de la courtine. — Que devint alors le général de Marolles (1)? fut-il tué des premiers au

(1) LE GÉNÉRAL DE MAROLLES.

Le général de Marolles était né à Batavia, de parents français, en 1808. Admis en 1824 à l'École de Saint-Cyr, il en sortit en 1826, et fit, comme sous-lieutenant, au 9e régiment de ligne, les campagnes d'Espagne de 1828 et 1829. Lieutenant en 1831, il était capitaine en 1838; et admis dans les bataillons de chasseurs à pied, il s'embarquait pour l'Afrique en 1843. Énergique, intrépide, d'un caractère audacieux et entreprenant, il ne tarda pas à se distinguer brillamment, et paya d'une première blessure sa première citation à l'ordre de l'armée. En 1845 il était encore cité; nommé chef de bataillon l'année suivante, il s'embarqua en 1849 pour l'armée d'Italie, et prit une part glorieuse au siége de Rome. La même année, il fut nommé lieutenant-colonel, et rentra en France en 1850. Colonel deux ans plus tard, il fut appelé à la formation de la garde impériale à la tête du 2e régiment de voltigeurs. C'est avec lui qu'il s'embarqua en 1855 pour aller rejoindre le corps expéditionnaire de l'armée de Crimée. Dans les sanglants combats livrés les 22 et 23 mai, le colonel, à la tête de son brave régiment, se fit remarquer de tous par son élan et son courage. Au mois d'août les épaulettes de général étaient la récompense de ses éclatants services; mais le sort des combats ne devait pas lui laisser l'honneur de les porter longtemps. Sa valeur le jeta l'un des premiers à la terrible attaque du petit Redan, où son corps, criblé de blessures, fut retrouvé sous les décombres.

début de cette mêlée de fer et de feu, ou bien put-il revenir derrière l'épaulement, ralliant autour de lui ses soldats, et combattant pied à pied, jusqu'à ce que la mort vînt l'y frapper? Nul ne le sait; mais le corps du vaillant général fut retrouvé le lendemain au milieu des décombres; il avait plusieurs blessures larges et profondes.

Un autre général, vaillant parmi les plus vaillants, a aussi été frappé à mort dans ces combats successifs. L'armée a perdu le général de Pontevès (1).

CIV. — Tel était en ce moment l'ensemble de l'attaque.

(1) LE GÉNÉRAL DE PONTEVÈS.

Encore un brave général que les combats d'Afrique avaient respecté, et qu'une mort héroïque attendait sous les murs de Sébastopol. Né en 1805, il sortait de l'École de Saint-Cyr en 1824, et faisait les campagnes d'Espagne de 1828 à 1829. En 1829, il passait avec son grade dans la garde royale, était nommé lieutenant et licencié peu de temps après. Rappelé au service à la fin de l'année 1830, il s'embarqua pour l'Afrique, où il resta jusqu'en 1836, prenant part aux combats partiels qui signalèrent les premiers pas de notre conquête, et méritant par sa valeureuse conduite une citation à l'ordre de l'armée.

Revenu en France, il fut nommé capitaine en 1837, et chef de bataillon en 1844. Alors il repartit pour l'Afrique. Son activité avait besoin de ces fortes émotions que donne la guerre, et qui laissent un grand vide dans le cœur du soldat lorsqu'elles s'éloignent de lui. Il fut appelé au commandement de Tiarot, où sa connaissance de la langue arabe et les sérieuses qualités qui le distinguaient lui permirent de rendre d'importants services. En 1847, il était élevé au grade de lieutenant-colonel, et faisait partie, en 1849, du corps expéditionnaire envoyé en Italie. Nommé colonel la même année, il revint en France à la prise de Rome. Le 1er janvier 1854, il était général de

La division Dulac, broyée par des feux innombrables, était rejetée en arrière du Redan; la division La Motterouge se maintenait dans la première enceinte de la Courtine; la division Mac-Mahon lutte avec une énergique résistance contre les masses russes qui reviennent perpétuellement à la charge avec une opiniâtreté sans égale, et occupe avec ses troupes le réduit de Malakoff, dont nulle force humaine ne pourrait l'arracher.

Du point avancé où il a pris position, le général Bosquet veille avec la plus grande attention sur toute l'étendue du champ d'attaque que parfois des tourbillons de poussière et de fumée enveloppent d'un nuage impénétrable. Des renseignements fort importants viennent de lui être donnés dans la tranchée même par des prisonniers (1). Il ne se dissimule pas la gravité de la position des divisions Dulac et La Motterouge; il envoie

brigade, et passait, en 1855, avec ce grade, dans la garde impériale. Au mois de juin il partit pour l'armée d'Orient. Plein d'élan et de superbe courage, il combattit comme un soldat à la tête de ses troupes dans la grande et belle journée, qui couronna cette longue lutte sous les murs de Sébastopol. C'est là qu'il fut frappé, comme doit être frappé un chef, le premier sur la brèche.

(1) Dès le commencement de l'attaque, les premiers tirailleurs firent prisonniers 3 officiers et quelques soldats; ils furent aussitôt amenés au général Bosquet, pour qu'il pût les faire interroger. Le général adressait aux officiers quelques paroles rassurantes, lorsqu'une bombe tomba dans la tranchée, à quelques pas de là. Les prisonniers et les soldats qui les avaient amenés, ainsi que l'interprète qui les interrogeait, furent tous tués ou blessés par les éclats; groupés autour du général, ils lui sauvèrent ainsi la vie par un heureux hasard.

l'ordre au commandant Souty d'amener ses batteries et de les placer de manière à répondre surtout aux vapeurs, dont les gros calibres font dans nos rangs des ravages considérables. — Si l'ennemi, par un retour offensif, essayait de nous enlever les lignes dont nous nous sommes emparés, le commandant Souty arrêterait les colonnes par sa mitraille.

Les pièces tout attelées attendaient à la redoute Victoria, prêtes à partir au premier signal.

Aussitôt l'ordre donné, elles traversent au galop avec une audacieuse rapidité, le terrain le plus difficile et le plus exposé : déjà les boulets et les obus renversent les canonniers sur leurs caissons et déchirent à l'envi le sol sur la route que ces intrépides batteries parcourent. Enfin elles arrivent et se placent résolûment, chacune sur le point le plus favorable pour atteindre les vapeurs russes; mais elles sont entièrement à découvert et ne peuvent manquer d'être écrasées en peu d'instants.

Cette pensée n'arrête pas l'élan des chefs et des canonniers. En un clin d'œil, les pièces rangées en batteries, engagent la lutte avec une héroïque audace. Leur tir est dirigé avec une grande précision sur les bâtiments; mais déjà la mort court de rang en rang : le commandant Souty a une jambe fracassée par un biscaïen; le capitaine Rapatel tombe blessé mortellement; plus des deux tiers des officiers, sous-officiers et artilleurs sont renversés pêle-mêle avec les chevaux, que les boulets éventrent, que la mitraille déchire. — Heureusement les pièces ne sont pas encore hors de service.

Cette lutte mortelle ne se ralentit pas; aux morts succèdent les vivants, qui continuent le feu avec le même calme, avec la même froide énergie, et *le Vladimir*, *la Kersonèse* et *l'Odessa*, embossés à l'entrée de la baie du Carénage, sont forcés d'aller s'abriter contre la grêle d'obus, dont leurs ponts sont couverts. — Combat cruel, inégal, qui coûta bien du sang; mais il restera à ces deux batteries la gloire d'avoir exécuté un des plus audacieux mouvements d'artillerie connus dans notre histoire militaire.

CV. — Le général Bosquet, entouré de son état-major, est appuyé sur le parapet de la tranchée, suivant du regard le combat avec une anxiété croissante; une bombe éclate à quelques mètres en avant du parapet, et un gros éclat, passant en tournoyant à quelques lignes du visage du chef d'état-major du 2e corps, enlève la contre-épaulette du commandant Balland, premier aide de camp du général Bosquet, et frappe le général lui-même dans le flanc droit, un peu au-dessous de l'épaule.

Le général, étourdi par la violence du coup, s'affaissa, mais sans perdre entièrement connaissance; il faisait les plus grands efforts pour reprendre sa respiration, et ses premières paroles furent pour prescrire le plus profond silence à tous ceux qui l'entouraient; puis, sentant que ses forces l'abandonnaient, il donna ordre au général de Cissey de faire prévenir le général en chef, ainsi que le général Dulac, auquel revenait de droit le commandement par son ancienneté (1).

Longtemps les officiers de l'état-major du général luttèrent pour l'emmener du lieu du combat. Appuyé contre les gradins de franchissement, il voulait rester encore et être là pour diriger l'action; mais on voyait à la pâleur de son visage et à sa voix entrecoupée, que le coup qui l'avait frappé, avait dû causer un profond ébranlement. On le transporta à la batterie Lancastre, où les premiers soins lui furent prodigués. Pendant le trajet, les soldats qui rencontrèrent le brancard sur lequel était étendu le général se découvraient avec un sentiment à la fois de douleur et de vénération.

Comme le dit le général en chef dans son rapport, notre premier et éclatant succès sur le bastion Malakoff avait failli nous coûter bien cher et jeter un grand deuil sur notre victoire; — mais Dieu veilla sur les jours de ce vaillant chef et le conserva à la France.

CVI. — Le général de Mac-Mahon se maintenait définitivement dans Malakoff, le moment était donc venu de

(1) Déjà, quelques minutes auparavant, le guidon de commandement du général Bosquet avait eu sa flamme traversée par un boulet, sa hampe, frappée de trois balles, et enfin coupée par un éclat d'obus, quelques pouces au-dessus de la main du maréchal des logis Rigodit, porte-fanon du général.

commencer l'attaque du grand Redan, confiée à la valeur de nos alliés. Le général Pélissier fit au général Simpson le signal, qui consistait à arborer, à un point convenu à l'avance, le drapeau national. Il n'était pas deux heures.

La division de troupes légères formait la tête de colonne; les troupes de la 2e division, désignées pour l'assaut, suivaient immédiatement. Toutes les dispositions de l'attaque avaient été concertées entre le lieutenant général Markham et le général Codrington.

Aussitôt que le signal fut aperçu, nos alliés, que l'impatience de combattre dévorait, s'avancèrent sous un terrible feu de mitraille, vers la partie saillante du Redan, où l'artillerie avait fait brèche. Les colonnes anglaises avaient près de 200 mètres à franchir. Bientôt tout le terrain fut jonché de morts, sans que la marche de l'intrépide colonne s'arrêtât un seul instant. — Aussitôt qu'elle eut atteint le couronnement du fossé, les échelles furent dressées; et nos alliés, gravissant avec énergie le parapet du Redan, pénétrèrent bientôt dans l'angle saillant. Mais là, ils ne trouvèrent devant eux qu'un vaste espace criblé par les balles de l'ennemi, qu'abritaient des traverses éloignées. Pendant plus d'une heure les Anglais, infatigables à la mort, luttèrent pour se maintenir contre cet ouragan meurtrier qui les accablait de toutes parts; ceux qui arrivaient remplaçaient à peine ceux qui tombaient. C'est après une résistance désespérée, après d'inutiles et sanglants efforts qu'ils se décidèrent enfin à évacuer le Redan (1).

La liste des morts était longue et douloureuse.

CVII. — Le signal avait été donné au général de Salles, commandant le 1er corps, de commencer l'attaque qu'il devait opérer sur l'extrême gauche de nos positions.

Dès lors, sur toute la ligne des approches qui étreignaient la ville assiégée, ce devint un combat général, un assaut multiple de la droite à la gauche; on n'apercevait plus, à travers les flots de poussière et de fumée que soulevait le vent, qu'une nuée de combattants couvrant le sol de têtes humaines et de baïonnettes étincelantes.

Il avait été décidé, on le sait, que l'assaut principal serait donné au bastion Central, d'où la colonne assaillante se porterait sur le bastion du Mât, en même temps que cette position serait attaquée de front.

Toutes les dispositions avaient été prises sur le plan d'attaque présenté par le général de Salles. Dès le matin, deux mines de projection (de 100 kil. chacune)

(1) *Dépêche du général Simpson, 9 septembre* 1856.

« Les tranchées, après cette attaque, étaient tellement encombrées de troupes, qu'il m'a été impossible d'organiser un second assaut, que je me proposais de donner avec les highlanders, sous le commandement de sir Colin Campbell, qui avait déjà formé la réserve, et devait être soutenu par la 3e division, sous le major général sir William Eyre. J'appelai en conséquence ces officiers, et il fut décidé avec eux que l'attaque serait renouvelée le lendemain matin. »

avaient été lancées sur le bastion Central et avaient paru, par leur explosion, y causer un grand désordre.

Les troupes désignées avaient pris, dans la matinée, leurs postes de combat, et attendaient avec impatience que le signal leur fût donné de se lancer sur l'ennemi.

Les deux brigades de la division Levaillant, sous les ordres des généraux Trochu et Couston, chargés de l'attaque du bastion Central et de ses lunettes, sont placées dans les parallèles les plus avancées.

A la droite se tiennent les deux brigades de la division d'Autemarre, commandées par les généraux Niol et Breton, qui doivent pénétrer sur les traces de la division Levaillant et s'emparer de la gorge du bastion du Mât et des batteries qui la défendent.

Le général de Salles, commandant le 1er corps, s'est placé avec tout son état-major au centre des ouvrages appelés par nous : *ouvrages du 2 mai* (souvenir de la date à laquelle nous nous étions rendus maîtres de cette importante position).

Au signal donné, les deux brigades Trochu et Couston bondirent en dehors des tranchées. La brigade Trochu, accueillie par un effroyable feu de mitraille et par des explosions terribles de fourneaux qui bouleversaient le sol sous ses pas, tournoya et appuya dans la direction de la brigade Couston. Le bataillon de chasseurs parvint cependant à pénétrer dans la lunette du bastion; presque tous les officiers étaient déjà hors de combat. Le général Trochu, au moment où sous le feu de l'ennemi il reformait les compagnies désunies, fut blessé grièvement d'un biscaïen à la jambe. De puissantes réserves ennemies sont concentrées aux abords du bastion; un feu meurtrier de grenades accable nos troupes, sur lesquelles est dirigée une violente fusillade, pendant que des pièces démasquées tout à coup et des canons de campagne amenés à la hâte, déciment leurs rangs. Les pertes de cette tête de colonne devenaient si considérables, qu'il fallait au plus tôt lui porter aide, si l'on voulait continuer l'attaque.

CVIII. — Le 42e et le 46e de ligne sont accourus sur la trace des têtes de colonnes, pour les soutenir et les renforcer. Le général Rivet, chef d'état-major du 2e corps, vient prévenir la brigade Breton (division d'Autemarre) d'avancer au plus vite; mais les tranchées sont tellement encombrées, qu'il est impossible aux troupes de se mouvoir. Cependant toutes les minutes sont précieuses. Les deux généraux Rivet et Breton se portent en avant, et cherchent à frayer un passage à la nouvelle colonne. Déjà ils ont atteint la ligne la plus avancée de nos ouvrages; le général Rivet (1) s'élance

(1) LE GÉNÉRAL RIVET,
Chef d'état-major du 1er corps d'armée.

La mort du général Rivet peut certainement compter parmi les pertes les plus regrettables de la glorieuse journée du 8 septembre. Doué de cette froide intrépidité, si précieuse à l'heure du combat, le général, depuis son arrivée en Crimée, avait rendu dans ses importantes fonctions des services signalés.

Né en 1810, le général Rivet entra à l'École polytechnique en 1829;

aussitôt en dehors des tranchées, et est presque immédiatement frappé d'un biscaïen au bas de la jambe.

. . . .

Il sortit de l'École d'application de Metz comme sous-lieutenant d'artillerie en 1833. La même annee, il s'embarquait pour l'Afrique, où il ne devait pas tarder à se faire remarquer et à appeler sur lui l'attention de ses chefs.

Au passage de l'Oued-Salleg, au combat sur la Chiffa et à la première expédition de Constantine, il avait déjà montré ce que l'on devait attendre de lui dans l'avenir. Lieutenant d'artillerie en 1838, il fut, deux ans après, promu au grade de capitaine en 2e. Le gouverneur général de l'Algérie le cita, en 1842, pour sa brillante conduite dans l'expédition de l'Ouarensenis; l'année suivante, le général Bugeaud le prit pour officier d'ordonnance. A chaque combat où le jeune officier assistait, il se signalait par son intrépidité, et les ordres du jour répétaient à l'armée le nom du capitaine Rivet.

Passé à l'état-major particulier de l'artillerie, on le trouve partout où les tribus rebelles nous forcent à livrer des combats. Il est à Iaourra contre les Kabyles; il fait partie de la colonne sur la frontière du Maroc.

Lorsque la cavalerie indigène fut organisée, le capitaine Rivet quitta l'artillerie et prit rang dans ce nouveau corps avec le grade de chef d'escadron. A la bataille d'Isly, il se couvrit de gloire.

Dans la période de 1834 à 1845, sa brillante conduite l'avait fait citer quatorze fois à l'ordre du jour. En 1846, il est lieutenant-colonel au 2e chasseurs d'Afrique; deux ans plus tard, il est nommé colonel d'un régiment de hussards, mais sans cesser les fonctions de directeur central des affaires arabes. En 1852, il est général et rappelé en France; mais il fallait à cet officier actif et distingué la vie d'Afrique, qu'il n'avait pas quittée depuis tant d'années, et il sollicita son retour en Algérie. Bientôt il est appelé au poste important de chef d'état-major général de l'armée d'Afrique, et prend part aux nouvelles expéditions dans la Kabylie

Quand la France envoya une armée en Orient, il demanda l'honneur d'aller combattre avec le corps expéditionnaire. C'est là qu'il devait encore se distinguer brillamment, et trouver une mort glorieuse, qu'il avait tant de fois affrontée. Certes, le général Rivet était appelé aux plus hautes dignités de l'armée. Lorsque la terre allait recevoir pour jamais les restes du vaillant soldat, le général en chef Pélissier et le général de Salles, commandant le 1er corps d'armée, ont voulu l'accompagner jusqu'à sa dernière demeure, et lui dire une dernière fois adieu

Le général Rivet laisse de grands souvenirs et de profonds regrets.

Une hémorragie subite amena la mort. Au même moment, le général Breton, qui vient de prendre les ordres du général de Salles, est aussi atteint à la tempe d'une balle qui lui traverse la tête (1). Deux pertes cruelles pour l'armée.

Depuis peu de temps la lutte était commencée, et déjà bien du sang était répandu. Un instant repoussés par les colonnes profondes qui les prennent en flanc, nos braves régiments se précipitent de nouveau avec un élan désespéré; mais, malgré les efforts du génie, qui jette des ponts et cherche, en comblant les fossés, à

(1) LE GÉNÉRAL BRETON.

Le général Breton était né en 1805, il avait commencé sa carrière militaire à l'école de Saint-Cyr, et sortait comme sous-lieutenant au 42e d'infanterie de ligne en 1824. Il fit les campagnes de 1828 et 1829 en Morée, et sut montrer déjà, quoique dans les rangs inférieurs de l'armée, ce que l'on pouvait attendre de lui. En 1838 il était capitaine, et en 1841, son instruction, ses connaissances variées, son zèle dans le service l'avait fait appeler aux fonctions de capitaine instructeur à l'école de Saint-Cyr. Chef de bataillon en 1845, il était lieutenant-colonel en 1851 et colonel deux ans plus tard. Embarqué en 1854 pour l'armée d'Orient dans la division qui se dirigeait vers la Grèce, il reçut le commandement des 3000 hommes que le général Forey laissa au Pirée, quand il continua sa route pour Gallipoli. Il ne tarda pas à rejoindre son général en Crimée, et fit partie dès lors du corps de siége.

Le lendemain de l'ouverture des tranchées, il était légèrement blessé par un éclat d'obus. Dans la grande journée du 5 novembre, il appela encore sur lui l'attention de ses chefs, sa récompense fut la croix d'officier de la Légion d'honneur, et quelques mois plus tard le grade de général de brigade. Pendant toute la durée du siége, le général Breton fit dans les tranchées un service actif et périlleux. Le 18 juin, il était à l'attaque du mamelon Vert avec le général d'Autemarre, et devait en guidant sa brigade au combat trouver la mort dans l'attaque du bastion Central, près du brave général Rivet.

ouvrir des passages, les réserves et les troupes de soutien ne peuvent avancer en masses suffisantes. Tout à coup plusieurs fourneaux bouleversent encore les terres, déchirent le sol de tous côtés et entraînent dans leurs excavations nos soldats renversés par l'explosion; un moment de confusion succède à cet événement inattendu, les Russes en profitent pour nous assaillir avec un redoublement d'énergie. Vouloir nous maintenir plus longtemps dans les ouvrages que nous avions enlevés, ce serait en payer la possession d'un prix trop cher et trop sanglant. L'ordre est donné à nos colonnes d'assaut de se replier dans l'intérieur des places d'armes avancées.

A ce moment, il était trois heures.

Alors nos batteries, que dirigeait le général Lebœuf avec son énergie et son activité habituelles, recommencèrent sur toute la ligne un feu terrible, pour maintenir l'ennemi derrière ses parapets. La division d'Autemarre, placée en réserve, se préparait à une seconde attaque; la brigade de nos vaillants alliés les Sardes, commandée par le général Cialdini, jalouse de verser aussi son sang dans cette glorieuse journée, frémissait d'impatience, attendant le signal de se lancer sur le bastion du Mât; mais le général en chef de l'armée française, jugeant que la possession du bastion Malakoff entraînait celle de tous les autres, sans répandre à profusion un sang précieux, donna ordre de suspendre toute nouvelle entreprise sur les attaques de gauche.

Si nous n'avions pu nous maintenir, comme nous l'espérions, dans le bastion Central, notre mouvement offensif, en contraignant les Russes à laisser sur cette ligne de ces défenses des forces considérables, avait eu pour heureux résultat de l'empêcher de réunir tous ses efforts dans une attaque désespérée pour reprendre le bastion Malakoff, sur lequel s'était abattu le vol glorieux des aigles impériales.

CIX. — Malakoff !... c'est la clef d'or qui doit donner la victoire!

Nous l'avons dit, la division Mac-Mahon s'y maintient, mais au prix de pertes terribles. — Combats incessants, attaques subites, luttes générales ou partielles de tous les instants, pluie de fer, de feu et de mitraille, nos vaillantes légions résistent à tous les chocs et restent inébranlables.

L'intrépide général de Mac-Mahon avait dit vrai, lorsqu'il répondait la veille au général Niel, qui lui disait que le gain de la journée était attaché à la prise de Malakoff: « — J'y entrerai, et soyez certain que je n'en sortirai pas vivant. »

Du côté de la batterie Gervais et au centre, la 1re brigade combat avec une énergie que rien n'arrête; — à la gorge, c'est la 2e brigade.

Les Russes comprennent toute l'importance de cette position qui leur a été si subitement arrachée, et redoublent d'efforts pour la reconquérir.

A la tête des premières réserves est d'abord accouru

le lieutenant général Krouleff lui-même; gravement blessé, il remet son commandement au général major Lissenko, qui, à son tour, est grièvement atteint. Le général major Youférof s'élance à la tête de nouvelles troupes, et attaque la première enceinte du bastion où nous nous sommes enfermés; il tombe mortellement frappé. Le général Martineau lui succède, et son sang coule aussi sur ce terrible champ de combat, que chaque nouvelle colonne ennemie cherche à envahir avec des cris féroces.

Les morts s'entassent, nos soldats se font tuer sur place plutôt que d'abandonner un pouce du terrain conquis.

Le colonel Adam du 27ᵉ, le bras encore en écharpe, a voulu conduire son régiment à l'assaut et tombe mortellement atteint. Le cadavre du commandant Fratsoqui est arraché aux Russes qui nous le disputent avec rage. L'entrée de la redoute, que l'on n'a pu encore fermer, est obstruée par cinq ou six rangs de cadavres, digue héroïque et sanglante contre laquelle vient se briser le choc impuissant des Russes. Les cartouches sont épuisées et les combattants cherchent des restes de munitions sur les corps de ceux que la mort a frappés.

Le général de Mac-Mahon est venu juger par lui-même de la position et envoie sur ce point deux compagnies de zouaves de la garde. Bientôt arrive un bataillon de voltigeurs de la garde, avec le colonel Douai, que vient rejoindre le général de Failly, sous les ordres duquel il se trouvait, puis la brigade Wimpffen tenue en réserve dans le ravin de Karabelnaïa : ce sont le 50e de ligne (colonel Nicolas), le 3e zouaves (colonel Polhes), les tirailleurs algériens (colonel Rose), et enfin plusieurs compagnies des grenadiers de la garde, sous les ordres du lieutenant-colonel de Bretteville. Au milieu des corps amoncelés, les tirailleurs algériens jettent pêle-mêle des fascines et des gabions, et, aidés par les sapeurs du génie, ferment entièrement les trois passages conservés au réduit. Le lieutenant-colonel Roques, qui leur donne l'exemple et porte lui-même un gabion, est renversé par un coup mortel.

Le réduit Malakoff est à nous !

Les attaques furieuses ont cessé, mais les feux de l'artillerie et de la mousqueterie continuent avec une violence extrême sur tous les points.

CX. — Il est près de cinq heures ; tout à coup une explosion se fait entendre ; un immense nuage de feu et de fumée enveloppe Malakoff et toute la partie gauche de la courtine, vers le point où elle se relie au bastion : l'air est obscurci par de noirs débris.

En entendant cette sinistre détonation, un sentiment de profonde angoisse serra tous les cœurs. Sans nul doute, Malakoff venait de sauter, et la division Mac-Mahon en entier et les troupes de renfort, enfermées dans ce réduit, devaient être ensevelies sous les décombres.

C'était un épouvantable désastre. Combien les secondes qui séparèrent ce doute affreux de la réalité furent interminables !... Enfin la colonne de fumée commence à s'entr'ouvrir, et l'on aperçoit les drapeaux de la France flottant encore glorieusement sur les parapets ; alors toute l'armée, comme une seule voix, jeta un immense cri de Vive l'Empereur ! qui domina le bruit retentissant de la canonnade, concert de voix reconnaissantes qui remontait vers Dieu.

Ce n'était pas une aussi grande catastrophe que celle qui était à craindre; mais cependant l'explosion avait eu lieu dans la batterie de six pièces placée sur la gauche de la courtine, et avait causé de cruels ravages dans une partie de la division La Motterouge, établie sur cet emplacement; un grand nombre d'hommes furent tués ou blessés grièvement. Le général de La Motterouge lui-même fut presque enterré sous les décombres, et eut les yeux cruellement atteints.

Il est facile de comprendre la confusion que jeta cet événement soudain parmi les troupes frappées ; de tous côtés, au milieu des terres renversées, se traînaient des hommes affreusement mutilés; les mourants appelaient à leur secours avec des cris d'agonie, et les débris des compagnies cherchaient de côté et d'autre un sol qui ne tremblât point sous leurs pas. Quelques soldats, la tête perdue par la commotion, revenaient en courant vers nos tranchées ; on pouvait craindre que les Russes ne profitassent de ce premier moment de désordre inévitable pour tenter contre nous un retour offensif.

Le général Dulac et les officiers qui l'entourent sortent de la tranchée, l'épée à la main; de tous côtés les bataillons se forment; le commandant Janingros des voltigeurs de la garde, qui se portait vers la droite avec son bataillon, pour être tête de colonne d'une nouvelle attaque contre le petit Redan, comprend aussitôt toute la gravité de la situation; il n'hésite pas, et, s'élançant avec tout son bataillon, il rallie à lui les compagnies confuses, qu'il ramène résolûment sur la courtine.

A quelle cause devait-on attribuer l'événement qui venait de se produire? le feu avait-il été communiqué par les Russes aux poudres de la batterie, au moyen de fils électriques, ou bien ne fut-ce que le résultat d'un accident provenant des gabions et des fascines qui presque partout étaient enflammés? on ne pouvait le savoir.

Toutefois cette explosion devait porter un avertissement, et le général en chef, craignant que ce ne fût le commencement d'un système de destruction combiné par l'ennemi, voyant, en outre, que le bataillon de voltigeurs avait été forcément détourné de la destination qui lui avait été assignée, envoya l'ordre de se maintenir dans les positions occupées, et de ne faire sur le petit Redan aucune nouvelle tentative. La conquête du bastion Malakoff était un fait considérable dont il fallait attendre les importants résultats.

L'événement ne tarda pas à prouver combien cette prévision avait été sage et prudente.

En effet, le général de Martimprey, chef d'état-major

du général en chef, signalait de la redoute Brancion dans l'armée ennemie, du côté du pont, des mouvements qui semblaient indiquer qu'elle commençait à évacuer la ville; mais ce n'était encore qu'une espérance, car le canon grondait toujours avec une extrême violence.

CXI. — La nuit approchait; et, après tant d'attaques furieuses, tant de luttes opiniâtres, le feu mollissait des deux côtés, suivant, pour ainsi dire, la gradation des premières obscurités, qui du ciel descendaient sur la terre pour mettre un terme à cette journée de sanglant combat.

En même temps que toutes les dispositions étaient prises pour activer l'enlèvement des blessés, les différents corps se ralliaient dans les tranchées et se reformaient avec ordre, prévoyant le cas où les Russes tenteraient, par surprise, de reprendre leurs positions. Huit mortiers à la Cohorn furent portés à bras dans Malakoff, et le général de Mac-Mahon fit fouiller par des bombes tous les terrains avoisinants, où les réserves russes auraient pu se masser à la faveur de l'obscurité, pendant que le génie travaillait sans relâche à préparer un passage sur les fossés, pour amener de l'artillerie de campagne (1).

La nuit était calme; les bourrasques de vent qui

(1) Huit pièces de 12 de l'artillerie de la garde impériale étaient en batterie bien avant le jour, et prêtes à ouvrir leur feu, ainsi que plusieurs pièces russes que l'on avait pu utiliser.

s'étaient succédées presque sans interruption pendant le jour, étaient apaisées; partout le silence qu'interrompaient seulement quelques coups de fusil et le sifflement régulier d'un petit nombre de bombes et d'obus, qui traçaient dans les ténèbres leurs sillons lumineux.

Tout à coup le ciel sombre s'éclaira d'une vive lueur, et une nouvelle explosion terrible, épouvantable, fit frémir le sol, bouleversé dans ses entrailles; à celle-là succéda une seconde presque sans interruption. — Les batteries de la Maison en croix et du petit Redan venaient de sauter. Fort heureusement, nous n'avions laissé qu'un petit nombre de soldats en observation derrière les parapets de ce dernier ouvrage. Ces soldats avaient entretenu perpétuellement un feu de tirailleurs avec l'ennemi et ne s'étaient point aperçus de sa retraite.

L'œuvre de destruction commençait et indiquait clairement que les Russes ne songeaient plus à défendre les positions extrêmes.

Ainsi donc une portion de la Courtine avait sauté; des explosions successives avaient bouleversé le petit Redan et les batteries de la Maison en croix; et si le réduit de Malakoff n'ensevelissait pas sous ses décombres nos colonnes victorieuses, c'était la volonté du ciel qui l'avait empêché, c'était la main de Dieu qui nous avait protégés.

CXII. — L'événement auquel plusieurs milliers d'hommes doivent leur salut mérite d'être raconté.

Dès le début de l'attaque, un officier russe s'était jeté avec une soixantaine d'hommes environ dans le kourgane Malakoff, dont il n'avait été conservé, nous l'avons dit, que le rez-de-chaussée crénelé et recouvert d'un solide abri. — Par les embrasures de cette petite forteresse, ces soldats entretenaient à bout portant contre nos troupes une fusillade meurtrière ; car l'espace était restreint, et le passage par lequel les compagnies se pressaient pour soutenir l'attaque était très-étroit. Les hommes et les officiers tombaient, décimés par ce feu invisible.

Lorsque la première confusion de l'attaque fut passée, et que l'on put se reconnaître et se compter, le général de Mac-Mahon ordonna à son chef du génie d'entourer la tour de fascines enflammées, afin d'aveugler les Russes par la fumée, et de les mettre dans l'impossibilité de continuer leur feu. Mais, à peine les flammes entourèrent-elles le kourgane, l'enveloppant déjà d'un cercle de feu, que le général réfléchit tout à coup que l'incendie pouvait gagner la tour et amener une explosion des magasins à poudre; aussitôt il prescrit d'éteindre le feu en toute hâte, et fait connaître à l'officier que le bastion nous appartient, que toute résistance de sa part est inutile, et que la prolonger serait exposer inutilement, lui et ses hommes, à une mort certaine. — Le combat était impossible; le brave officier russe, qui avait si énergiquement résisté depuis le commencement de l'attaque, consentit à se rendre.

Le commandant du génie avait ordonné de jeter de la terre sur les fascines enflammées pour étouffer les flammes. Les premiers coups de pioche en creusant le sol mirent à découvert un fil électrique qui communiquait avec la tour elle-même, que les Russes avaient minée. Les soldats s'emparent aussitôt de tous les outils qu'ils peuvent rencontrer : pelles, pioches, baïonnettes, tout est employé; car le danger de mort est imminent peut-être; et en quelques secondes une tranchée circulaire, creusée autour du kourgane, amène la découverte de deux autres fils destinés à faire sauter des magasins de poudre très-considérables, établis dans différentes parties de l'ouvrage. — L'artillerie enleva, les jours suivants, de Malakoff plus de 40 000 kilogrammes de poudre.

CXIII. — Avant la tombée de la nuit, le général Pélissier avait été prévenu par la frégate de grand'-garde à l'entrée de la rade, qu'un mouvement inusité avait lieu sur le pont, dans le sens du sud au nord; un peu avant la nuit aussi, les mêmes avis lui étaient arrivés des avant-postes du général d'Aurelle, dont la division occupait les hauteurs d'Inkermann. Il était dès lors évident que tout était dit pour la ville de Sébastopol, et que l'ennemi, terrifié par la prise de Malakoff, nous abandonnait la position.

Le prince Gortschakoff, en effet, avait compris que toute la partie sud de la ville et toutes les défenses qui la protégeaient ne pouvaient plus être conservées. —

Après l'honneur d'une longue et opiniâtre défense, il lui restait à conserver l'honneur de son armée, qui avait si vaillamment combattu, et l'empêcher d'être enveloppée; il opérait en bon ordre sa retraite sur la partie nord.

Pendant toute la nuit, la destruction continua son œuvre. Des explosions continuelles se firent entendre, déployant sur le ciel obscur leurs gerbes enflammées, au milieu desquelles se heurtaient d'informes débris; et déjà des incendies, propagés dans plusieurs parties de la ville, venaient nous répéter que les Russes avaient abandonné Sébastopol.

Cette nuit fut grave et solennelle; elle fut terrible et chaque heure comptait comme des siècles. Une grande partie des blessés était étendue pêle-mêle avec les morts et n'avait encore pu être relevée (1). Partout, immobiles et attentifs au moindre bruit du dehors, les chefs et les soldats veillaient, l'épée hors du fourreau, la baïonnette en avant. Les gémissements des mourants et quelques lointaines détonations viennent seuls interrompre ce silence imposant. A chaque explosion nouvelle qui pouvait apporter une destruction complète, les mains se serraient dans un dernier adieu, et à la lueur des roué ges clartés, on voyait par groupes, soldats ou chefs, se tenant embrassés et attendant la mort avec calme et courage.

(1) Ce ne fut que vers les quatre heures du matin qu'un service d'ambulance put être organisé dans les casemates que les Russes occupaient avant l'attaque.

Dans la nuit, une petite reconnaissance de la division Dulac, à laquelle s'étaient joints des officiers du génie, entra par le petit Redan, et pénétra jusqu'à la batterie de la Pointe; son rapport confirma les avis déjà donnés au général en chef. Toute la Karabelnaïa était évacuée, et quelques prisonniers, que cette reconnaissance ramena avec elle, assurèrent que l'armée russe était en pleine retraite.

« J'aurais voulu pousser en avant, écrivait au ministre de la guerre le général en chef, gagner le pont et fermer la retraite à l'ennemi; mais l'assiégé faisait à tout moment sauter ses défenses, ses magasins à poudre, ses édifices, ses établissements. Ces explosions nous auraient détruits en détail et rendaient cette pensée inexécutable. »

Les armées alliées attendirent que le jour se fît sur cette grande scène de désolation.

Peu à peu apparurent ces premières lueurs indécises qui parcourent vaguement le ciel, et éclairent d'une lumière naissante les horizons lointains, sans enlever encore entièrement à la nuit son voile sombre; à travers cette dernière obscurité et ces premières lueurs, la ville se dessinait déjà avec son aspect de mort. — De toutes parts s'élançaient des flammes d'un rouge sanglant; l'on entendait s'effondrer les maisons et s'abattre les édifices. — Spectacle horrible et superbe à la fois! dernière agonie de l'impuissance qui se jetait dans la destruction!

Ce n'était plus le combat, ce n'était plus la lutte; le

canon s'était tu d'une manière absolue, et chefs et soldats debout sur les tranchées assistaient à ce grand triomphe qu'ils avaient si chèrement payé.

CXIV. — Le jour était venu.

D'un côté la ville n'offrait plus qu'un monceau de flammes et de décombres; de l'autre on apercevait au loin les colonnes russes gravissant péniblement les pentes nord de la baie, où elles venaient chercher un refuge.

Les derniers vaisseaux russes, mouillés la veille dans la rade, étaient coulés et ne laissaient plus apparaître au-dessus de l'eau que l'extrémité de leurs hautes mâtures; le pont était replié; l'ennemi n'avait conservé que ses vapeurs, qui enlevaient les derniers fugitifs, et l'on voyait, courant par la ville à demi détruite, des soldats qui cherchaient encore à promener l'incendie au milieu des décombres fumants. Mais bientôt les derniers êtres animés disparurent, emportés sur la rive nord. — Sébastopol était entièrement abandonné.

Enfin les armées alliées avaient atteint le but de tant de persévérants efforts! — Un instant, le juste orgueil du triomphe fit taire la cruelle amertume des regrets, en face de tant de pertes douloureuses; mais, après avoir remercié le ciel et pensé à la patrie victorieuse, chacun jeta un triste regard sur les morts aimés qui jonchaient le sol, et qui avaient payé de leur généreuse vie cette grande et mémorable journée. Ils allaient prendre place auprès de tant de héros, dont les ossements glorieux devaient rester sur le sol de la Crimée pour raconter aux âges futurs cette grande page de nos fastes militaires.

Nos pertes générales dans cette journée étaient de : 5 généraux tués, 4 blessés et 6 contusionnés; 24 officiers supérieurs tués, 20 blessés et 2 disparus; 116 officiers subalternes tués, 224 blessés, 8 disparus; — 1489 sous-officiers et soldats tués, 4259 blessés et 1400 disparus. — Total 7551.

Que de noms aimés! que de grands cœurs! que de mâles courages ensevelis dans le glorieux linceul de la victoire!

Parmi les plus regrettables, était le jeune lieutenant-colonel Cassaigne, aide de camp du général en chef, et qu'un boulet avait emporté à la batterie Lancastre. Déjà son frère, capitaine de zouaves, avait succombé devant l'ennemi; les deux frères, un instant séparés, ne devaient pas tarder à se trouver réunis dans la tombe (1). Le colonel Adam, brave et énergique officier,

(1) LE LIEUTENANT-COLONEL CASSAIGNE.

Né à Bayonne en 1817, il n'avait pas encore atteint sa 38e année, lorsque la mort vint l'enlever.

Élève à l'école spéciale militaire en 1835, il en sortit le 1er, comme numéro d'ordre en 1837. De là, il entra à l'école d'état-major en 1838 et s'y distingua tellement, que son souvenir y est resté comme celui du plus brillant des élèves de cette école. Lieutenant en 1840 et capitaine en 1843, il fut employé aux travaux topographiques en Algérie, et y passa de 1846 à 1854, faisant comme aide de camp du général Pélissier, les campagnes qui menèrent successivement le général dans toutes les provinces de l'Algérie. Il se

qui, deux mois avant, avait déjà versé son sang, était frappé de mort, lorsqu'il venait d'atteindre le bastion Malakoff (1); le colonel de Kerguen (2), le colonel

distingua brillamment à la prise de Laghouat, et dans toute occasion, soit qu'il s'agît de guerre ou d'administration, il fit preuve de la plus rare capacité. Mais c'est en Crimée et dans les derniers mois de sa vie qu'il montra tout ce dont il était capable par le rôle actif qu'il joua dans les conseils intimes du général en chef, services éminents, que le général Pélissier aimait à reconnaître, et qu'il proclama en pleurant sur la tombe de celui qu'il nommait son fils et son meilleur ami.

(1) LE COLONEL ADAM.

Le colonel Adam était une de ces natures vigoureusement trempées, dont la perte est sensible et sérieuse pour une armée; il avait l'énergie du commandement et l'énergie de l'action, deux qualités rares et difficiles. Né à Nancy en 1812, il s'engagea comme simple soldat en 1831, pour faire partie de la campagne de Belgique. Il s'embarqua pour l'Afrique en 1833, et ne la quitta plus jusqu'en 1852. Durant ces 19 années de rude campagne, pendant lesquelles le sol de l'Afrique fut le théâtre d'une guerre incessante, il montra les qualités d'énergie et de résolution dont il était doué. Sous-lieutenant en 1836, il fut grièvement blessé le 13 octobre 1837, à l'assaut de Constantine.—Lieutenant en 1840, capitaine en 1842, puis chef de bataillon en 1848, il porta ses épaulettes sur tous les champs de combat, et les porta brillamment, obtenant l'honneur d'être cité plusieurs fois à l'ordre du jour. En 1851, il était nommé lieutenant-colonel du 2ᵉ régiment de la légion étrangère, et partait en 1854 avec le grade de colonel pour l'armée d'Orient. — Comme tous les vrais soldats, il aimait la guerre, rêvait un vaste champ de bataille; il devait le trouver en Crimée, et tomber à la tête de son régiment, en lui montrant les murs de Sébastopol, où devaient bientôt flotter nos aigles. Déjà, dans le mois de juillet de la même année, il avait eu l'épaule traversée par une balle dans les tranchées avancées, car il était partout où le danger l'appelait.

(2) LE COLONEL DE KERGUERN.

Le colonel de Kerguern, né à Quimperlé en 1800, était un homme de guerre, comme l'écrivait au ministre le général Schramm, à la suite d'une tournée d'inspection. Engagé soldat en 1818, il fit comme sous-lieutenant la campagne d'Espagne de 1823 à 1828, c'était

Cavaroz (1). — Au milieu des pertes les plus sensibles, il faut encore compter celle du lieutenant-colonel Huguenet, de l'artillerie (2), et celle du chef d'escadron d'état-major Lefebvre de Rumford, qu'une balle avait frappé mortellement (3).

un jeune officier plein d'ardeur, de distinction, d'intelligence et de zèle éclairé pour ses devoirs.

Il fit partie de l'expédition qui, en 1830, s'embarqua pour l'Algérie, et y resta trois années. Lieutenant en 1833, il était capitaine en 1836. Ce ne fut qu'en 1849 qu'il obtint le grade de chef de bataillon. Lieutenant-colonel en 1854, il partit avec le 74e de ligne pour l'armée d'Orient. Le 1er mai 1855, il fut blessé d'un éclat de bombe à l'enlèvement de l'ouvrage russe devant le bastion Central, et fut nommé colonel du 49e de ligne le 30 juin; il devait être au nombre des glorieuses victimes qui payèrent de leur sang la prise de Sébastopol.

(1) LE COLONEL CAVAROZ.

Le colonel Cavaroz était âgé de 47 ans. Sorti de l'école de Saint-Cyr en 1827, il avait fait la campagne de Belgique : il avait assisté au siége de Rome comme chef de bataillon, et avait passé les quatre dernières années en Afrique. Officier vigoureux et énergique, il se distingua brillamment dans la campagne d'Orient, qui lui valut successivement le grade de lieutenant-colonel et celui de colonel. Il eut la jambe emportée par un boulet, dans la tranchée, le 8 septembre.

(2) LE LIEUTENANT-COLONEL HUGUENET.

Le lieutenant-colonel Huguenet s'était engagé en 1823, comme canonnier dans le 4e régiment d'artillerie à cheval. En 1824, élève à l'école polytechnique, il était sous-lieutenant en 1826. En 1840, il est nommé capitaine en 1er au corps d'artillerie; chef d'escadron en 1851, il s'embarquait la même année pour l'Afrique, où il resta jusqu'en 1854, époque à laquelle il partit pour l'Orient. A la bataille de l'Alma, il commandait les 2 batteries d'artillerie de la 1re division, et se faisait remarquer par sa vigueur et sa vaillante intrépidité. Au mois de mai 1855, il était élevé au grade de lieutenant-colonel, et trouvait la mort dans la grande et mémorable journée du 8 septembre.

(3) LE CHEF D'ESCADRON LEFEBVRE DE RUMFORD.

Encore un officier distingué que la mort venait de frapper. Homme d'étude et d'action, le commandant Lefebvre avait devant lui un

Le colonel de La Tour du Pin, combattant volontaire, nature d'élite, cœur de fer, avait été blessé et devait mourir au moment où il mettait le pied sur le sol de la France (1).

brillant avenir. A l'École polytechnique en 1832 et à l'École d'application d'état-major en 1835, il se faisait déjà distinguer par une intelligence hors ligne et par cette aptitude que donnent toujours à l'esprit les études sérieuses. Employé, en 1841, à la carte de France, il fit des travaux topographiques remarquables, qui lui valurent le grade de capitaine de 1re classe en 1847. Il partit pour l'Algérie en 1850. Le général de Mac-Mahon le portait à l'ordre du jour en 1852, pour s'être brillamment distingué dans plusieurs combats dans la Kabylie orientale : il quittait l'Afrique en 1853, et était compris, en 1854, dans l'état-major de la 5e division de l'armée d'Orient; le 9 février, il était nommé à l'état-major du 2e corps, commandé par le général Bosquet, et était tué le 8 septembre, à l'attaque Malakoff.

(1) LE COLONEL DE LA TOUR DU PIN.

Le colonel de La Tour du Pin était un de ces hommes qui ont en soi le feu sacré de la guerre. Il aimait le danger, et recherchait avec une fiévreuse activité les mâles émotions du combat. Élève de Saint-Cyr, il entra dans l'armée comme sous-lieutenant en 1826. Après deux ans de séjour à l'École d'application d'état-major, il passa plusieurs années en Afrique. Capitaine en 1833, il fut aide de camp du général Trobriand, puis du maréchal Clausel, gouverneur d'Algérie; officier distingué, plein d'instruction et de qualités réelles et solides, il était aimé et apprécié de tous; il fut aussi attaché, comme aide de camp, au général Changarnier. En 1841, il était nommé chef d'escadron, après avoir été blessé d'un coup de feu. Malheureusement une cruelle infirmité devait entraver la carrière militaire du commandant de La Tour du Pin. En 1843, il fut mis en non-activité, et employé, comme officier hors cadre, à l'état-major du ministre de la guerre. En 1848, il était remis en activité sur son instante demande, car pour lui c'était une amère douleur de se trouver ainsi à l'écart. Il fut nommé lieutenant-colonel pour fait de guerre en 1848, et colonel en 1853; à cette époque encore, la surdité dont il était atteint le fit mettre de nouveau en non-activité. Il ne chercha plus dès lors à lutter contre le sort qui s'acharnait ainsi à briser son avenir; mais quelle fut sa douleur quand une armée s'embarqua pour l'Orient! Tous ses instincts de

Que de noms il nous est impossible de citer ici, qui formèrent ce glorieux faisceau de victimes dévouées, de courages intrépides !

CXV. — C'est de la redoute Malakoff, le 9 septembre 1855, que le général en chef data son ordre du jour à l'armée :

« Soldats !

« Sébastopol est tombé; la prise de Malakoff en a déterminé la chute. De sa propre main l'ennemi a fait sauter ses formidables défenses, a incendié sa ville, ses magasins, ses établissements militaires et coulé le reste de ses vaisseaux dans le port. Le boulevard de la puissance russe dans la mer Noire n'existe plus.

« Ces résultats, vous les devez, non-seulement à votre

guerre se réveillèrent, et le colonel, n'espérant rien comme avancement, demanda à partir en volontaire. Il partit; et pendant tout le temps qu'il resta en Crimée, on le vit toujours à chaque combat, au premier rang, voulant la plus grande part dans un danger, qu'il aimait par passion. Peut-être cet amour du danger n'était-il que le dégoût de la vie, et le colonel demandait-il au ciel, qui l'avait si cruellement accablé, la dernière faveur de mourir en soldat. Il était à l'Alma; il était à Inkermann, où il fut blessé; il resta au siége de Sébastopol. Tous les jours il parcourait les tranchées : aussitôt qu'une opération était décidée, il y courait, et sans autre but que celui d'affronter la mort, il se jetait au milieu de ceux qui combattaient : aussi tous le connaissaient, depuis les généraux jusqu'aux soldats. C'est ainsi qu'il assista à toutes les grandes actions de ce siége mémorable; c'est ainsi qu'il fut une seconde fois blessé, à l'assaut de la tour Malakoff, le 8 septembre.

Le ministre de la guerre ne voulut pas qu'une semblable conduite restât sans récompense, et il fut élevé au grade de commandeur dans la Légion d'honneur. Malheureusement il ne devait pas jouir longtemps de cet honneur; il mourut des suites de sa dernière blessure, au moment où il rentrait en France.

bouillant courage, mais encore à votre indomptable énergie et à votre persévérance, pendant un long siége de onze mois. Jamais l'artillerie de terre et de mer, jamais le génie, jamais l'infanterie n'avaient eu à triompher de pareils obstacles; jamais aussi ces trois armes n'ont déployé plus de valeur, plus de science, plus de résolution. La prise de Sébastopol sera votre éternel honneur.

« Ce succès immense grandit et dégage notre position en Crimée. Il va permettre de rendre à leurs foyers, à leurs familles, les libérables qui sont restés dans nos rangs. Je les remercie, au nom de l'Empereur, du dévouement dont ils n'ont cessé de donner des preuves, et je ferai en sorte que leur retour dans la patrie puisse bientôt s'effectuer.

« Soldats! la journée du 8 septembre, dans laquelle ont flotté ensemble les drapeaux des armées anglaise, piémontaise et française, restera une journée à jamais mémorable. Vous y avez illustré vos aigles d'une gloire nouvelle et impérissable. Soldats! vous avez bien mérité de la France et de l'Empereur!

« *Le général en chef*, A. PÉLISSIER. »

Dans la matinée, le général en chef s'était rendu à Malakoff et avait ratifié les dispositions de troupes prises par le général Dulac.

La brigade de Marolles, qui avait horriblement souffert et perdu la plus grande partie de ses officiers, rentra immédiatement à son camp. La division de la garde rejoignit aussi sur-le-champ ses campements.

Pour dire la part glorieuse qui appartenait à la garde dans la prise de Sébastopol, il suffit d'enregistrer ses pertes devant l'ennemi. — Sur 233 officiers qui prirent part au combat, 140 furent tués ou blessés ; sur 5700 soldats, 2471 furent tués ou blessés. Le général de Pontevès était tué par cinq blessures ; le général Mellinet, commandant la division, avait la mâchoire fracturée par une balle.

Les divisions Dulac et La Motterouge qui, elles aussi, avaient subi des pertes considérables, rentrèrent successivement à leurs camps. — Le général de Mac-Mahon resta à la garde de sa conquête avec sa division et la brigade Wimpffen. Cette dernière brigade rejoignit, dans la journée, son campement sur la Tchernaïa. Le soir, la 1re division fut relevée dans le bastion Malakoff, et alla prendre un repos qu'elle avait si glorieusement acheté.

CXVI. — Dans les camps, la joie était immense ; c'étaient des chants, des acclamations qui couraient joyeusement de tentes en tentes.

Le 10 septembre, le général en chef, accompagné d'un nombreux état-major, parcourut Sébastopol et ses lignes de défense. C'est alors que l'on put sonder, malgré la destruction dont l'ennemi avait entouré sa retraite, la grandeur et l'étendue des obstacles amoncelés.

« J'ai parcouru Sébastopol et ses lignes de défense, écrivait le général Pélissier au ministre de la guerre (10 septembre) ; la pensée ne peut se faire un tableau exact de notre victoire, dont l'inspection des lieux peut seule donner toute l'étendue. La multiplicité des travaux de défense et les moyens matériels qui y ont été appliqués, dépassent de beaucoup tout ce qui s'était vu dans l'histoire des guerres. »

Quatre mille bouches à feu avaient été trouvées dans Sébastopol; d'autres avaient été jetées dans la rade au moment de la retraite, et on allait les rechercher. Le nombre des projectiles dépassait 100 000; plus de 200 000 kilogrammes de poudre avaient été retirés de la place.

Les parties incendiées de la ville fumaient encore; mais les explosions avaient cessé. La destruction, on devait le penser, avait fini son œuvre; et il fut arrêté entre les généraux en chef que les troupes alliées entreraient dans la place le lendemain.

En effet, le lendemain commença le mouvement des troupes qui devaient occuper les positions abandonnées par l'ennemi.

Le général Bazaine, nommé gouverneur de Sébastopol, reçut l'ordre d'entrer dans la ville avec sa brigade. Le grand quartier de Karabelnaïa, qui forme, pour ainsi dire, une ville à part, fut partagé entre nos alliés les Anglais et le 2e corps de l'armée française. Le capitaine Minot, premier aide-major de tranchée aux attaques Malakoff, fut nommé commandant de place de la partie de Karabelnaïa dévolue au 2e corps, et, pendant les premiers jours, 100 chasseurs à pied et 300 hommes d'infanterie furent mis à sa disposition.

CXVII. — Quelle ruine! quel désordre! quelle destruction! (1) quels tableaux affreux! Sous chaque pas des débris fumants, bouleversés, des rues mutilées, des maisons effondrées! et au milieu des édifices écroulés, des cadavres d'hommes et d'animaux à moitié ensevelis sous les décombres. — De tous côtés, cet aspect de mort s'étend comme un voile funèbre sur notre conquête (2).

Quelle est donc la pensée des Russes, qui ne veulent laisser après eux que des traces de hideuse destruction? Pourquoi ce peuple puissant demande-t-il ses inspirations dernières aux époques les plus reculées de la barbarie? — La victoire de ses adversaires en est-elle moins grande, leur triomphe moins éclatant?

« Moscou valait bien Sébastopol, dit à son armée le prince Gortschakoff; une fois dans Moscou, ce fut un amas de pierres et de cendres que les ennemis conquirent. De même, ce n'est pas Sébastopol que nous leur avons laissé, mais les ruines enflammées de la ville que nous avons incendiée nous-mêmes, ayant gardé l'honneur de la défense, de telle sorte que nos arrière-

(1) L'ennemi avait cependant respecté les docks, les établissements qui les avoisinaient, le fort Nicolas et le fort de la Quarantaine. Le fort Paul avait été réduit en poussière, et le fort Alexandre très-ravagé.

(2) Des corvées durent être envoyés en grand nombre pour enterrer les cadavres d'hommes et d'animaux que l'on découvrait à tout instant dans les ruines des maisons, et jusqu'au fond des caves; il fallait, en outre, recouvrir avec soin toutes les fosses qui avaient été creusées par les Russes; car dans le dernier bombardement, leurs pertes avaient été si énormes, qu'ils enterraient à peine leurs morts à côté de l'endroit où ils étaient tombés.

petits-fils pourront en transmettre le souvenir avec orgueil à la postérité la plus reculée. »

Certes la défense de Sébastopol sera pour la Russie un beau souvenir de son histoire militaire. Mais aussi, combien la postérité dira ce que furent la vaillance irrésistible et l'indomptable courage des armées alliées, qui poussèrent l'héroïsme de l'abnégation et de l'audace jusqu'à ses dernières limites ! — La prise de cette ville, que défendaient de si formidables ressources, restera comme un fait unique dans l'histoire des grandes guerres européennes.

CHAPITRE IX.

CXVIII. — Notre tâche est accomplie ; nous avons pris l'armée d'Orient s'embarquant à Marseille, pleine de foi et de grand courage ; nous l'avons conduite jusque sur les murs de Sébastopol, où flotte l'aigle de la France ; nous avons suivi pas à pas les armées alliées à Constantinople, à Varna, en Crimée ; nous nous sommes arrêtés avec elles à toutes les étapes de leur gloire et de leur dévouement ; nous avons retracé tous les événements de cette audacieuse et mémorable expédition ; avec nos vaillants soldats nous avons creusé le sol de la Crimée ; avec eux nous avons gravi les bastions démantelés ; avec eux nous sommes entrés dans la ville conquise.

Le siége, commencé le 9 octobre, et terminé par l'évacuation de la ville le 9 septembre, avait duré onze mois consécutifs (1).

(1) Il est assez curieux de résumer par des dates les faits mémorables de l'expédition de Crimée.

4 sept. 1854. Embarquement de l'armée française.

9 septembre.. La flotte portant l'armée anglaise rallie la flotte turco-française à l'île des Serpents.

14 septembre. Débarquement des armées alliées à Eupatoria, près de Old-Fort.

20 septembre. Bataille de l'Alma.

27 septembre. L'armée alliée, après avoir franchi l'Alma, le Belbeck, arrive, par une marche de flanc, sur les hauteurs de Balaclava. Les Anglais s'emparent de cette ville et y établissent leurs bases d'opérations.

29 septembre. Reconnaissance de Sébastopol.

9 octobre.... Ouverture de la tranchée.

17 octobre... Ouverture du feu contre la place. Les flottes combinées y prennent part.

25 octobre... Bataille de Balaclava.

6 novembre . Bataille d'Inkermann.

7 févr. 1855. Ouverture des tranchées de l'attaque Malakoff.

9 avril...... Seconde ouverture du feu de toutes les attaques réunies.

22 mai ..... Prise du cimetière.

24 mai...... Expédition dans la mer d'Azoff.

25 mai ..... L'armée alliée occupe la ligne de la Tchernaïa.

7 juin ...... Prise du mamelon Vert.

18 juin ..... Assaut infructueux donné à Malakoff.

16 août..A.. Bataille de la Tchernaïa.

8 septembre.. Prise de Malakoff.

9 septembre . L'ennemi évacue la partie méridionale de la ville et se retire dans la partie nord.

La tranchée ayant été ouverte le 9 octobre 1854, il y a donc eu 330 jours de travaux à exécuter sous le feu de la place et malgré les sorties des assiégés. Sur plusieurs points il a été fait jusqu'à sept parallèles.

Le feu ayant été ouvert le 17 octobre 1854, et la ville ayant été prise le 8 septembre 1855, Sébastopol a été bombardé et canonné pendant 322 jours.

Lorsque nos colonnes victorieuses quittèrent leurs tranchées pour pénétrer dans la ville, tous les cœurs battirent d'orgueil en pensant à cette grande nouvelle que le télégraphe allait jeter, comme un éclair, par toute l'Europ

« Honneur à vous! honneur à notre vaillante armée! »

Ce fut le premier cri de l'Empereur, au général en chef de l'armée d'Orient et aux braves soldats qui avaient si noblement versé leur sang pour la patrie. — Ce fut aussi le cri de la France.

De tous côtés, par toutes les voix, ce grand et héroïque fait d'armes était glorifié.

Le général Pélissier était nommé maréchal de France (1), et le sultan, comme marque d'insigne honneur, envoyait devant Sébastopol son ministre de la guerre, porter au commandant en chef de l'armée française cette lettre de félicitation :

« Maréchal,

« Les armes de l'alliance viennent de remporter une

(1) Le 12 septembre l'Empereur élevait, par un décret, le général Pélissier à la dignité de maréchal de France.

« Considérant les éminents services rendus par le général de division Pélissier, notamment en Crimée dans le commandement en chef de l'armée d'Orient;

« Sur le rapport de notre ministre secrétaire d'État de la guerre;

« Avons décrété et décrétons ce qui suit :

« Le général de division Aimable-Jean-Jacques Pélissier est élevé à la dignité de maréchal de France.

« Fait au palais de Saint-Cloud, le 12 septembre 1855.

« NAPOLÉON. »

brillante victoire, fruit de tant de courage et de tant de bravoure. En mon nom et au nom de mon peuple, je vous félicite, vous et la brave armée que l'Empereur, mon auguste et intime allié, a mise sous votre commandement, comme j'ai félicité nos braves alliés, les Anglais et les Sardes.

« La Turquie vous est reconnaissante comme la France, et elle partage l'admiration générale du monde entier.

« Les braves enfants de ces pays, qu'une alliance intime lie l'un à l'autre à jamais, ont été bien éprouvés sans doute, mais la prise d'une place dont le siége sera une des plus belles pages de l'histoire militaire est la récompense la plus glorieuse. Leur pays bénit leurs noms comme le Tout-Puissant a béni leurs armes. Soyez, monsieur le maréchal, mon organe auprès de votre brave armée pour lui exprimer ces sentiments.

« Le président du conseil général de guerre, le général de division Rifaat-Pacha, qui vous remettra la présente, vous communiquera de vive voix mes félicitations les plus sincères à vous et à vos braves compagnons d'armes.

« Sur ce, je prie Dieu de vous avoir toujours en sa sainte et digne garde.

« ABDUL MEDJID. »

CXIX. — Le canon des Invalides annonça à la capitale de la France le triomphe de nos armes. — Le soir de ce beau jour, toutes les maisons étaient illuminées; étoiles scintillantes de la joie publique elles rayonnaient de mille feux éblouissants.

Le 13 septembre, un *Te Deum* solennel était célébré à l'église Notre-Dame, en actions de grâces de la prise de Sébastopol, et l'Empereur s'y rendait en grand cortége.

A l'entrée de l'église, en tête du chapitre métropolitain, se tenait l'archevêque de Paris. Le prélat salua le souverain de la France par ces mots qui semblaient être une heureuse prédiction descendue du ciel :

« Sire,

« J'accours pour recevoir Votre Majesté sur le seuil de ce temple auguste, qui tressaille au bruit de la gloire de la France.

« Que nos solennelles actions de grâces montent vers Dieu pour l'éclatant succès dont il vient de couronner nos armes !

« Tant d'héroïsme recevra bientôt sa récompense. Le grand but que Votre Majesté, d'accord avec ses alliés, poursuit avec tant de fermeté et de sagesse, ne tardera pas à être atteint : une paix glorieuse et solide sera conquise. »

En effet, bientôt des bruits de paix se répandirent, et déjà toutes les pensées volaient au devant d'eux ; il ne fallait pas que tant de sang fût inutilement répandu pour la grande et noble cause que les armées alliées défendaient.

Les conférences de Vienne n'avaient pas abouti ; du

congrès de Paris devait sortir une paix solide, loyale et honorable pour tous.

D'un commun accord, Paris avait été choisi pour le siége de ce congrès, hommage tacite rendu par toutes les nations au souverain de la France. — Dans le courant de février, les plénipotentiaires y arrivèrent.

Les noms des représentants, appelés à signer la paix du monde, appartiennent à l'histoire.

France : comte Walewski; baron de Bourqueney.
Autriche: comte de Buol-Schauenstein; baron de Hübner.
Grande-Bretagne : comte de Clarendon; lord Cowley.
Prusse : baron de Manteuffel; comte de Hatzfeldt.
Russie : comte Orloff; baron de Brunnow.
Sardaigne : comte de Cavour; marquis de Villamarina.
Turquie : Aali-Pacha; Mehemmed-Bey.

La première séance du congrès eut lieu le 25 février, et son premier acte fut un armistice dont le terme était fixé à la fin du mois de mars.

Ainsi le bruit du canon ne devait pas mêler sa voix sinistre aux pensées de conciliation. La guerre se taisait devant la paix.

Pendant le cours de ces solennelles délibérations, au sein desquelles s'agitaient les plus hautes questions politiques, et, on peut le dire, les destinées du monde, l'Europe entière était en suspens. — Le plus grand secret avait été gardé sur les séances; c'était entre les membres du congrès un engagement d'honneur.

Le 30 mars, le canon des Invalides, qui, six mois auparavant, avait acclamé notre victoire, annonçait que la paix avait été signée, et que tout était dit pour cette guerre fatale, qui avait jeté tant de deuil au milieu de tant de gloire.

Dans toutes les rues de Paris, la population, palpitante, radieuse, se réunissait en groupes nombreux devant la proclamation suivante, affichée sur les murs :

CONGRÈS DE PARIS.

30 mars 1856.

« La paix a été signée aujourd'hui, à une heure, à « l'hôtel des Affaires étrangères(1).

« Les plénipotentiaires de la France, de l'Autriche, « de la Grande-Bretagne, de la Prusse, de la Russie, de « la Sardaigne et de la Turquie ont apposé leur signa- « ture au traité qui met fin à la guerre actuelle, et qui, « en réglant la question d'Orient, assoit le repos de « l'Europe sur des bases solides et durables. »

Dans cette grande question de politique européenne, l'empereur des Français avait porté l'épée d'Alexandre, et cette épée, soit pour la paix, soit pour la guerre, avait pesé d'un grand poids dans la balance des nations.

FIN.

APPENDICE.

1° OPÉRATIONS DES ARMÉES ALLIÉES DEVANT EUPATORIA.

2° PRISE DE LA FORTERESSE DE KINBURN

CHAPITRE PREMIER.

1. — Quoique le cadre de notre travail ne comporte que le récit des faits de guerre jusqu'au 8 septembre 1855 (prise de Sébastopol), il nous est impossible de passer entièrement sous silence les événements importants accomplis devant Eupatoria par le corps expéditionnaire, sous les ordres du général de cavalerie d'Allonville, et les faits glorieux de la prise de Kinburn. Ce récit, qui rehausse encore la gloire des armes alliées, complétera dans son ensemble le récit que nous avions entrepris.

Après la prise de Sébastopol, dans la pensée d'une tentative désespérée de l'armée de secours, toutes les dispositions avaient été prises par les généraux en chef pour garder solidement l'étendue de nos lignes extérieures d'Inkermann, de Balaclava et de la Tchernaïa, s'étendant jusqu'à la vallée de Baïdar.

Dès le 8 septembre au soir, le général d'Allonville avait reçu par le télégraphe l'ordre de quitter cette vallée avec les troupes qu'il commandait, pour se rapprocher du gros de l'armée.

Quelques jours plus tard, le comte Kocielsky (Séfer-pacha), chef d'état-major du généralissime turc Omer-pacha, vint entretenir le général du projet de réunir des forces françaises aux divisions ottomanes qui occupaient Eupatoria, et d'établir dans cette place une base d'opérations pour inquiéter les communications et la retraite de l'armée russe sur Pérékop.

Le 14, en effet, le général d'Allonville fut appelé chez le général en chef; celui-ci, en lui donnant l'ordre de s'embarquer pour Eupatoria, lui confirma ce que le général de Martimprey, chef d'état-major général de l'armée, lui avait déjà laissé entrevoir, que le commandement supérieur des forces alliées lui serait dévolu, et par conséquent la direction générale de toutes les opérations.

II. — Le général d'Allonville fit aussitôt tous ses préparatifs, et quitta, le 18 au soir, le port de Kamiesch, emmenant avec lui sa division.

Cette division se composait du 4e hussards (colonel de La Mortière), sous les ordres du général Walsin-d'Esterhazy (1), du 6e dragons (colonel Ressayre), et du 7e dragons (colonel Duhesme), sous les ordres du général de Champéron; une batterie à cheval (capitaine Armand) accompagnait la division. — Total, environ 3000 hommes, 2500 chevaux et six pièces de canon.

Le 19, les bâtiments mouillaient devant Eupatoria.

Le 20, la division, au grand complet, touchait terre.

(1) Le 1er hussards, faisant partie de la même brigade, dut rester devant Sébastopol pour les besoins du service.

Le général se mit aussitôt en relation avec le muchir Ahmed-pacha, et prit connaissance de la place, de son état de défense et de ses ressources.

Quelques jours après, le général reçut une lettre du maréchal Pélissier; cette dépêche, contenant un double des instructions envoyées par le séraskier à Ahmed-pacha, confirmait le général d'Allonville dans le commandement supérieur du corps expéditionnaire; le muchir recevait au même moment, de son côté et directement du séraskier, les mêmes instructions.

Ces instructions disaient : que la Turquie, fière et reconnaissante du concours de ses alliés, devait par tous ses efforts aider et ne jamais entraver aucune de leurs opérations, « heureux, » ajoutait le séraskier dans ce style imagé propre aux nations orientales, » s'il nous est accordé de combattre à leurs côtés, en perdant dix hommes, contre eux un seul. »

Le muchir remit aussitôt au général français le commandement en chef des troupes sous ses ordres. Ce corps ottoman se composait de deux divisions d'infanterie, l'une turque, l'autre égyptienne et d'une division de cavalerie turque. — Mais ces divisions étaient malheureusement ravagées par le typhus et le scorbut, et n'offraient qu'un effectif réel de 15 000 combattants et 30 pièces de canon.

« La place d'Eupatoria, avec le camp retranché qui protégeait cette ville, avait (écrit le général d'Allonville) un développement de parapets d'environ 8 kilomètres, et les Cosaques nous observaient jusqu'à 1 ou 2 kilomètres de nos ouvrages; je me décidai à éloigner ces observateurs incommodes et à étudier le terrain sur lequel je devais opérer, comme auxiliaire de l'armée principale réunie sur la Tchernaïa. »

En effet, depuis l'attaque du 17 février, les Russes n'avaient pas cessé de bloquer étroitement la ville, et leurs vedettes s'avançaient à portée du canon de la place. Il s'agissait donc de faire lever l'espèce de blocus dans lequel l'ennemi semblait vouloir tenir Eupatoria.

Le général d'Allonville, d'un esprit actif, audacieux, entreprenant, était bien l'homme de la circonstance (1).

(1) LE GÉNÉRAL DE DIVISION D'ALLONVILLE.

« Le général d'Allonville appartient à une famille où les traditions militaires remontent jusqu'aux croisades.

Enfant de la Bretagne, il est né en 1809 : élève à l'école spéciale de Saint-Cyr, il en sortait sous-lieutenant en 1828; il débuta au feu dans les journées de juillet 1830. — En 1832, il faisait la campagne de Belgique, et pendant les années 1833 et 1834 il servait en Afrique comme officier d'état-major.

En 1838, il fut appelé sur le choix du maréchal Vallée au commandement du corps indigène de la province d'Alger (gendarmes maures). Il prit part à tous les combats de la longue guerre contre Abd-el-Kader, de 1839 à 1847, et les ordres du jour de l'armée le citèrent souvent pour sa brillante conduite. En 1848 il rentra en France, colonel du 5e hussards.

Général de brigade, en 1855, il commandait la brigade de chasseurs d'Afrique au combat de Balaclava en Crimée. Promu au grade de général de division, en 1855, il fut mis à la tête de la 2e division de cavalerie de l'armée d'Orient; détaché en observation dans la vallée de Baïdar, il y resta jusqu'au moment où il fut dirigé sur Eupatoria, commandement important qui disait à tous la confiance qu'inspiraient au général en chef les qualités énergiques et militaires du général d'Allonville. »

Il résolut de harceler, d'inquiéter les Russes par de fréquentes sorties. Il fut donc tout aussitôt décidé que l'on tenterait une importante reconnaissance jusqu'à un village situé entre le lac Sasik et le lac Touzla.

III. — « En conséquence, écrit le général commandant supérieur, je dirigeai le muchir avec quelques bataillons et escadrons sur Oraz, et je me portai le même jour sur Sak avec quatre bataillons, dix escadrons et six pièces de canon. Parti à minuit, j'arrivai à quatre heures du matin à l'extrémité de la presqu'île qui sépare de la mer le grand lac Sasik, environnant Eupatoria au nord-est et à l'est. Les Russes furent surpris dans leurs cantonnements; les Cosaques se retiraient ventre à terre, les fusées de signaux éclataient de toutes parts, quand tout à coup s'élève un brouillard épais qui ne permet pas de voir à vingt pas devant soi, et qui nous force à arrêter complétement notre mouvement. Ce ne fut qu'à huit heures que cette brume se dissipa, et que nous pûmes reprendre notre marche sur Sak. Quelques escadrons de uhlans se faisaient voir à la gauche du village, et trois ou quatre pièces de canon nous signalèrent leur présence. Cependant à l'approche de deux bataillons égyptiens, soutenus par notre cavalerie et appuyés par quelques coups de canon, les uhlans se retirèrent, et nous reconnûmes que le village venait d'être évacué avec grande précipitation. La colonne du muchir obtint le même résultat du côté d'Oraz. A six heures du soir, tout le

...

monde était rentré au camp avec seulement deux ou trois blessés (1). »

Les troupes du corps expéditionnaire avaient incendié dans le village toutes les meules de foin et les amas de grains qui s'y trouvaient; lorsqu'elles opérèrent leur mouvement rétrograde, les Russes ne les suivirent et ne les inquiétèrent sur aucun point.—Depuis lors les vedettes cosaques, qui venaient audacieusement en vue de nos ouvrages avancés, se tinrent à l'extrémité de l'isthme, et au delà du pont sur lequel la route de Pérékop traverse un bras du lac Sasik.

IV. — Les rapports du muchir Ahmed-pacha, et d'un autre côté, les renseignements recueillis par des espions tartares, ainsi que l'interrogatoire de quelques déserteurs, s'accordaient à dire que l'ennemi avait formé deux groupes, l'un composé d'infanterie, de dragons et de cosaques, couvrait la route de Symphéropol, et l'autre sur celle de Pérékop, était formé de grenadiers, de uhlans et aussi de Cosaques. Les Russes pouvaient avoir des projets qu'il fallait déjouer en les prévenant; aussi le général résolut-il de voir clair dans cette quantité de troupes, et, s'il rencontrait l'ennemi, de lui présenter le combat. — Une seconde reconnaissance fut donc arrêtée pour le 29, de concert avec le muchir.

Les troupes destinées à cette opération étaient divisées en trois colonnes.

(1) Extrait d'un rapport particulier du général d'Allonville.

Sur la droite, l'infanterie égyptienne avec son artillerie, suivant la langue de terre entre le lac Sasik et la mer, devait prendre position sur le plateau, à l'extrémité de l'isthme, appuyée dans sa marche par une corvette à vapeur. — Sur la gauche, la seconde colonne, commandée par le muchir, se dirigeait vers le nord-est en passant par les villages Oraz, Altchin et Tioumen, avec ordre de se rallier sur Djoltchak en incendiant tous les approvisionnements de l'ennemi sur son passage. — La troisième colonne, que commandait personnellement le général d'Allonville, comptait douze escadrons français, une batterie d'artillerie et quatre bataillons égyptiens. Des bachi-bouzouks étaient chargés d'éclairer le terrain.

V. — Après avoir traversé sur une jetée en pierres un des bras du lac Sasik qui conduit sur la route de Pérékop, les troupes de la troisième colonne se déployèrent, poussant devant elles les vedettes russes. Les deux colonnes de droite et de gauche avaient seulement rencontré quelques escadrons russes et quelques centaines de Cosaques qui s'étaient toujours tenus éloignés en se repliant sur leurs réserves, et n'avaient osé rien entreprendre.

Au jour naissant, les bachi-bouzouks qui précédaient la colonne du général d'Allonville s'engagèrent en tirailleurs avec les Cosaques; un peloton du 4e hussards fut envoyé pour soutenir leur droite, mais l'ennemi se multipliait à chaque instant sur différents points.

« J'aperçus, écrit le général, à la hauteur de Chiban, huit escadrons de uhlans se dirigeant à droite, sur Djoltchak, et huit autres débouchant de Tioumen et tendant évidemment à nous couper la retraite, mais s'exposant ainsi à être acculés à l'une des nombreuses anses du lac. Le premier escadron de hussards, tête de colonne, reçoit l'ordre de se porter sur la droite pour y maintenir l'offensive. Sur la gauche, la deuxième division du quatrième escadron est prête à charger, si le mouvement ennemi prend consistance, et échange quelques coups de feu à distance. A travers la brume qui s'étendait à l'horizon, on découvrait la cavalerie russe cherchant à manœuvrer au loin sur notre flanc droit. »

Le général Champéron avec le 7e dragons l'observe et essaye de l'atteindre; mais les escadrons ennemis se maintiennent toujours hors de portée de charge.

On était arrivé à la hauteur de Djoltchak, lieu de rendez-vous où la colonne du général d'Allonville doit faire jonction avec celle commandée par le muchir Ahmed-pacha.

Djoltchak est situé dans un abaissement du sol peu sensible, autour duquel se développe une plaine coupée dans certaines parties par des dépressions de terrain et couverte de chardons épais et de hautes herbes. De loin en loin on aperçoit de rares végétations entourant des villages inhabités et en ruines.

Il était dix heures, la colonne avait fait quatre lieues,

le général fit reposer hommes et chevaux et attendre l'infanterie turque.

Devant nous, à très-grande distance, les escadrons ennemis étaient formés en bataille; nous nous établissons de notre côté, également en bataille, sur une même ligne en les observant; il était évident qu'ils ne voulaient pas s'engager.

A onze heures, la colonne du muchir avait débouché sur la gauche, et les escadrons russes rangés près de Kouroulou, en apercevant cette forte colonne, avaient disparu, laissant seulement au loin quelques tirailleurs.

Dès lors le gros de cavalerie qui avait cherché à tourner notre droite se trouvait abandonné, et par sa position engagé entre nous et le lac. Le général d'Allonville conçut aussitôt le projet, en se portant rapidement par un mouvement de flanc sur la ligne, d'envelopper l'ennemi qui s'était ainsi compromis vers les anses de Kanghil et d'Orta-Mamaï (1). Il fit demander au muchir huit escadrons de lanciers turcs pour établir sa communication, et lui fit dire de prendre position à Djoltchak, pour observer et contenir les forces russes retirées vers le nord. — L'ordre est donné de monter à cheval sans sonneries, après avoir fait sortir du rang tous les chevaux qui ne seraient pas jugés susceptibles de fournir une course longue et rapide.

(1). Ce petit corps, composé de 8 escadrons de uhlans, de 3 sotnias de Cosaques et de 8 pièces de canon, était commandé par le général Korff.

VI. — L'espoir de combattre anime tous les cœurs. En un instant les trois régiments de cavalerie sont à cheval, en bataille, derrière un pli de terrain. Le 4e hussards est en tête, il rompt aussitôt en colonne, par pelotons à droite, et s'élance au grand trot, s'avançant ainsi sur l'ennemi par un mouvement diagonal; il est appuyé à distance par le 6e et le 7e dragons, qui exécutent le même mouvement. Des plis fréquents de terrain dérobent leur marche aux éclaireurs ennemis qui pourraient signaler leur approche. Une demi-heure après une course très-rapide, la tête de colonne du 4e hussards arrive en vue de l'ennemi, qu'elle trouva ainsi disposé :

Six escadrons formaient la ligne principale de bataille, dont le flanc gauche était couvert par deux escadrons adossés au village; en arrière, huit pièces de canons étaient établies de manière à protéger la ligne contre toute attaque sur la gauche et sur le centre. Les Cosaques avaient été jetés, en tirailleurs, en avant du front des trois escadrons de droite établis sur un plateau assez élevé.

Devant notre tête de colonne marche le général d'Allonville. Aussitôt que les escadrons russes sont en vue, il donne l'ordre au général Esterhazy d'entamer la charge.

— « Partez, général, lui crie-t-il, et ne vous occupez ni de votre flanc ni de vos derrières, je vous soutiens, je marche à vous. »

En effet, le 6e dragons (avec le 7e en deuxième ligne)

arrivait sous les ordres immédiats du général de brigade Champéron et des colonels Ressayre et Duhesme.

Le général Esterhazy s'est aussitôt porté en tête et au centre du régiment ; à sa droite est le colonel de La Mortière, près de lui son aide de camp, le capitaine d'état-major Pujade, et son officier d'ordonnance, le sous-lieutenant Sibert du 6e dragons. Les deux premiers escadrons sont sous les ordres du commandant Tilliard ; le capitaine d'Anglars commande les deux autres.

Ce fut un moment superbe de joie guerrière et d'entraînante énergie.

— « En avant ! s'est écrié le général, qui se précipite le premier sans même tirer son sabre du fourreau, et vive l'Empereur ! »

Ce cri est répété par toutes les bouches et court par la plaine comme un tonnerre d'acclamations unanimes, avant-coureur de nos braves cavaliers que le vent jette au milieu des colonnes ennemies.

VII. — Depuis la plaine de Balaclava, où les chasseurs d'Afrique s'étaient si brillamment lancés sur les batteries russes, c'était la première fois qu'il était donné à notre cavalerie de rencontrer l'ennemi le sabre à la main.

Plus on approche et plus l'allure des escadrons devient rapide. Les hussards, serrés les uns contre les autres et penchés sur leurs chevaux, dévorent l'espace.

Les cavaliers russes, surpris par cette subite attaque, attendent de pied ferme, sur la pente de Kanghil, le choc qui les menace. 400 mètres nous en séparent à peine, et l'artillerie, démasquée subitement par un des escadrons, lance une décharge à mitraille sur la colonne d'attaque; la ligne russe fait feu et croise la lance, semblant attendre pour s'ébranler, que son artillerie eût jeté le désordre dans nos rangs. — Mais le capitaine Lenormand à la tête du 1er escadron se précipite avec un élan terrible sur les canons, qu'aborde avec la même énergie le capitaine Galibert avec le 2e escadron, pendant que les deux autres (les capitaines d'Anglars et Charmeux) chargent la ligne ennemie qu'ils culbutent. — Le général Esterhazy et le colonel de La Mortière sont arrivés les premiers.

Des deux côtés le choc fut terrible. Le sous-lieutenant Sibert, qui n'a pas quitté son général, est mortellement frappé; le capitaine Pujade est criblé de blessures; mais les escadrons russes sont troués de toutes parts et les artilleurs sabrés sur leurs pièces, dont six tombent en notre pouvoir. C'est un combat corps à corps, dans lequel sont confondus pêle-mêle amis et ennemis; de part et d'autre on combat avec un égal acharnement. Enfin les cavaliers russes tournent bride et nous abandonnent le terrain.

Mais bientôt ils s'aperçoivent de notre infériorité numérique, se rallient et cherchent à ressaisir l'artillerie que nous leur avons enlevée; repoussés avec énergie, ils reviennent deux fois à la charge et parviennent enfin à reprendre trois de leurs pièces.

En ce moment les deux escadrons de uhlans, adossés au village et spectateurs immobiles du combat, semblent vouloir prendre sur leurs flancs les hussards que la lutte a désunis; mais déjà le général Esterhazy a donné l'ordre au commandant Tilliard de rallier autour de lui tout ce qu'il pourra d'hommes, et de charger lui-même cette troupe, aussitôt qu'elle se mettra en mouvement. Le capitaine adjudant-major de Berthois porte partout les ordres du colonel, au plus fort de la mêlée, avec un audacieux courage.

Les uhlans ont aperçu sur la hauteur les 3e et 4e escadrons de hussards qui, après avoir essuyé une décharge de mousqueterie à bout portant, enfoncent la gauche de la ligne russe; ils se voient en outre menacés par le 6e dragons qui accourt au galop prendre sa part du combat. Alors ils se retirent en bon ordre et vont se reformer plus loin, pendant que les autres escadrons, culbutés par les hussards, cherchent en vain à se réunir. Ce brave régiment, épuisé de fatigue, disséminé, brisé par la lutte qu'il vient de soutenir si glorieusement, ne peut poursuivre l'ennemi qui bat en retraite.

VIII. — Le 6e dragons est passé en première ligne.

Aussitôt le colonel Ressayre, sur l'ordre du général d'Allonville, enlève son régiment avec une énergique vigueur; le général Champéron est en tête.

Les escadrons ennemis, qui sur quelques points hésitaient encore à abandonner le terrain, tournent aussitôt bride et disparaissent dans toutes les directions. Pendant plus de deux lieues, les dragons s'acharnent à leur poursuite; tout ce qu'ils parviennent à rejoindre jette ses armes et se rend prisonnier. — Les Russes venaient de laisser entre nos mains leur sixième pièce de canon, la journée était avancée, la nature du terrain que coupaient de nombreux ravins, la fatigue des chevaux, tout défendait une plus longue poursuite. Le général Champéron fait sonner le ralliement et place le 6e dragons partie en tirailleurs, partie en troupe de soutien.

Le signal général de la retraite est donné par le général d'Allonville, qui la fait soutenir par le 7e dragons maintenu jusque-là en bon ordre.

A sept heures, la colonne rentrait à Eupatoria, ramenant avec elle 170 prisonniers, dont 2 officiers, 6 pièces de canon, 12 caissons d'artillerie, 1 forge de campagne et 250 chevaux.

Ce fut pour notre cavalerie, si longtemps inactive, une belle journée, un brillant combat.

Si le 4e hussards avait eu l'honneur de la plus grande part de dangers et de gloire, il avait eu aussi la plus grande part dans les pertes. Parmi les plus regrettables, il faut compter celle du jeune sous-lieutenant Sibert du 6e dragons, officier d'ordonnance du général Walsin-d'Esterhazy, qui succomba à ses blessures.

Ce régiment comptait à lui seul 14 tués et 22 blessés. Le 6e dragons eut 1 officier et 4 hommes blessés (1).

Sur le champ même de bataille, lorsque chacun était encore tout frémissant du combat, le général d'Allonville s'arrêta devant le front des hussards, et par une chaleureuse allocution remercia ce brave régiment qui venait, avec son général, de combattre si glorieusement et de porter si haut le noble drapeau de la France.

IX. — Ce fut la seule rencontre que la cavalerie française eut avec la cavalerie russe, le seul combat livré. Les opérations qui suivirent n'aboutirent qu'à des reconnaissances pour étudier le pays, les ressources que l'on pourrait y trouver, et les défenses de l'ennemi sur les points importants.

Le 8 octobre, le général d'Allonville sortit de nouveau d'Eupatoria avec une colonne légère, dans le but d'apprécier les forces russes cantonnées sur Pérékop. Le même jour il était de retour, après avoir acquis la certitude que l'ennemi s'était éloigné de la route de Symphéropol à Pérékop (2).

(1). *Rapport du général d'Allonville :*

« Ce brillant succès, qui ne nous coûta qu'environ 40 hommes tués ou blessés, fit perdre aux Russes 110 cadavres, comptés sur le champ de bataille. »

(2). *Rapport particulier du général d'Allonville :*

« Je partis le 8 octobre avec une colonne composée d'Ottomans et

Le 14 octobre, le corps expéditionnaire fut renforcé par la division de Failly d'infanterie française avec son artillerie, et par la brigade de cavalerie anglaise de lord Paget.

Le général d'Allonville résolut avec ces nouveaux renforts d'inquiéter sérieusement la grande ligne de communication de l'armée ennemie, et surtout de savoir d'une manière complète quel était l'ensemble de ses forces (1).

Le 22 octobre, les trois divisions d'infanterie française, turque et égyptienne, furent dirigées sur Sak ; le général partit de son côté contournant le lac Sasik et n'emmenant avec lui que la cavalerie, l'artillerie à cheval et quatre bataillons. L'ennemi fut aperçu dans la journée à hauteur de Katour environ, mais à notre approche, il opéra son mouvement rétrograde que notre artillerie seule put inquiéter par ses boulets.

Les troupes, dont une portion sous les ordres du général Walsin-d'Esterhazy avait dû observer la direc-

de Français, et poussai devant moi jusqu'à Kouroulou et Kontougan (à 8 lieues d'Eupatoria) quelques escadrons de cavalerie et quelques sotnias de Cosaques, qui refusèrent de s'engager. Les bachi-bouzouks ramenèrent 2000 têtes de bétail, brûlèrent les villages abandonnés, et, se répandant dans le pays, m'apprirent que tous les cantonnements avaient été repliés sur la route de Symphéropol à Pérékop, et que les régiments, dispersés dans tous les villages par la difficulté de trouver de l'eau, avaient été ralliés auprès du Salghir. »

(1) Une dépêche du maréchal Pélissier, en date du 12, prévenait le général d'Allonville qu'il ne devait pas compter à jour déterminé sur la coopération de l'armée principale, mais se borner à donner à l'armée russe des inquiétudes sur ses communications.

tion suivie par la cavalerie russe pour l'empêcher d'étudier notre position, ne furent réunies à leur campement que vers huit heures du soir.

Le 24, les colonnes rentrèrent à Eupatoria, ayant la conviction que l'ennemi avait pris ses points de concentration vers le sud.

X. — Le général d'Allonville sortit de nouveau, le 17, dirigeant ses troupes par l'isthme sur Sak; il fit occuper ce point par l'infanterie, dont un bâtiment à vapeur et deux canonnières assuraient la retraite à la queue de l'isthme. Le général commandant supérieur n'ayant, pendant ce trajet, rencontré qu'un rideau de Cosaques soutenus par quelques escadrons, échelonna les divisions françaises en avant de Sack, la droite appuyée à un grand ravin bourbeux qui aboutit à ce village, et poussa en avant avec la cavalerie et l'artillerie à cheval au delà de Tchobotar. — A l'endroit où la route de Symphéropol coupe le ravin, il vit se déployer, de l'autre côté, 70 escadrons russes appuyés par 30 pièces de gros calibre, dont les boulets et les obus arrivant à 1400 mètres, sur notre ligne, tuèrent 4 hommes, en blessèrent 18 et nous forcèrent à prendre des dispositions de combat.

En vain le général d'Allonville fit tâter la nombreuse cavalerie qu'il avait devant lui; la nuit approchait; l'ennemi, couvert par des ouvrages défensifs et très-supérieur en nombre, ne voulait pas s'engager dans la plaine; notre petit corps dut dès lors se retirer sur Sak, où toutes les précautions furent prises contre une attaque de nuit qui paraissait probable.

Le lendemain, le général d'Allonville, ardent d'en venir aux mains, résolut de marcher encore à l'ennemi avec l'espérance de pouvoir cette fois attirer la cavalerie russe hors de ses positions (1). Mais celle-ci ne les quitta point et refusa d'accepter dans la plaine le combat qui lui était offert.

Un instant le général eut la pensée de l'attaquer, confiant qu'il était dans la valeur de ses troupes, mais il dut renoncer à ce projet, ne pouvant se lancer sur l'inconnu et accepter les chances d'une bataille contre des positions si fortement défendues.

« Des renseignements ultérieurs m'apprirent, écrit le général, qu'en raison de l'inaction de la grande armée vers Sébastopol et Baïdar, l'ennemi avait réuni devant nous toute sa cavalerie, 100 escadrons environ, son corps de grenadiers, 48 bataillons, et en arrière, 2 divisions d'infanterie et 200 pièces de canon. »

Le lendemain la colonne rentrait à Eupatoria, ayant

(1). *Dépêche du maréchal Pélissier au ministre de la guerre*, 2 novembre 1855.

« La garde de Sak et du ravin inférieur de Tchobotar fut confiée à l'infanterie turque et égyptienne du muchir Ahmed-pacha. Le général de Failly vint se placer avec sa division à une lieue en avant, et le général d'Allonville, avec la brigade de cavalerie anglaise de lord Paget, la cavalerie turque d'Ali-pacha, et la cavalerie française aux ordres du général Walsin-d'Esterhazy, marcha dans l'est, se dirigeant entre Témech et Djaamin, et prolongeant hors de portée de canon les positions russes. »

perdu environ une trentaine d'hommes et autant de chevaux.

Le 31 octobre, une dépêche du commandant en chef de l'armée d'Orient annonçait au général d'Allonville que les opérations offensives étaient suspendues, et qu'il fallait songer aux cantonnements d'hiver.

XI. — Tel est le récit des opérations du corps expéditionnaire devant Eupatoria. L'ennemi s'était retiré à sept ou huit lieues de cette place, qu'il avait tenue jusqu'alors resserrée et sous la pression de ses avant-postes. De nombreuses explorations avaient démontré que les ressources du pays en eau potable étaient très-précaires dans toute autre direction que celle de Symphéropol même, sur laquelle les masses russes paraissaient se concentrer. Les reconnaissances exécutées du 22 au 30 octobre avaient donné la certitude que l'ennemi y avait une supériorité de forces qui ne permettait pas au corps expéditionnaire d'Eupatoria de prendre une offensive décidée. De plus, par suite de la dernière dépêche du maréchal Pélissier, il ne pouvait plus être question que de consolider et de resserrer les défenses de la place.

« Une grande difficulté, écrit le général d'Allonville dans un rapport particulier, était la garde d'un camp retranché, qui ne couvrait pas la ville du côté attaquable, et avait 6000 mètres courants de parapets, 2 ouvrages à cornes et 7 redoutes fermées à la gorge. Le départ de la division égyptienne pour l'armée d'Asie me servit de prétexte pour obtenir du muchir la démolition de ces ouvrages, et il ne resta plus, au mois de janvier, que l'enceinte donnant encore 5000 mètres de parapets, 6 lunettes extérieures et 2 ouvrages à cornes, avec 7000 hommes d'infanterie turque pour les garder.

« L'armement consistait en 40 pièces françaises provenant du vaisseau perdu *le Henri IV* et 40 pièces turques, dont moitié de campagne. Les parapets furent recoupés, les fossés approfondis, les plates-formes et embrasures rectifiées, en un mot, la place mise en bon état de défense. »

C'est dans cette position que le corps expéditionnaire reçut la nouvelle de l'armistice, puis de la paix, et enfin l'ordre d'évacuer Eupatoria.

CHAPITRE II.

I. — Pendant que les événements dont nous avons tracé le récit se passaient devant Eupatoria et que la cavalerie française enregistrait un glorieux combat, les armées alliées ajoutaient un triomphe de plus par la prise de la forteresse de Kinburn.

Depuis longtemps la pensée des généraux en chef s'était arrêtée sur ce fort, défendant la pointe de terre qui sépare de la mer Noire, le Liman formé par les eaux du Bug et du Dniéper.

En se rendant maître de cette position, on coupait de ce côté les communications de l'armée russe avec Nicolaïef et l'on menaçait Kherson.

Le 29 septembre, le maréchal Pélissier réunissait, au grand quartier général français, le général en chef de l'armée anglaise Simpson, l'amiral Lyons et l'amiral Bruat. Le but de cette conférence était d'examiner la possibilité d'enlever et d'occuper le fort de Kinburn, et si cette expédition était reconnue praticable, d'arrêter le chiffre des forces de terre et de mer qui devaient y concourir.

« Le maréchal, écrit l'amiral Bruat au ministre de la marine en date du 2 octobre 1855, me pria d'exprimer mon opinion. Je m'étais concerté la veille avec l'amiral

Lyons et j'étais autorisé à parler au nom de mon collègue, comme au mien, sur la possibilité et la convenance de l'expédition. Nous n'avions ni l'un ni l'autre aucun doute; nous pensions également tous deux que, pour en assurer le prompt succès, il fallait y employer des moyens formidables. Ces moyens nous les possédions (1). »

Pour l'exécution de ce projet d'occupation, l'amiral Bruat proposa de faire pénétrer d'abord des frégates et des bâtiments légers dans le golfe de Kherson, afin de nous en assurer la possession, et d'empêcher ainsi le fort de Kinburn de recevoir des renforts de Nicolaïef. Dans le même moment le débarquement des troupes devait s'opérer dans le sud de la forteresse, et hors de la portée de son canon, sous la protection des bâtiments qui resteraient en dehors du golfe. Aussitôt le débarquement effectué, l'escadre alliée prenait position pour détruire la partie des fortifications qui avait vue sur la mer.

Ce plan fut adopté sans aucune objection; il ne restait plus à décider que le chiffre des troupes affectées à cette opération. — Sur la demande du maréchal, l'amiral, tout en déclinant sa compétence sur une question dont les généraux en chef devaient rester les seuls juges, dé-

(1) L'amiral Bruat présentait de son côté 4 vaisseaux à vapeur, 4 avisos, 8 batteries flottantes, 4 corvettes, 5 bombardes, 4 grandes canonnières, 7 chaloupes canonnières, 4 frégates à vapeur, en tout 31 navires.

Sauf les batteries flottantes qui leur manquaient, les Anglais pouvaient réunir des forces plus imposantes encore.

clarait que 10000 hommes appuyés, comme ils le seraient, du côté de la mer, sur un isthme de peu de largeur, lui semblaient composer un effectif suffisant.

« Le maréchal, écrit l'amiral, préocupé des difficultés d'approvisionnement, offrait de donner 3000 hommes de troupes françaises. Sur les observations de l'amiral Lyons, il porta ce chiffre à 4000 hommes. Le général Simpson devait en donner 3500; il paraît s'être décidé, depuis la conférence, à porter le contingent des troupes anglaises au même chiffre que le nôtre (1). »

II. — Le secret avait été gardé sur le projet de cette expédition, et le général Bazaine, gouverneur de Sébastopol, reçut le 30 septembre une dépêche qui lui donnait le commandement d'un corps expéditionnaire, sans lui indiquer le lieu où ce corps devait se rendre.

Le choix du maréchal tombait sur un des jeunes généraux qui s'étaient le plus brillamment distingués pendant la campagne de Crimée, et dont le nom avait toujours été associé aux combats de notre intrépide armée (2)!

(1) Dépêche de l'amiral Bruat 30 septembre 1855.

(2) LE GÉNÉRAL DE DIVISION BAZAINE.

Le général Bazaine, né en 1811 à Versailles, entrait au service comme soldat volontaire en 1831. En 1833, il était nommé sous-lieutenant dans la légion étrangère, et prenait part aux combats de

La dépêche du maréchal disait seulement :

« J'ai l'honneur de vous prévenir que je vous ai désigné pour prendre le commandement d'une division expéditionnaire anglo-française, qui va être expédiée sous très-peu de jours de Kamiesch. Avant de vous rendre à Kamiesch, vous voudrez bien vous présenter à mon quartier général, je vous donnerai alors toutes les instructions dont vous aurez besoin pour l'accomplissement de la mission que je vous ai confiée (1). »

nos possessions d'Afrique pendant les années 1833, 1834, 1835. Dans cette même année, il partait pour l'Espagne, où il a rempli les fonctions de chef d'état-major de la division étrangère. Capitaine en 1839, il s'embarquait de nouveau en Afrique en 1840, et pendant treize années ne cessait de prendre part à ces luttes incessantes contre les tribus révoltées. C'est en combattant, que le jeune officier conquit tous ses grades. Cité quatre fois à l'ordre du jour, il comptait déjà parmi ceux auxquels étaient réservées les plus brillantes destinées. En 1835, c'était au combat de la Macta. — En 1840, lors de la première occupation de Milianah. — En 1846, pour sa valeureuse conduite au combat d'Afir, où il arriva un des premiers sur l'ennemi à la tête de quelques cavaliers arabes. — En 1847, lors de la soumission d'Abd-el-Kader. Sa rare aptitude et son courage audacieux le mirent promptement au premier rang.

Le colonel Bazaine partait en 1854 pour l'Orient. C'est là qu'il devait encore attirer sur lui l'attention des chefs de l'armée et gagner sur les champs de bataille de Crimée, en deux années consécutives, les grades de général de brigade et de général de division, juste récompense de ses services signalés pendant cette mémorable expédition.

Le 2 mai il fut cité à l'ordre du jour. Immédiatement après la prise de Sébastopol, il fut appelé au commandement militaire de Sébastopol, puis à celui de la 2e division du 1er corps. — L'expédition de Kinburn devait de nouveau porter à l'ordre du jour de l'armée le nom de ce jeune et brillant officier, qui en vingt-quatre ans était arrivé de simple soldat au grade de général de division.

(1) *Dépêche du maréchal commandant en chef, au général Bazaine.*

Sébastopol, 30 *septembre* 1855.

« Votre division expéditionnaire se compose d'une brigade anglaise

Le chef d'escadron Faure, qui pendant tout le siége, avait rempli avec distinction et avec un zèle infatigable, les fonctions de premier aide-major de tranchée auprès du colonel Raoult, était nommé chef d'état-major du général pour cette expédition, et chargé de l'organisation de l'embarquement.

Le général Bazaine, après avoir remis, selon les ordres du maréchal, le commandement supérieur de Sébastopol au général Levaillant, se rendit au grand quartier général, où il fut instruit que la forteresse de Kinburn était le but désigné au corps expéditionnaire dont il avait le commandement.

III. — Tous les préparatifs de départ se firent avec activité. Le 6 octobre, la plupart des bâtiments qui devaient faire partie de l'expédition ayant rallié le vaisseau-

et d'une brigade française. Vous aurez pour chef d'état-major le commandant Faure, auquel sera adjoint le capitaine d'état-major Lacroix, pour assurer le service des états-majors. La brigade française sera commandée par le général de Winipfen; elle comprendra le 14e bataillon de chasseurs à pied, le 95e de ligne et le régiment de tirailleurs algériens. La cavalerie vous fournira un peloton de 20 hussards du 1er régiment, commandé par un officier. L'artillerie fournira une batterie montée (17 voitures à 6 chevaux), avec un officier supérieur pour diriger le service de l'arme; le génie fournira une compagnie organisée, plus un officier supérieur pour diriger le service....

«Tout ce monde devra se rendre mardi 21 octobre dans la journée à Kamiesch.... Les troupes auront 4 jours de vivres de réserve dans le sac et leurs munitions au complet. Elles n'emmèneront que des hommes susceptibles de marcher et de combattre. L'intendance embarquera 200 000 rations de vivres, dans lesquelles entreront 50 000 rations de viande fraîche et 150 000 rations de conserves de viande, ou de bœuf ou de lard salé; 200 000 rations de chauffage, 1 mois d'orge et de fourrage pour 200 chevaux, un matériel complet d'ambulance avec 20 mulets de cacolets ou de litières, 100 tentes de campement.»

amiral, les troupes commencèrent leur embarquement. Le contre-amiral Pellion partit le même jour avec douze bâtiments; il devait en prendre trois autres à Eupatoria. Le contre-amiral Pellion avait ordre de se rendre devant Odessa et de mouiller sur cette rade, hors de portée du canon des forts. — C'était le point de rendez-vous général pour tous les bâtiments des deux escadres.

Le 7, l'amiral Bruat s'embarqua lui-même, emmenant 16 bâtiments et le corps expéditionnaire au grand complet.

La flotte anglaise appareillait, le même jour, sous les ordres de l'amiral Lyons.

Le lendemain, dans l'après-midi, l'escadre était devant Odessa, où les amiraux alliés avaient décidé que l'on attendrait le résultat des reconnaissances que devaient faire les chaloupes canonnières dans le détroit d'Otchakow et le long de la presqu'île de Kinburn. L'arrivée de la flotte alliée, aussitôt qu'elle fut signalée, frappa de stupeur la place d'Odessa, que nul renseignement n'avait instruite de cette expédition; on vit aussitôt, à l'aide des longues-vues, un grand mouvement de troupes; des masses d'hommes accoururent, et mises à l'œuvre avec cette célérité qui distingue surtout les Russes, elles remuaient le sol, établissaient de nouvelles batteries, consolidaient les anciennes et mettaient la ville en état de défense contre une attaque imminente.

On voyait des camps établis sur une des collines du

nord; des nuées de Cosaques disposés de distance en distance, par groupes de deux ou trois, se reliaient à la station télégraphique; des officiers d'état-major galopaient dans toutes les directions. C'était enfin, de tous côtés, un tumulte de mouvement dont on suivait parfaitement l'ensemble du haut des mâtures de nos vaisseaux. Au côté nord, une longue file de charrettes, des voitures de toutes sortes et des groupes épais évacuaient à la hâte la ville menacée.

Certes, cette flotte imposante eût pu facilement, sur son passage, bombarder et brûler Odessa; mais un ordre formel de l'empereur avait interdit à l'amiral Bruat de rien entreprendre contre cette ville.

Les reconnaissances revinrent en grande partie dans la journée du 9; mais avant le retour des avisos le vent changea tout à coup, et un brouillard épais s'abattit sur Odessa, enveloppant entièrement la flotte. — Pour ne pas s'aborder mutuellement, chaque bâtiment indiquait son mouillage par des batteries de tambours et des sons de cloche.

Les passes avaient été reconnues et, en attendant que le brouillard dissipé et les vents redevenus favorables permissent de continuer sur Kinburn, les amiraux et les généraux se réunirent en conseil sur *le Montebello*, pour arrêter l'ordre du débarquement des troupes et le lieu le plus propicé.

Le 14 au matin, l'escadrille put enfin quitter la rade

d'Odessa et se dirigea sur Kinburn (1) où elle mouilla le soir même vis-à-vis la presqu'île, à une lieue marine environ (2).

IV. — « Je pus alors, écrit le général Bazaine, dans

(1) La navigation d'Odessa à Kinburn présente des difficultés pour de gros bâtiments d'un fort tirant d'eau, la route de ces vaisseaux avait été soigneusement balisée par les frégates, les corvettes et les avisos à vapeur.

(2) Les eaux du Bug et du Dniéper aboutissent à la mer par une seule branche. Après avoir formé un lac où ils se confondent, les deux fleuves s'écoulent ensemble entre Otchakow au nord, et Kinburn au sud, par un chenal étroit d'une profondeur variable (15 pieds minimum) beaucoup plus rapproché de Kinburn que d'Otchakow.

Otchakow sur la rive droite, est bâti au sommet d'une falaise d'une élévation moyenne, s'avançant en angle aigu droit au sud, et projetant une pointe basse sur laquelle s'élève un vieux fort d'origine génoise en assez mauvais état; une batterie construite sur la falaise en dehors du chenal le prenant d'enfilade, mais à grande portée, complète la défense de ce côté, sans présenter d'obstacles sérieux.

C'est sur la rive gauche, sur la langue de sable formée des alluvions des deux fleuves, qu'est bâtie la citadelle de Kinburn dominant le passage de plus près, battant tant en dehors qu'en dedans, et constituant en un mot, la séule défense de l'embouchure du Dniéper.

La citadelle de Kinburn est un ouvrage à cornes en maçonnerie, avec parapets en terre, entouré d'un fossé, là où il n'est pas baigné par la mer, contenant des casernes et autres édifices dont les toitures et cheminées apparaissent au-dessus du rempart; elle est armée sur toutes faces, offrant un étage de feux couverts casematés, surmonté d'une batterie à barbette, le tout pouvant présenter 60 bouches à feu environ, dont la moitié battant en dehors sur la mer, du sud-ouest au nord-nord-ouest.

Kinburn porte le pavillon de guerre toujours arboré, indice d'armement, et contient une garnison de 2000 hommes, sans compter les colons militaires établis dans un village bâti à portée du canon de la place.

Deux nouvelles batteries ont été élevées au nord-ouest de la forteresse.

Rapport du général Bazaine.

un rapport adressé au maréchal commandant en chef, reconnaître le terrain sur lequel nous allions avoir à agir. La presqu'île finit sur le détroit d'Otchakow par une pointe de sable très-étroite, sur laquelle les Russes ont établi trois ouvrages de fortifications (1). »

Le village de Kinburn est à 600 mètres environ de la forteresse qui s'étend de la mer au Dniéper, et est complétement battu par son feu ; à partir de ce point, la presqu'île s'élargit sensiblement. — Ce n'est toujours qu'une plaine de sable couverte d'herbes marines et de lacs salés ; mais à 5000 mètres environ du fort, la plaine se change brusquement en une suite de petites dunes qui couvrent toute la presqu'île sur une largeur de 2 kilomètres environ et s'étendent indéfiniment vers le sud. C'est ce point que, d'après l'avis de l'amiral, le général commandant supérieur avait choisi.

Dans la soirée du 4, toutes les dispositions furent prises par le chef d'état-major de l'amiral, Jurien de

(1) Le premier, le plus rapproché de la pointe, est une grande batterie blindée ouverte à la gorge ; les embrasures de cette batterie sont tournées vers la passe et le Liman du Dniéper, et croisent leurs feux avec ceux des batteries d'Otchakow.

Le deuxième ouvrage est à environ 800 mètres en arrière du premier, et communique avec lui par une longue caponière. Ce deuxième ouvrage est une grande batterie en terre, fermée à la gorge, armée dans toutes les directions, et renfermant un abri blindé pour les défenseurs.

Le troisième ouvrage, à 300 mètres en arrière, est un grand fort bastionné avec revêtements en maçonnerie, casemates, fossés, chemin couvert. Ce fort barre complétement la presqu'île, et s'étend de la mer au Dniéper.

La Gravière, pour permettre au débarquement des troupes de s'effectuer le lendemain matin.

Dans la nuit, une escadre légère composée de canonnières anglaises et françaises s'avança, à la faveur de l'obscurité, dans les eaux du Dniéper; signalée au fort, elle fut accueillie par une violente canonnade, et, malgré les feux croisés des batteries de la pointe et des forts d'Otchakow, elle continua victorieusement sa route et parvint à forcer la passe (1). Au jour, elle était en position dans le Liman, de manière à prendre à dos les troupes qui voudraient s'opposer au débarquement. D'autres canonnières, se rapprochant de la côte, vinrent croiser leurs feux avec les chaloupes de l'autre rive, rendant ainsi à peu près impraticable toute sortie de la garnison au delà du village.

V. — Le 15, de bon matin, le débarquement commença; le chef d'état major de la flotte, Jurien de La Gravière en surveillait les détails avec une habile activité. Les troupes passèrent dans des canots remorqués par des petits vapeurs de l'escadre, et gagnèrent la côte.

(1) *L'amiral au ministre de la marine. Dépêche télégraphique*, 17 octobre 1855.

« Dans la nuit, 4 chaloupes canonnières françaises, *la Tirailleuse*, *la Stridente*, *la Meurtrière* et *la Mutine*, expédiées par le contre-amiral Pellion, sous les ordres du lieutenant de vaisseau Allemand, du *Cacique*, ont franchi, avec 5 canonnières anglaises, la passe d'Otchakow, et sont entrées dans le Dniéper. »

Dans la prévision que l'ennemi pourrait vouloir s'opposer à notre opération, le premier convoi transportait le bataillon de chasseurs à pied et les tirailleurs, c'est-à-dire 2000 hommes avec deux pièces d'artillerie de campagne; de son côté, le général Spencer débarquait en même temps sur la droite avec 2000 Anglais et le même nombre de pièces.

La mer, agitée et houleuse, gêna seule le débarquement. Les canots ne purent toucher terre, et des matelots durent porter le général à dos jusqu'au rivage, pendant l'espace de 20 mètres. La houle, dans la journée, devint de plus en plus forte, et donna le lendemain de grandes difficultés pour le transport de l'artillerie, la mer embarquant à tout instant dans les chalands.

Les deux drapeaux alliés flottaient encore une fois sur la terre ennemie, et les deux nations, unies depuis une année, dans les mêmes combats et dans les mêmes épreuves, allaient attacher un nouveau titre de gloire à cette mémorable campagne de Crimée.

L'ennemi, comprenant sans doute qu'il lui était impossible de s'opposer à notre débarquement, ne parut pas sur la côte.

Aussitôt que le général Bazaine eut pris terre, il voulut aller de sa personne reconnaître le terrain, et prenant avec lui une escorte de 20 chasseurs à pied, il se dirigea vers le village de Kinburn, que les Russes avaient commencé à incendier; deux compagnies l'appuyaient à distance. Le général, s'étant avancé jusqu'aux premières maisons, les gardes russes s'éloignèrent à son approche et gagnèrent la forteresse, sans tirer sur ce petit groupe un seul coup de fusil. Le général Bazaine en profita pour explorer le terrain et les approches de ce village.

Pendant ce temps les troupes débarquées avaient pris position sur les points qui leur avaient été désignés : les Anglais appuyèrent leur droite à la mer et barrèrent, la presqu'île en refusant un peu leur aile gauche ; la brigade Wimpffen s'appuya, la gauche à la mer et fit face à la place, en rejoignant par sa droite la gauche du général Spencer.

Les Anglais avaient pour mission d'empêcher l'ennemi de venir par le sud, et les Français de refouler la garnison dans la place, si elle tentait d'en sortir.

Dans la journée on amena un juif que l'on avait trouvé rôdant sur la côte ; il surveillait, disait-il, l'arrivée d'un petit bâtiment qui lui appartenait. — C'est de cet homme que l'on obtint les premiers renseignements.

Selon lui, la garnison du fort ne dépassait pas 1500 hommes, et il n'était point question de l'arrivée de nouveaux renforts ; cependant il y avait un camp retranché à Pérékop et des troupes dirigées sur ce point. C'est le général Kokonowitch (60 ans environ) qui commande depuis longtemps le fort de Kinburn. Notre présence devant Odessa avait été signalée, et chaque jour la garnison de Kinburn s'attendait à apprendre la nouvelle de la prise de cette ville, et à nous voir arriver.

Vers le milieu du jour, malgré le mauvais état de la mer, les bombardes et les chaloupes canonnières, embossées à 2400 mètres environ, ouvrirent leur feu contre la forteresse qui répondit avec vivacité; mais la houle rendit le tir tellement incertain, que le feu dût être interrompu à l'approche de la nuit, sans avoir amené de résultats sérieux.

On ne put rien entreprendre dans la journée du 16, les vents étant entièrement contraires.

VI. — Du côté de terre nos troupes commençaient à s'installer solidement. Au centre de l'emplacement choisi pour le camp, le génie construisit, dans la nuit du 15, une grande place d'armes appuyée à la côte, dans le but de renfermer nos magasins, et le général Spencer fut chargé de couvrir son front par quelques ouvrages de campagne. Le terrain était sablonneux, ce qui rendait le travail très-facile; mais dans certaines parties, l'eau, presque à la surface du sol, ne tardait pas à s'infiltrer et à paraître.

Au jour, la plus grande partie de ces premiers travaux était suffisamment terminée. Afin d'être sans inquiétude sur les tentatives de l'ennemi dans l'intérieur de la presqu'île, le général Bazaine envoya, le 16 au matin, son aide de camp, le capitaine Tordeux, avec un peloton de hussards, pousser une reconnaissance en avant des lignes anglaises. Le capitaine avança jusqu'à quatre ou cinq lieues dans les terres et ne trouva sur sa route qu'un grand village (Pokrovka) abandonné par ses habitants, et deux gardes-côtes qu'il ramena au camp. Cès deux hommes donnèrent des renseignements très-détaillés sur la presqu'île et sur toute l'étendue de la côte. Interrogés avec grand soin, ils répondirent qu'il n'y avait point de troupes russes dans les environs, mais qu'ils avaient entendu parler de la marche d'une colonne. La route de Kherson, ajoutaient-ils, est très-mauvaise; ce n'est que du sable; des renforts pourraient plutôt arriver par Otchakow (1).

La mer étant devenue favorable, il fut décidé que l'attaque de la flotte contre la forteresse de Kinburn aurait lieu le 17. L'amiral Bruat en fit prévenir de très-bonne heure dans la matinée le général Bazaine (2).

(1) Tout ce que l'on avait pu voir de la presqu'île paraissait complètement dénué de culture, et les différents rapports des prisonniers s'accordaient à dire que la plupart des vivres venaient d'Otchakow, et le bois de chauffage de Nicolaïef. Le village en avant du camp des Anglais ne se compose que de cinq ou six maisons; peut-être y trouverait-on un puits et quelque peu de foin et de blé. Pokrovka a une cinquantaine de maisons, il n'y a point de puits d'ici à ce village, qui est éloigné du camp de 20 verstes environ.

(2) *Dépêche de l'amiral Bruat au ministre de la marine.*

« 2 heures du soir, 17 octobre.

« Le vent ayant passé dans la nuit au nord, nous nous sommes occupés dès ce matin, l'amiral Lyons et moi, de faire mettre à exécution le plan de combat que nous avions arrêté depuis la veille, d'après le sondage du capitaine Spratt, du *Spit-Fire*, et du lieutenant de vaisseau, Cloué, du *Brandon*, assistés de MM. Ploix et Manen, ingénieurs hydrographes. »

La division anglo-française avait profité de la nuit pour avancer sur la place par une tranchée d'investissement, ouverte à 900 mètres environ de la forteresse, en poussant les avant-postes jusqu'aux maisons du village incendié.

A la tombée de la nuit, quatre compagnies du 14e bataillon de chasseurs à pied, sous les ordres du commandant Bordaz, se portèrent en avant du point désigné pour l'ouverture de la tranchée, afin de protéger les travailleurs, et se couchèrent à terre. Attentifs au moindre bruit, ils surveillaient tous les abords, dans la crainte d'une sortie de la garnison. Vers deux heures du matin, le travail fut terminé de manière à pouvoir être occupé; mais si, comme nous l'avons dit plus haut, la composition sablonneuse et humide du sol avait aidé au travail, l'eau gênait fort les soldats, qui souvent en avaient jusqu'à mi-jambe.

Les quatre compagnies de chasseurs des avant-postes s'installèrent dans la tranchée, dont elles occupèrent tout le développement. 30 hommes furent mis en vedette dans les maisons ruinées du village pour observer une porte de la forteresse qui avait été signalée; une autre compagnie, placée en réserve derrière une maison également en ruines, était prête à se porter rapidement sur les points menacés, en cas de sortie de la garnison.

« La nuit fut tranquille, dit le rapport du colonel de tranchée; vers sept heures, le fort ouvrit un feu d'obus et de pièces à longue portée sur nos tranchées; ils tirèrent une trentaine de coups environ et ne nous firent aucun mal. »

Dans la matinée, le général Bazaine donna ordre au général Wimpffen de faire avancer le 95e dans la plaine à la hauteur de nos travaux d'investissement, de façon à appuyer les gardes de tranchée au besoin, et à être prêt à contenir la garnison, si celle-ci, dans un moment désespéré, au lieu de mettre bas les armes, tentait par un suprême effort de remonter vers Pérékop et de gagner la grande route de Kherson. — Le 95e avait en outre mission de lancer des détachements à l'assaut, si le fort refusait de se rendre.

VII. — A 9 heures 20 minutes, les trois batteries flottantes, *la Dévastation*, *la Lave* et *la Tonnante*, prennent leur poste sans remorqueur, par une bonne brise, elles s'avancent rapidement, et la couleur grisâtre dont ces batteries sont revêtues leur donne un aspect terrible et sinistre. Arrivées à une portée de 900 et de 1200 mètres, elles ouvrent tout aussitôt leur feu. — Trois quarts d'heure après (9 heures 45), les bombardes françaises et anglaises viennent en ligne, et leur tir, rectifié par les signaux des avisos, ne tarde pas à être admirablement réglé (1). Six canonnières françaises et anglaises ont pris

(1) *Dépêche de l'amiral Bruat au ministre de la marine.*

« Le succès que les batteries flottantes ont obtenu dans cette journée a répondu aux espérances de l'Empereur. Le rempart qu'elles battaient a présenté très-promptement et sur plusieurs points des brèches praticables.

« J'attribue aux bombardes françaises et anglaises une grande part

leur poste de combat à peu près en même temps, ricochant sur les batteries à barbette que combattent les batteries flottantes. La forteresse, de son côté, répond énergiquement à notre feu; bientôt une épaisse fumée enveloppe le lieu du combat et dérobe aux regards des combattants la pointe de la presqu'île et le fort que nos boulets commencent à ébranler. — Déjà les canonnières des deux nations ont quitté leur première position et se sont portées à la hauteur des batteries flottantes pour soutenir leur feu plus énergiquement encore. — Le tir de la place semble diminuer de vivacité.

Il est midi, les vaisseaux suivis par les frégates, les corvettes et les avisos ont mis sous vapeur; en tête s'avancent *le Montebello*, qui porte l'amiral Bruat, et *le Royal-Albert*, qui porte l'amiral Lyons.—Les vaisseaux se sont formés sur deux lignes et se sont embossés à 1600 mètres des forts.

Dans le même moment, 6 frégates anglaises conduites par le contre-amiral Stewart, et 3 frégates françaises sous les ordres du contre-amiral Pellion forcent la passe d'Otchakow, à travers une nuée de projectiles, afin de prendre à revers les forts de Kinburn. C'est alors que retentirent de foudroyantes détonations. Les flancs de tous les vaisseaux embossés, beaupré sur poupe,

dans la prompte reddition de la place. Les 5 canonnières françaises, *la Grenade*, *la Flèche*, *la Mitraille*, *la Flamme* et *l'Alarme*, soutenues par 6 canonnières anglaises ont pris leur poste en même temps que les bombardes. »

vomissent à la fois un orage de fer; de tous côtés les forts sont envahis par la mitraille, brisés par les boulets, incendiés par les obus, les flammes dévorent les casernes et une partie des bâtiments à l'intérieur. Le salut n'est plus nulle part, le désastre est partout; car du côté de terre le général Bazaine ne restait pas inactif. Toutes les dispositions, nous l'avons dit, avaient été prises pour arrêter la garnison, si, abandonnant les forts à l'action de la flotte, elle eût voulu se frayer un passage vers la route de Kherson.

En avant de la tranchée d'investissement, sur le littoral de la mer Noire, il y avait sur différents points de grands tas de bois; d'habiles tireurs, choisis parmi les chasseurs à pied, se glissèrent derrière ces abris aussitôt que la flotte eut ouvert son feu, et, à 400 mètres de la place, prirent d'écharpe les canonniers des batteries qui avaient réuni tous leurs efforts contre nos batteries flottantes. Sur la gauche, un autre poste de tireurs également d'élite, dont quelques-uns purent avancer jusqu'à 300 mètres de l'ennemi, frappaient aussi avec une précision de tir très-remarquable les canonniers à leurs pièces, car ces pièces étant à barbette, les chargeurs et les pointeurs étaient obligés de se découvrir. Ces tireurs firent tant de mal à l'ennemi, que celui-ci dut partager son feu et chercher à écraser nos chasseurs, auxquels il ne put faire grand dommage (1).

(1) *Rapport du chef de bataillon, de tranchée, Bordaz*, comman-

VIII. — Pendant près de cinq heures, la garnison résiste avec un grand courage, mais elle devait succomber; depuis longtemps des brèches praticables avaient troué les murailles du fort principal (1).

La position n'était plus tenable; de toutes parts le feu se déclarait; une partie de la garnison, sentant toute résistance inutile, se mit à couvert dans les fossés exté-

dant le 14e bataillon de chasseurs à pied (nommé lieutenant-colonel pendant l'expédition).

« Aussitôt que le feu de la flotte fut ouvert, j'envoyai le capitaine de Courcy avec une vingtaine de ses meilleurs tireurs s'abriter près des piles de bois à brûler, pour faire feu sur les canonniers qui servaient une pièce de gros calibre placée en capitale sur le bastion. Ils ont ouvert leur feu à peu près à 500 mètres et avec succès, car au bout d'une demi-heure, les canonniers gênés par les tireurs partageaient leur feu; les piles de bois portent de nombreuses traces de boulets et de mitraille.

« A la gauche du fort j'ai envoyé, sous le commandement du lieutenant de Montille, un même nombre de chasseurs conduits par les sergents du tir pour démonter les canonniers de trois pièces. Le tir fut efficace, car on remarqua un ralentissement notable dans le service des pièces; plusieurs de ces tireurs étaient à 300 mètres du fort et les pièces étant à barbette, obligeaient les chargeurs et les pointeurs à se montrer.

« Tous les tireurs employés à ce service sont d'une adresse remarquable et ont dû faire éprouver des pertes à l'ennemi. »

(1) *Correspondance de l'amiral Bruat avec le ministre de la marine.*

« Ce fort réduit, les deux autres ouvrages que les Russes avaient construits plus au nord et armés, le premier de 10 bouches à feu, le second de 11, ne pouvaient prolonger qu'inutilement leur résistance. Leur construction, plus moderne et mieux entendue, leur eût permis cependant de soutenir assez longtemps le feu des vaisseaux et des autres bâtiments de l'escadre, mais pris à revers par les frégates et les canonnières qui avaient franchi la passe d'Otchakow, ils devaient également succomber sous la nombreuse artillerie qui les foudroyait. »

rieurs qui regardent le Liman et la pointe de la presqu'île, pendant que les batteries du fort essayaient contre cette tempête de feu un dernier et suprême effort. Le général Bazaine fit alors avancer deux pièces de campagne qui, masquées par la dernière maison du village, envoyèrent dans le fort et dans les fossés des boulets et des obus à bonne portée.

La place ne répondait plus que faiblement au feu redoutable des deux flottes.

« A une heure vingt-cinq minutes, écrit l'amiral Bruat au ministre de la marine, remarquant que le fort de Kinburn ne tirait plus, bien que les ouvrages du nord continuassent à se servir encore de leurs mortiers, l'amiral Lyons et moi, nous avons pensé qu'il convenait de respecter le courage des braves gens que nous combattions ; nous avons en conséquence fait le signal de *cessez le feu*, et nous avons arboré le pavillon de parlementaire en envoyant à terre une embarcation française et une embarcation anglaise (1). »

En effet, en même temps que notre tir avait cessé, on vit les deux canots où flottaient les drapeaux parlementaires s'avancer vers la pointe de la presqu'île. Les stipulations touchant la reddition de la place avaient été arrêtées d'avance en conseil, et signées par les amiraux et le général Bazaine.

Les honneurs de la guerre devaient être accordés à

(1) Dépêche en date du 17 octobre 1855.

la garnison, si elle se rendait à la première sommation (1).

Pendant que les parlementaires abordaient devant le fort, le général envoyait par le bord du Liman son aide de camp, le capitaine Tordeux, qui se mit aussitôt en communication avec un officier du fort.

La garnison avait été entièrement démoralisée par le feu redoutable de la flotte alliée et par les travaux si rapidement exécutés devant la place dans la nuit du 16 au 17 ; car ils eussent permis d'établir une batterie de brèche, dans la nuit du 17 au 18, si cela eût été jugé utile. De plus, la passe d'Otchakow, que les vaisseaux alliés avaient si audacieusement franchie, complétait l'investissement des forts (2). — Bien que l'impossibilité d'une plus

(1) *Conditions de la reddition de la place :*

1° Il est accordé 15 minutes à la garnison pour amener le pavillon russe en signe de reddition de la place.

2° La garnison sera prisonnière, mais elle sortira avec les honneurs de la guerre et déposera ses armes sur les glacis.

3° Les officiers conserveront leurs épées et pourront, ainsi que les soldats, emporter leurs bagages.

4° Les familles des prisonniers seront libres de les suivre ou de se retirer sur le territoire russe.

5° Si, après les 15 minutes, le pavillon du fort n'est pas amené en signe de reddition, les feux de la flotte et les opérations du corps d'armée alliée recommenceront immédiatement.

6° La place devra être remise, avec le matériel qu'elle renferme, dans l'état où il se trouvait au moment de la rencontre des parlementaires.

(2) « En résumé, écrit l'amiral Bruat dans sa correspondance en date du 18 octobre, j'attribue le prompt succès que nous avons obtenu, en premier lieu, à l'investissement complet de la place par terre et par mer, en second lieu, au feu des batteries flottantes qui avaient

longue résistance fût matériellement démontrée, et que le refus de se rendre n'eût amené que de sinistres et inévitables résultats, les chefs hésitèrent à accepter les conditions offertes, et voulaient s'ensevelir sous les ruines de la forteresse; mais du côté de terre, une portion des soldats de la garnison sortaient déjà par une des portes du fort, hésitant toutefois à se mettre en marche vers le camp des alliés. Ces soldats étaient sans officiers. Le capitaine Tordeux s'avança pour les rassurer et les engager à venir en toute confiance vers nous.

IX. — Dans le même moment, un signal du vaisseau-amiral annonçait à l'armée de terre que les conditions de la capitulation étaient acceptées par les Russes. Et le commandant Lejeune débarquait à la hâte pour avertir le général Bazaine de cesser les hostilités.

Parmi les soldats qui se dirigeaient vers le camp français, un grand nombre jetait à terre ses armes et ses fourniments militaires. Après les compagnies, vinrent les officiers, mais isolément, ou par groupes de quatre ou cinq. Puis arriva le vieux général Kokonowitch; il marchait lentement; son mâle visage, dont les traits étaient profondément altérés, exprimait le plus amer

déjà ouvert dans les remparts plusieurs brèches praticables, et dont le tir, dirigé avec une admirable précision, eût suffi pour renverser de plus solides murailles. » On peut donc tout attendre de l'emploi de ces formidables machines de guerre, quand elles sont conduites au feu par des officiers aussi distingués que ceux auxquels l'Empereur avait confié le commandement de *la Dévastation*, de *la Lave* et de *la Tonnante*.

découragement; ses yeux étaient fixés à terre. Lorsqu'il fut devant le général Bazaine, il jeta avec douleur ses armes à ses pieds ; le général français reçut dans ses bras le vieux prisonnier, qui avait si énergiquement soutenu, jusqu'à la dernière heure, l'honneur du drapeau russe, et le consola, dans ce moment de cruelle amertume, par de nobles et touchantes paroles.

Après le général arriva le chef du génie de la place, énergique soldat, qui jusqu'au dernier moment s'était opposé à la reddition de la forteresse.

Sur les glacis de la presqu'île, qu'enveloppait encore comme un souvenir vivant du combat, l'épaisse fumée des canons, c'était une scène empreinte d'un cachet de grandeur.

« Au milieu de tout cela, écrit un officier, un spectacle vraiment touchant est venu nous émouvoir. Nous avons vu déboucher du fort une trentaine de soldats avec une partie des officiers de la garnison ; par ordre du général, une escorte française les accompagnait ; ils portaient des tableaux d'église, des bannières religieuses et des coffres où sans doute étaient enfermés des ornements et des reliques. Le sentiment religieux dominait tout le monde. Sur le chemin suivi par cette procession, les Russes s'arrêtaient baisant les tableaux du Christ, aux plaies des mains et des pieds et faisant le signe de la croix. Tous ces objets, laissés en possession des Russes, ont été portés par eux à notre camp. »

Les compagnies russes, réorganisées, furent dirigées

sur le réduit du camp au point de débarquement, et les drapeaux unis de la France et de l'Angleterre flottèrent victorieux sur les remparts ennemis.

Déjà des chirurgiens des deux escadres, envoyés par les amiraux, abordaient la côte et venaient donner leurs soins aux blessés russes.

X. — Il était six heures, lorsque le major de tranchée Troussaint, nommé par le général Bazaine commandant intérimaire de la forteresse de Kinburn, prit le commandement du fort; son premier soin fut de s'assurer que les abords de la forteresse étaient solidement gardés, et d'aviser à la police intérieure; des postes furent placés aux portes et aux poternes, de nombreuses sentinelles empêchèrent toute circulation étrangère au service, et des rondes et des patrouilles furent chargées de veiller à la stricte exécution du service. — Mais la tâche la plus importante et la plus difficile était d'arrêter le progrès de l'incendie qui, à chaque instant, favorisé par un vent assez vif, élevait de tous côtés ses gerbes enflammées et menaçait d'envahir la partie du fort que le feu de la flotte n'avait pas atteint. Dans ce danger imminent pour tous, chacun rivalise de zèle, de courage et de dévouement. Sous la direction du major de tranchée, une brigade de sapeurs du génie, commandée par le lieutenant Serval, fait avec le concours de la garnison la part du feu. — Grâce aux efforts de tous, une poudrière placée sur la droite de la forteresse est isolée du foyer de l'incendie. A l'autre extrémité du fort, les travailleurs parviennent à sauver des flammes un grand magasin de farines.

« Vers onze heures, écrit le major de tranchée dans son rapport au colonel Danner, le commandant Lejeune, aide de camp de M. l'amiral Bruat, arriva, et nous apporta le concours actif de ses 300 marins et de ses pompes. Leur jeu, habilement dirigé, joint] au travail opiniâtre des sapeurs du génie, assura définitivement la concentration du feu sur les points qui depuis le matin étaient la proie des flammes. »

Le lendemain matin de violentes et successives détonations nous annoncèrent que les Russes faisaient sauter toutes les fortifications d'Otchakow, qui devaient inévitablement tomber en notre pouvoir.

XI. — Le maréchal Pélissier, instruit de l'heureuse issue de cette expédition, envoyait au ministre de la guerre la dépêche télégraphique suivante :

« Le 21 octobre, cinq heures du soir.

« 1420 prisonniers, dont le général Kokonowitch et 40 officiers, 174 bouches à feu, des munitions de guerre et autres, l'occupation d'une importante position; tels sont pour les alliés les résultats de cette heureuse entreprise (1).

(1) Les prisonniers russes ont été répartis à peu près également entre les deux escadres; il nous en est échu 698, et parmi eux le général Kokonowitch.

« Les Russes les ont complétés en faisant sauter le 18 octobre les fortifications d'Otchakow. — Je vous enverrai le drapeau aux armes de Russie qui flottait sur Kinburn. »

« La nouvelle de la prise de Kinburn, écrivait-il au général Bazaine, a soulevé dans toute l'armée une véritable joie. Je vous félicite cordialement de ce beau succès, et je vous prie de vouloir bien être l'interprète de ma satisfaction auprès des troupes sous vos ordres. »

Dès lors on s'occupa à constituer un solide établissement dans la prévision d'hivernement, car les dépêches se succédaient.

Le 21 octobre, le commandant en chef de l'armée d'Orient écrivait au général Bazaine :

« Je reçois de M. le ministre de la guerre la dépêche télégraphique suivante :

« Pendant que nous sommes à Kinburn, faites examiner si la presqu'île peut être occupée avantageusement par nos troupes, après avoir coupé l'isthme dans sa partie la plus étroite, et à une dizaine de lieues de Kinburn par un fossé, de manière à avoir un vaste emplacement à notre disposition, une grande place d'armes d'où l'on pourrait partir plus tard, et agir offensivement. Sommes-nous assurés de pouvoir tenir à Kinburn pendant l'hiver? — La mer y gèle-t-elle? — Entrez dans des détails. Cette dépêche a été lue par l'Empereur, et approuvée. »

Dès que nous fûmes en possession de la forteresse,

nos canonnières, divisées en deux colonnes, poussèrent deux reconnaissances, une du côté du Dniéper jusqu'à Stanislaff, l'autre, du côté du Bug, jusqu'à la pointe Volojsk. Sur ce dernier point, elles ne tardèrent pas à apercevoir une batterie récemment élevée, armée de 8 pièces; et à mi-hauteur de la falaise une deuxième batterie de 3 pièces qui tira sur nos bâtiments, dès qu'ils furent à portée. Quelques bordées sans résultat furent échangées, et les canonnières reprirent leur route vers le sud. — Sur les rives du Bug, comme sur celles du Dniéper, des corps de troupes assez considérables avaient été signalés; ces corps étaient accompagnés de batteries de campagne; de son côté le général Bazaine se portait au grand village de Pokrovka, distant d'environ 3 lieues, et y établissait son quartier général, d'où il devait rayonner et pousser des reconnaissances en avant jusqu'à Redowska. Sur aucun point l'ennemi ne se présenta: seulement, en rentrant sur Kinburn, on aperçut le matin environ 400 chevaux des uhlans qui, très-probablement, n'étaient que l'avant-garde d'un corps plus considérable en marche sur la presqu'île. Le général Bazaine fit aussitôt faire halte et prit ses dispositions de combat; mais cette cavalerie se maintint à longue distance, montrant une très-grande réserve dans tous ses mouvements.

XII. — L'occupation de Kinburn avait été décidée et une station navale devait y séjourner pendant l'hiver. Les soldats de terre et les marins de la flotte avaient travaillé avec activité à replacer tous les ouvrages en bon état de défense; les revêtements du fort sont réparés, les parapets consolidés, les pièces remises en batterie; les traces destructives de la journée du 17 ont disparu. La forteresse de Kimburn reprenait son aspect vigilant et armé. Une garnison française (le 95e) sous le commandement du colonel Danner l'occupait avec une compagnie de pontonniers et une section du génie; — nos alliés étaient établis dans les ouvrages de la pointe.

L'amiral Bruat écrivait au ministre de la marine, en date du 28 octobre 1855 :

« Je débarque, pour compléter l'armement, 6 pièces de 50 et 6 de 30. Un ouvrage avancé renfermera le faubourg dans la défense, sous la protection du canon de la place. Outre la garnison, il restera à Kinburn, sous les ordres du commandant Paris, 1500 marins embarqués sur trois batteries flottantes, 4 canonnières, 2 chaloupes canonnières et 1 corvette de charge, sans compter une division anglaise de 5 frégates à vapeur et 1 frégate française qui ne s'éloigneront qu'à l'approche des glaces. 2 avisos à vapeur mouillés à l'ouest de la flèche établiront la communication avec Varna, Kamiesch et Constantinople. Les vivres de cette division vont être assurés jusqu'au 15 mars. »

Telles étaient les dispositions prises pour notre établissement dans la presqu'île de Kinburn qui devenait dans nos mains (pour nous servir de l'expression du maréchal Pélissier dans son ordre du jour à l'armée) une menace importante contre Nicolaïef et Kherson.

Cette journée du 17 octobre, le dernier fait de guerre important de la campagne de Crimée, était l'anniversaire du jour, où pour la première fois nos canons avaient tonné contre Sébastopol, et un heureux hasard voulut que, dans ce nouveau triomphe des nations alliées, la flotte et l'armée fussent encore associées dans une communauté de courage, d'efforts et de dévouement.

FIN.

Ch. Lahure, imprimeur du Sénat et de la Cour de Cassation,
rue de Vaugirard, 9, près de l'Odéon.

TABLE DES MATIÈRES

DU DEUXIÈME VOLUME.

LIVRE PREMIER.

Construction d'une batterie de 12 pièces en face le bastion du Mât (18 octobre 1854). — Arrivée des renforts de Gallipoli et Varna. — Arrivée du général *Levaillant*. — Réparation des dégradations causées par le feu du 17 (18 octobre). — Le feu recommence (19 octobre). — Journal du corps de siége, état des batteries. — Le chef d'escadron *de Laville* et le capitaine *Schmitz* vont reconnaître le résultat du feu des batteries. — Belle conduite du commandant *Penhoät*. — Continuation des travaux de tranchée. — Les Russes réparent et augmentent leurs lignes de défense. — Biographie du capitaine *Todleben*. — Démonstrations des Russes sur les hauteurs de Balaclava. — Sortie dans la nuit du 28 octobre. — Épisode du soldat *Audié*. — Dans la nuit du 21 au 22, commencement du tracé de la 2e parallèle. — Détails topographiques. — Sébastopol souffre beaucoup de notre feu. — Alertes continuelles à Inkermann et Balaclava. — L'armée russe reçoit des renforts considérables. — Le général *Liprandi* prend ses positions pour l'attaque projetée du lendemain (24 octobre). — Bataille de Balaclava (25 octobre). — Les Russes enlèvent quatre petites redoutes défendues par les Turcs. — Ils s'emparent de la redoute près le village de Kamara. — La cavalerie russe, appuyée par son artillerie, s'avance en grand nombre. — Attaque infructueuse sur le 93e régiment des highlanders. — Choc de la cavalerie russe et de la brigade *Scarlett*. — Les Russes sont mis en déroute. — Dispositions prises par les deux armées pour s'opposer au projet d'attaque des Russes sur Balaclava. — Le général *Bosquet* se rend sur les lieux. — Le général *Vinoy* se porte en avant pour appuyer les Anglais. — Le général *Espinasse* garde les hauteurs. — Le général *Canrobert* se porte sur le point central de la crête et suit les mouvements de l'ennemi. — Lord *Raglan* donne ordre à la cavalerie de marcher en avant. — Les Russes se reforment. — Positions respectives des combattants. — Le capitaine *Nolan* apporte à lord *Lucan* l'ordre de poursuivre l'ennemi. — Dangers d'exécution. — Hésitation de lord *Lucan*. — Il donne ordre à lord *Cardigan* d'attaquer. — Hésitation de lord *Cardigan*, il doit céder devant l'ordre du général en chef. — La brigade anglaise s'élance dans la plaine. — Étonnement des Russes. — Ils reçoivent les Anglais par un feu opiniâtre. — Rapport du général *Lucan*. — Le général *Morris* envoie des escadrons, sous les ordres du colonel *Champeron*, au secours des Anglais. — Mort du capitaine *Dangla* et du lieutenant *Gauffre*. — Biographie du capitaine *Dangla*. — La charge vigoureuse des chasseurs d'Afrique protége la retraite des Anglais. — Triste retour de la brigade de cavalerie légère. — Lettre de lord *Lucan*. — Les Anglais abandonnent leurs ouvrages avancés et se concentrent sur les hauteurs de Balaclava. — Nouvelle attaque des Russes du côté des Anglais (26 octobre). — Continuation des approches françaises. — Dans la nuit du 29 octobre, petite sortie des Russes. — Travaux des 2 et 3 novembre. — Achèvement de 6 nouvelles batteries. — Journal du corps de siége du 20 au 28 octobre. — Journée du 1er novembre. — Une attaque est résolue en conseil pour le 6. — Le général *Forey* prépare les colonnes d'assaut. — Exploration des abords de la place. — Reconnaissance du capitaine *Lajaille* vers le bastion du Mât dans la nuit du 3 au 4. — Reconnaissance du capitaine *Martin* et du lieutenant *Fescourt*. — Préparatifs des Russes. — Les grands-ducs *Michel* et *Nicolas* à Sébastopol. — Les Russes renforcent leur corps d'armée de la Tchernaïa. — Appréhensions du général *Bosquet* sur Inkermann. — Dépêche de lord *Raglan* (3 novembre). — Dans la nuit du 4, les Russes se mettent en mouvement. — Sécurité du camp anglais. — Attaque des Russes sur trois points. — Le général *Bosquet* se porte sur Inkermann. — Il offre le concours de ses troupes aux généraux *Brown* et *Cathcart*. — Le général *Bourbaki* soutient le flanc droit des Anglais. — Le commandant *Barral* prend position avec ses batteries. — Attaque sérieuse sur Inkermann. — Le colonel *Steel* vient demander des renforts au général *Bosquet*. — Le général *Bosquet* fait marcher des troupes en avant. — Lutte acharnée entre les Anglais et les Russes. — Le général *Soimonoff* est tué. — Courage infatigable des Anglais. — Mouvement audacieux du général *Cathcart*. — Il est tué. — Sa biographie. — Les troupes du général *Bourbaki* arrivent sur le champ de bataille. — Les batteries du commandant *de La Boussinière* ouvrent le feu. — Le combat redouble. — Le colonel *de Camas* tombe frappé d'une balle. — Sa biographie. — Arrivée du général *Canrobert*. — Le général *Bosquet* lance ses bataillons en avant. — Les Russes l'enveloppent. — Danger que court le général *Bosquet*. — Les Anglais privés de munitions tombent un à un sous la mitraille. — Le général *Canrobert* est blessé. — Le général *Bosquet* lance les zouaves, les chasseurs à pied et les tirailleurs algériens. — La brigade du général *de Monet* se masse en arrière des Anglais. — Le prince *Napoléon* accourt vers Inkermann. — Le général *Bourbaki* contient les efforts des Russes. — Les Russes concentrent une dernière fois leur attaque. — La confusion se met dans leurs rangs. — Le général *d'Autemarre* lance ses bataillons. — Le colonel *Wimpffen* se précipite à la tête des tirailleurs algériens. — Les commandants *Dubos* et *Montauban* sont à la tête des zouaves. — L'ennemi fuit en désordre. — Nos soldats s'acharnent à sa poursuite et en font un affreux carnage. — Les Russes se retirent protégés par leur artillerie, feux de la place et des vaisseaux. — Rapport du général *Dannenberg*. — Rapport de lord *Raglan*. — Biographie du général *Bosquet*. — Sortie de la garnison. — Le général *de Lourmel* va à sa rencontre. — Les Russes battent en retraite. — Mort du général *de Lourmel*. — Sa biographie. — Champ de bataille d'Inkermann. — Le bruit court que les Russes achèvent les blessés. — Arrestation d'un major russe. — Correspondance de lord *Raglan* et du général *Canrobert* avec le prince *Menschikoff*. — Conseil de guerre du 6 novembre. — L'assaut est ajourné jusqu'à l'arrivée des renforts. — Dépêche du général *Canrobert* du 8 novembre. — Développement des attaques contre la ville. — Continuation des travaux dans la 3e parallèle. — Tempête du 14 novembre. — Désastres sur mer. — Action du 21 novembre. — Sortie des Russes dans la nuit du 2 décembre. — Sortie du 5 décembre. — Arrivée du général *de Montebello*. — Lettre de l'Empereur au général *Canrobert*. — Règlement pour les parlementaires. — Sortie des Russes dans la nuit du 11. — Nouvelle sortie dans la nuit du 20. — Souffrance de l'armée anglaise. — Dépêche du général *Canrobert*. — Formation des éclaireurs volontaires. — Reconnaissance du général *d'Allonville* (20 *décembre*). — Nouvelle reconnaissance du général *Morris* (30 *décembre*). — Les Turcs à Eupatoria. — Le vice-amiral *Hamelin* est élevé à la dignité d'amiral. — Il est rappelé en France et remet le commandement au vice-amiral *Bruat* (23 *décembre* 1854). — Audacieux coups de main dans les nuits du 28 au 31 décembre. — Distribution des récompenses par le général *Canrobert* (31 *décembre*). — Grande revue au bruit du canon et de la fusillade. — Position des armées alliées au commencement de l'année 1855. — L'armée russe minée par les maladies. — Visite d'*Omer-Pacha* aux armées alliées. — Les Français sont prêts à ouvrir le feu. — Retards des Anglais. — L'armée française donne son concours aux Anglais. — L'ouverture du feu doit être ajournée. — Résumé des travaux du siège, attaque de gauche. — Le colonel *de Cissey* et le commandant *Vico* règlent le relèvement par les Français des postes occupés par les Anglais à Inkermann. — Le colonel *Raoult*, major de tranchée, veille à l'exécution des mesures arrêtées. — Services des tranchées. — Maison du clocheton. — Explication des signaux. — Sortie des Russes

(7 *janvier* 1855). — Nouvelle attaque des Russes (11 *janvier*). — Nouvelle sortie des Russes (12 *janvier*). — Combat de la nuit du 14 au 15. — Étrange mode de combat employé par les Russes. — Lettre du général *Canrobert* au général russe. — Réponse du général *Osten-Sacken*. — Double attaque des Russes dans la nuit du 19. — Nuit du 31 janvier, nouvelle sortie des Russes. — Biographie du capitaine *Fourcade*. — Biographie du commandant *Sarlat*. — Dépêche du général *Canrobert* (28 *janvier*). — Arrivée du général *Niel*. — Son opinion. — Conseil du 1er février 1855. — Commencement des travaux d'approche devant la tour Malakoff (7 *février*). — Le général *Bosquet* est chargé de la direction de ses travaux. — Le commandant *Besson*, major de tranchée. — Nouvelle organisation de l'armée d'Orient. — Deux corps d'armée. — Le général *Pélissier*, commandant du 1er corps. — Le général *Bosquet*, commandant du second. — Arrivée du général *Pélissier*. — Départ du général *Niel*. — Attaque d'Eupatoria par les Russes. — Mort de *Sélim-Pacha*, de *Rusten-Bey* et d'*Ali-Bey*. — Biographie de *Sélim-Pacha*. — Le commandant *Osmont* prend part avec une petite garnison française à la défense d'Eupatoria. — Rapport d'*Omer-Pacha*. — Mouvement sur la Tchernaia. — Les Russes construisent un ouvrage à l'extrémité du plateau du Carénage. — Le général *Canrobert* donne ordre de le faire enlever. — Dangers de cette attaque. — Le général *Mayran* dirige l'attaque sous le commandement du général *de Monet*. — Combat très-vif avec les Russes. — Le général *de Monet* est grièvement blessé. — Ordre du jour du général *Canrobert*. — Retour du général *Niel* à Kamiesch. — Intention de l'Empereur de se rendre en Crimée. — Nouvelle de la mort de l'empereur *Nicolas*. — *Omer-Pacha* arrive à Kamiesch (12 *mars*). — Grand conseil. — Nouveaux retards des Anglais. — Dépêche du général *Canrobert* (23 *mars*). — Enlèvement de trois postes avancés des Russes par le capitaine *Champanhet* (14 *mars*). — Enlèvement de cinq embuscades par le colonel *de Brancion* (15 *mars*). — Mort du lieutenant-colonel *Vaissier*. — Sa biographie. — Attaque des Russes, nuit du 22 mars. — Suspension d'armes pour l'enterrement des morts (24 *mars*). — Le corps du commandant *Banon* est trouvé au milieu des morts. — Sa biographie. — Mort du capitaine *de Crécy*. — Détails intéressants. — L'ouverture du feu est décidée pour le 9 avril. Page 1

LIVRE II.

Départ de la garde impériale. — Allocution de l'Empereur. — La garde arrive au camp de Maslak. — Elle est passée en revue par le Sultan et part pour la Crimée. — *Omer-Pacha* arrive au camp des armées alliées. — Ouverture du feu. — Enlèvement des embuscades russes. — Mort du général *Bizot*. — Sa biographie. — Mort du commandant *Masson* et du capitaine *Mouhat*. — Leurs biographies. — Explosion de seize fourneaux. — Le général *Gortschakoff* concentre ses troupes près de Sébastopol. — Grand conseil de guerre. — L'assaut est décidé. — L'armée de réserve de Constantinople reçoit l'ordre de s'embarquer pour la Crimée. — La venue prochaine de l'Empereur est confirmée. — L'assaut est ajourné. — L'expédition de Kertch est décidée. — Biographie du général *Niel*. — Mort du colonel *Viénot*. — Sa biographie. — Suspension d'armes. — Les troupes partent pour l'expédition de Kertch. — Rappel de l'expédition de Kertch. — Le général *Canrobert* réunit toutes ses troupes. — Arrivée du général *de La Marmora*. — Sa biographie. — Arrivée du commandant *Favé*. — Plan de campagne de l'Empereur. — Dissentiments entre le général *Canrobert* et lord *Raglan*. — Le général *Canrobert* donne sa démission. — Sa lettre particulière à l'Empereur. — Entrevue du général *Canrobert* et du général *Pélissier*. — La démission du général *Canrobert* est acceptée. — Le général *Pélissier* est investi du commandement en chef. — Adieux du général *Canrobert* à l'armée. — Ordre du jour du général *Pélissier*. — Biographie du général *Pélissier*. — L'expédition de Kertch est résolue pour la fin du mois. — Le général *Regnaud de Saint-Jean-d'Angély* arrive en Crimée et prend le commandement du corps de réserve. — Journée du 21 mai. — Le général *de Salles* commande l'attaque. — Sa biographie. — Journée du

22 mai. — Armistice du 25 mai. — Biographie du lieutenant-colonel *Boulatigny*. — Expédition de Kertch. — Reconnaissance de la Tchernaïa par le général *Canrobert*. — Projet d'attaque sur le mamelon Vert. — Ouverture du feu. — Plan d'attaque. — Lutte désespérée. — Mort du colonel *de Brancion*. — Sa biographie. — Le mamelon est pris d'assaut. — Les Anglais s'emparent de la position des *Carrières*. — Le génie fortifie le mamelon. — Attaque des Russes. — Ils sont repoussés après être revenus trois fois à la charge. — Mort du général *Lavarande*. — Sa biographie. — Armistice du 9 juin. — Conseil où il est résolu d'avancer sur Malakoff. — L'attaque de Malakoff est décidée. — Le général *Bosquet* prend le commandement de l'armée de la Tchernaïa. — Le général *Regnaud de Saint-Jean-d'Angély* prend celui des attaques. — Instructions du général *Pélissier*. — Le général *Regnaud de Saint-Jean-d'Angély* prend connaissance du terrain. — Le projet d'attaque est arrêté. — Conseil du 17 juin. — Journée du 18 juin. — Le général *Mayran* devance le signal. — Position critique de ses troupes. — Le signal est donné. — La division *d'Autemarre* se lance en avant. — La division *Brunet* se précipite. — Mort du général *Brunet*. — Sa biographie. — Mort du lieutenant-colonel *de La Boussinière*. — Sa biographie. — Le général *Mayran* est blessé. — Les colonels *Boudville* et *Paulze-d'Ivoy* sont gravement blessés. — Le général *Mayran* est frappé mortellement. — Sa biographie. — Les généraux *Mellinet* et *Uhrich* vont au secours des troupes engagées. — Marche de la division *d'Autemarre*. — Le 5ᵉ bataillon de chasseurs à pied, commandant *Garnier* en tête, entre dans le faubourg de Karabelnaïa. — Le commandant *Garnier* est blessé. — Le colonel *Manèque*, du 19ᵉ, est blessé. — Les Russes arrivent en masse. — Les troupes se replient avec ordre. — Inutile tentative du colonel *Sorbiers*. — La division *d'Autemarre* est broyée par la mitraille. — Les colones anglaises sont repoussées. — Mort de sir *John Campbell* et des colonels *Shadfort* et *Yea*. — Les rapports arrivent de tous côtés au général *Pélissier*. — Il envoie demander à lord *Raglan* de recommencer l'attaque. — Les Anglais ne croient pas devoir recommencer l'attaque. — L'ordre est donné aux troupes de rentrer dans les tranchées. — Anxiété du général *Bosquet*. — Sa vive émotion en apprenant que l'attaque n'a pas réussi. — Le général *Bosquet* est rappelé aux attaques de droite. — Lord *Raglan* a le cœur brisé. — Sa mort. — Le général *Simpson* prend le commandement de l'armée anglaise. — Mort du lieutenant-colonel *Vico*. — Sa biographie. — La 1ʳᵉ division, campée sur la Tchernaïa, prend le service du corps de siége. — Le général *Canrobert* est rappelé en France. — Son départ. — Sorties continuelles des Russes. — L'attaque principale contre Malakoff est décidée. — Bataille de la Tchernaïa. — Position de l'armée française. — Attaque des Russes sur la Tchernaïa. — Combat de Traktir. — Les Sardes y prennent une part glorieuse. — Les Russes sont repoussés. — Suspension d'armes pour l'enterrement des morts. — Dépêche du général *Pélissier*. — Ordre du jour du général en chef. — Lettre de l'Empereur. — Le général *Frossard* dirige les travaux. — Supériorité de notre feu. — Conseil de guerre du 3 septembre. — L'assaut est décidé. — Projet d'attaque du général *Bosquet*. — Le jour de l'assaut est fixé au 8 septembre. — Les batteries de l'attaque de gauche ouvrent leur feu (5 *septembre*). — Incendie du vaisseau *le Marian*. — Conférence secrète, au quartier général du général *Bosquet* (7 *septembre*). — Le général *Bosquet* annonce aux généraux que l'assaut aura lieu le lendemain à midi. — A huit heures du matin les troupes prennent les armes (8 *septembre*). — Ordre du jour du général *Bosquet*. — A dix heures le général se rend à son poste de combat. — Les troupes sont prêtes. — Il est midi. — Les troupes s'élancent sur trois points. — La division *Mac-Mahon* atteint en quelques secondes la partie extérieure de Malakoff. — Les soldats escaladent les parapets et plantent le drapeau de la France. — Les Russes se replient sur leurs réserves. — La division *La Motte-rouge* s'élance sur la grande courtine. — La division *Dulac* se jette sur le petit Redan. — Victoire sur les trois points attaqués. — Les Russes reprennent l'offensive. — Mort et biographie du colonel *Dupuis*. — Le colonel *Magnan* est blessé mortellement. — Sa biographie. — Les généraux *de Saint-Pol* et *Bisson* se jettent une seconde fois sur le petit Redan. — Le général *de Saint-Pol* est tué. — Sa biographie. — Le chef de bataillon *Cornulier* est tué. — Sa biographie. — Le général *Marolles* arrive avec sa brigade. — Sa biographie. — Mort et biographie du général *de Pontevès*. — Le général *de Mac-Mahon* continue à lutter avec énergie et occupe Malakoff. — Le commandant *Souty* reçoit l'ordre

du général *Bosquet* de faire avancer ses batteries pour contre-battre le feu des vapeurs russes. — Le capitaine *Rapatel* est tué. — Trois vaisseaux russes sont forcés de chercher un abri. — Le général *Bosquet* est frappé d'un éclat de bombe. — Les Anglais attaquent le grand Redan. — Après une résistance désespérée ils sont forcés de l'évacuer. — Le général *de Salles* commence l'attaque de son côté. — Le général *Trochu* est blessé. — Mort des généraux *Rivet* et *Breton*. — Leurs biographies. — Vainement les Russes combattent en désespérés, leurs efforts sont impuissants. — Malakoff est à nous. — Explosion dans la courtine. — Le général en chef renonce à toute nouvelle attaque. — La nuit arrivée, les troupes se reforment dans les tranchées. — Les batteries du petit Redan sautent. — On découvre 40 000 kilogrammes de poudre placés sous la tour Malakoff. — Les Russes abandonnent la partie sud de Sébastopol et se retirent en incendiant tout derrière eux. — La ville n'offre plus qu'un monceau de flammes. — Nos pertes dans la journée du 8 septembre. — Biographie du lieutenant-colonel *Cassaigne*. — Biographies des colonels *Adam* et *Kerguern*. — Biographies du colonel *Cavaroz*, du lieutenant-colonel *Huguenet* et du chef d'escadron *Lefebvre de Rumford*. — Biographie du colonel *La Tour du Pin*. — Ordre du jour du 9 septembre. — Le général *Pélissier* parcourt Sébastopol le 10 septembre. — Sa lettre au ministre de la guerre. — Les troupes entrent dans Sébastopol. — Le général *Bazaine* est nommé gouverneur. — Conclusion. — Résumé des faits mémorables de l'expédition. — Le général *Pélissier* est nommé maréchal de France. — Lettre du Sultan au maréchal *Pélissier*. — Congrès de Paris. — La paix est signée le 30 mars 1856. Page 217

FIN DE LA TABLE DU DEUXIÈME ET DERNIER VOLUME.

Ch. Lahure, imprimeur du Sénat et de la Cour de Cassation,
rue de Vaugirard, 9, près de l'Odéon.

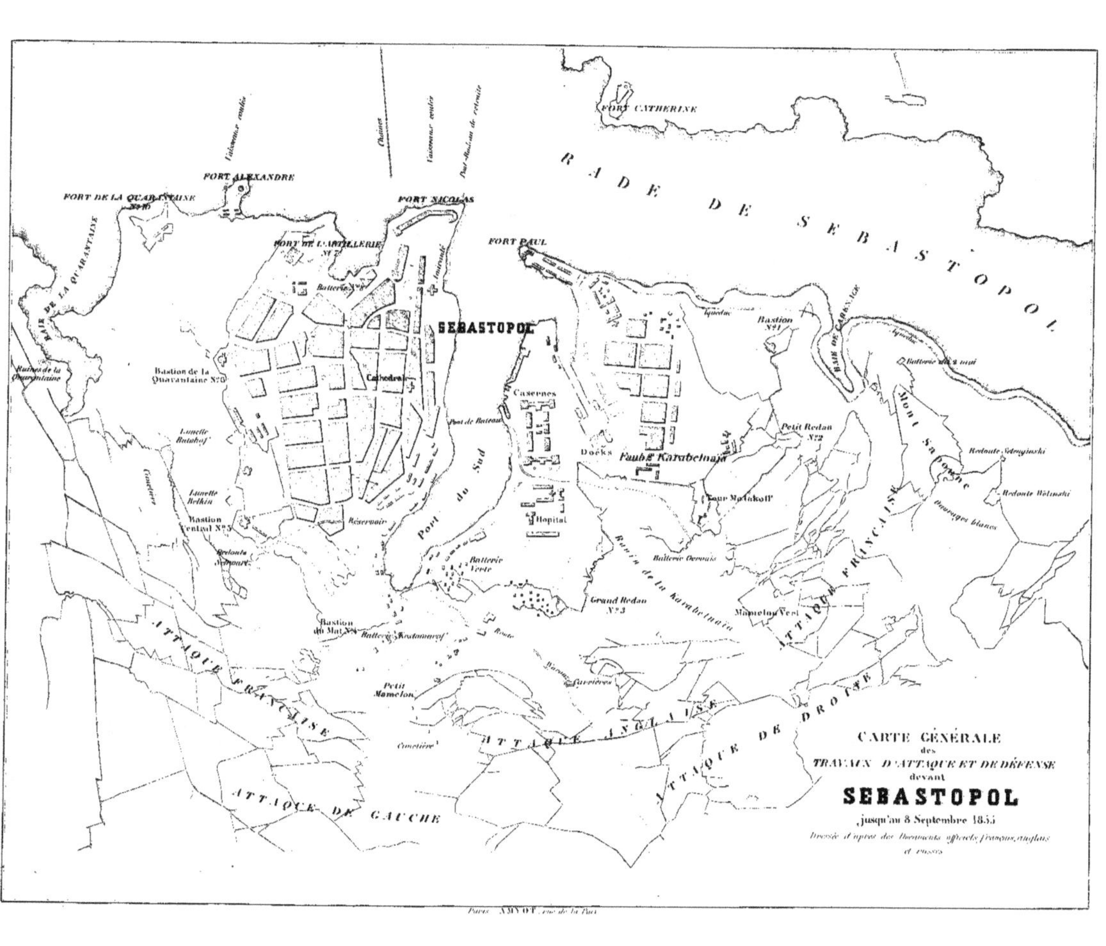

Paris, AMYOT, rue de la Paix